위안화 국제화 보고 2015

초판 1쇄 인쇄 2018년 1월 15일
초판 1쇄 발행 2018년 1월 20일
지 은 이 중국인민대학 국제화폐연구소(IMI)·교통은행
옮 긴 이 김승일·전영매
발 행 인 김승일
디 자 인 조경미
펴 낸 곳 경지출판사
출판등록 제2015-000026호

판매 및 공급처   도서출판 징검다리
주소 경기도 파주시 산남로 85-8
Tel : 031-957-3890~1 **Fax** : 031-957-3889 **e-mail** : zinggumdari@hanmail.net

ISBN 979-11-88783-09-0 93320

위안화 국제화
보고 2015

중국인민대학 국제화폐연구소(IMI)·교통은행 지음

김승일·전영매 옮김

 경지출판사

CONTENTS

제1장 위안화국제화지수

제3장 실크로드: 역사에서 미래로

제4장 '일대일로' 와 위안화 국제화: 상호 추진해야 하는 논리

제5장 '일대일로' 주요 무역상품 가격표시 통화의 선택

제6장 '일대일로' 인프라 융자 속의 위안화

제8장 전자상거래 위안화의 국제화에 조력

제9장 결론과 건의

서 론

　2009년 국제무역 위안화 결제업무의 시행을 시작한 시기부터 계산한다면 2014년까지 위안화 국제화의 실천은 5년이라는 세월을 거쳤다고 하겠다. 주권신용통화의 국제화 경험을 본다면, 주요 국제통화로 굴기하는 데 걸리는 시간에 비해 5년이라는 시간은 사실 너무나 짧았다. 특히 초기단계에 신흥 국제통화가 '무(無)에서 유(有)로' 변화를 실현하는 것은 어렵지 않았지만, 국제화 정도가 안정적이고 빠르게 '저급 단계에서 고급 단계에 이르는 것'은 거의 완성할 수 없는 과제라는 것은 정해진 이치라고 할 수 있다. 그런 점에서 중국의 위안화는 어쩌면 역사를 고쳐 쓰고 있는지도 모른다.중국인민대학 연구팀의 국제 경제활동 과정에서 위안화의 실제 사용정도에 대해 객관적으로 서술한 종합정량지표의 추산에 따르면 - 위안화국제화지수(RII)가 2014년 연말에는 2.47%에 달했다. 2009년 연말에 그 지수는 겨우 0.02%에 그쳤던 것이 5년 사이에 120여 배나 늘어났던 것이다. 그밖에 달러화 · 유로화 · 파운드화 · 엔화 등 주요 4대 통화의 국제 사용비중은 전년도보다 뚜렷이 하락하고 위안화 · 오스트레일리아달러화 · 캐나다달러화 및 기타 신흥 국제통화의 비중은 다소 상승했다. 2014년 연말 엔화의 국제화지수는 3.82%까지 떨어졌다.

중대하고 불리한 사건만 발생하지 않는다면 위안화의 국제화정도는 앞으로 1~2년 내에 어쩌면 엔화를 추월해 주요 국제통화의 반열에 오를 수도 있을 것으로 보았다.

2014년 위안화의 국제 사용정도는 꾸준하고 비교적 빠른 성장을 이어와서 무역과 금융의 이륜구동 패턴이 더욱 두드러져 위안화의 국제수용 정도가 대폭 상승했다. 지역간 무역협력이 가속화되고 국제무역 위안화 결제 편리화 정책이 점차 실행됨에 따라 2014년 연간 국제무역 위안화 결제규모가 6조 5,500억 위안에 달했는데 이는 동기보다 41.6% 성장했던 것이다. 세계 무역에서 위안화 결제 비중은 2.96%까지 올랐다. 한편 금융거래가 점차 위안화 국제비중의 상승을 떠미는 주요 역량이 되었다. 2014년 위안화의 직접투자 규모는 1조 500억 위안에 달해 동기보다 96.5% 성장했으며, 위안화 국제채권시장은 갈수록 번영하였고, 유라시아에 널리 분포된 위안화 역외금융시장도 중대한 발전을 이루었다. 세계 자본과 금융거래에서 위안화가 차지하는 비중이 2.8%에 달했다. 현재, 위안화는 제2국제무역융자 통화가 되었으며, 세계 5위의 상용 지급통화와 7위의 외환거래 화폐가 되었다. 위안화는 정부 차원에서도 더 많은 인정을 받았다.

중국인민은행은 이미 28개 국가와 지역의 통화당국과 통화스와프협정을 체결했는데, 그 총 규모는 4조 700억 위안에 이른다. 위안화는 이미 일부 국가 중앙은행의 준비통화 혹은 개입통화로 되었다.

이를 비추어볼 때 2015년 연례 SDR(특별인출권) 가치평가 검사에서 위안화를 통화바스켓에 편입시킬 확률이 아주 높다. 만약 위안화가 SDR 통화바스켓에 편입된다면 이는 국제통화기금이 위안화의 국제준비통화 역할에 대해 공식적으로 인정했음을 표명하는 것이기도 하고, 또 위안화가 주요 국제통화의 반열에 올랐다는 중요한 상징으로서 그 상징적인 의미가 자못 크다. 집행이사회가 '통화기준을 자유롭게 적용할 수 있다'는 이유로 위안화를 재차 거부해도 위안화의 국제화 진전을 늦추거나 막을 수는 없다. 그것은 기존 성적의 토대 위에서 중국이 적극 추진 중인 '일대일로(一帶一路)' 전략계획이 위안화의 국제사용에 더욱 좋은 기회를 많이 창조함으로써 위안화 국제화의 발전은 계속 빠르고 안정적으로 이루어질 수 있도록 할 것이기 때문이다.

중국은 고대 실크로드의 '평화 협력, 개방 포용, 서로 배우고 본받기, 서로 이득이 되며 이익을 공유'하는 사상적 내용을 이어받아 2013년에

'일대일로'전략을 제기했다. 이는 중국이 창도하는 신형의 지역협력 패턴으로서 그 목적은 세계 최장 경제벨트의 성장 잠재력을 충분히 발굴해내고자 하는데 있다. 21세기 들어 '일대일로'전략과 위안화 국제화전략은 중국이 신흥대국으로서 제기한 전 세계의 주목을 받는 두 가지 중요한 계획이다. 이 두 가지 전략은 우선 중국의 국가이익에 부합되며 신흥대국을 위해 필수적으로 지탱할 수 있는 힘을 마련해 줄 수가 있다. 또한 이 두 전략은 전 세계의 이익에 부합되며 현행 세계경제질서와 국제통화시스템에 대한 진일보를 위한 보완으로서 신흥대국의 책임과 사명을 반영했다.

2015년도 《위안화 국제화 보고》 연구 주제는 '일대일로'건설 중 통화전략이다. 연구팀은 주로 다음과 같은 몇 가지 업무를 완성했다. 첫째, '일대일로'건설의 '5통[五通, 정책적으로 서로 소통하고(政策溝通), 시설을 서로 연결시켜 통하게 하며(設施聯通), 무역이 막힘없이 서로 통하게 하고(貿易暢通), 자금을 융통시키며(資金融通), 민심을 서로 통하게 하는(民心相通) 다섯 가지를 통하게 함]'의 목표를 명확히 제기해서 공공재를 공급하고자 하는 중국의 양호한 소망과 역사적 책임을 표현했다.

둘째, 이론 탐구·역사 경험·실증 검증 등의 여러 각도에서 '일대일로'와 위안화의 국제화 이 두 가지 국가발전전략을 서로 추진한다는 논리성에 대해 계통적으로 정리했다. 셋째, 특히 대종 상품의 가격표시와 결제·인프라 융자·산업단지 건설·국제 전자상거래 등은 마땅히 '일대일로' 건설을 빌려 위안화의 국제화 수준을 한층 더 높일 수 있는 효과적인 돌파구가 되어야 함을 강조하고 필요성과 실행가능성 등의 문제에 대해 깊이 있게 토론을 전개했다.

세계 공공재 공급 총량의 부족과 구조의 불균형으로 인해 특히 개발도상국가에 필요한 세계 공공재가 극도로 부족하기 때문에 세계경제와 금융의 발전과 안정을 심각하게 제약하고 있다. 미국 등 선진국이 세계 공공재 공급을 줄이고 있는 상황에서 중국은 세계 제2 경제체와 제1 무역국, 그리고 중요한 직접 투자국으로서 세계 공공재를 제공할 수 있는 충분한 능력을 갖추었다. 게다가 중국은 최대 개발도상국가로서 개발도상국가의 세계 공공재 공급을 만족시키는 방면에서 어쩌면 돌파구를 찾을 수 있을 것이다. '일대일로' 건설은 세계에서 가장 매력적인 합작과 공동 번영의 운명공동체를 형성할 것이다. 이를 계기로 중국은 5개 방면에서 세계

공공재의 공급을 늘릴 수 있다. 즉 국제협력의 새로운 이념과 새로운 패턴을 형성하고, 고효율적인 '후롄후통(互聯互通. 정책, 도로, 무역, 통화, 민심의 다섯 가지 영역에서 서로 연결시켜 통하게 함)'을 실현하며, 새로운 국제통화를 제공하고, 신형 국제금융기관을 설립하며, 국부적인 전쟁과 테러리즘을 해소하기 위한 새로운 수단을 제공할 수 있는 것이다.

　'일대일로' 연선국가들의 위안화 사용 수준을 높이는 것도 중국이 세계 공공재 공급을 늘리는 것이다. 위안화는 무역가격표시통화로서 국제경제무역활동 과정에서 점차 인정을 받고 있는데 여러 국가가 중국에 대한 무역비용을 낮추는데 이롭고 무역결제가 편리하며, 또 양자무역 과정에 제3자 통화의 사용에 따르는 리스크를 피할 수 있다. 중국은 인프라 건설 방면에서 독특한 장점이 있어 신형의 다국적 금융기관의 설립을 통해 세계자원을 동원할 수 있고, 위안화 채권·대출·직접투자 등의 다양한 형식을 통해 중대한 기둥 프로젝트의 실현을 위한 금융적 지원을 제공함으로써 '일대일로' 건설을 위한 튼튼한 물질적 토대를 마련할 수 있다. 실제로 위안화는 '일대일로'에서 무역가격표시와 결제, 금융거래 및 외환보유고 기능을 전면적으로 발휘할 수 있다. 이는 중국이 연선국가에 새로운 국제통화 및 리스크 관리체제를 제공하고 경제금융 안전의 닻(錨)을 형성했으며 지역경제와 금융안정을 수호하기 위해 중대한 기여를 했음을 의미한다.

'일대일로' 건설에서 정책적으로 서로 소통하고, 시설을 서로 연결시켜 통하게 하며, 무역이 막힘없이 잘 통하게 하고, 자금을 융통시키며, 민심을 서로 통하게 하는 등 5대 목표를 실현시켜야 한다. 결국은 중국이 연선국가들과 지역경제협력을 강화해 지역협력을 심화하는 대 국면을 점차 형성토록 해야 한다. '일대일로' 의 연선국가들은 자원상황이 서로 다르고 경제적 보완성이 강해 서로간의 합작 잠재력과 공간이 아주 크다. 중국이 추진 실행 중인 위안화의 국제화 과정은 연선국가들 간의 통화 유통을 직접 강화할 수 있어, '5통' 목표를 실현하고 지역 경제협력을 심화하는데 관건적이고 적극적인 역할을 발휘할 수 있다. 이론 연구와 실증 연구결과가 표명하다시피 지역 내에서 가장 빈번하게 사용되는 본위화폐의 비중을 늘리면 지역 내 금융 리스크를 효과적으로 방지할 수 있고 거래비용을 낮출 수 있으며 지역 경제의 전체적인 경쟁력을 높일 수 있고 지역 내의 무역 일체화와 경제 일체화 진척을 가속시킬 수 있다. 중국은 '일대일로'

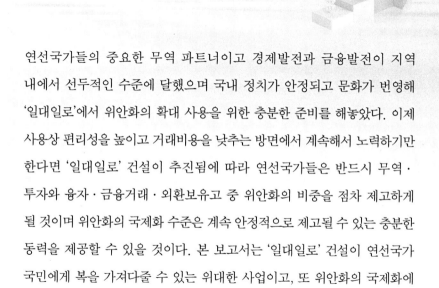

연선국가들의 중요한 무역 파트너이고 경제발전과 금융발전이 지역 내에서 선두적인 수준에 달했으며 국내 정치가 안정되고 문화가 번영해 '일대일로'에서 위안화의 확대 사용을 위한 충분한 준비를 해놓았다. 이제 사용상 편리성을 높이고 거래비용을 낮추는 방면에서 계속해서 노력하기만 한다면 '일대일로' 건설이 추진됨에 따라 연선국가들은 반드시 무역 · 투자와 융자 · 금융거래 · 외환보유고 중 위안화의 비중을 점차 제고하게 될 것이며 위안화의 국제화 수준은 계속 안정적으로 제고될 수 있는 충분한 동력을 제공할 수 있을 것이다. 본 보고서는 '일대일로' 건설이 연선국가 국민에게 복을 가져다줄 수 있는 위대한 사업이고, 또 위안화의 국제화에 있어 얻기 어려운 역사적 기회를 마련해줄 것이라고 주장한다. '일대일로'와 위안화의 국제화 이 두 가지 국가발전전략은 서로 추진하면서 상부상조할 수 있는 것이다. 그러나 구체적인 실행 과정에서 다음과 같은 몇 가지 문제에 주의해야 한다.

첫째, '일대일로' 건설 과정에서의 통화전략은 4개 방면에서 중점적으로 돌파구를 찾아야 한다. 1, 중국은 연선국가와의 대종 상품무역에서 중국의 장점을 이용해서 연선국가는 중요한 지위 및 금융기관과 선물시장

방면에 있어 위안화 가격표시와 결제를 실현할 수 있도록 적극 추진하고
알루미늄광석 · 철광석 · 석탄 수입을 우선적으로 고려하도록 건의해야
한다. 2, 인프라 건설 방면에서 중국의 경험과 자금동원 능력을 이용해
위안화가 연선 인프라 융자의 관건 통화가 될 수 있도록 대대적으로
추진해야 한다. 특히 정부지원 · 정책성 대출 · 혼합 대출 · 인프라 채권
발행에서 위안화를 더욱 많이 사용하도록 해야 한다. 3, 무역 혁신 · 산업
집결 등의 방면에서 산업단지 특유의 장점을 이용해 단지 계획과 건설에서
위안화의 사용을 적극 이끌고 역외시장에서 위안화의 합리적인 분포를
추진해 세계 위안화 거래 네트워크를 형성토록 해야 한다. 4, 연선국가들의
국제 전자상거래 발전의 지리적 장점과 문화적 장점을 이용해서 전자상거래
중 위안화 가격표시와 국제 결제를 크게 지지해 위안화가 민간에 깊이 뿌리
내리고 널리 인정을 받고 받아들여질 수 있도록 적극 쟁취해야 한다.

둘째, 개방과 포용의 발전이념을 고수하고 전 세계의 자원을 동원해서
연선국가들에게 복지를 가져다줘야 한다. 아시아인프라투자은행(AIIB)과
같은 다자협력기구가 역내와 역외의 많은 국가와 지역에서 열렬한 호응과
적극적인 참여를 이끌어냈다. 이는 우리에게 공동 건설과 가치관 공유의

최대 공약수를 찾으면 서로에게 이롭고 공동 번영하는 목표에 이를 수 있다고 일깨워주고 있다. 따라서 '일대일로' 건설이건 그중의 통화전략이건 모두 여러 국가들이 자체적으로 가지고 있는 유리한 자원을 가지고 널리 참여하는 것을 환영하며 다양한 인류문명의 훌륭한 성과를 충분히 받아들일 수 있다. 특히 선진국가가 경제건설 · 금융발전 · 리스크 관리 · 지역협력 · 다자 관리 등의 방면에서 거둔 경험과 지혜를 본받고 배워야 한다.

셋째, '일대일로'와 위안화의 국제화 2대 전략은 모두 국내 경제발전의 유력한 지지를 필요로 한다. 대외투자 혹은 대출은 자금의 효율과 안전성을 중시해야 하는 것 외에 서방국가의 역사적 교훈도 받아들여 자금이 맹목적으로 외부로 유출되어 자국 산업을 업그레이드시킬 수 있는 기회를 잃어 치열한 국가경쟁에서 성공을 앞둔 시점에서 실패해버리는 것은 절대 삼가야 한다. 이로부터 2대 대외전략의 성공 여부는 결국에는 국내 경제체제의 전환과 기술발전 및 제도의 혁신에 의해 결정된다는 사실을 알 수 있다.

천위루(陳雨露)

2015년 5월

제1장
위안화국제화지수

1.1 위안화국제화지수에 대한 정의 및 창조

1.1.1 위안화의 국제화

위안화의 국제화는 위안화가 국제통화로서의 기능을 행사하며 주요 무역가격표시결제통화·금융거래통화·정부의 국제준비통화가 되어 가는 과정을 가리킨다. 2008년부터 세계경제의 건전한 발전과 국제금융의 안전을 수호하기 위한 목적에서 국제통화체제 개혁을 진행해야 한다는 목소리가 높아지고 있으며, 달러화에 대한 지나친 의존도를 낮추고 국제통화의 다원화를 추진하며, 개발도상국가의 국제통화 발언권을 높이는 것이 필연적인 추세가 되었다. 중국은 최대 개발도상국가이자 세계 제2의 경제체제로서 당면한 국제통화 체제개혁 문제에서 마땅히 일익을 담당하고 역사적 사명을 짊어져야 하며, 위안화의 국제화를 통해 세계 각국에 안전하고도 믿음직한 세계 공공재를 제공해야 한다. 한편 중국의 국가이익을 수호하고 경제체제전환과 산업 업그레이드를 추진하는 새로운 동력으로 위안화의 국제화를 선택하는 것은 이미 중국의 꿈을 실현하기 위한 중요한 국가전략 중의 하나로 되었다.

국제금융의 역사가 표명하다시피 통화의 국제화는 일부 기본조건을 갖추어야 한다. 예를 들어 실물경제의 안정적인 발전을 유지해 국제경제와 무역에서 중요한 지위를 차지해야 하고, 국내 금융의 자유화 수준과 대외개방도가 비교적 높아야 하며, 통화의 국제화에 유리한 거시적 경제와 시장제도적 토대를 수립해야 하고, 환율의 안정을 유지하고 거시경제에 대한 뛰어난 통제력을 갖춰야 하는 것 등이다. 위안화가 이미 통화의 국제화 조건을 기본적으로 갖추었고, 또 지난 5년간 위안화의 국제 사용에서 세계가 주목하는 발전을 거두었지만, 국제통화 사용 관성의 작용아래에서는 무역과 금융거래에서 가격표시결제통화의 대체는 적지 않은 심리적 장애를 극복해야 한다. 위안화가 주요 국제통화가 되려면 여전히 길고도 힘든 과정을 거쳐야 한다. 통화의 국제화 발전법칙에 따라 위안화의 국제화는 반드시 주변화 - 지역화 - 세계화라는 3개의 발전단계를 거쳐야 하며, 적어도 약 20년의 시간이 필요하다. 국제경제 환경과 중국 경제성장세에 중대하고 불리한 변화가 일어나지 않는다는 설정을 전제로 할 경우, '일대일로' 건설을 꾸준히 추진함에 따라 2020년 위안화 국제화의 제2단계 목표 - 위안화를 아시아지역의 관건 통화로 삼는다는 목표가 실현될 수 있다. 그때가 되면 위안화는 달러화와 유로화 버금가는 세계 제3위의 통화가 될 것이다.

위안화의 국제화는 시장의 자연적인 형성과 정부의 정책적 유도가 결합되어 형성되어가는 과정에 있다. 중국경제의 효과 증대와 안정적인 발전은 위안화의 국제화에 튼튼한 물질적 토대를 마련하고, 중국 정치 · 군사·문화 등의 방면에서 종합적인 실력의 제고는 위안화 국제화의 근본적 보장이 되며, 해외시장 경제주체의 위안화 수요 확대는 위안화의 국제화에 외부 동력을 제공했다. 2014년 중국이 창도하는 '일대일로' 건설의 장대한 전략에 대한 국제사회의 적극적인 반향으로 위안화의 국제화는 얻기 어려운 중대한 역사적 기회를 얻었으며, 이에 따라 그

진척은 뚜렷하게 가속화되었다. '일대일로'는 세계에서 포함 범위가 가장 큰 경제 회랑이다. 2014년 5월 21일, 시진핑(習近平) 중국 국가주석은 아시아 교류 및 신뢰구축회의(CICA)에서 정상회의 기조연설을 통해 "중국은 여러 국가들과 함께 '실크로드 경제벨트'와 '21세기 해상 실크로드' 건설을 가속 추진하고 아시아인프라투자은행을 하루 빨리 가동해서 지역협력에 더 깊이 참여함으로써 아시아발전과 안전을 추진하며, 서로 추진 협력하고 보완해서 각자의 능력을 더욱 잘 나타낼 수 있도록 할 것"이라고 밝혔다.

'일대일로'는 중국의 주도로 시작된 새로운 경제 지역화 패턴으로서 국내의 서부개발과 경제의 지속 가능한 발전에 유리할 뿐만 아니라, 새로운 국제경제무역질서를 수립하고 위안화가 주요 국제통화의 방향으로 발전할 수 있는 국제 공간을 개척하는 데에도 도움이 된다. 이러한 역사적 계기를 적극 이용해서 위안화 국제화의 역사적 명제를 '일대일로' 건설과 합작 틀 내로 끌어들여 '일대일로'로써 위안화의 국제화를 추진하고 위안화의 국제화로 '일대일로' 건설을 가속하는 새로운 국면을 형성할 수 있을 것이다.

1.1.2 위안화국제화지수에 대한 간략한 소개

국제사회에서는 일반적으로 정부의 외환보유고 중에서 통화가 차지하는 비중으로 통화의 국제화수준을 판단한다. 각국 정부는 국제통화기금(International Monetary Fund, IMF)의 통계 요구에 따라 자국 정부 외환보유고 중에서 앞자리를 차지하는 통화를 IMF에 보고해 IMF가 그 지표를 발표한다. IMF는 세계 각국 정부의 외환보유고 중에서 차지하는 비중이 1% 이상인 통화에 대해서만 단독 통계하는데 그 조건에 부합되는 통화에는 현재로는 달러화·유로화·엔화·파운드화·스위스 프랑화·캐나다 달러화·오스트레일리아 달러화뿐이다. 즉, 다시 말하면 정부의 외환보유고 중에서 통화가 차지하는 비중이라는 국제 통용지표로써 위안화의 국제화수준을 판단할 수 없다는 말이다.

위안화의 국제화에 대한 국제사회의 인지 수요를 만족시키고 국제경제활동 과정에서 위안화의 사용 상황을 객관적으로 반영하기 위해 중국인민대학 국제통화연구소가 위안화국제화지수(RMB Internationalization Index, RII)를 창조했다. 우리는 국제통화의 기본 기능에서 출발해 국제통화의 기능이 실물경제 거래를 위한 서비스과정에 주로 반영되어야 한다고 강조한다. 따라서 위안화국제화지수는 무역 가격표시결제통화와 직접투자 통화·국제채권거래통화로서의 위안화의 기능을 강조했으며 이를 지도방침으로 적당한 변수 및 지표를 선택해서 종합적인 다변수합성지수를 창조함으로써 위안화 국제화의 진실한 수준을 판단하고 반영하기로 했다. RII지수의 수치 및 구조변화에 대한 관찰을 통해 위안화의 국제화 정도와 그 주요 영향 요소를 직관적이고 명확하게 평가 판단할 수 있을 뿐만 아니라 위안화의 국제화에 대한 다양한 요소의 작용 방향·영향의 크기에 대해 파악할 수 있으며 또 주요 통화의 전 세계 사용상황에 대해 추이 비교를 진행할 수 있다. 이에 따라 정부의 정책결정 부문과 개인 부문이 위안화 국제화의 추이 변화를 정확하게 파악하고 위안화의 국제화과정에서 나타나는 국내외의 새로운 기회를 제때에 포착하며 끊임없이 나타나는 새로운 도전에 대해 명확하게 인식한 뒤 그에 대비해 대책을 조정하거나 제정할 수 있도록 실행 가능하고 과학적인 수단과 고효율적인 관리수단을 마련해야 한다.

1.1.3 위안화국제화지수의 구축 원칙

첫째, 국제통화기능에 입각해 위안화의 국제응용실제상황을 반영할 뿐만 아니라 위안화 국제화의 유도방향도 반영해서 실물경제거래의 유통수단으로서 위안화의 기능을 부각하는 것이다. RII 창조의 핵심목표는 세계 각국의 위안화 사용현황을 객관적으로 반영함으로써 정부당국의 관련 정책 제정과 개인 부문의 위안화 관련 금융상품 사용 및 상응한 금융전략의 제정을 위한 객관적이고 공정하며 신뢰할 수 있는 의거를 제공하는 것이다. 글로벌 금융위기를 겪으면서 사람들은 가상 경제의 지나친 발달이 가져다준 위해성에 대해 인식하게 되었다. 일단 통화가 실물경제를 떠나 내생적으로 팽창하게 되면 금융시스템의 안정적인 운행이 심각하게 파괴될 수 있다는 것이다. 따라서 위안화국제화지수는 절대 가상 경제 혹은 파생 금융상품 거래 기능에 지나치게 치중해서는 안 되며 마땅히 실물경제의 거래유통기능을 강조해 지수 창조 시 무역 결제에 적당한 무게를 두었다.

둘째, 비교성과 활용성을 종합적으로 고려해야 한다. RII 창조의 취지 중 한 가지가 세계 각국에 국제거래와 준비통화 선택의 의거를 제공하기 위한 것으로서 이에 따라 설계 과정에서 반드시 각기 다른 통화 사이에서 평가 결과의 횡적인 비교성과 동적인 비교성을 염두에 둘 것을 요구한다. 위안화와 기타 주요통화의 국제화지수에 대한 비교를 통해 구조상에서 위안화의 국제화를 추동하거나 혹은 저애하는 주요 요소를 인식하고 위안화 국제화와 기타 주요통화의 국제화 간의 차이를 알며 그 중의 주요 모순과 두드러진 문제를 발견해서 정부가 위안화의 국제화 목표 실현 상황 및 추진 조치의 효과성에 대해 분석 검토할 수 있도록 편리한 평가 수단을 제공함으로써 중국 정부가 위안화의 국제화 과정에서 제때에 기회를 포착하고 적절한 맞춤형 대책을 제정해 위안화의 국제화를 착실하게 고효율적으로 추진할 수 있도록 하는 것이다. 이와 동시에 지표체계를 설계할 때 또 데이터의 입수 가능성과 활용성을 충분히 고려해야 한다. 일부 특별히 중요하지만 또 직접 데이터를 입수할 수 없는 지표에 대해서는 가급적 많은 정보에 근거해 예측해야 한다. 게다가 선택한 지표의 내용은 이해하기 쉬워야 하며 여러 가지로 해석되지 않도록 해서 구축한 RII를 정확하고도 편리하게 계산하고 응용할 수 있도록 확보해야 한다.

셋째, 구조의 안정성과 융통성을 두루 고려해야 한다. RII 창조에서 의거한 지표 · 여러 지표의 비중이 자주 바뀌지 않도록 하는 것이 좋다. 그래야만 평가 결과에 대한 해석이 일정한 지속성과 동적인 비교성을 갖추게 된다. 그러나 지수 창조에 의거한 지표와 그 비중을 대함에 있어서 경직되지 말고 일정한 융통성을 유지해야 한다. 위안화 국제화는 각기 다른 단계마다 각기 다른 전략목표가 있고 게다가 이들 단계성 전략목표는 또 국제정치와 경제형세의 변화에 근거해 적당하게 조정해야 하기 때문이다. 위안화의 국제화 진척을 정확하고도 객관적으로 반영하기 위해 RII 창조 시 사용한 지표 및 여러 지표의 비중은 마땅히 위안화의 국제화 실천 및 중국의 전략목표와 맞물려야 하며 각기 다른 단계에 적당한 조정을 진행할 수 있어야 한다.

넷째, 지수의 창조방법은 투명하고 간단해야 한다. RII 창조에서 지표선택 원칙 · 비중확정 원칙은 모두 과학성과 활용성의 지도하에 응용해야 한다. 그리고 반드시 비교적 간단하고 직관적인 계산방법을 이용하고 복잡하고 이해하기 어려운 방법은 피해야 한다. 이밖에 지수의 창조방법은 공개적이 되도록 해서 정부와 관련 연구분야 인원들이 위안화의 국제화 문제에 대해 협동 연구하는데 편리하도록 해서 RII의 과학적인 발전을 위한 튼튼한 토대를 마련해야 한다.

1.1.4 위안화국제화지수 체계

이론적으로 볼 때 통화는 가치척도와 결제수단 및 가치저장의 세 가지 기능을 갖추고 있다. 국제무역에서 일반적으로 가격표시통화가 결제통화이고 또 RII를 창조한 목적 중 하나가 국제경제활동에서 위안화의 실제사용상황을 집중 반영하기 위한 것이기 때문에 가치척도의 기능과 결제수단의 기능을 합쳐 가격표시결제기능으로 정의했다.

위안화국제화지수의 일급 지표에는 주로 국제가격표시결제기능과 국제 보유고 기능의 2대 종류가 포함되고 국제가격표시결제기능은 또 무역과 금융 2대 분야에서 반영할 수 있기 때문에 국제화지수 중에서 무역계산과 금융계산 · 정부 외환보유고기능을 병행해서 차지하는 비중이 모두 각각 3분의 1씩 되도록 했다.(표 1-1 참고)

RII 창조 원칙 중의 하나인 실물경제 거래 유통 기능 방면으로 유도해야 한다는 원칙에 따라 위안화가 국제무역에서 실현하는 결제기능은 위안화의 국제화를 평가하는 중요한 구성부분으로서 구체적인 3급 지표는 세계무역총액에서 위안화 결제가 차지하는 비중을 선택할 수 있다.

국제수지 균형표에 따르면 금융계좌에는 주민과 비주민 간의 금융거래활동이 망라된다. 금융거래에는 직접투자·국제증권·국제 신용대출의 3대 분야가 포함된다. 지표체계에서는 이 3대 분야의 금융거래에서 위안화의 실제 기능에 맞춰 상응한 지표를 각각 설치했다. 본 보고서에서는 증권거래부분의 지표 설치에 대해 다음과 같이 설명한다.

표 1-1 위안화국제화지수 지표 체계

1급 지표	2급 지표	3급 지표
	무역	세계무역총액 중 위안화 결제 비중
국제가격표시 결제기능	금융	세계 대외신용대출 총액 중 위안화 신용대출 비중
		세계 국제채권과 어음 발행액 중 위안화 표시 채권과 어음 비중
		세계 국제 채권과 어음 잔액 중 위안화 표시 채권과 어음 비중
		세계 직접투자 중 위안화 직접 투자 비중
국제 보유고 기능		세계 외환보유고 중 위안화 보유고 비중

주: 세계무역총액 중 위안화 결제 비중=위안화 국제무역금액/세계무역수출입총액
세계 대외신용대출 총액 중 위안화 신용대출 비중=위안화 해외신용대출금액/세계
대외신용대출총액
세계 국제채권과 어음 발행액 중 위안화 표시 채권과 어음 비중=해외 발행 위안화
표시 채권과 어음 발행액/세계 국제채권과 어음 발행액
세계 국제채권과 어음 잔액 중 위안화 표시 채권과 어음 비중=해외 발행 위안화 표시
채권과 어음 잔액/세계 국제채권과 어음 잔액
세계 직접투자 중 위안화 직접투자 비중=위안화 직접투자액/세계 직접투자액
세계 외환보유고 중 위안화 보유고 비중=위안화 정부 보유고 잔액/세계 외환보유고
잔액

국제증권거래에는 채권과 주식 두 개의 부분이 포함된다. 국제금융은 거대한 비대칭정보에 따르는 리스크가 존재한다. 고정수익이 있는 채권의 리스크 통제력은 주식보다 우월하다. 따라서 국제 채권시장의 규모는 주식시장의 규모를 훨씬 초월해 국제증권시장에서 줄곧 주도적 지위를 차지한다. 이밖에 주요 국가의 주식시장 규모는 항상 본위화폐로 가격을 표시하기 때문에 비주민 주식투자에 대한 통화별 통계가 부족하다. 금융학 원리와 데이터 입수 가능성 두 가지 방면에서 고려하여 본 보고서는 국제 결제은행(Bank for International Settlements, BIS)의 국제 채권과 어음지표로써 국제증권거래를 반영했다. BIS의 통계 분류 기준에 따라 국제 채권과 어음에는 다음과 같은 것이 포함된다. 첫째, 국내 기관과 비 국내 기관에서 발행한 모든 비 본국 통화증권과 어음, 둘째, 본국 시장에서 해외 기관이 발행한 모든 본국 통화증권과 어음, 셋째, 비 주민이 구매한 본국 시장에서 본국 기관이 발행한 모든 본국 통화증권과 어음이다.

이로부터 국제채권과 어음지표는 국제증권시장에서 한 나라의 통화 국제화정도를 아주 잘 반영하고 있음을 알 수 있다. 위안화 국제채권과 어음의 거래상황을 더욱 전면적이고 정확하게 반영하기 위해서 본 보고서는 두 가지 지표를 사용했다. 한 가지는 보존량 지표로서 채권과 어음의 잔액이고, 다른 한 가지는 유동량 지표로서 채권과 어음의 발행액이다. 그 이유는 보존량 지표는 국제채권과 어음 거래에서 위안화의 현실적 지위를 객관적으로 반영할 수 있고 유동량 지표는 위안화 국제채권과 어음의 동적인 변화를 더 잘 포착할 수 있기 때문이다. 물론 유동량의 축적이 보존량을 형성한다. 유동량 지표와 보존량 지표 사이의 이런 관계로 인해 보존량 지표 자체에 유동량 지표의 정보가 포함됨이 결정된다. 따라서 우리는 위안화의 국제채권과 어음 거래의 보존량 지표에 비교적 큰 가중치를 부여했다.

국제 보유고 기능은 국제 통화기능의 가장 전형적이고 가장 집중적인 반영이다. 일반적으로 한 나라의 통화가 국제 보유고 중에서 차지하는 비중은 가장 직접적이고 분명한 통화의 국제화 판단 지표로서 그 지표는 현재 IMF가 발표한다. 절대다수 국가들은 자국 이익에서 출발해 일반적으로 정부 외환보유고 중 구체적인 통화의 구조에 대해서 공개하지 않는다. 이는 위안화 국제 보유고 기능 지표의 데이터 수입에 아주 큰 어려움을 제공하고 있다. 비록 위안화가 아직 IMF의 단독 통계 반열에 오르지는 못했지만 중국 통계제도가 꾸준히 보완되고 있고 국제협력이 깊어짐에 따라 정부 외환보유고 중에서 위안화가 차지하는 비중 지표 관련 데이터의 입수 가능성이 개선될 전망이다.

RII 지표의 주요 데이터 출처는 중국인민은행·국제통화기금·국제결제은행·세계은행·유엔무역과발전회의·경제협력조직이다. 위안화의 국제화정도가 높아짐에 따라 상기 국제조직의 지표 통계가 개선될 것이며 국제무역과 국제금융 분야에서 위안화의 사용상황도 단독 통계가 가능해질 것이다. 그때가 되면 국제조직 지표 통계가 개선되고 세분화됨에 따라 RII의 지표 체계에 더욱더 많은 지표를 끌어들일 수 있고 또 지표 권한 부여 방면에서 적당하게 조절을 진행할 수 있다.

1.1.5 위안화 국제화지수 계산방법 및 그 경제적 함의(含意)

RII 지표 체계 중 매 하나의 지표 자체가 모두 비중을 가리티는 지표로써 수량 차원의 구별이 존재하지 않기 때문에 무차원화(无量綱化, nondimensionalize, 혹은dimensionless)처리를 할 필요가 없이 직접 가중치 평균을 구하고 RII를 작성할 수 있다.

$$RII_t = \frac{\sum_{j=1}^{5} X_{jt} w_j}{\sum_{j=1}^{5} w_j} \times 100$$

이 공식에서 RII_t는 제t기의 위안화국제지수를 표시하고, X_{jt}는 제 j 번째 변수가 제 t 기 내에서의 수치를 표시하며, wj 는 제 j 번째 변수의 가중치를 표시한다.

RII의 경제적 함의에 대해서 다음과 같이 해독해야 한다. 만약 위안화가 세계 유일한 국제 통화라면 RII지표체계 중 여러 지표의 수치는 마땅히 100%여야 하며 이때 RII는 100이다. 반대로 만약 위안화가 그 어떠한 국제경제무역에서도 아예 사용되지 않았다면 여러 지표의 수치는 0이며 이때 RII는 0이다. 만약 RII의 수치가 꾸준히 커진다면 국제경제에서 위안화가 국제통화의 기능을 더 많이 발휘했음을 표명하며 그 국제화 수준도 갈수록 높아지고 있음을 알 수 있다. 예를 들어 RII가 10일 경우 세계 각국의 국제무역·자본 유동·정부 외환보유고 자산 거래활동 중 거래액의 10분의 1이 위안화를 사용했음을 의미한다.

1.2 위안화국제화지수 및 변동 원인

1.2.1 위안화국제화지수 현황

2014년, 중국은 경제가 안정되게 운행되고 경제와 금융 개혁이 빠른 추진세를 보였다. 국제 위안화정책과 결제 배치가 진일보로 보완되고 역외시장이 꾸준히 확대됨에 따라 국제무역과 국제금융거래 및 외환보유고 등의 분야에서 위안화에 대한 수용정도가 빠르게 제고되고 위안화의 국제화 수준이 대폭 제고되었다. 표 1-1에서 알 수 있다시피 2014년 RII가 계속 상승세를 보여 제4분기까지 RII가 이미 2.47[1]에 달했으며 동기보다 45.4% 성장했다.

2014년 4개 분기에 RII가 각각 2.37, 2.35, 2.14, 2.47이다. 위안화 국제화지수가 분기별 평균 97.3%의 성장률을 유지했다. (그래프 1-2 참고)

---

1) 제 4분기를 예측치로 함.

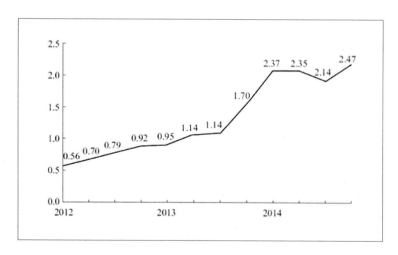

그래프 1-1 위안화의 국제화지수

주: 원시 데이터 통계의 조절을 거쳐 2013년 제 4분기의 RII는 1.69(《위안화 국제화
보고 2014》)에서 1.70으로 조절함.

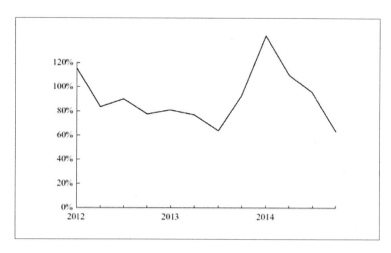

그래프 1-2 RII 분기별 동기 대비 성장 상황

1.2.2 RII 강세를 추동하는 6대 원인

2014년, 세계 경제 회복과정에 우여곡절이 많아 중국 경제의 하행압력이 커졌지만 국내외의 복잡다단한 경제 환경 속에서도 위안화의 국제화가 빠른 걸음으로 비약적으로 발전해 국제적으로 위안화 사용 규모가 고속 성장세를 보였다. 국제 은행간 통신협회(SWIFT)의 통계에 따르면 2014년 위안화가 캐나다달러화 · 오스트레일리아달러화를 대체하여 세계 제5위의 지급통화로 부상했으며 시장에서 차지하는 비중이 2.17%로 오름으로써 위안화는 신흥 통화에서 상용 지급통화로의 전변을 실현했다. 2014년, RII 강세의 주요 원인은 주로 다음과 같은 6가지이다.

첫 번째, 중국경제가 뉴 노멀 시대에 들어서서 위안화 국제화의 토대를 전면적으로 공고히 했다. 2014년, 중국은 연속 30년간 이어온 경제의 고속성장패턴을 결속 짓고 중고속발전의 뉴 노멀 시대로 접어들어 경제구조 불균형 · 환경악화 · 자원의 지나친 사용 등 기존의 발전패턴이 가져다준 부정적인 작용을 해결하는 데 착수했다. 중국공산당 제18차 3중전회에서는 새로운 시기에 개혁을 전면적으로 심화해야 한다는 전략적 과제를 명확히 제기하고 경제 뉴 노멀 시대에 시장으로 하여금 자원 배치의 결정적인 역할을 발휘할 수 있게 함으로써 개혁을 통해 체제적 장애를 제거하고 중국시장의 무한한 잠재력을 발굴할 것을 제기했다. 체제개혁의 성과로 인해 경제발전의 조화성과 지속가능성이 모두 제고되어 중국경제발전의 잠재력이 증강되었다. 2014년, 중국 주민 인구당 가처분소득 성장률이 8%에 달해 GDP의 성장률보다 높았으며 소비 기여도가 51.2%로 상승해서 경제발전동력 전환은 초보적인 효과를 나타나기 시작했다. 서비스업 생산액 비중이 48.2%로 오르고, 이동인터넷·첨단장비제조 등 전략적 신흥 산업이 새롭게 나타나고 전자상거래 등의 신흥 경영방식이 빠르게 성장했으며 중국 기업의 국제 경쟁력과 교섭력이 대폭 상승했다. 민생이 개선되고, 의료·교육·사회보험 등의 제도 건설이 보완되었으며 법에 의해 나라를 다스리고, 당을 엄하게 다스림으로써 중국 경제사회의 안정적인 발전을 위한 제도적 보장을 튼튼히 하고 새로 출범한 중국 정부의 집권에 대한 인민대중과 국제사회의 신심을 키워주었다.

정부기구를 간소화하고 권력을 하부기관으로 이양했으며 상업제도 개혁을 진행하여 행정심사비준사항을 3분의 1로 줄임으로써 새로 등록한 기업이 45.9% 늘었으며 대중 혁신, 만중 창업의 붐을 일으켰다. 비록 비교적 큰 경제하행압력이 존재하지만 중국정부는 안정적인 거시적 경제 정책조합을 널리 시행해 불거진 모순과 구조적문제를 중점적으로 해결했으며 개혁을 통해 경제발전동력을 키움으로써 중국경제의 안정적인 운행을 실현하여 GDP 성장률이 7.4%로 여전히 세계 주요 경제체의 선두자리를 유지했다. 2014년은 개혁을 심화한 첫 해로서 중국은 적극적이고 주동적으로 변혁을 모색하여 경제사회 발전의 질을 높였으며 튼튼한 경제적 토대와 밝은 발전전망을 위안화 국제화의 배경으로 삼음으로써 위안화에 대한 시장의 신심을 크게 증강시켰다.

특별란 1-1

뉴노멀 시대 중국 경제발전의 7대 기회

현재 중국경제가 '뉴 노멀'시대에 접어들어 경제성장이 통제 가능하고 상대적으로 균형을 이룬 운행 구간에 들어섰다. 외수가 무기력하고 내수가 하락하였으며 부동산 조정 및 심층 차원의 구조적 변동의 힘의 종합적인 작용 하에 경제하행압력이 다소 커졌다. 그러나 '뉴 노멀'시대에는 어려움과 도전·리스크만 존재하는 것이 아니다. 뉴 노멀은 중국의 발전이 여전히 충분히 능력을 발휘할 여지가 있는 중요한 전략적 기회기에 처했다는 판단을 바꿔놓지 않았으며 바뀐 것은 중요한 전략적 기회기의 내용과 조건이다. 또한 중국 경제발전이 총적으로 호전되고 있는 기본면은 바뀌지 않았으며 바뀐 것은 경제발전방식과 경제구조이다. 따라서 중국경제의 '뉴 노멀'은 굴기하고 있는 국가가 새로운 경제체제를 껴안는 거대한 발전의 기회를 잉태하고 있다.

첫째, 대개혁과 대조정의 기회이다. 2008년의 글로벌 금융위기는 세계경제가 거대한 구조적문제에 직면했음을 폭로했을 뿐만 아니라 동시에 세계경제 구도 속에 끼어있는 중국의 전통 성장패턴이 막바지에 이르렀음을 선고했다. 고투자가 가져다준 고에너지소모와 고오염, 소득분배 격차에 따른 사회경제모순 및 과도한 관제로 인한 혁신 부족이 이미 중국이 국가의 부강과 국민의 부유함 및 민족의 부흥을 실현하는 걸림돌이 되었다.

국민들은 대개혁과 대조정이 중국 사회경제 발전의 초석을 재구성하는 유일한 선택이라는 사실을 깊이 인식하게 되었다. 이런 '대개혁'과 '대조정'에 대한 공동인식의 형성은 '뉴 노멀'이 중국 경제 다음 단계 발전에 가져다준 최대 선물로서 세계적 구조개혁의 큰 물결 속에서 중국에 양호한 기회기를 마련해준 것이다.

둘째, 대소비·대시장과 '대국 경제효과' 구축의 기회이다. 세계 각국은 중국의 GDP가 세계 제2위를 안정적으로 차지한 동시에 시장 점유율과 소비 규모도 대폭 상승했고, 중국의 수요가 세계 수요의 가장 중요한 결정적 요소가 되었으며, '대국 경제효과'가 전면적으로 나타나기 시작했음을 놀랍게 발견했다. 첫 번째는 시장에서 전면적인 규모 효과와 범위 효과가 나타났고 생산효율의 제고가 여러 가지 비용의 상승을 효과적으로 상쇄해 중국의 세계시장 점유율이 하락하지 않도록 한 것이다. 두 번째는 소비가 성장하기 시작한 것이다. 중국 소비 규모가 여전히 매년 평균 13%의 속도로 성장하고 있어 중국 수요의 확장으로 인해 중국의 구매가 세계 경제를 안정시키는 핵심 요소가 되었다. 중국은 '세계 공장'에서 '세계 시장'으로 바뀌기 시작했다. 세 번째는 중국의 '세계 공장'이 중국의 '세계 시장'과 맞물려 대내와 대외 무역 일체화 작용 하에 중국경제의 안정성과 세계경제 파동에 대한 저항력이 대폭 상승한 것이다.

셋째, '대종심(大縱深)'과 다원 성장극 구축의 기회이다. 비록 2014년 연말까지 중국의 여러 부문의 산업구조 지표가 중국경제는 이미 후산업화단계로 전환하기 시작해서 산업화의 효과가 쇠약해지기 시작했음을 상징하지만 중국경제 종심(縱深)의 두께와 너비는 마땅히 보아내어야 한다. 즉 '창장(長江) 삼각주'·'주장(珠江) 삼각주' 및 '징진지역[베이징(北京)-톈진(天津) 지역]'이 비록 전면 서비스업의 구동으로 본격적으로 방향을 바꾸기 시작했지만 광범위한 중서부지역과 동북지역의 인구당 GDP는 여전히 5천 달러 미만이고 산업화가 여전히 고속 발전하는 중기단계에 처했음을 보아야 한다. 이는 동부지역의 산업 업그레이드를 위한 효과적인 이동공간을 제공했을 뿐만 아니라 중서부지역의 가속 발전을 위한 계기를 마련했다. 따라서 중국 산업의 기울기식 대전환(梯度大轉移)은 중국 산업화의 효과 감퇴 속도를 대폭 늦추는 한편 다원화한 성장극의 구축을 통해 중국경제의 공간 분포가 더욱 과학적이 되도록 했다.

넷째, '대인재(大人才)'와 제2차 인구 보너스(紅利)효과를 실현할 수 있는 기회이다. 루이스변곡점의 도래와 노령화사회의 임박은 중국 전통 인구 보너스효과가 사라지기 시작했음을 의미한다. 그러나 반드시 주의해야 할 바는 현재 '구인난'과 '고 인건비'문제가 주로 농민공(農民工, 도시에서 비 농산업에 종사하는 농민 노동자들을 가리킴.) 영역에서 불거지고 있다는 점이다. 중국의 취업 구도는 '대학생 취업난'과 '민공황(民工荒, 도시의 농민공 인력 부족 현상)'이 공존하는 것이다. 매년 700여만 명의 대학생이 졸업하고 있는 압력으로 인해 대학생의 취업 초봉이 농민공의 평균 임금과 비슷한 수준에 머물기 시작했다. 이는 또 중국이 인구대국에서 인력자원강국으로 향하는 관건이기도 하다. 이는 대규모의 대학교육을 받은 인구가 중국 산업 업그레이드를 위한, 자질이 높고 원가가 낮은 대규모의 산업 후비대군을 형성했음을 설명한다. 대학생과 인력자원을 핵심으로 하는 제2차 인구 보너스효과가 농민공과 저급 노동력을 핵심으로 하던 전통 인구 보너스효과를 대체하기 시작한 것이다.

다섯째, '대혁신'과 기술 보너스효과를 실현할 수 있는 기회이다. 중국기술 혁신 발전의 여러 분야 지표를 자세히 정리해보면 조방형 발전 패턴이 이미 막바지단계에 이른 한편 중국 혁신발전패턴이 두각을 나타내기 시작했음을 발견할 수 있다. 첫 번째는 기술 특허 신청이 대폭 증가한 것이다. 2013년에 특허신청 건수가 257만 7천 개에 달해 성장률이 15.9%에 이르렀으며 세계 총량에서 차지하는 비중이 32.1%로 세계 1위를 차지했다.

두 번째는 R&D 경비지출이 저수준의 역치를 돌파한 것이다. 2014년에 그 지출이 GDP의 2.09%를 차지해 성장률이 12.4%에 달함으로써 고속도 중등 수준 단계에 들어섰다. 세 번째는 기술시장의 활약 정도가 대폭 제고된 것이다. 2013년 기술시장 거래액이 7,469억 위안에 달했으며 성장률이 16%에 이르렀다. 네 번째는 첨단기술 제품의 수출이 대폭 성장해 총 규모가 6,603억 달러에 이르렀으며 수출 총 규모 중에서 차지하는 비중이 30%에 달했다. 다섯 번째는 해외에서 발표된 과학기술 논문이 2013년에 30만 편에 접근해서 세계 과학기술 논문대국의 반열에 들어섰다. 여섯 번째는 중국이 세계에서 규모가 가장 방대한 과학기술 연구인원을 보유하고 있는 것이다. 상기 매개 변수는 과학기술체제개혁을 진일보로 진행하고 여러 분야 혁신창업 활동을 격려한다면 중국의 기술혁신 보너스효과가 반드시 점차 실현될 것이라는 점을 설명한다. 중국은 '중국제조'에서 '중국혁신'으로 전환되기 시작했으며 노동력 밀집형 제조업에서 지식 밀집형 산업으로 과도하고 있다.

여섯째, 대규모 업그레이드와 업그레이드판 중국경제를 실현할 수 있는 기회이다. 시장·기술·인력 등 여러 방면 요소의 작용 하에 중국 경제는 전면적인 업그레이드 추세가 나타나기 시작했다. 첫 번째는 인구 당 GDP가 8천 달러에 달했을 때 소비의 대폭적인 업그레이드가 나타나기 시작했으며 과거 30여년의 의식주행을 주체로 하던 공업화소비에서 첨단제품과 서비스소비 위주의 후공업화 소비로 바뀌기 시작한 것이다. 두 번째는 산업이 수요의 견인 하에 제조업에서 서비스업으로, 노동 밀집형 산업에서 지식과 기술 밀집형 산업으로 대폭적으로 바뀌기 시작한 것이다. 중국 경제의 업그레이드판 초기 형태가 나타나기 시작했다.

일곱째, 대개방과 중국경제 세계 분포의 기회이다. 중국경제실력의 전면적인 제고 및 2008년 글로벌 금융위기가 가져다준 세계 경제 구도의 변화가 중국에 전례 없는 대개방과 세계 분포의 기회를 가져다주었다. 첫 번째는 중국이 '상품수출시대'에서 더 고급적인 '자본수출시대'로 바뀌기 시작한 것이다. 대외 FDI가 고속 성장하고 해외 합병이 비약적으로 발전해 평균 성장률이 30%가 넘었으며 대외투자총량이 2014년에 이미 1천억 달러를 돌파했다. 두 번째는 지역성 자유무역구를 수립함으로써 중국개방의 플레이트효과를 전면 강화했다. 세 번째는 '일대일로'를 핵심으로 중국 공간전략과 개방전략의 전면적인 연결을 전개했으며 인프라 시설의 상호연결을 통해 중국의 새로운 국제합작 구도를 형성했다. 네 번째는 브릭스은행·아시아인프라투자은행·실크로드기금 등 국제 금융기관의 설립을 통해 구미가 국제금융을 통일하던 구도를 깨뜨렸다. 이러한 확장은 중국 자원배치의 공간 및 이익 패턴을 효과적으로 확장했으며 이에 따라 중국을 반드시 새로운 발전 단계로 이끌게 될 것이다.

물론 상기 7개의 기회를 잘 장악하여 여러 가지 전략기회를 실제 성장과 발전으로 전환시켜야 한다. 이는 우리가 '뉴 노멀' 시대에 직면하여 여러 가지 문제와 도전을 효과적으로 해결해야 할 뿐 아니라 전면적 개혁 심화의 토대 위에 다음 단계 경제발전에 맞는 제도체제를 수립할 것을 요구한다.

(중국인민대학 교장 천위루[陳雨露])

두 번째, 금융개혁이 빠르게 추진되고 국제 위안화정책이 꾸준히 완성되어 위안화의 국제화 이륜구동 패턴이 형성되었다. 2014년 중국 금융개혁이 빠르게 추진되어 금융시장개방·이율과 환율의 시장화개혁에서 실질적인 돌파를 이루어 고효율적이고 완벽한 현대 금융체계의 형성을 위한 제도적 보장을 마련했을 뿐만 아니라 위안화 국제화의 심층 발전을 위한 중요한 버팀목을 마련했다. 예를 들어 2014년 3월, 중국인민은행은 상태화한 외환 간섭에서 기본적으로 퇴출하여 은행간 현금 거래 외환시장에서 위안화 대 달러화 거래가격 변동폭이 1%에서 2%로 확대되어 위안화 환율의 양방향 변동탄력이 커졌다. 2014년 7월, 웨이쫑(微衆)

· 원저우민상(溫州民商)·톈진진청(天津金城) 3개 민영은행의 설립은 기존의 독점 금융체제를 타파함으로써 중소기업의 융자난을 해소하는데 도움이 되고 중국 금융시장의 효율과 공평성을 높여주었다. 2014년 11월, 중국인민은행은 금융기관 예금금리 변동구간의 상한선을 기준금리의 1.2배까지 확대했으며 또한《예금보험조례(의견수렴안)》에 대해 전 사회적으로 공개적으로 의견을 수렴함으로써 금리의 시장화를 한 걸음 더 발전시켰다.

이밖에 더 높은 수준의 개혁개방의 기본요구에 적응하여 국제 위안화 정책 중 업무절차 간소화와 심사 비준 수속을 꾸준히 보완하고 적용범위를 꾸준히 확대하여 시행지역에서 점차 전국으로 보급되고, 기업에서 시작하여 개인에게까지 개방되며, 무역계정에서 시작하여 자본과 금융계정에까지 확대되는 추세가 나타났다. 이에 따라 무역과 금융 이륜구동의 패턴을 건전히 하고 위안화의 국제화 진행 과정을 가속화했다.

세 번째, 자본계정의 개방도가 제고되고 위안화의 국제 흡인력이 증강되었다. 중국[상하이(上海)]자유무역구와 후강퉁(滬港通, Shanghai-Hong Kong Stock Connect, 홍콩 및 해외 투자자가 홍콩거래소를 통해 상하이주식을 매매할 수 있는 제도. 즉 상하이 증권거래소와 홍콩 증권거래소 간의 교차 매매를 허용한 것)이 합력해 '시험적으로 우선 실행(先試先行)'함으로써 중국 자본 계정의 태환 가능성이 더 깊은 차원으로 발전할 수 있도록 추동했다. 2014년 중국(상하이) 자유무역구가 경상항목과 직접투자항목 아래에 국제 위안화 결제업무를 진일보로 간소화하여 경제 주체가 일정한 조건하에서 해외 위안화 차관과 양방향 위안화

자금의 캐시풀링(Cash Pooling, 종합자금센터) 업무 및 경상 항목 아래의 집중수불업무를 전개하는 것을 허용했으며 제3자 지불을 국제 전자상거래 위안화 결제 행렬에 가입시켜 자유무역계정[1] (즉 FT계정)체계를 수립했다.

이런 조치는 위안화의 국제사용 효율과 편리성을 높였으며 자유무역구 국제 위안화 업무의 범위가 대규모로 확대되도록 추진했다. 상하이 국제금융 중심 건설을 추진하여 위안화 자본시장 유동의 메커니즘과 경로를 구축하기 위해 2014년 9월 상하이황금거래소는 위안화로 가격표시하는 귀금속 선물거래 국제주를 출시한 뒤를 이어 12월에 또 원유 선물거래를 출시함으로써 역내 자금과 역외 자금의 심층 융합을 실현하여 중국 주종 상품의 국제가격 책정권을 확대하고 주종 상품의 위안화 가격책정에서 가격평가 기능을 증강하는데 유리하도록 했다.

특히 주목해야 할 점은 2014년 11월 후강퉁의 정식 가동으로 인해 상하이와 홍콩 두 지역 주식시장의 종합실력을 키워 두 지역 투자자들의 투자 경로를 확대한 사실이다. 이는 또 중국 자본시장의 대외개방이 새로운 단계에 들어섰으며 위안화의 환류체제가 기본적으로 형성되었음을 상징한다. 상기 자본시장 개방 관련 새로운 조치는 분명 국제투자 통화로서의 위안화의 흡인력을 높였으며 국제금융가격표시거래 방면에서 위안화의 사용범위를 대폭 확대하고 금융거래기능을 한 층 더 강화했다.

---

1) 자유무역(Free Trade, FT) 계정은 은행이 고객을 위해 상하이자유무역시험구 내 독립정산단원 (分账核算单元)에 개설한 통일 규칙의 본위화폐와 외화 계정을 가리키며 이는 중국인민은행 계정 체계의 전용 계정이다. 일단 기업이 자유무역계정을 개설하면 경내 기업은 해외와 자금을 자유 태환할 수 있으며 해외 기업은 진출 허용 전 국민대우 원칙에 따라 관련 금융 서비스를 제공 받을 수 있다.

네 번째, '일대일로'건설이 위안화의 국제화를 위한 전략적 창구를 열어주었다. '일대일로'건설은 새로운 시기 중국의 국가전략이며 중국이 국제책임을 적극 담당하고 연선국가들이 서로에 이득이 되고 공동으로 번영하고 공동으로 발전할 수 있도록 추진한다는 협력 구상이다. 2014년, '일대일로'전략적 구상은 G20 · APEC · 보아오(博鰲)포럼 등 국제회의의 초점 의제가 되었으며 연선국가들의 적극적인 호응과 보편적인 인정을 받았다. 국내 연선의 여러 성과 시들은 전략계획과 배치를 서둘렀으며 금융기업과 비금융기업은 기회를 포착하고자 적극 참여하였다.

'일대일로'전략은 중국이 주도해 가동한 새로운 경제지역화 패턴으로서 중국과 연선국가들의 경제발전에 장구한 동력을 제공함으로써 위안화의 국제화를 위한 새로운 기회와 돌파구를 마련했다. 자금의 유동을 강화하는 것은 '일대일로'건설을 순조롭게 추진할 수 있는 중요한 보장이며 위안화 사용은 연선국가들이 유통 비용을 낮추고 금융 리스크에 대한 저항력을 키울 수 있는 효과적인 수단이다. '일대일로'는 융자·투자·무역 등 수많은 국제경제 금융협력 프로젝트를 고도로 집결시켰고 거기에는 아시아인프라투자은행과 실크로드기금의 연이은 설립까지 가세하였다.

중국은 '일대일로' 건설의 창도자와 주요 추진자로서 위안화가 필연적으로 '일대일로'건설 과정에 국제통화기능을 더욱 많이 발휘할 것이며 이에 따라 위안화 지역화의 단계적 목표의 실현을 가속할 수 있다.

다섯 번째, 위안화 역외시장 판도가 확장되고 세계 위안화 결제시스템 분포가 기본적으로 완성되었다. 중국의 세계무역대국 1위 지위가 확립됨에 따라 수많은 국제기업들이 위안화를 자체 금융부채관리와 리스크관리시스템에 끌어들였다. 특히 위안화 가치의 장기적 안정과 중국 경제의 지속적인 성장 예기로 인해 역외 위안화 투자와 융자수요 규모가 급속도로 성장하고 있다.

미시적 주체의 시장행위는 위에서부터 아래에 이르기까지 중국과 경제무역관계가 밀접한 국가들이 위안화 역외시장을 주동적으로 구축하고 발전시키도록 추진했다. 2014년, 유럽 여러 국가들이 위안화의 역외시장 건설을 적극 추진했다. 이에 대해 중국은 지지하고 협조하여 위안화결제은행을 지정해줌으로써 위안화 역외시장의 세계 분포를 최적화하였다. 중국 국무원의 비준을 거쳐 홍콩·마카오·대만지역과 싱가포르에 이어 시드니·런던·프랑크푸르트·서울·파리·룩셈부르크·토론토 등지에 중국자금은행을 각각 하나씩 지정해 현지 위안화 업무 결제은행으로 삼기로 했다. 해외 위안화 결제은행의 제도적 배치를 통해 중국은 전 세계를 아우르는 위안화 결제네트워크를 구축함으로써 위안화의 국제 유동성과 거리의 편리성에 강하고 유력한 기술적 보장을 제공했다. 위안화의 역외시장과 결제시스템에 대한 보완은 위안화의 국제사용에 대한 해외 기업의 신심을 한 층 더 끌어올렸으며 이는 위안화의 해외 순환 사용의 경로와 메커니즘을 확장하는데 이롭다.

위안화의 역외시장 예금규모 · 상품종류 · 참여주체 모두 전 연도에 비해 뚜렷한 성장세가 나타났다. 그밖에 2014년, 위안화 국제결제 시스템(China International Payment System, CIPS)이 상하이에서 구축되었다. 이 시스템은 경내와 경외 모든 직접 참여자들을 연결하여 위안화 무역류 · 투자류 등 국제지출 업무를 처리하며 세계 주요 시간대를 아우르는 위안화 결제 수요를 만족시킴으로써 위안화의 국제화를 위한 튼튼한 '하드웨어'를 제공할 수 있게 되었다.

　여섯 번째, 국제협력이 꾸준히 심화되고 서로에게 이득이 되게 하고 공동 번영하는 대국의 책임을 충분히 드러냈다. 2014년, 중국은 국제경제금융협력을 적극 전개하여 양자간, 다자간 무역합작에서 뚜렷한 진전을 이루었다. 중국이 스위스 · 아이슬란드와 체결한 자유무역협정이 정식 실행되고 중국-아세안 국제 위안화 업무중심이 광시(廣西)의 수부 난닝(南寧)에서 설립되어 위안화의 국제사용 경로가 확대되었다. 은행 간 외환시장에서는 위안화와 뉴질랜드달러화 · 영국파운드화 · 유로화 · 싱가포르달러화 간의 직거래를 잇달아 실현함으로써 위안화와 이들 주요통화 간의 환거래 비용을 대폭 낮추어 위안화 국제사용 원가의 걸림돌을 제거했다. 중국인민은행은 중앙은행 차원에서의 통화 스와프 합작을 꾸준히 추진하여 스위스 · 스리랑카 · 러시아 · 카자흐스탄 · 캐나다 등 5개국의 통화당국과 통화 스와프 협정을 잇달아 체결함으로써 위안화 사용에 대한 정부측의 공식적인 인가를 받을 수 있도록 추진했다.

　물론 중국은 또 다자체제와 국제 규칙의 제정에도 적극 참여하고 개발도상국가와의 합작을 강화하였으며 '실크로드 경제벨트'와 '21세기 해상 실크로드'건설을 적극 추진하고 아시아인프라투자은행을 기획 설립했으며 실크로드기금을 설립했다. 중국은 사명을 짊어지고 감히 책임질 줄 아는 세계대국으로 성장하고 있으며 서로에게 이롭고 이익을 공유하는 이념을 국제사무에 적극 융합시키고 있다. 이러한 무역·금융 등 여러 분야의 협력 심화는 위안화가 국제통화 무대의 중심을 향해 나아갈 수 있는 중요한 매개물과 신심의 보장이 되었다.

특별란 1-2

아시아인프라투자은행의 설립

2013년 10월 2일, 시진핑 중국 국가주석이 자카르타에서 수실로 밤방 유도요노 인도네시아 대통령과 회담을 나눌 때 본 지역의 인프라 상호 연결 건설과 경제일체화를 추진하기 위해 중국은 아시아인프라투자은행(이하 '아투행'으로 약칭함)을 기획 창설해서 아세안 국가를 포함한 본 지역 개발도상국가의 인프라 건설에 자금적 지원을 제공한다는 방안을 제안했다. 2015년 3월 31일까지 즉 아투행 창립 회원국의 최후 신청일까지 유엔 5개 상임이사국 중 미국을 제외한 기타 4개국, G20 국가 중 13개국, 세계 GDP 순위 앞 10개국 중 8개국이 아투행 창립 회원국 가입을 신청했다.

아시아 각국은 심각한 경제발전 불균형 현상이 존재한다. 적지 않은 아세안·남아시아·중앙아시아 국가들이 인프라 건설이 낙후하여 경제의 지속적인 발전을 제약하는 비교적 큰 걸림돌이 존재한다. 아시아개발은행의 추측에 따르면 2010-2020년 사이 아시아 각국이 정상적인 경제성장을 유지하는데 필요한 인프라 투자자금 중 부족한 부분이 8조 달러에 달한다. 이는 매년 인프라 자금 수요가 약 8천억 달러에 달함을 의미한다. 그러나 기존의 국제와 지역 금융협력기구는 이처럼 거대한 융자수요를 애초에 만족시킬 수가 없다. 인프라 건설 융자를 제약하는 걸림돌을 제거하기 위해 중국은 아투행을 창설해서 인프라 건설을 위한 전문적인 자금 지원을 제공할 것을 창도했다. 이와 같은 창의는 즉시 아시아 국가들의 적극적인 호응을 얻었다. 2014년 10월 24일, 방글라데시 · 브루나이 · 캄보디아 · 중국 · 인도 · 카자흐스탄 · 쿠웨이트 · 라오스 · 말레이시아 · 몽골 · 미얀마마 · 네팔 · 오만 · 파키스탄 · 필리핀 · 카타르 · 싱가포르 · 스리랑카 · 태국 · 우즈베키스탄 · 베트남을 포함한 가입 의향을 밝힌 21개의 창설회원국 제1진 국가의 재무장관과 위임 대표가 베이징에서 《아시아인프라투자은행 창설 양해각서》를 체결하고 2015년 연말 전까지 아투행을 창설하기로 계획했다. 수권자본금은 1천억 달러이고 최초 거출자본금 목표는 500억 달러이며 아투행 본부는 베이징에 설립하기로 했다. 개방과 협력의 이념에 따라 아투행은 아시아지역 밖의 국가들도 가입해 아시아 인프라를 공동 건설하며 그 이익을 공유하는 것을 환영한다. 2015년 3월 12일, 영국은 미국의 만류에도 아랑곳하지 않고 중국 재정부에 신청서를 내 아투행 가입을 요구한 첫 비아시아국가이다. 이어 독일 · 프랑스 · 이탈리아 등 유럽연합국가들도 잇달아 신청했다. 최종 아투행 창립회원 신청을 한 국가와 지역 수가 57개에 달하며 브라질 · 이집트 · 오스트레일리아 등 라틴아메리카 · 아프리카 · 대양주 국가들도 포함되었다. 이로써 최초에 아투행 창설에 반대태도를 보였던 미국과 일본마저도 태도를 바꿔 아투행과의 합작을 원한다고 밝히기에 이르렀다. 아투행 창설이 기대치 이상으로 국제사회의 인정을 받을 수 있었던 근본적인 원인은 그것이 혁신 이념과 실무적인 정신을 갖췄기 때문이다.

아투행의 창설은 아시아지역의 인프라 건설을 추진해 자본 이용

효율을 높일 수 있을 뿐 아니라 중국기업의 '해외진출(走出去)(走出去, 해외 진출)'에 도움이 되어 인프라 건설 등의 분야의 성숙된 기술과 경험을 발휘해 아시아국가들 간에 서로 이득이 되고 이익 공유를 실현할 수 있도록 추진한다. 가장 중요한 것은 아투행이 브릭스국가개발은행 ·상하이협력기구개발은행과 마찬가지로 모두 중국 주도하의 국제 금융협력기구라는 것이다. 중국은 개발도상국가의 입장에 서서 실제 행동으로 국제금융체제개혁을 추진할 것이며 새로운 국제금융기관 건설과 새로운 운영규칙 제정을 통해 세계 공공재를 제공할 것이다. 물론 아투행도 제도적 차원에서 주변 지역에 대한 위안화의 영향력을 확대하고 위안화 국제화를 위한 넓은 플랫폼을 마련할 것이다.

[중국인민대학 국제통화연구소 투융훙(塗永紅)]

1.3 위안화국제화지수 변동의 구조 분석

위안화국제화지수 계산방법에 따라 무역가격표시와 금융가격표시 및 국제 외환보유고 중에서 위안화 사용 비중의 변화가 모두 RII의 결과에 영향을 줄 수 있다. 위안화의 국제화 시작단계에는 주로 위안화의 무역가격표시결제가 RII의 상승을 추진하는 것으로 반영된다. 위안화의 국제화 과정이 추진됨에 따라 RII의 구동패턴은 이미 무역가격표시와 결제, 금융거래 가격표시와 결제의 병행 구동으로 바뀌었다. 2014년, 위안화 금융거래 가격표시와 결제가 RII 성장에 대한 기여에 더욱 두드러졌으며 한편 위안화 외환보유고가 전 세계에서 차지하는 비중 지표도 대폭 상승했다. 종합적으로 볼 때 무역 가격표시와 결제는 RII지수의 안정적인 상승에 기본적인 보장을 마련했다. 한편 RII 상승의 주요 동력은 준비통화로서의 위안화에 대한 수용 정도의 증강과 국제금융거래에서 위안화 사용 비중의 상승에서 온다.

1.3.1 위안화가 국제무역가격 계산과 결제에서 차지하는 비중이 정점을 찍고 다시 반락

국제무역에서의 위안화 결제는 위안화 국제화의 시작이다. 그래프 1-3에서 볼 수 있다시피 2014년 국제무역 위안화 가격표시와 결제 규모가 2013년에 비해 지속적으로 비교적 큰 폭으로 성장하였다. 2014년, 은행이 취급한 국제무역 위안화 결제 업무가 누계 기준으로 6조 5,500억 위안에 달해 동기 대비 41.6% 성장했다. 그중에서 화물무역 결제금액이 5조 9천억 위안, 서비스무역 및 기타 경상항목 결제금액이 6,500억 위안에 달했다.[1]

국제무역 위안화결제 실제 수입은 2조 7,300억 위안이고, 실제 지출은 3조 8,200억 위안으로서 수지 비례가 1 : 1.4이다. 국제무역 위안화 결제 규모가 전 세계에서 차지하는 비중은 2012년 연초의 1.03%에서 2014년 제4분기의 2.96%로 늘어 187.38% 성장했다.

---

1) 2014년 8월부터 화물 통관 신고가 없는 중계무역에 대해서 서비스무역을 화물무역으로 조정해 통계를 진행함으로써 화물무역금액이 확대되고 서비스무역금액이 상응하게 줄어들었다.

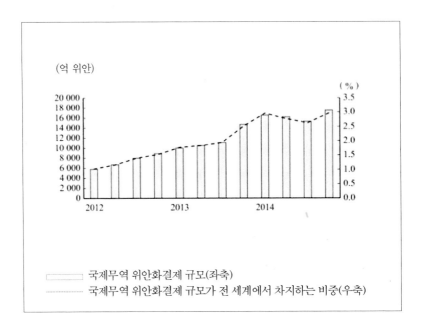

▭ 국제무역 위안화결제 규모(좌축)
········· 국제무역 위안화결제 규모가 전 세계에서 차지하는 비중(우축)

그래프 1-3 국제무역 위안화 가격계산과 결제 기능

종합적으로 볼 때 국제무역에서 위안화 결제 비중이 계속 늘어나고 있는 주요 원인은 다음과 같은 두 가지 방면에서 비롯된다.

첫 번째, 지역 무역 협력이 빨라진 것이다. '중국-스위스 자유무역협정'과 '중국-아이슬란드 자유무역협정'이 2014년 7월 1일부터 정식 발효되었다.

그밖에 중국은 한국·오스트레일리아와의 자유무역협상을 실질적으로 결속지었고 또 스리랑카·파키스탄 등 국가와의 자유무역협상도 잇달아 시작했으며 중·일·한 3국 자유무역구 협력 관련 협상도 순조롭게 진행되고 있다. 이처럼 지역 간 자유무역협정의 잇단 체결과 실시는 서로에게 이롭고 이익을 공유할 수 있는 체제적 보장을 마련했으며 중국이 전면적·고품질·이익균형을 이룬 양자무역 목표를 실현하는데 이로우며 이에 따라 무역규모의 확대를 직접 자극했다.

두 번째, 결제 편리정책의 꾸준한 실행이 국제무역에서 위안화 가격표시와 결제를 적극 추진했다. 2013년 7월 10일 중국인민은행이 '국제 위안화업무 절차를 간소화하고 관련 정책을 보완하는 것에 대한 통지'를 발표한 뒤 경상항목 하의 국제위안화결제·금융업무의 심사절차가 대폭 간소화되었다. 국제위안화결제비용이 절감되고 효율이 높아짐에 따라 기업의 위안화결제 의향이 커졌다. 2014년 5월 22일, '중국(상하이)자유무역시험구 독립정산업무(分賬核算業務)실시세칙(시행안)'과 '중국(상하이)자유무역시험구 독립정산업무 리스크 신중관리 세칙(시행안)'이 정식 발표되었다. 시험구 내의 경제주체는 자유무역계정이라는 매개에 의지해 투자와 융자 환업무 등 혁신업무를 적극 전개할 수 있어 시험구의 경영환경을 한층 더 최적화했다. 6월, 중국인민은행이 '대외무역의 안정적 성장 지원 관련 국무원 판공청의 몇 가지 의견'을 관철 이행하라는 통지를 발표하여 개인 국제무역 위안화 결제업무를 개방함으로써 자영업자들의 대외무역 종사 편리 정도를 높여 무역에서 위안화결제 규모가 빠르게 확대되었다.

1.3.2 위안화의 국제금융 가격표시결제기능 강화

위안화의 국제 금융거래 가격표시결제기능이 한 층 더 강화되어 국제

신용대출·직접투자 및 국제채권과 어음 거래와 결제 중 위안화 금융거래 규모가 지속적으로 확대되었으며 빠른 성장세를 유지했다. 2014년 제4분기까지 위안화 국제금융거래 가격표시와 결제의 종합비중이 2.8%에 달해 동기 대비 34.0% 성장했다.(그래프 1-4 참고) 종합적으로 볼 때 위안화 국제채권과 어음 발행 규모의 대폭적인 확대는 금융 가격표시와 결제 종합 지표의 상승을 추진한 주요인이다.

1. 위안화 국제신용대출

2014년, 위안화 국제신용대출 규모가 안정적으로 확대되었다. 위안화 국제신용대출이 세계에서 차지하는 비중은 2012년 제1분기의 0.15%에서 2014년 제4분기의 0.49%로 늘어 3년 사이에 배나 성장했다.(그래프 1-5 참고)

위안화 국제신용대출 규모의 확대는 주로 두 가지 요소의 영향을 받는다. 한 방면의 요소는 역외시장 위안화 보유량이 한층 확대된 것이다. 2014년 연말까지 홍콩지역 위안화 예금 규모가 1조 35억 5,700만 위안에 달하고 싱가포르 위안화 예금 규모도 2,770억 위안에 달했다.

역외시장 위안화자금의 대대적인 저장량은 위안화 국제신용대출에 있어 자금적인 지원을 제공했다. 다른 한 방면의 요소는 2014년 위안화 국제대출시행 범위를 한층 더 확대한 것이다. 선전(深圳) 쳰하이(前海)·중국(상하이)자유무역구·장쑤(江蘇) 쿤산(昆山)에 이어 쑤저우(蘇州)산업단지·중신(中新) 톈진(天津) 생태원·광시(廣西) 국경 금융종합개혁시험구·윈난(雲南) 국경 금융종합개혁시험구 등이 잇달아 국제 위안화 대출시행 자격을 얻었다. 중국은행·중국공상은행·중국건설은행의 해외지점들이 경내 기업을 도와 역외시장에서 8억 위안의 위안화를 차입해 들였다. 해외자금 가격이 상대적으로 저렴해 국제 위안화대출이 기업의 재무원가를 낮추는데 유리하기 때문에 국제위안화대출이 시행지역 내에서 빠르게 발전할 수 있었으며 이에 따라 위안화국제신용대출 규모가 빠르게 확대될 수 있었다.(그래프 1-5 참고)

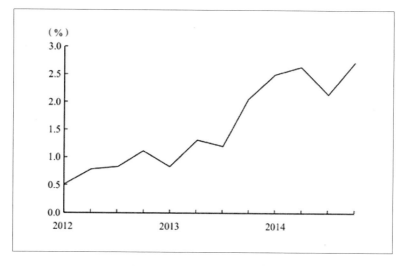

그래프 1-4 위안화 국제금융 가격표시와 결제 종합 지표

주 : 위안화 국제금융 가격표시와 결제 종합지표는 세계 대외 신용대출총액 중 위안화 신용대출이 차지하는 비중과 세계 국제채권과 어음 발행액 및 잔액 중에서 위안화 표시 채권과 어음이 차지하는 비중, 및 세계 직접 투자액 중에서 위안화 직접투자가 차지하는 비중으로 구성되었다.

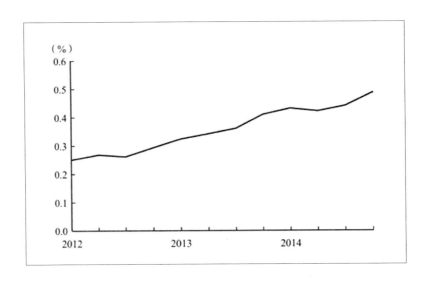

그래프 1-5 위안화 국제신용대출이 세계에서 차지하는 비중 상황

2. 위안화 직접 투자

위안화 직접 투자에는 위안화 FDI와 위안화 ODI(overseas direct investment)가 포함된다. 중국경제가 하락세를 멈추고 회복의 기미를 보임에 따라, 그리고 기업의 '해외진출(走出去)'의 발걸음이 빨라짐에 따라 위안화 직접투자 규모가 빠른 성장세를 유지하고 있다. 2014년 은행이 취급한 위안화 국제 직접투자 결제 업무 금액이 누계 기준으로 1조 5백억 위안에 달해 동기 대비 96.5% 성장했다. 2014년 제4분기, 위안화 직접투자 규모가 세계에서 차지하는 비중이 6.9%에 달했다.(그래프 1- 6 참고)

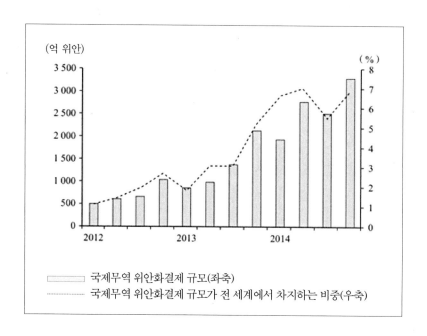

그래프 1-6 위안화 직접투자 규모 및 전 세계에서 차지하는 비중

중국경제의 안정적인 운행과 위안화 국제투자 사용의 편리화 정책의 실행은 위안화의 직접투자가 전 세계에서 차지하는 비중이 커진 2대 주요인이다.

한 나라 경제의 발전 전망은 그 나라의 외국인 직접투자 유치 여부를 결정짓는 근본 요소이다. 세계경제 회복이 아직 낙관적이지 않은 큰 배경 하에서 경제의 뉴 노멀시대에 들어서 7%의 중고속 경제성장을 유지하고 있는 중국은 여전히 국제사회의 인정을 받는 가장 안전하고도 엄청난 회수율을 실현할 수 있는 투자처이다. 2013년, 중국인민은행과 상무부가 '해외 투자자 경내 금융기관 투자 과정에서 위안화결제 관련 사항에 대한 통지'와 '국제위안화 직접투자 관련 문제에 대한 공고'를 잇달아 발표해 위안화 직접투자 관련 정책에 대해 명확한 규범을 제기함으로써 중국 자본 금융기관과 개인의 국제 위안화 직접투자의 편리화를 추진했다.

이러한 편리화조치로 인해 갈수록 많은 FDI가 위안화를 사용하여 투자하는 방식을 선택했다. 2014년 위안화 FDI 규모가 8,620억 위안에 달해 동기 대비 92.3% 성장했다. 한편 중국기업도 대외투자의 발걸음을 가속했다. 유로화·엔화 등 주요 통화 대비 위안화 가치가 대폭 평가절상한 상황에서 위안화 강세는 기업들이 위안화를 사용해 대외투자를 진행하는 적극성을 높여주었다. 이밖에 2014년 7월, 톈진 생태성과 쑤저우 산업단지의 4가지 위안화 국제혁신업무시행 과정에 개인의 대외 직접투자항목 하에 국제 위안화업무가 새로운 돌파를 이루었다. 이 두 지역 내에서 개인은 위안화를 사용해 신설·인수 합병·지분출자 등의 방식으로 대외직접투자업무를 전개할 수 있다. 이 두 지역에서는 기업과 개인이 자본항목 관리의 규제를 적게 받을 수 있어 더욱 편리하게 위안화를 사용해 대외투자를 진행할 수 있기 때문에 2014년 위안화 ODI 규모가 1,865억 6천만 위안에 달해 동기 대비 117.9% 늘어났다.

3. 해외 발행 위안화표시 채권과 어음

채권시장은 가장 중요한 국제금융시장으로서 국제채권시장의 통화 비중은 한 나라의 통화의 국제 사용정도를 가늠하는 중요한 지표 중의 하나이다. 2014년, 해외 위안화표시 채권과 어음 발행 규모가 475억 7,800만 위안으로 동기 비해 104.68% 성장했다. 해외 위안화표시 채권과 어음 발행 규모가 배로 성장함으로써 해외 발행 위안화표시 채권과 어음 잔액 국제비중의 지속적인 상승을 추진했다. 2014년 제4분기까지 해외 발행 위안화표시 채권과 어음 잔액은 940억 3,100만 위안이고 전 세계에서 차지하는 비중이 0.45%로서 국제채권시장에 주는 영향력이 아주 미약했다.(그래프 1-7 참고)

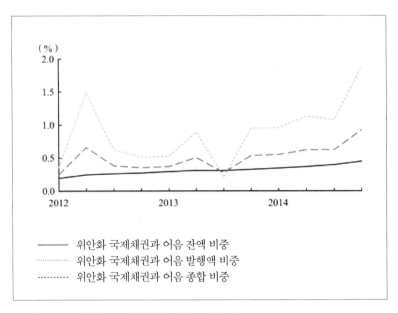

그래프 1-7 위안화 국제채권과 어음 종합 지표

위안화 국제채권과 어음 발행 규모의 꾸준한 상승은 주로 위안화 발행 주체의 확대에 힘입은 것이다. 2014년에는 경내 금융기관과 비금융기관이 역외시장에서 위안화채권을 발행한 것 외에 해외 금융기관과 비금융기관 및 정부도 잇달아 위안화 발행 대오에 가담했다. 중국은 은행 간 채권시장을 한층 더 개방해 더욱 많은 해외기관이 채권시장 거래에 참여할 수 있도록 허용함으로써 위안화 국제채권의 유동성과 흡인력을 증강했다. 해외 발행 위안화표시 채권의 공급과 수요의 규모가 급격하게 확대됨에 따라 해외 발행 위안화표시 채권의 시장 토대가 점점 더 튼튼해졌다.

해외 발행 위안화표시 채권의 공급 방면에서 볼 때 경내 기관의 채권발행 의향과 채권발행 규모가 상승세를 보였다. 경내와 해외 이익차를 감안해 중국 경내 금융기관과 비금융기관은 서로 다투어 해외에서 채권을 발행하는 쪽을 선택했다. 2014년 9월, 중국 최대의 몇 개 금융기관이 집중적으로 위안화표시 채권을 해외에서 발행했다.

예를 들어 중국농업은행은 두바이에서 글로벌 중기채 어음 프로그램(MTN Programme)을 통해 10억 위안의 위안화표시 채권인 '에미레이트 본드(Emirates Bond)'를 발행했고, 중국은행과 중국건설은행은 대만에서 20억 위안의 '포모사본드(宝岛债)'를 발행했으며, 국가개발은행은 런던에서 20억 위안의 위안화표시 채권을 발행했고, 중국은행은 파리에서 20억 위안의 '개선문본드(凯旋债)'를 발행했으며, 중국공상은행은 싱가포르에서 40억 위안의 '라이언시티본드(狮城债)'를 발행했다. 금융기관이 해외에서 거액의 위안화표시 채권을 발행함으로써 역외 위안화 중심 간의 협력을 강화했을 뿐 아니라 또 국제 투자자들에게 효과적인 자산관리수단을 제공했다. 위안화 유효환율의 상대적 안정 및 위안화 사용과 투자수요의 증가로 인해 점점 더 많은 해외기관들이 위안화표시 채권을 발행하기 시작했다. 그 발행지점은 역내 시장뿐 아니라 역외시장도 포함된다.

예를 들어 2014년 3월, 독일 다임러 AG(Daimler AG)가 은행간 채권시장을 통해 5억 위안의 사모채권을 발행했고, 9월, 말레이시아 사채 발행기관인 Cagamas Berhad가 15억 위안의 역외 위안화표시 채권을 발행했으며, 10월, 영국정부가 30억 위안의 3년 만기 역외 위안화표시 채권을 발행했다.

위안화표시 채권의 수요 면에서 볼 때 2014년 국제 금융시장의 불안정적인 변화로 인해 주요 통화의 추이에 극단적인 분화가 나타났다.

미국의 테이퍼링(tapering, 양적 완화(QE) 정책을 점진적으로 축소하는 것)·미국 경제회복 강세의 영향을 받아 달러화지수가 꾸준히 강세를 보임에 따라 달러화 표시 국제채권이 인기를 끌기 시작했다. 그러나 유로화지역은 여전히 깊은 수렁에 빠져 있으며 유로화 가치가 대폭 하락했다. 불안정한 국제 금융환경 속에서 해외 발행 위안화표시 채권의 공급량이 전체적으로 적고 위안화표시 채권발행기관의 신용등급이 높을 뿐 아니라 위안화 금리가 상대적으로 비교적 높으며 게다가 위안화의 유효 환율이 줄곧 상대적으로 안정적인 구간에 머물러 있어 해외 발행 위안화표시 채권이 투자자들에게 아주 높은 회수율을 가져다줄 수 있었다. 이것이 해외 발행 위안화표시 채권에 대한 국제사회의 수요가 왕성한 이유이다.

1.3.3 위안화의 외환보유고 기능 지속 확대

준비통화의 지위는 한 나라의 통화 국제화수준을 점검하는 가장 간단하면서도 가장 직접적인 방법이다. 중국 종합실력의 제고에 따라 위안화의 준비통화로서의 지위가 꾸준히 상승해서 갈수록 많은 국가의 정부가 위안화를 자국의 외환보유고로 끌어들이고 있다. 이러한 추세는 아프리카지역에서 아주 뚜렷하게 나타났다. 현재 위안화가 이미 앙골라·나이지리아·탄자니아·가나·케냐·남아공 등 국가 중앙은행 외환보유고의 구성부분이 되었다. 그 보유자산을 과학적으로 배치하기 위해 일부 선진국들도 외환보유고 중에 위안화 자산을 포함시켰다. 예를 들어 2014년 10월 14일, 영국정부는 자국 재정부를 통해 잉글랜드 은행에 대리업무를 맡겨 중국은행을 연석주인수업자로 삼아 런던에서 30억 위안 규모의 3년 만기 역외 위안화표시 채권을 발행하도록 했다. 이는 전 세계 최초의 외국 주권급(主權級) 역외 발행 위안화표시 채권으로서 준비통화로서의 위안화의 거대한 잠재력을 드러냈다.

2014년 중국인민은행은 스위스·스리랑카·러시아·카자흐스탄·캐나다 5개 국 중앙은행과 최초 통화스와프협정을 잇달아 체결했으며 여러 나라와 통화스와프협정을 재체결했다. 2014년 연말까지 중국인민은행은 이미 28개 국가 및 지역의 통화당국과 통화스와프협정을 체결해 스와프 규모가 누계 기준으로 4조 7백 억 위안에 이르고 기존의 잔액이 3조 1,200억 위안에 이르렀다. 이와 같은 중앙은행 차원의 통화스와프를 통해 시장에는 위안화 유동성에 대한 신심으로 가득 찼다.

특별란 1-3

교통은행, 서울 위안화 업무 결제은행 자격 획득

　2014년 7월 4일, 시진핑 중국 국가주석은 중한경제통상협력포럼에서 중국인민은행과 한국은행이 서울에 위안화 청산체제를 구축하는 양해각서(MOU)를 체결했다고 선포했으며 중국교통은행이 서울 위안화 결제은행을 담당키로 확정 지었다. 이는 중·한 양국 간 무역·투자 자유화와 편리화를 추진하는데 이로울 것으로 보인다. 인민은행 웹사이트에서도 동시에 공고를 발표했다.

　서울은 중국인민은행이 홍콩·마카오·대만 지역과 싱가포르에 이어 아시아지역에 구축한 또 하나의 위안화 청산체제로서 위안화 역외중심의 동북아 배치의 시작을 상징한다. 이로써 동북아지역 내 위안화 사용 효율을 뚜렷하게 높일 수 있고 한국 내의 위안화 자금 운용 경로를 넓힐 수 있게 되었다. 서울 위안화 청산체제의 구축에 따라 교통은행 서울 위안화 청산은행은 거액 결제시스템과 결제영업소를 갖추게 되었고 중국 경내 외환거래와 초단기융자·은행간 채권시장에 직접 참여하는 것이 허용되며 한국 본토 및 국제 위안화 결제를 고효율적으로 처리할 수 있고, 또 한국과 중국 양국 시장을 이어준다. 이로써 위안화 자금 청산 경로가 단축되어 한국 금융기관들은 중국 홍콩을 거칠 필요가 없이 교통은행 서울 위안화 청산은행에 계좌만 개설하면 직접 위안화 청산결제업무를 완성할 수 있게 되었다.

중·한 양국은 지리적으로 서로 가깝고 문화적으로 상통하며 게다가 최근 몇 년간 경제무역 교류가 갈수록 빈번해지고 있다. 중국 세관총서의 통계에 따르면 2014년 양국 무역규모가 1조 7,839억 위안에 달해 전해에 비해 4.8% 성장했다. 중국은 한국의 최대 무역파트너와 최대 수출목적지국가, 그리고 최대 수입원천국가이고, 한국은 중국의 세 번째 무역파트너이자 최대 수입원천국가이다. 서울 위안화 청산체제의 구축과 중한 경제무역교류의 꾸준한 발전에 따라 위안화는 중 한 무역결제에서 주요 통화로 될 것이며 중 한 경제무역교류에 새로운 활력을 주입할 것이다.

위안화 국제 결제의 수요에 적응하기 위해 교통은행은 '아시아-태평양지역을 주체로 하고 구미를 양 날개로 하며 전 세계로 구도를 확장하는' 해외발전전략을 안정적으로 추진 중이다. 이미 홍콩·뉴욕·샌프란시스코·도쿄·싱가포르·서울·프랑크푸르트·마카오·호찌민 시·시드니·타이베이(臺北)·런던 등지에 12개 지점을 설립하고 토론토에 대표처를 설립했으며 55개 해외 영업망을 갖추었다. 해외 경영의 우세와 경내 경영의 우세가 유기적으로 결합해 서로 연동함으로써 교통은행은 위안화의 국제화 과정에서 중요한 선도적 역할을 발휘하고 있다.

1.4 주요 통화의 국제화지수 비교

국제통화의 다원화는 동적인 발전 과정으로서 국제무역구도 · 국제금융시장의 변화 모두가 국제통화구도의 상응한 조정을 부르게 된다. 그 조정은 일부 통화의 국제 사용 정도가 올라가고 다른 일부 통화의 국제 사용 정도가 내려가는 것으로 표현된다. 국제통화구도의 발전변화를 객관적으로 평가하고 위안화와 주요 통화의 국제화수준 차이를 동적으로 반영하기 위해 본 보고서는 또 RII와 꼭같은 방법으로 달러화 · 유로화 · 엔화 · 영국 파운드화의 국제화지수를 편성했다.(표 1-2 참고) 2014년, 미국 경제 회복의 강세와 달러화의 대폭적인 강세로 인해 달러화의 국제화지수가 2013년 제4분기의 53.41에서 2014년 제4분기의 55.24로 상승함으로써 달러화의 국제통화지위를 한층 더 높였다. 유로화지역은 여전히 경제 침체기에서 벗어나지 못했다. 유럽 중앙은행이 양적 완화정책을 실행할 것이라고 선포해 경제회복을 자극하려고 했지만 유로화 가치의 평가절하를 초래해 유로화에 대한 국제의 신심을 꺾어놓았다. 유로화의 국제화 지수는 2013년 제4분기의 32.02에서 2014년 제4분기의 25.32로 하락했으며 유로화의 국제사용 정도가 한층 더 하락했다. 일본경제는 구조조정이 여전히 진행 중이어서 시장에서 아베 총리의 경제개혁 전망에 의구심을 품고 있어 경제가 마이너스 성장에서 헤어 나오지 못하고 있으며 엔화도 대폭적인 평가절하가 나타났다. 이에 따라 엔화의 국제화지수는 2013년 제4분기의 4.24에서 2014년 제4분기의 3.82로 미끄러졌으며 엔화의 국제적 지위도 떨어졌다. 반대로 유럽과 일정한 거리를 둔 영국 경제는 예상치보다 더 나은 모습을 보여 무역과 투자성장이 비교적 빠르고 영국 파운드화가 강세를 유지해 파운드화의 국제화지수가 2013년 제4분기의 4.39에서 2014년 제4분기의 4.94로 상승했으며 파운드화의 국제화 지위가 안정적으로 상승했다.

총적으로 볼 때 국제경제 속에서 상기 4대 주요 국제통화의 사용에 하락세가 나타났고 위안화·오스트레일리아 달러화·캐나다 달러화 및 기타 신흥 통화의 비중은 다소 상승했다. 구체적으로 2014년 제4분기에 달러화·유로화·엔화·파운드화의 국제화 지수 총합이 동기에 비해 5.04% 하락했다. 이는 이 4가지 주요 통화의 국제사용정도가 총체적으로 하락상태에 처했음을 의미한다.

표 1-2 세계 주요 통화의 국제화 지수

구 분	2013Q1	2013Q2	2013Q3	2013Q4	2014Q1	2014Q2	2014Q3	2014Q4
달러화	52.84	55.53	53.47	53.41	53.05	55.11	55.27	55.24
유로화	24.69	27.85	25.19	32.02	24.38	23.59	24.68	25.32
엔 화	4.10	4.62	4.58	4.24	4.17	4.61	4.12	3.82
파운드화	4.40	4.25	4.05	4.39	5.42	5.05	4.52	4.94
합 계	86.03	92.26	87.30	94.06	87.03	88.36	88.59	89.33

1.4.1 달러화의 국제화 지수 변동 분석

2014년 미국경제가 전체적으로 막강한 성장세를 보였다. 세계 경제가 전반적으로 저조한 환경에서 제일 먼저 회복기로 돌아선 것이다. 미국의 GDP가 2.4% 성장해 2010년 이후 최고 경제성장률을 기록했으며 유로화지역 · 일본 등의 기타 선진국을 훨씬 앞섰다. 노동력시장이 활기를 띠기 시작해서 연간 실업률이 6.2%로 2013년 동기에 비해 1.2%포인트 하락했다. 미국경제 회복이 강세를 보인 원인은 여러 가지이다. 첫 번째 원인은 글로벌 금융위기가 발생한 뒤 미국의 '디레버리징(De leveraging, 탈 지렛대)'과 자체 구조조정에서 뚜렷한 성과를 거뒀기 때문이고, 두 번째 원인은 셰일가스 혁명으로 인한 제1차 투자가 미국경제 성장에 새로운 동력을 제공했기 때문이며, 세 번째 원인은 오바마 정부가 제기한 '제조업복귀'와 '재산업화'정책 및 적극적인 재정정책과 양적 완화 통화정책의 실행에 따른 양호한 효과가 나타나기 시작함으로써 미국경제 회복에 중요한 엔진으로 작용했기 때문이고, 네 번째 원인은 국제유가의 하락과 수출 증가로 미국 내수와 외수가 호전됐기 때문이다. 한 해 전체의 상황을 보면 미국 개인 소비가 안정적인 성장을 유지했으며 월별 동기 대비 성장률이 2%~3% 범위를 유지했다. 기업의 투자와 소비자의 신심이 2008년 이전의 높은 수준까지 회복되었으며 무역과 투자가 대폭 성장하고 경제 회복세가 한 층 더 뚜렷해졌으며 다우존스 산업 지수가 18,000 포인트를 돌파했다.

경제 회복 강세의 지탱 하에, 꾸준히 상승하는 금리인상 예기의 추동 하에 달러화가 대폭적인 강세를 보여 달러화지수가 2014년 연초의 80에서

100까지 빠르게 상승함으로써 세계 자금이 미국시장으로 빠르게 환류하는 결과가 나타났다. 2014년 제4분기에 해외 발행 달러화 표시 채권과 어음 규모가 전 세계에서 차지하는 비중의 44.66%에 달해 동기 대비 13.78% 늘었다. 한편 정부의 외환보유고 중에서 달러화가 차지하는 비중도 62.88%까지 올랐다. 달러화의 국제화지수는 55.24로서 동기 대비 3.42% 올라 달러화의 최대 국제통화 지위를 한층 더 튼튼히 다졌다.

1.4.2 유로화의 국제화지수 변동 분석

2014년 유로화지역의 경제가 지속적으로 저조해 연간 GDP 성장률이 거우 0.9%에 그쳤고 종합적인 구매자관리지수를 계속 하향 조정했으며 투자가 전체적으로 부진했다. 높은 실업률은 주권 채무위기가 유로화지역에 가져다준 심각한 후과 중의 하나이다. 2014년 이 문제가 지속적으로 악화되어 실업률이 11%의 높은 수준에 머물렀다. 그중 그리스와 스페인의 실업률은 모두 20%이상에 달하고 프랑스·이탈리아 · 포르투갈의 실업률도 10%가 넘었다. 유로화지역은 경제성장 동력이 부족했다. 유로화지역의 기관차 격인 독일·프랑스 등 핵심국가의 경제성장이 무기력하고 제조업 상황도 낙관할 수 없다. 그밖에 우크라이나 위기가 깊어지고 러시아 경제가 유럽연합의 제재를 받아 심각한 타격을 입었으며 그로 인해 그리스·이탈리아 등 국가의 경제 전망도 암담해졌다. 그리스 좌익세력이 선거에서 승리한 것도 유로화지역 경제발전의 불확실성을 악화시켜 투자자의 신심에 타격을 가했다.

비록 유럽 중앙은행이 양적 완화의 통화정책을 실행하고 여러 국가들도 이전의 상대적으로 긴축됐던 재정정책을 중성으로 돌려 유로화지역 경제 하락세를 돌려보려고 애썼지만 유로화지역 경제회복의 길은 여전히 가시덤불 길이었다. 경제의 부진과 양적 완화정책의 공동 작용 아래에 유로화 환율은 2008년 글로벌 금융위기 발생 이후 역사 최저치로 떨어져 국제자본의 대규모 철수를 초래했다. 유로화가 전통적인 우세를 차지했던 국제 채권시장에서 2014년 제4분기에 유로화표시 채권과 어음 발행량의 비중이 동기 대비 18.88% 하락한 36.23%까지 떨어져 달러화에 뒤처졌다. 같은 시기 정부의 외환보유고 중에서 유로화가 차지하는 비중도 22.21%로 떨어졌다. 유로화의 국제화지수는 25.32에서 동기 대비 20.90% 하락해 유로화의 국제 지위가 현저하게 낮아졌다.

1.4.3 엔화의 국제화지수 변동 분석

2014년 일본 경제는 소비성장의 추동 하에 일부 적극적인 조짐이 나타났다. 국제 원유가격의 대폭적인 하락에 소비세의 상향조절이 가세해 일본 주민의 선불소비(提前消費) 수요가 급증함으로써 제1분기 GDP가 전 분기 대비 1.4% 성장할 수 있었다. 4월 1일 소비세를 8%로 상향 조절함에 따라 개인 소비 수요가 급격히 줄어 제2, 3분기 GDP는 전 분기 대비 1.7%와 0.5% 하락했다. 엔화가 대폭 평가절하된 상황에서 수출이 조금 늘어 제4분기 GDP는 전 분기에 비해 실제로 0.6% 성장해 두 분기 연속 경제의 마이너스성장을 기록한 뒤 다시 플러스 성장으로 돌아섰다. 2014년 일본의 실업률은 3.5% 수준에서 소폭적인 변동이 있었지만 GDP 성장률은 0으로서 경제가 여전히 저조기에서 벗어나지 못했다. 엔화의 평가절하로 인해 수입 가격이 꾸준히 오른 반면에 수출소득의 성장은 침체되어 일본의 국제수지가 계속 악화되었다. 일본 재무성의 통계수치에 따르면 일본은 이미 4년 연속 거액의 무역적자가 나타났으며 그 규모가 12조 7,800억 엔에 달했다. 이는 외향성 경제 위주인 일본 경제에 심각한 악영향을 가져다주었다.

일본이 더욱 완화한 통화정책과 적극적인 재정정책을 실행하고 인프라 건설로써 경제의 회복을 지지하고 있지만 경제 이전과 경제구조조정이 느린 영향을 받아 경제성장의 구동력이 여전히 부족하다. 이와 같은 정책은 오히려 국내 유동성의 현저한 과잉을 조성해 엔화의 대폭 평가절하와 국제자본의 엔화 공매도를 초래했다. 2014년 제4분기에 국제채권과 어음 잔액 중 엔화 비중은 겨우 2%로서 동기 대비 9.1% 하락했다. 그러나 같은 시기 정부 외환보유고 중에서 엔화가 차지하는 비중은 조금 상승해 3.96%에 달했다. 엔화의 국제화지수는 3.82로서 동기 대비 9.94% 하락했다. 이는 엔화의 국제 지위가 다소 떨어졌음을 표명한다.

1.4.4 파운드화의 국제화지수 변동 분석

2014년 영국 경제성장의 동력이 아주 강해 GDP 성장률이 2.6%에 달함으로써 7년 만에 최고 경제성장률을 기록했다. 연간 GDP가 2조 2,300억 유로에 달해 세계 6위 경제체로 되었다. 비록 유럽 전역 경제가 저조기에 처하고 공공채무와 재정적자의 지속적인 확대 등의 문제에 직면했지만 영국 국내 산업 확장은 더욱 균형적이고 서비스업 수요가 막강해서 경제성장의 새로운 구동력을 얻을 수 있었다. 2014년 영국의 연간 실업률이 하락세를 나타냈으며 12월에는 실업률이 5.7%로 하락해 2008년 이후의 최저수준에 이르렀다. 물가수준이 안정되고 통화완화정책의 자극효과가 뚜렷이 나타났다. 주목할 바는 영국의 경제성장이 서비스업에 지나치게 의존하고 있는 것이다. 2014년 서비스업 생산액이 GDP 중에서 차지하는 비중이 78.4%에 달했으며 제조업은 겨우 14.6%에 달했다. 당면한 세계 경제성장이 내리막길을 걷고 유로화지역의 경제가 위축되는 배경 하에서 영국 경제의 안정적인 성장은 비교적 큰 외부 리스크에 직면해 있다.

영국 경제의 양호한 운행으로 인해 2014년 상반기 영국 파운드화의 달러 대비 환율이 지속적인 강세를 보여 적지 않은 국제자본을 유치했다. 자본시장에서 파운드화 거래 규모의 급속한 확대가 파운드화의 비교적 큰 변동을 불러 하반기 파운드화의 환율이 빠르게 하락했다. 2014년 제4분기에 해외 발행 파운드화 표시 채권과 어음 규모가 전 세계에서 차지하는 비중이 7.88%에 달해 동기 대비 20.12% 상승했다. 같은 시기 정부 외환보유고 중에서 파운드화가 차지하는 비중은 3.8%로서 동기 대비 다소 하락했다. 파운드화의 국제화지수는 4.94로서 동기 대비 12.49% 높아졌다. 이는 파운드화의 국제 지위가 뚜렷하게 강화되었음을 의미한다.

본 보고서에서는 표 1-2의 수치에 근거해 달러화·유로화·엔화·파운드화 이 4종의 세계 주요통화의 국제화지수 변화추이를 그래프로 그렸다.(그래프 1-8 참고)

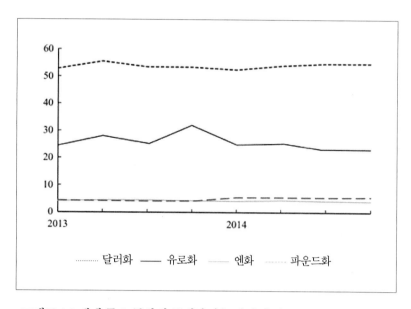

그래프 1-8 세계 주요 통화의 국제화지수 변화 추이

특별란 1-4

위안화, 2016년 SDR 통화바스켓 편입 유망

특별인출권(SDR)은 1969년 국제통화기금(IMF)이 갈수록 심각해지는 달러화의 트리핀 딜레마를 해결하기 위해 발행한 초주권 국가통화이다.

새롭게 생겨난 국제준비통화로서 SDR은 오직 여러 회원국 정부 사이 및 회원국과 IMF 사이에서만 사용되고 있다. SDR은 바스켓통화로 구성되었으며 여러 통화의 구성 비율은 그 통화가 세계 수출과 금융시장에서 차지하는 비중에 따라 확정되었다. SDR 창설시 16개의 통화가 포함되었으며 그때 당시 모든 선진국의 통화가 거의 포함되었다.

유럽공동체 국가들은 유럽통화시스템을 구축해 회원국 간 통화의 고정환율제를 실행했으며 공동 통화인 유로화의 전신 ECU에 고정시켰다. 국제통화시스템의 변혁에 적응하기 위해 1980년 IMF는 SDR의 바스켓통화를 달러화·연방독일 마르크화·영국 파운드화·프랑스 프랑화·엔화 등 5개로 줄였다. 그 뒤 5년에 한 차례씩 SDR 가치산정에 대한 전반적 검토(SDR valuation review)를 진행해 SDR 바스켓통화 및 그 구성비율에 대한 필요한 조정을 거쳤다. 1999년 유로화가 탄생된 후 IMF는 2000년에 SDR 통화바스켓 중 독일 마르크화와 프랑스 프랑화를 합병시켜 유로화로 대체했다. 현재 SDR은 달러화·유로화·파운드화·엔화 4개의 통화로 구성되었다. SDR의 50여년 역사를 돌이켜보면 세계에서 수출이 선두 5위를 차지하는 국가의 통화가 거의 모두 SDR의 구성통화라는 사실을 발견할 수 있다.

2009년 중국은 국제무역에서 위안화를 사용해 가격표시와 결제를 시작하면서 위안화 국제화의 서막을 열었다. 2010년 IMF가 진행한 최근 한 차례 SDR 가치산정에 대한 전반적인 검토 중에서 비록 그때 당시 중국의 수출 순위가 제2위를 차지하고 경제실력이 제3위를 차지했음에도 위안화는 여전히 '사실상 국제거래결제에서 널리 사용되지 않은 것'으로 간주되어 SDR 통화바스켓에 편입될 기회를 얻지 못했다. 5년간 국제경제·무역구도에 복잡하고도 심각한 변화가 발생했다. 중국의 종합실력이 장대해짐에 따라 위안화가 국제사회에서 보편적으로 환영받게 되었으며 이미 세계 5대 거래통화로 부상함으로써 SDR 통화바스켓에 편입될 수 있는 조건을 완벽하게 갖추었다. 현재 IMF는 2015년 SDR 가치산정에 대한 전반적인 검토를 진행 중이다. 중국은 위안화가 SDR에 편입될 수 있기를 희망한다. 그래서 대국의 책임을 더욱 잘 이행해 세계 공공재의 공급을 늘리고자 한다. 국제사회 역시 이에 대한 반응이 적극적이다. 적지 않은 국가들은 IMF가 역할을 발휘해 실제행동으로 국제통화체제개혁을 추진하고 위안화가 2016년에 정식 SDR 바스켓통화로 될 수 있도록 추진해야 한다.

위안화의 SDR 편입은 위안화의 국제화에서 역사적인 돌파이다. 이에 따라 위안화의 국제화 전망에 대한 국제사회의 여러 가지 의견 차이를 해소하고 위안화에 대한 시장의 리스크 예기와 가치산정체제를 바꿀 수 있으며 위안화의 사용범위를 확대하고 위안화의 규모효과를 거두며 위안화의 거래비용을 낮추고 위안화 국제화의 선순환을 형성하는데 이로울 수 있다.

물론 위안화의 SDR 편입에도 리스크가 따른다. 한 방면으로 미국·국제통화기금이 조건을 제기해 중국에 위안화 '자유사용'수준을 높일 것을 요구할 수 있다. 다시 말하면 중국에 자본항목관리를 철저히 포기하고 개인의 국제투자·증권 거래·파생상품 거래에 대한 규제를 취소할 것을 요구할 수 있다. 다른 한 방면으로는 위안화의 국제 수요가 대폭 늘어나 심지어 국제 투기자본에 의한 투기의 대상이 될 수 있는 것이다.

중국의 통화정책과 거시적 신중관리가 모두 새로운 도전에 직면하게 되며 금융안전과 실물경제의 안정도 유휴자금의 충격에 따른 위협에 직면할 수 있다. 그래서 중국은 위안화의 국제화과정 및 SDR 편입 후 반드시 리스크관리의 최저 기준을 고수해야 한다. 어느 때건 관리해야 하는 자본의 유동에 대해서는 절대 손을 놓고 방임해서는 안 되며 해로운 단기 자본의 유동에 대해서는 반드시 효과적으로 관제해야 한다. 장기적인 안목으로 볼 때 리스크를 통제해야만 금융위기를 예방할 수 있다. 중국경제의 안정적이고 건전한 발전을 실현해야만 위안화의 국제화도 비로소 튼튼한 초석이 마련되는 것이다.

제2장
위안화의 국제화 현황

제2장 위안화의 국제화 현황

2014년, 위안화의 국제화 과정이 빠르게 발전했다. 국제 위안화 사용범위와 규모가 대폭 확대되고 위안화 역외시장이 번영 발전했으며 국제 금융협력이 꾸준히 심화되고 위안화 환율 형성체제개혁이 안정적으로 추진되었다. 경제의 뉴 노멀 시대에 구조조정과 제도개혁이 점차 전개되었으며 중국(상하이)자유무역구·선전(深圳) 첸하이(前海) 등지에서 국제 위안화업무 혁신시행 작업이 빠르게 전개되었다. '후강퉁(滬港通, 상하이 증권거래소와 홍콩 증권거래소 간의 교차 매매)'의 중국 자본계정 개방을 먼저 시행한다는 내용의 선행선시(先行先試)정책에 힘입어 위안화에 대한 국제 수용도가 한층 제고되었다.

2.1 국제 무역에서 위안화 결제

1. 규모의 빠른 확대, 결제 비중의 선(先) 하락 후(後) 상승

2014년, 국제무역에서 위안화결제 규모가 계속 확대되어 연간 국제무역 위안화결제업무가 누계 기준으로 6조 5,500억 위안에 달해 2013년에 비해 1조 9,200억 위안이 늘어 41.47% 증가했다. 국제무역 위안화 결제가 수출입 총액 중에서 차지하는 비중은 24.76%에 달해 2013년에 비해 6.83% 증가했다. 미국의 양적 완화정책 퇴출 예기와 미국경제 회복에 따른 자금의 미국으로의 환류·달러화 보유 의향의 증강 및 중국 공매도의 영향으로 2014년 1-8월, 국제무역 위안화결제 비중이 하락세를 보였다.(그래프 2-1 참고)

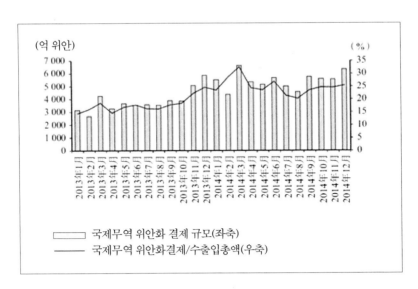

그래프 2-1 국제무역 위안화결제 규모

자료 출처: 중국인민은행, 상무부

중국경제 뉴 노멀 환경에서 긍정적인 에너지가 점차 방출됨에 따라, 그리고 '일대일로' 전략의 실행과 '후강퉁' 등의 호재까지 가세해서 위안화에 대한 국제사회의 신심이 커짐에 따라 국제 위안화 결제 비중은 안정적인 상승세로 접어들었다.

2. 화물무역 결제 위주인 가운데 서비스무역 결제 규모 안정 성장

2014년, 위안화로 결제하는 국제화물무역 규모가 누계 기준으로 5조 9천억 위안에 달해 국제무역 위안화결제 중에서 90.08%를 차지했다. 위안화로 결제된 서비스무역 및 기타 경상항목은 누계 기준으로 6,565억 위안에 달해 국제무역 위안화결제 중에서 10.02%를 차지했다. 구조적으로 보면 화물무역의 위안화 사용비중이 서비스무역보다 크다. 특히 중국인민은행이 2014년 8월[1] 에 통계지침에 대해 조정한 뒤 이러한 현상은 더욱 불거졌다.(그래프 2-2와 그래프 2-3 참고)

---

1) 2014년 8월부터 중계무역을 화물무역으로 조정해 통계를 진행했기 때문에 화물무역금액이 확대 되고 서비스무역금액이 상대적으로 줄었다.

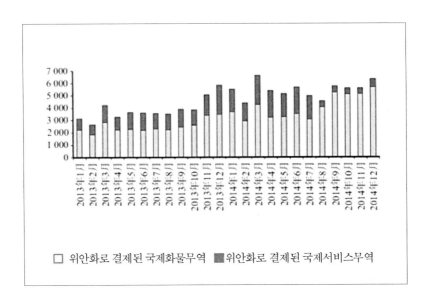

데이터 범례: □ 위안화로 결제된 국제화물무역 ■위안화로 결제된 국제서비스무역

그래프 2-2 위안화로 결제된 화물무역과 서비스무역 규모

자료 출처: 중국인민은행, 상무부

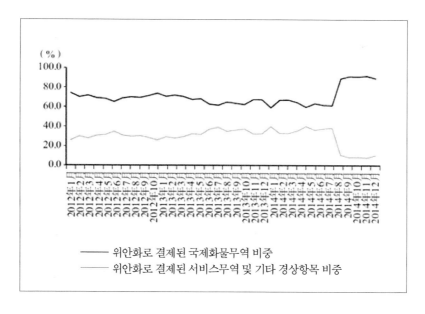

그래프 2-3 위안화로 결제된 화물무역과 서비스무역 규모 비중

자료 출처: 중국인민은행, 상무부

3. 수지상황이 기본적으로 안정되고 수출 위안화 결제가 비교적 빠른 성장 실현

2014년말, 국제무역 위안화 결제업무 실제 수입액이 2조 7,300억 위안으로 2013년에 비해 8,500억 위안 성장했으며 성장률이 45.21%에 달했다. 실제 결제액은 3조 8,200억 위안으로 2013년에 비해 1조 7백억 위안 성장했으며 성장률이 38.91%에 달했다. 결제 수불 비례는 1: 1.4로서 2013년의 1: 1.46에 비해 다소 상승했다. 이는 더 많은 외국기업이 무역결제

과정에서 위안화를 사용하는 것을 원한다는 사실을 설명한다. 국제무역 위안화결제 수불 금액과 수불 비례가 안정적으로 성장했다.(그래프 2-4 참고)

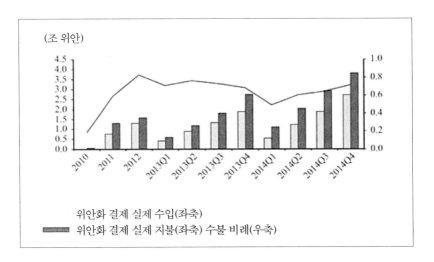

그래프 2-4 2010-2014Q4 국제무역 위안화결제 수급 비례

자료출처: 중국인민은행

특별란 2-1

교통은행의 중국(상하이)자유무역구 내 혁신 실천

교통은행은 본부를 상하이에 둔 유일한 대형 국유 상업은행으로서 상하이 자유무역구 건설을 줄곧 크게 중시해왔으며 본부가 갖고 있는 장점과 인재의 우수성 및 '국제화와 종합화' 전략의 우위성을 발휘해서 상하이 자유무역구 내에서 여러 가지 혁신실천을 적극 전개해왔다.

1. 자유무역구 기구 및 혁신 업무를 적극 배치

교통은행은 자유무역구 건설 과정에서 새로운 기회·새로운 정책·새로운 시장을 적극 이용하고 경제발전방식의 전환을 통한 발전을 지도방침으로 삼아 자유무역구 내에 기구 배치를 적극 강화함으로써 미래의 장원한 발전을 지향했다. 교통은행은 경영자원과 업무자원을 통합 배치함으로써 자유무역구에 입주하여 역외 업무를 취급한 첫 상업은행 중의 하나로 꼽혔다. 한편 지사인 교통은행 임대회사는 자유무역구 내에 최초로 금융임대회사 지사를 설립하고 항공과 항운 서비스 업무를 전문 취급함으로써 자유무역구 내에서 유일하게 두 가지 경영기관을 소유한 금융기관이 되었으며 업무능력과 서비스능력이 한 층 더 제고되고 보완되었다.

2. 독립정산업무를 적극 추진

교통은행은 중국인민은행 상하이본부가 조직한 독립정산업무 건설에 적극 참여하여, 감독관리당국의 요구에 따라 상하이지점 내부에 '표지판 분설, 독립정산, 신고서 독립작성, 특별 보고, 자체균형 유지(標志分設, 分賬核算, 獨立出表, 專項報告, 自求平衡)' 기능을 갖춘 독립정산구역(分賬核算單元)을 설치함으로써 자유무역구 내에 있는 주체와 해외 기구 및 개인을 상대로 자유무역계좌를 개설해주고 관련 투자와 융자혁신 서비스를 제공할 수 있게 되었다. 이와 동시에 교통은행은 자유무역구 금융정책의 추진과 결부시켜 고객을 위해 상하이 자유무역구 금융개혁 3.0판본에 따라 자유무역계정 해외 융자와 외화의 자유무역계정 관련 업무를 성공적으로 제공함으로써 기업의 무역투자 편리화를 실제적으로 추진해 실물경제를 위한 효과적인 서비스를 제공했다.

3. 위안화의 국제 사용 혁신 확대

위안화의 국제사용범위와 규모를 확대하기 위해 교통은행은 정책조치를 먼저 시행하는 선행선시(先行先試)를 적극 이행해서 자유무역구 내의 여러 가지 금융혁신업무에서 첫 오더를 따냈다. 예를 들어 교통은행 상하이시지점과 홍콩지점이 공동으로 무역구 내의 전자상거래기업을 위해 국제 위안화대출 차입을 성사시켜 기업의 저원가(低原價) 융자의 수요를 만족시켰고, 교통은행 임대구역 내의 자회사와 교통은행 싱가포르지점 간에 국제 위안화 해외 차관 협력협정 체결은 자유무역구 내 최초의 비은행 금융기관의 해외 차관 업무이다. 그리고 제일 처음으로 외국인 팩토링회사를 위해 상업 팩토링 결제 서비스 및 위안화 외채업무를 제공했고, 무역구 내에서 처음으로 비행기와 선박 임대업무를 성공적으로 취급하여 자유무역구 신형 경영형태의 발전을 추진했다. 또 상하이 국제 에너지거래중심·상하이황금거래소 순금국제판 거래를 위한 위안화 자금 조달방안을 제정했으며 최초로 위안화로 가격을 표시하는 상하이 순금국제판 자체경영거래를 성공적으로 성사시켰다.

4. 투자와 융자 환업무의 편리에 대한 실무적 탐구

금융 서비스의 편리화를 제고하는 방면에서 교통은행은 적지 않은 실무적인 탐구를 진행했는데 구체적으로 다음과 같은 내용이 포함된다. 직접투자에서 외환 등기절차를 간소화해서 무역구 내 첫 외국인투자기업 외환등기업무를 성공적으로 취급함으로써 외환등기·계좌개설의 원스톱서비스를 실현했다. 그리고 또 교통은행은 자유무역구 내의 기업들에게 외국인투자 자본금 의향 환결제업무를 제공한 첫 은행 중의 하나이며, 다국적기업에 외환자금 집중관리서비스를 제공키로 협약을 맺은 첫 은행 중의 하나이기도 하다.

5. 금리 시장화를 안정적으로 추진

자유무역구 내의 소액 외화예금금리 상한선 규제 완화와 관련하여 중국인민은행의 요구에 따라 교통은행은 관련 내부 규정제도를 보완 제정했다. 그리고 2014년 3월 1일부터 상하이시 여러 영업소 정보 표시판에 '상하이 자유무역구 외화 예금금리'라고 대외에 명시했다. 이날 자유무역구 내의 2개 기업 고객이 소액 외화예금업무서비스를 제공받음으로써 교통은행은 제일 처음으로 자유무역구 내에서 외화 금리 시장화를 실현했다.

2.2 위안화 금융거래

2.2.1 위안화 직접투자

1. 위안화 해외 직접투자

2014년 중국의 해외투자 규모와 위안화 해외투자액은 지속적으로 확대되었다. 상무부의 통계에 따르면, 2014년의 중국 경내 투자자가 세계 총156개 국가와 지역의 6,128개 해외기업에 직접투자를 진행했으며 비금융류 직접투자액은 누계 6,320억 5천만 위안을 실현하여 2013년보다 14.1% 성장했다. 그중 위안화로 결제한 대외직접 투자액은 1,855억 위안으로서 2013년에 비해 1,010억 위안이 늘었으며 증가폭이 118.0%에 달하고 위안화로 결제한 직접투자업무 중에서 차지하는 비중이 17.77%에 달했다.

2014년 대외직접투자 중 위안화 결제부분의 비중에 변동이 일어나서 1-8월 사이에 먼저 올랐다가 이후에 하락했으며 그 뒤 일련의 기업의 대외투자에 대한 금융적 지원 및 편리화정책의 격려 하에, 특히 역외 위안화시장 규모의 확대와 유동성의 지속적인 확장 형세에 따라 중국기업의

해외투자 규모가 갈수록 확대되고 투자영역이 꾸준히 확장되어 위안화로

결제한 대외 직접투자 규모가 빠르게 확대되었다.(그래프 2-5 참고)

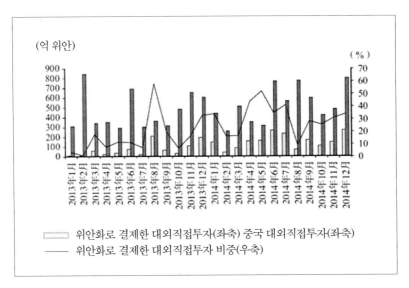

그래프 2-5 위안화로 결제한 대외직접투자의 중국 대외직접투자 중

비중

자료출처: 중국인민은행, 상무부

2. 위안화의 외국인직접투자

2014년, 중국의 외국인직접투자 실제 사용금액이 1,195억 5,800만 달러에

달해 2013년에 비해 19억 7,200만 달러가 증가했으며 성장률이 1.68%에

달해 위안화 해외직접투자액과 점차 균형을 이루는 추세가 나타났다.

외국인직접투자의 주요 원천지는 중국 홍콩·싱가포르·중국 대만·
일본 등의 국가와 지역이며 투자가 주로 제조업·부동산업 및 임대업과
비즈니스서비스업에 집중되었다. 위안화로 결제한 외국인직접투자액은
누계로 8,620억 위안에 달해 2013년에 비해 4,138억 7천만 위안이
증가했으며 증가폭이 92.4%에 달한다.(그래프 2-6 참고)

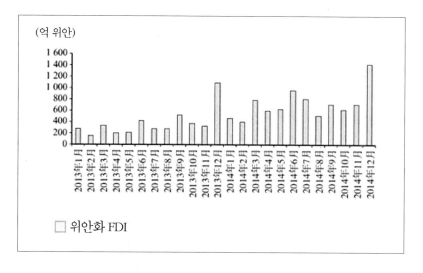

그래프 2-6 위안화 FDI 결제 업무

자료출처 : 중국인민은행, 상무부

특별란 2-2

'일대일로'가 중국 해외 직접투자의 새로운 초점으로

'뉴 실크로드 경제벨트'와 '21세기 해상 실크로드'를 포함한 '일대일로'개념은 2013년에 정식 제기되었다. '일대일로'와 관련된 실크로드 상의 국가들 대다수가 개발도상국가에 속해 있어 인프라의 건설이 상대적으로 낙후되었고 국제 경제무역발전이 비교적 느리기 때문에 실크로드 국가에 대한 중국기업의 직접투자는 국내의 수요를 충분히 동원하고 양질의 자원을 수출할 수 있으며 더 나아가서 위안화의 국제화를 추진하게 된다. 한편 실크로드 국가들은 중국 기업과 무역·투자 및 기타 방면에서 경제협력을 진행해 중국의 충족한 자금과 선진적인 기술을 도입해 자국의 무역을 충분히 발전시킬 수 있다. 중국정부의 '일대일로' 건설추진 관련 정책의 격려 하에 많은 중국기업이 연선국가에 대한 직접투자를 확대해서 실크로드 국가들은 이미 최근 2년간 중국기업의 대외직접투자의 새로운 초점이 되었다. 예를 들어 2013년 화신(華信)자원유한회사가 파키스탄 타르 탄광 제1구역 개발에 10억 7,700달러나 투자했으며 2014년 11월에 이 회사는 또 중국전력국제발전유한회사(中電國際)·중국석탄과학공업그룹유한회사(中煤科工) 등의 기업과 손잡고 계속 투자를 확대했다. 2014년 상펑(上峰)시멘트주식유한회사가 키르기스스탄에 총1조 1,400억 달러를 투자해 시멘트 생산라인을 합작 건설했다. 중국 고속철(中國高鐵)·중국 톄젠(鐵建)주식유한회사·중국 국가전력망회사(中國國家電網)·다탕(大唐)그룹·중국 타이다(泰達)그룹 등 대형 국유기업과 민영기업이 모두 '일대일로' 연선국가의 공공재·인프라 ·석유 천연가스 등의 업종 건설에 적극 참가하여 실크로드 국가와 서로 이득이 되고 공동 번영하는 국면을 실현하기 위해 노력하고 있다.

2.2.2 위안화 증권 투자

1. 국제 채권과 어음 시장

중국의 금리수준이 주요 국가들보다 높기 때문에 기업의 해외융자가 자금의 원가를 효과적으로 낮출 수 있어 기업들의 해외융자 수요가 강하다. 또한 해외 위안화 자금공급의 빠른 성장도 위안화 투자수요의 확대를 부추기고 있다. 시장의 공급과 수요 두 방면의 역량 추동 하에 위안화표시 채권과 어음 발행규모가 꾸준히 기록을 경신하고 있다. 2014년 연말까지 위안화표시 채권과 어음의 해외 발행액이 473억 2천만 달러에 달해 2013년 연말에 비해 241억 달러가 증가했으며 동기에 대비해서 104% 성장했다.(그래프 2-7 참고)

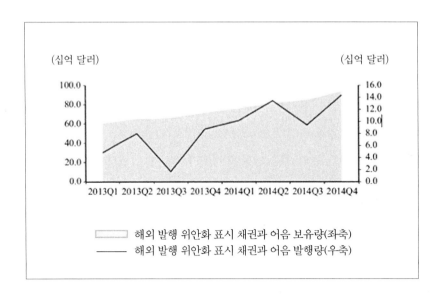

그래프 2-7 2013-2014년 해외 발행 위안화표시 채권과 어음 보유량과 발행량

자료출처: 국제결제은행

2013년에 변동이 컸던 것에 비해 2014년의 해외 위안화표시 채권과 어음의 발행량은 비록 조정현상이 나타나긴 했지만 그래도 상대적으로 안정을 유지했다. 그러나 해외 발행 위안화표시 채권과 어음이 세계 채권시장에서 차지하는 비중은 여전히 비교적 작아서 국제채권과 어음 발행량의 겨우 1.88%밖에 되지 않는다. 해외 발행 위안화표시 채권과 어음잔액은 940억 달러로서 2013년에 비해 225억 5천만 달러로 늘었으며 성장률은 31.56%에 달했다. 해외발행 위안화표시 채권과 어음이 세계에서 차지하는 비중은 0.4%로서 2013년 동기에 비해 현저하게 상승했다.(그래프 2-8 참고) 위안화의 국제화 과정은 2009년에 시작해서 비록 위안화 국제화

수준이 꾸준히 상승하고 있긴 하지만 현재 주류 국제통화와 여전히 일정한 거리가 있다. 2014년 연말까지 세계 국제채권과 어음 잔액 중 달러화가 40.36%를 차지하고, 유로화가 41.48%, 영국 파운드화가 9.26%, 엔화가 2%를 차지한다.(그래프 2-9 참고) 위안화의 국제화는 여전히 갈 길이 멀며 꾸준히 확장하고 보완해야 한다. 국제 채권은 국제자본시장의 가장 중요한 구성부분이다. 해외발행 위안화표시 채권과 어음 발행량의 꾸준한 성장은 위안화의 금융거래 기능이 점차 실현되고 있음을 의미한다.

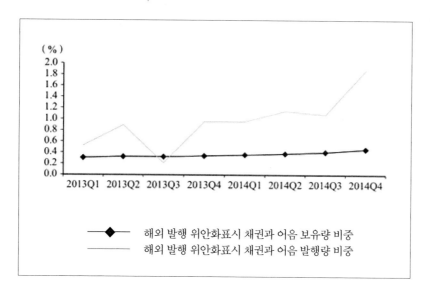

그래프 2-8 2013-2014년 해외 발행 위안화표시 채권과 어음

보유량과 발행량이 전 세계에서 차지하는 비중

자료출처: 국제결제은행

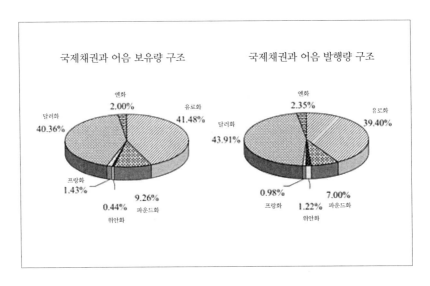

국제채권과 어음 보유량 구조

엔화
2.00%

달러화
40.36%

유로화
41.48%

프랑화
1.43%

0.44%
위안화

9.26%
파운드화

국제채권과 어음 발행량 구조

엔화
2.35%

유로화
39.40%

달러화
43.91%

0.98%
프랑화

1.22%
위안화

7.00%
파운드화

그래프 2-9 2014년 국제채권과 어음 보유량 및 발행 통화의 종류 구조

자료출처: 국제결제은행

역외시장은 위안화표시 채권의 주요 해외 발행장소이다. 2014년 세계 여러 국제금융중심이 역외 위안화업무를 전개해 역외 위안화 예금규모가 빠르게 확대됨으로써 위안화 표시 채권의 해외발행을 위한 양호한 조건을 마련했다. 홍콩을 제외하고 싱가포르·런던·타이베이·서울 · 프랑크푸르트 등지의 위안화 역외시장 참여 주체와 제품이 더욱 다원화되고 시장규모가 뚜렷하게 확대되었다. 물론 홍콩은 여전히 최대 위안화 역외시장이다. 2014년, 홍콩지역의 위안화 채권 보유량이 2013년 연말의 2,904억 1천만 위안에서 3,860억 8,700만 위안으로 늘어 증가폭은 33%에 달했다. 그중 변화가 가장 뚜렷한 것은 금융채권의 보유량으로서 2013년의

491억 2,700만 위안에서 2014년의 1,112억 2,700만 위안으로 늘어 시장 할당액이 10%포인트 증가했다.(표 2-1 참고)

표 2-1 2014년 홍콩 위안화 채권 제품 규모와 구조

유 형	보유량총액(억 위안)	비중(%)	채권 수량	비중(%)
기업채권	1,820.50	47.15	161.00	48.79
금융채권	1,112.27	28.81	129.00	39.09
국채	805.00	20.85	29.00	8.79
전환사채	123.10	3.19	11.00	3.33
합 계	3,860.87	100.00	330.00	100.00

자료출처: Wind 데이터

2. 주식시장

2014년은 중국이 개혁을 전면 심화한 첫 해이다. 주식발행 등록제·국유기업 혼합소유제개혁 및 후강퉁 등 유리한 정책의 자극을 받아 2014년 중국 주식시장은 세계에서 가장 활기를 띠고 성장성이 가장 좋은 주식시장이 되었다. 상하이종합주가지수는 최종 거래일 종가 3,234.68포인트로 장을 마감함으로써 연간 52.87% 상승했고, 선전 종합주가지수는 1,415.19포인트로 장을 마감해 연간 33.80% 상승했다. 상하이증시의 평균주가 수익률(滬市平均市盈率)은 2013년 연말의 10.99배에서 2014년 연말의 15.99배로 상승했고, 선전증시의 평균 주가수익률(深市平均市盈率)은 2013년 연말의 27.76배에서 2014년 연말의 34.05배로 상승했다.

2014년 주식 시가총액(A주·B주)은 총 37조 2,546억 9,600만 위안으로서 2013년에 비해 13조 3,469억 7,700만 위안으로 성장했으며 성장률이 55.83%에 달했다. 주식시장 유통시가총액은 31조 5,624억 3,100만 위안으로서 2013년에 비해 11조 6,044억 7,700만 위안 성장했으며 성장률이 58.14%에 달했다. 주가의 총체적인 수준이 대폭 상승함으로 인해 거래가 더욱 활발해졌으며 이에 따라 거래량이 거듭 신기록을 경신했다. 2014년 상하이와 선전 두 증시의 누계 거래액이 74조 3,912억 9,800만 위안에 달해 2013년에 비해 27조 5,184억 3,800만 위안 성장했으며 성장률이 58.71%에 달했다. 하루 평균 거래량은 3,036억 3,800만 위안에 달해 2013년에 비해 1,066억 9,300만 위안 성장했으며 성장률이 54.17%에 달했다.(그래프 2-10 참고)

자본시장과 직접융자가 기업융자 중에서 더욱 중요한 역할을 발휘하기 시작했다. 2014년에 125개 회사가 신규 상장했는데 그중 상하이증권거래소 메인보드에 43개, 선전증권거래소 중소기업판(中小企業板)에 31개, 창업(創業板)에 51개 회사가 각각 상장했다. 새로 상장한 회사들이 주식시장을 통해 실현한 융자 금액이 668억 8,900만 위안에 달한다. 이미 상장한 회사의 지정 증자 금액도 2013년에 비해 대폭 성장하여 한 해 지정 증자금액이 1,784억 7,100만 위안이 늘어난 4,031억 3,000 만 위안에 달했으며 성장률이 79.44%에 달했다.(표 2-2 참고)

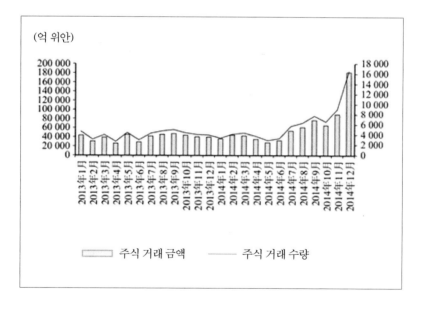

그래프 2-10 중국주식시장 거래 상황

자료출처: 중국증권감독관리위원회

표 2-2　중국주식시장 자금 조달 금액

연도	최초 발행 금액			제차 자금 조달 금액					
	A주 (억위안)	B주 (억달러)	H주 (억달러)	A주(억 위안)				B주 (억달러)	H주 (억달러)
				공개 증자	지정 증자	배당 주식	워런트 행사		
2012	0.39	0.00	82.50	104.74	1,867.48	121.00	0.00	0.00	77.14
2013	0.00	0.00	113.17	80.42	2,246.59	475.75	0.00	0.00	59.51
2014	668.89	0.00	128.72	18.26	4,031.30	137.98	0.00	0.00	212.90

자료출처: 중국증권감독관리위원회

특별란 2-3

후강퉁: 중국 자본시장 개방이 새로운 단계로 올라서다

투자 경로를 넓혀 경내와 해외 두 개의 시장에서 요소의 합리적인 유동을 이끌기 위해 중국정부는 일찍이 2007년에 이미 '홍콩주 직통차(港股直通車)'계획을 제기했었다. 그런데 2008년 글로벌 금융위기가 발생한 뒤 내지 투자자들의 리스크 감별능력이 비교적 낮고 리스크 관리능력이 비교적 약한 점을 감안하여 '홍콩주직통차'계획을 보류해 두었었다. 중국의 거시적경제가 뉴 노멀시대에 들어서고 위안화의 국제화가 점점 더 빠르게 진행됨에 따라 자본계정 개방에 대한 수요가 갈수록 절박해지고 있다.

2014년 4월 10일 중국증권감독관리위원회(중국증감회로 약칭)와 홍콩증감회가 공동으로 공고를 발표해 상하이증권거래소와 홍콩 증권거래소가 상하이와 홍콩 주식 시장거래와 상호 연결체제를 시험 전개하도록 비준함에 따라 상하이와 홍콩 주식투자자들이 거래소를 통해 홍콩주식과 A주식을 매매할 수 있도록 허용했다. 감독관리당국과 증권회사 등의 부서가 6개월간의 테스트를 거쳐 중국증감회와 홍콩증감회는 후강퉁 체제 하의 주식거래를 2014년 11월 17일 정식 개시하도록 비준했다.

이로써 후강퉁이 정식으로 금융시장의 역사적 무대에 오르게 되었다.

강구퉁(港股通, 홍콩주식매매를 가리킴)의 문이 열림에 따라 대량의 투자자들이 몰려들었다. 2014년 연말까지 후구퉁(滬股通, 상하이주식매매를 가리킴) 매입과 매출 거래액이 각각 1,180억 4,100만 위안과 494억 7,000만 위안에 달하고 강구퉁 매입과 매출 거래액은 각각 195억 8,000만 홍콩달러와 64억 3,100만 홍콩달러에 달했다. 후강퉁의 출범은 해외 투자자들을 경내 자본시장 거래에 참가할 수 있도록 허용하여 경내 시장의 자금 원천과 투자주체의 다양성을 확대한 한편 중국 내륙과 홍콩 자본시장간 자본의 양방향 유통 통로를 건설하는 것을 통해 내륙 자본시장의 구조와 유동성을 개선하고 자본시장 자원배치의 효율을 높이는 데도 이롭도록 했다. 그래서 2014년 중국자본항목 아래 국제증권투자 개방의 중점 업무 중의 하나로서 후강퉁은 중국 자본시장의 개방이 새로운 단계로 올라선 이정표로 된다.

후강퉁은 주식시장의 제도적 변혁일 뿐 아니라 자본항목의 태환 가능성과 위안화의 국제화를 추진한 중대한 개혁이기도 하다. 여러 나라의 경험에 비추어 보면 자본항목의 태환은 리스크가 아주 커서 잘 파악하지 못하면 한 나라에 중대한 위기를 가져다줄 수 있다. 후강퉁은 국제투자이며 중국이 자본항목 태환 방면에서 진행한 한 차례 새로운 탐색과 시도이다. 후강퉁은 특정된 경로를 구축하여 리스크 통제가 가능한 범위 내에서의 자금의 자유 유동을 허용한다. 후강퉁은 또 위안화 국제화의 중요한 조치이기도 하다. 후강퉁은 위안화를 위한 새로운 대외수출창구를 마련했으며 위안화의 국제투자와 국제사용 범위를 확대했다. 그리고 후구퉁은 해외 위안화의 투자경로를 넓혔다. 총적으로 후강퉁은 보다 많은 시장 주체가 위안화를 사용하고 보유하도록 격려하고 자본의 가치 보유와 가치 증대의 각도에서 위안화의 국제화를 추진하는 데 이롭게 했다.

3. 파생상품 시장

2014년 말까지 세계 금리파생상품 OTC시장 미청산 잔액이 505조 달러에 달했다. 그중 달러화·유로화·엔화·파운드화·스위스프랑화·캐나다 달러화의 비중이 각각 34.14%, 33.09%, 9.13%, 11.28%. 0.94%, 2.00%를 차지하고 기타 통화의 비중은 10%미만이었다.(그래프 2-11 참고) 중국의 파생상품 금융시장은 발전이 뒤처지고 규모가 작은 편이며 선진국과 비교해 여전히 비교적 큰 차이가 있다. 위안화 파생상품은 아직 국제결제은행의 단독통계를 거치지 않고 있다.

표 2-3을 보면 2013년에 비해 2014년 말 금리 파생상품 세계 OTC시장의 변화추세는 기타 종류 통화의 미청산 잔액과 시가총액이 모두 다소 상승세를 보인 것이다. 기타 종류의 통화 OTC시장 금리 파생상품 미청산 잔액이 전체 통화 종류 중에서 차지하는 비중은 8.28%에서 9.42%로 상승했고 기타 종류 통화의 OTC시장 금리 파생상품의 시가총액 비중은 4.56%에서 5.81%로 상승했다.

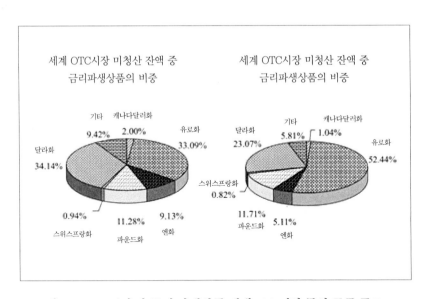

세계 OTC시장 미청산 잔액 중
금리파생상품의 비중

세계 OTC시장 미청산 잔액 중
금리파생상품의 비중

그래프 2-11 2014년 말 금리 파생상품 세계 OTC시장 통화 종류 구조

자료출처: 국제결제은행

표 2-3 　2013년 제4분기와 2014년 제4분기 금리 파생상품 세계
OTC시장 통화 종류의 구조 (%)

구 분	세계 OTC시장 미청산 잔액 중 금리 파생상품이 차지하는 비중		세계 OTC시장 시가총액 중 금리 파생상품이 차지하는 비중	
	2013년 제4분기	2014년 제4분기	2013년 제4분기	2014년 제4분기
유로화	41.32	33.09	49.22	52.44
엔화	8.99	9.13	4.90	5.11
파운드화	9.00	11.28	9.11	11.71
스위스프랑화	0.98	0.94	0.85	0.82
캐나다달러화	1.78	2.00	0.98	1.04
달러화	29.65	34.14	30.38	23.07
기타	8.28	9.42	4.56	5.81

자료출처: 국제결제은행

위안화금리 시장화개혁이 관건적인 단계에 들어섰다. 위안화환율
형성체제가 점차 시장화 되고 있고 위안화금리와 환율의 변동이 이전에
비해 뚜렷이 확대되었다. 시장의 위안화 환율과 금리 리스크 방지의 절박한
수요를 만족시키기 위해 최근 2년간 혁신적인 위안화 파생상품이 꾸준히
나타나고 있다. 예를 들어 2013년 8월 홍콩 거래 및 결제소 유한회사(이하
홍콩거래소로 약칭)가 중화(中華)120지수선물을 출시했다. 2014년 10월

20일, 싱가포르거래소가 위안화선물 계약거래를 정식 선보였는데 그중에 달러화/역외 위안화 선물과 위안화 대 달러화(人民幣兌美元)의 선물 계약이 포함되었으며 규모가 각각 10만 달러, 50만 위안이다. 현재 홍콩에서 거래되는 위안화 파생상품에는 달러화 대 위안화(美元兌人民幣)의 선물과 중화120지수선물 두 가지가 있다. 2014년 달러화 대 위안화 (美元兌人民幣)의 선물 총 거래량이 20만 5,049주에 달해 2013년에 비해 6만 6,341주 늘었으며 성장률이 47.83%에 달했다. 중화120지수선물의 2014년 한 해 거래량은 4만 193주에 달해 매월 거래량이 기본적으로 안정을 유지했다.(표 2-4 참고)

표 2-4 달러화 대 위안화 선물과 중화120지수선물 거래 상황 집계표

(단위: 주)

	2013년				2014년			
	제1 분기	제2 분기	제3 분기	제4 분기	제1 분기	제2 분기	제3 분기	제4 분기
달러화 대 위안화 선물	25,054	46,238	26,868	40,548	75,498	33,359	42,843	53,349
중화120 지수선물	0	0	—	—	9,824	8,678	10,935	10,756

자료출처: 홍콩거래소

자금시장에서 2014년 위안화 금리 스와프시장이 계속 활기를 띠어 거래 열기가 꾸준히 상승했다. 금리 스와프의 거래 금액은 4조 317억 3천만 위안에 달해 2013년보다 1조 3,215억 1,200만 위안이 늘어 성장률이 48.76%에 달했다. 위안화의 선도금리와 채권 선도거래가 2013년에 저조했던 국면을 뒤집고 폭발적인 성장을 이루었다. 양자의 거래금액이 각각 7억 8,100만 위안, 48억 800만 위안에 달해 2013년의 5천만 위안과 1억 100만 위안에 비해 놀라운 성장세를 보였다.(표 2-5 참고)

표2-5 2013-2014년 주요 은행간 시장상품 거래액 　　　　(단위 : 억 위안)

구 분	2013년				2014년			
	제1분기	제2분기	제3분기	제4분기	제1분기	제2분기	제3분기	제4분기
금리스와프	7,375.83	7,960	5,697.8	6,068.55	8,044.5	8,908.53	9,577.68	13,786.59
선도금리	0	0	0.5	0	0	2.16	2.91	2.74
채권선도	1.01	0	0	0	0	0.07	0.96	47.05

자료출처: 중국외환거래센터

2014년에 후선(滬深)300주가지수(상하이증권거래소와 선전증권거래소의 우량주 300개를 기초주로 선정해서 구성한 지수로 A증시 전반 추세 구현) 선물 거래량이 총 163조 1,400억 위안에 달해 2013년에 비해 22조 4,400억 위안 성장했으며 성장률이 15.95%에 달했다. 그중

제4분기 거래금액의 변화가 가장 뚜렷해 후선300지수가 44.17% 올랐으며 제3분기의 거래액에 비해 110.7% 늘었다. 후선주가지수 선물 거래금액과 후선300지수의 변동 간에는 동시성이 비교적 큰데 이는 후선300주가지수 선물이 리스크 헤징의 적극적인 역할을 발휘했음을 설명한다. 2013년에 출시한 국채선물도 시장에서 크게 각광을 받아 2014년 거래량이 8,785억 1,500만 위안에 달했으며 전해에 비해 186.73% 늘어났다.(표 2-6 참고)

표 2-6   2013-2014년 주가지수선물과 국채 선물 거래 상황

(단위: 억 위안)

	2013년				2014년			
	제1 분기	제2 분기	제3 분기	제4 분기	제1 분기	제2 분기	제3 분기	제4 분기
후선300 주가지수 선물	348,706	331,666	402,067	324,564	272,821	275,356	348,607	734,601
국채 선물	0	0	1,443.83	1,620.05	1,083.95	1,078.99	1,322.63	5,299.58

자료출처: 중국금융선물거래소

4. 외국인의 위안화 금융자산 투자

중국이 금융시장을 점차 개방함에 따라 비주민이 주식시장과 은행 간 채권시장에 투자할 수 있게 되었다. 외국인 투자자가 위안화 주식을

배분하는 경로는 세 가지가 있다. 즉 적격 해외기관 투자자(QFII), 위안화 적격 해외기관 투자자(RQFII), 후강퉁이다. 앞의 두 가지는 오직 기관투자자에만 한해 적용되는 것이고 개인 투자자는 후강퉁을 통해 상하이증권거래소의 주식에 투자할 수 있다.

2014년 11월 17일 후강퉁체제 내 주식거래가 정식 가동되었다. 홍콩거래소의 데이터에 따르면 2014년 11월 후구퉁 거래금액이 465억 8,900만 위안에 달하고 강구퉁 거래금액이 76억 홍콩달러에 달했다. 12월에는 후구퉁 거래액이 1,209억 2,200만 위안, 강구퉁 거래액이 184억 1,100만 홍콩달러에 달했다. 후강퉁의 출범으로 인해 금융상품에 대한 위안화의 가격 책정권이 대폭 커져 선강퉁(深港通, 중국 선전과 홍콩 증시 간 교차거래) 및 중국자본계정의 개방을 위한 조건을 마련할 수 있었다.

은행 간의 채권시장에서는 적격 해외기관투자자와 위안화 적격 해외기관 투자자, 해외은행 및 해외보험회사가 거래에 참여하는 것을 허용했다. 2014년 연말까지 중국 은행간 채권시장 진출이 허용된 기관에는 14개 적격 해외기관 투자자, 66개 위안화 적격 해외기관 투자자, 97개의 해외은행, 11개의 해외보험회사가 포함되었다. 2014년 외자기관이 은행간 채권시장의 태환 가능 증권거래에 참여하여 성사시킨 거래건수가 11만 6,963건에 달하며 거래금액은 총 10조 1,683억 3,900만 위안에 달했다.(그래프 2-12 참고)

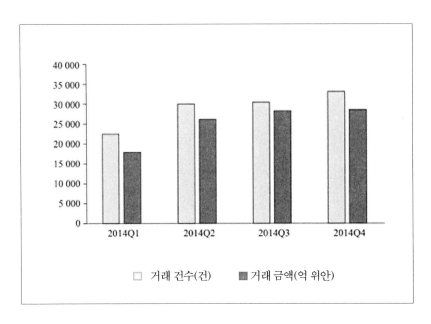

그래프 2-12 2014년 외자기관이 참여한 은행간 채권시장 태환 가능 증권
거래

자료출처: 중국외환거래센터

2.2.3 위안화 해외 신용대출시장

2014년 말까지 경내 금융기관의 위안화 해외대출 잔액이 1,989억 6,800만
위안에 달해 2013년에 비해 6.19% 성장했다. 신규대출은 115억 9,100만
위안에 달해 2013년보다 51억 2,600만 위안 증가했다. 위안화 해외대출이
금융기관 대출총액 중에서 차지하는 비중은 0.24%에 달해 2013년 12월에
비해 소폭 반락했다.(그래프 2-13 참고) 그 원인은 해외대출의 성장률이

위안화대출총액의 성장률보다 낮은 데 있다. 위안화의 국제 지위가
올라감에 따라 특히 위안화 금리의 하향조절로 인해 해외 위안화대출 규모
및 총 대출 중에서 차지하는 비중이 꾸준히 상승했다.

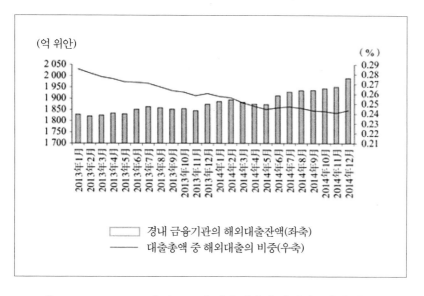

그래프 2-13 2013-2014년 중국 금융기관 위안화 해외대출잔액 및 비중

자료출처: 중국인민은행

국제 위안화 대출에는 경내 금융기관의 해외대출이 포함될 뿐 아니라
또 해외금융기관이 경내기업에 발행한 위안화대출도 포함된다. 위안화의
해외금리가 경내보다 낮기 때문에 경내기업들은 국제 위안화 대출을
쟁취하고자 하는 의향이 강하다. 2013년 중국의 중앙은행(중국인민은행)은
이미 상하이자유무역구와 선전 첸하이 및 쿤산실험구 등 세 지역 내의

119

기업이 해외금융기관으로부터 위안화 융자를 진행할 수 있도록 비준했다.

이러한 조치는 2014년에 또 새로운 진전을 이루었는데 톈진·광시·
윈난의 일부 시행구역의 기업들에 대해서도 동남아시아 및 기타 위안화
역외시장으로부터 국제 위안화 대출을 받을 수 있도록 허용했다. 이로써
국가의 거시적 조정방향과 산업정책방향에 부합되는 항구무역·인프라
건설·청정에너지 등 영역의 실물경제의 발전을 지원했다.

특별란 2-4

위안화 역외시장의 빠른 발전

위안화의 역외시장을 구축하고 발전시키는 것은 위안화의 국제화를 실현하는 관건이다. 2013년까지 위안화의 역외시장은 주로 중국 홍콩·싱가포르·중국 대만 등의 아시아국가와 지역에 집중되었다. 2014년 중국인민은행은 잉글랜드은행·유럽중앙은행과 통화스와프협정을 체결하고 영국·독일·프랑스에 각각 800억 위안 규모의 적격 해외기관투자자(RQFII) 한도액을 허용함으로써 위안화 환류의 경로를 넓혔다.

중국은 또 5대주에 널리 분포된 여러 국제금융중심에 위안화 결제은행을 지정함으로써 시장에서 보편적으로 우려하던 위안화 유동성과 거래편리성의 문제를 해결했다. 상기 제도적 배치는 위안화 역외시장이 전세계 범위 내에서 빠르게 발전할 수 있도록 추진했다.

2014년 말, 홍콩의 위안화 예금총액이 1조 35억 5,700만 위안에 달해 2013년 동기보다 1,430억 8,500만 위안이 늘었으며 성장률이 16.63%에 달했다. 싱가포르의 위안화 예금 규모는 2,770억 위안에 달해 2013년 동기보다 820억 위안이 늘었으며 성장률이 42.05%에 달했다. 같은 시기 중국 대만·한국·중국 마카오의 위안화 예금 규모는 각각 3,023억 위안,

1,940억 위안, 1,034억 위안에 달했다. 채권은 역외시장에서 아주 크게 각광받는 투자 품종으로서 경내 기업과 금융기관이 해외에서 위안화 표시채권을 발행함으로써 위안화의 유동성을 아주 크게 제고했다. 중국 홍콩 '딤섬본드'의 발행 규모는 5,600억 위안에 달했으며 중국 대만 '포모사본드', 싱가포르 '라이언시티본드'의 규모도 천억 위안이 넘는다.

현재 유럽에서는 이미 런던·프랑크푸르트·파리·룩셈부르크·스위스 '오족정립(五足鼎立)'의 위안화 역외중심 구도가 형성되었다. 위안화 역외업무의 급속한 발전에 세계가 주목하고 있다. 2014년 10월 14일, 영국정부가 위안화 주권채권을 성공적으로 발행했다. 그 규모는 30억 달러이고 기한은 3년이다. 2014년 말, 영국·룩셈부르크·프랑스의 위안화 예금 규모가 각각 190억 위안, 670억 위안, 200억 위안에 달했다. 이는 위안화가 국제통화로서 이미 수많은 유럽 선진국의 인정을 받고 있음을 의미하며 위안화의 국제화 과정이 새로운 단계에 올라섰음을 의미한다.

2.2.4 위안화 외환시장

2014년에 위안화의 정기적 외환거래 규모가 4조 1,200억 달러에 달했으며 동기에 비해 1.2% 성장했다. 위안화 태환 비용을 줄여 양자무역과 투자에 편리를 제공하기 위해 중국인민은행은 조치를 취해 위안화와 주요 통화 및 주변 국가의 통화간의 직거래를 적극적으로 추진했다. 2014년, 은행간 외환시장에서 위안화 대 뉴질랜드달러화·영국파운드화·유로화·싱가포르달러화의 직거래를 신규 허용했으며 또 위안화 대 카자흐스탄 텡게화의 은행간 시장구역거래를 출시했다. 최초의 링기트화·루블화 등 주변 국가의 통화에서 유로화·파운드화·엔화 등 주요 준비통화 및 오스트레일리아달러화·뉴질랜드달러화·싱가포르달러화 등이 태환 가능 통화로 확대되었으며 위안화 직거래 네트워크가 초보적으로 형성되었다.(표 2-7 참고) 2014년, 위안화 대 외화의 직거래량이 총 1조 500억 위안에 달했으며 은행간 외환시장 정기적 거래 중에서 차지하는 비중이 4.7%에 달했다. 은행간 외환시장 위안화 직거래가 활발하게 이루어져 유동성이 뚜렷하게 제고되고 미시적 경제주체의 환비용을 낮추었다.

표 2-7   2014년 은행간 외환 즉시 거래시장 위안화 대 여러 통화 거래량

통화 종류	달러화	유로화	엔화	홍콩 달러화	파운드화	오스트레일리아 달러화
거래량 (억 위안)	239,942	3,155	4,551	2,031	1,377	1,486
동기비 성장률 (%)	4	15	−64	40	702	−1

통화종류	뉴질랜드 달러화	싱가포르 달러화	캐나다 달러화	링기트화	루블화	타이 밧화	텡게화
거래량 (억 위안)	281	838	14	12	255	2	3
동기비 성장률(%)			65	5	369	−63	

자료출처: 중국외환거래센터

외환스와프는 위안화 외환파생상품시장의 주요 상품이다.(그래프 2-14 참고) 위안화 외환스와프거래 누계 금액이 달러화로 환산하면 4조 4,900억 달러에 달하며 동기 대비 32.1% 증가했다. 그중 달러화 오버나이트 스와프 거래량이 2조 3,600억 달러에 달해 스와프 총 거래량의 52.6%를 차지했다.

위안화 외환 선물시장 거래량은 누계 기준으로 529억 달러로서 동기 대비 63.5% 성장했다. 2014년도 '외화건 거래' 누계 거래금액이 달러화로 환산해 606억 달러에 달했으며 동기 대비 5.7% 하락했다. 그중 거래량이 가장 많은 상품은 달러를 홍콩달러로 태환한 거래로서 시장 점유율이 35%에 달했다.

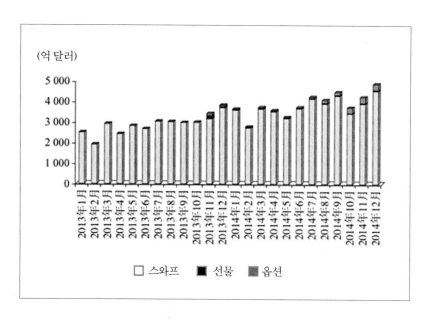

(억 달러)

5 000
4 000
3 000
2 000
1 000
0

2013年1月 2013年2月 2013年3月 2013年4月 2013年5月 2013年6月 2013年7月 2013年8月 2013年9月 2013年10月 2013年11月 2013年12月 2014年1月 2014年2月 2014年3月 2014年4月 2014年5月 2014年6月 2014年7月 2014年8月 2014年9月 2014年10月 2014年11月 2014年12月

□ 스와프　■ 선물　■ 옵션

그래프 2-14 2013-2014년 위안화 외환 파생상품시장

자료출처: 중국외환거래센터

외환시장 거래주체가 더 확대되었다. 2014년 말까지 정기시장 회원이 총 465개, 선물시장 회원이 98개, 외환스와프시장 회원이 97개, 통화스와프시장 회원이 84개, 옵션시장 회원이 39개에 달했다. 그중 정기시장의 시장조성자가 31개, 선물시장의 시장조성자가 27개이다.

시장조성자에는 4대 국유은행·주요 주식제은행·국가개발은행 등 중국자본기관이 포함되는 외에도 뱅크 오브 아메리카(Bank of America)·시티 뱅크 (Citi Bank)·홍콩상하이은행[HSBC, 중국명은 후이펑(匯豊)은행]·도이치 뱅크(Deutsche bank)·미쯔비시은행 (Mitsubishi Bank) 등 유명한 외국자본기관이 포함된다.

2.3 세계 외환보유고 중의 위안화

2.3.1 통화 금융 협력 강화

국제통화기금은 정부 외환보유고를 '통화별 구성이 확인되는 외환보유고'(allo cated reserves)와 '통화별 구성이 확인되지 않는 외환보유고'(unallocated reserves) 두 가지 부분으로 나뉜다. 2014년 말까지 통화별 구성이 확인되는 외환보유고는 6조 900억 달러에 달해 세계 정부측 외환보유고 총액의 52.45%를 차지했고 통화별 구성이 확인되지 않는 외환보유고는 5조 5,200억 달러로서 세계 정부측 외환보유고총액의 47.55%를 차지했다.

2014년 말까지 중국인민은행은 이미 28개 국가와 지역의 통화당국과 통화스와프협정을 체결했으며 통화스와프 잔액이 3조 1,200억 위안에 달했다.(그래프 2-15 참고) 중국인민은행은 그중에서 뉴질랜드·아르헨티나·카자흐스탄·태국·파키스탄과 제2차로 협정을 재체결하고 몽골·한국·중국 홍콩과는 제3차로 협정을 재체결했다. 2013년에 비해 스위스·스리랑카·러시아·카타르·캐나다 5개국이 추가되었다.

선진경제국들 간에 체결한 위기대처에 취지를 둔 통화스와프협정과는 달리 중국인민은행이 해외 통화당국과 본위화폐 스와프협정을 체결한 목적은 지역 금융안정을 수호하기 위한 원인일 뿐만 아니라 양자 무역과 투자를 추진하기 위한 원인도 포함된다.

중국인민은행은 또 카타르·캐나다·말레이시아·오스트레일리아·태국의 통화당국과 각각 도하·토론토·쿠알라룸푸르·시드니·방콕에 위안화 청산체제를 구축하는 양해각서(MOU)를 체결했으며 위안화 적격해외기관투자자 시행지역을 카타르와 캐나다까지 확대하는데 찬성하고 초기 투자 한도를 각각 300억 위안과 500억 위안으로 정했다. 그 후 도하·토론토·쿠알라룸푸르·시드니·방콕의 위안화 업무 결제은행을 확정짓게 된다. 2014년 중국인민은행은 다른 통화당국과 위안화 업무 결제은행 확정을 강화했는데 이는 중국이 다른 국가 및 지역과의 금융협력에 잇어 새로운 한 걸음을 내디뎠음을 상징한다.

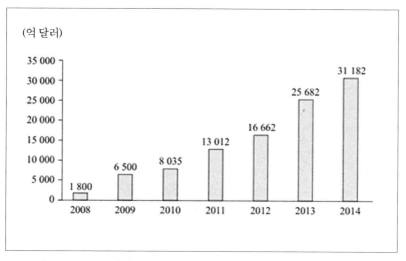

그래프 2-15 중국인민은행과 기타 통화당국 간 통화 스와프 잔액

자료출처: 중국인민은행

2.3.2 국제 준비통화의 다원화

2014년 말까지 IMF의 통화별 구성이 확인되는 외환보유고 중 달러화 보유고가 3조 8,300억 달러에 달해 62.88%를 차지했고, 그 버금으로 유로화 보유고가 1조 3,500억 달러에 달해 22.21%를 차지했으며, 파운드화 보유고가 2,300억 달러로 3.80%를 차지했고, 엔화 보유고가 2,400억 달러로 3.96%를 차지했으며, 스위스프랑화 보유고가 171억 8,300만 달러로 0.28%를 차지했고, 캐나다 달러화 보유고가 1,200억 달러로 1.91%를 차지했으며 오스트레일리아 달러화 보유고가 1,100억 달러로 1.81%를 차지했다.(표 2-8 참고) 미국의 테이퍼링(양적 완화정책의 점진적 축소)조치로 인해 달러화가 강세를 보이고 유럽경제 성장의 무기력 상황으로 인해 달러화 보유고의 비중이 뚜렷이 상승하고 유로화 보유고의 비중은 뚜렷하게 하락했다. 국제 보유고의 다원화가 새로운 발전을 이루어 캐나다달러화와 오스트레일리아 달러화가 여러 나라 정부 보유고 중에서 차지하는 누계 비중이 1%를 넘어 IMF 통계에 포함된 신규 추가 보유고 통화로 되었다.

2014년 국제통화기금이 특별인출권(SDR)의 통화바스켓에 대해 5년 만에 한 차례씩 진행하는 가치산정심사(定值審査)를 진행, 어떤 통화가 특별인출권 통화바스켓에 포함될 수 있고 또 어느 정도의 비중을 차지할 수 있는지를 확정짓기 위함이다. 그 가치산정심사(定值審査)에는 일반적으로 두 가지 기준이 있다. 첫 번째 기준은 그 통화가 무역결제에 사용되는 규모이고, 두 번째 기준은 통화의 자유로운 사용이 가능한지 여부이다. 위안화는 상기 두 가지 기준을 기본적으로 만족시킬 수 있기 때문에 특별인출권의 새로운 바스켓통화가 될 가능성이 있으며 더 넓은 범위 내에서 국제통화의 기능을 발휘할 수 있다.

표 2-8 2014년 세계 정부 외환보유고의 통화별 분포 구조 (%)

	2013				2014			
	Q1	Q2	Q3	Q4	Q1	Q2	Q3	Q4
세계 외환보유고	100	100	100	100	100	100	100	100
통화별 구성이 확인되는 외환보유고	54.88	54.61	54.12	53.30	52.69	52.65	52.56	52.45
달러화	61.83	61.83	61.42	61.04	60.80	60.73	62.37	62.88
유로화	23.54	23.85	24.12	24.38	24.33	24.09	22.60	22.21
엔화	3.88	3.84	3.80	3.82	3.93	4.03	3.96	3.96
파운드화	3.87	3.82	3.92	3.98	3.86	3.88	3.85	3.80
스위스프랑화	0.26	0.26	0.26	0.27	0.26	0.27	0.27	0.28
캐나다 달러화	1.58	1.79	1.84	1.83	1.87	1.99	1.93	1.91
오스트레일리아 달러화	1.66	1.69	1.68	1.81	1.89	1.92	1.88	1.81
기타 통화	3.38	2.93	2.97	2.86	3.05	3.10	3.14	3.14
통화별 구성이 확인되지 않는 외환보유고	45.12	45.39	45.88	46.70	47.31	47.35	47.44	47.55

선진경제체	33.24	33.08	33.02	32.73	32.74	32.74	32.70	33.24
신흥경제체와 개발도상국가	66.76	66.92	66.98	67.27	67.26	67.26	67.30	66.76

주: (1) 통화별 구성이 확인되는 외환보유고의 출처는 COFER 데이터 베이스, 여러 통화별 외환보유고 구조는 대응되는 통화별 외환보유고와 통화별 구성이 확인되는 외환보유고의 비율로서 그 계산방법은 IMF와 일치한다. (2) 통화별 구성이 확인되지 않는 외환보유고는 외환보유고 총액에서 통화별 구성이 확인되는 외환보유고를 감한 차이다.

자료출처: IMF COFER 데이터 베이스, IMF 『국제금융통계』.

2.4 위안화 환율

2.4.1 한층 더 보완된 위안화 환율 형성체제

중국은 시장의 공급과 수요를 기반으로 하는 관리변동환율제도를 실행한다. 시장 자원배치의 결정적인 역할을 한 층 더 증강해 국제와 국내 두 개의 시장과 두 가지 자원을 충분히 이용함으로써 경제발전방식의 전환과 구조조정을 빠르게 추진하기 위해 2014년에 중국은 위안화 환율 형성체제에 대한 개혁을 진행했다. 그 목적은 환율에 대한 시장의 결정력을 높이기 위한 데 있다. 첫째, 은행은 고객의 달러화 상장 가격차에 대한 규제를 취소하고 시장의 수요에 따라 자주적으로 가격을 책정할 수 있다. 둘째, '은행간 외환시장 직업윤리와 시장 관례 지침'을 발표해 시장의 공정 경쟁 질서를 수호하며 업계 자율을 위주로 하고 정부 감독관리를 보조적 수단으로 하는 외환시장관리의 새로운 틀을 형성하도록 추진할 수 있다.

한편 외환시장을 발전시키고 외환상품을 풍부히 하며 외환시장의 폭과 깊이를 확대시킴으로써 기업과 주민의 수요를 더욱 잘 만족시킬 수 있다. 외환시장 발전상황과 경제 금융형세에 따라 위안화 환율의 양방향 변동 탄력을 증강시키며 중앙은행은 상태화한 외환 간섭에서 퇴출해 위안화 환율이 합리적이고 균형적인 수준에서 안정을 유지하도록 해야 한다.

2.4.2 위안화 환율 수준

1. 위안화 환율의 기준가격

2014년 말까지 경내 외환시장에서 위안화와 시장화 환율거래를 진행한 통화가 2013년의 9개에서 11개로 늘었다. 이들 통화로는 달러화·홍콩달러화·엔화·유로화·영국 파운드화·링기트화·루블화·오스트레일리아달러화·캐나다달러화·뉴질랜드달러화·싱가포르 달러화이다.

2005년 7월 위안화 환율 형성체제 개혁이 시작되면서부터 달러화 대비 위안화가 줄곧 변동 속에서 평가 절상하는 추세를 보였다. 미국 연방준비제도이사회의 테이퍼링 조치 및 미국 경제회복의 강세 영향을 받아 2014년 위안화는 달러화 대비 평가 절상을 멈추고 소폭 평가 절하한 국면이 나타났다. 5월 말, 달러화 대비 위안화 환율 기준가격이 6.1695로서 2013년 12월 말에 비해 위안화는 달러화 대비 1.18% 평가 절하했으며 평가 절하폭이 한 해 중 최고치를 기록했다. 그 뒤 평가 절하폭이 매월 줄어들어 12월 말에는 달러화 대비 위안화 환율이 6.119로 마감했다. 이로써 전해 동기에 비해 위안화 평가 절하폭이 0.36%에 달했다.(그래프 2-16 참고)

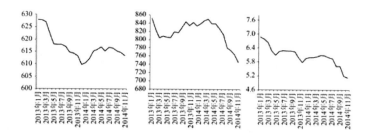

―위안/100달러 기준 환율 ― 위안/100유로 기준 환율 ― 위안/100엔 기준 환율

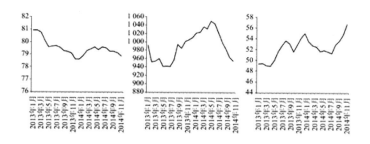

― 위안/100홍콩달러 기준환율 ― 위안/200파운드 기준환율 ― 링기트/100위안 기준환율

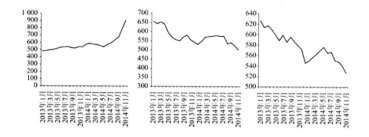

― 루블/100위안 기준환율 ― 위안/100호주달러 기준환율 ― 위안/100캐나다달러 기준환율

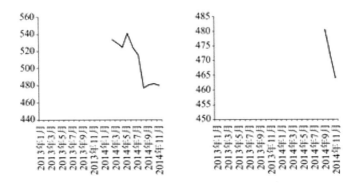

— 위안/100뉴질랜드달러 기준환율　— 위안/100싱가포르달러 기준환율

그래프 2-16 2013-2014년 월간 위안화 대 11종 통화의 기준환율

　　유로화와 엔화 대비 위안화 환율의 평가 절상이 뚜렷하다. 2014년
12월 말, 유로화와 엔화 대비 위안화 환율의 기준가격은 각각 7.4556과
5.2371로서 전해 동기에 비해 유로화와 엔화 대비 위안화 환율이 각각
12.92%, 12.46% 평가 절상했다. 2005년 7월 21일 위안화 환율제도개혁 초기
수준과 비교해 볼 때 위안화의 유로화와 엔화 대비 누계 평가 절상폭이 각각
34.01%, 42.36%에 달했다.

　　영국 파운드화·링기트화·캐나다달러화 대비 위안화 환율은 양방향
변동의 특징을 띠었다. 2014년기간, 위안화는 상기 여러 통화에 대비해
모두 먼저 평가 절하했다가 다시 평가 절상하는 추세를 보였다. 6월 말,

영국 파운드화 대비 위안화 환율 기준가는 10.4978로서 2013년 12월 말에 비해 위안화가 영국 파운드화 대비 4.21% 평가 절하했었다. 그 뒤 매월 점차 평가 절상해 12월 말에 이르러 영국 파운드화 대비 위안화 환율은 9.5437로 마감해 2013년 동기에 비해 5.36% 평가 절상했다. 링기트화와 캐나다달러화 대비 위안화 환율도 영국 파운드화 대비와 비슷한 특징을 보였다.

2014년에 서방 국가의 경제적 제재와 국제유가 폭락의 이중 타격을 받아 위안화는 루블화와 대비해 뚜렷한 평가 절상 추세가 나타났다. 2013년 1월부터 2014년 8월까지 위안화는 루블화와 대비해 변동속에서 서서히 평가 절상했다. 2014년 9월부터 2014년 12월까지, 위안화는 루블화와 대비해 빠르게 평가 절상했다. 2014년 12월 말, 루블화 대비 위안화 환율 기준가가 1위안 당 9.0536루블로서 2013년 12월 말의 5.3985에 비해 위안화가 67.71% 평가 절상했다.

2014년 위안화 대 뉴질랜드달러화·싱가포르달러화의 직거래가 시작됨에 따라 위안화에 대한 시장의 수요가 급증했으며 이에 따라 상기 두 통화 대비 위안화 가치의 대폭적인 평가 절상을 추동했다. 2014년 3월, 위안화 대 뉴질랜드달러화의 직거래가 시작되고 3월 말 뉴질랜드달러화 대비 위안화 환율 기준가가 5.3407이었으며 12월 말 4.8034로 마감해 9개월 간 뉴질랜드달러화 대비 위안화 가치가 11.19% 평가 절상했다. 2014년 10월, 위안화 대 싱가포르달러화의 직거래가 시작되고 10월 말 싱가포르달러화 대비 위안화 환율이 4.8057이었으며 12월 말에 그 환율이 4.6396으로 하락해 싱가포르달러화 대비 위안화 가치의 평가 절상폭이 3.58%에 달했다.

2014년의 한 가지 중요한 현상은 위안화 환율이 양방향 변동주기에 들어섰으며 추세적 평가절상 혹은 평가절하가 존재하지 않는다는 시장의 보편적인 주장이다. 중국의 국제무역수지가 점차 균형이 잡힘에 따라 위안화환율도 합리적 균형적 수준으로 향하고 있다. 시장의 공급과 수요 간의 관계가 위안화 환율의 주요 결정력이 되어가고 있으며 위안화 환율의 단기 내 상승 혹은 하락이 상태화 될 것이다.

2. 명의유효환율과 실제유효환율

국제결제은행의 데이터에 따르면 2014년 12월, 위안화의 명의유효환율은 121.53으로서 전해 동기에 비해 6.41% 상승했고, 인플레이션요소를 제거한 실제유효환율은 126.16으로서 전해 동기에 비해 6.24% 상승했다.

만약 2005년 7월 위안화환율제도개혁 실행시기부터 계산하면 위안화의 명의유효환율과 실제유효환율의 누계 상승폭이 각각 38.01%와 48.44%이다.(그래프 2-17 참고)

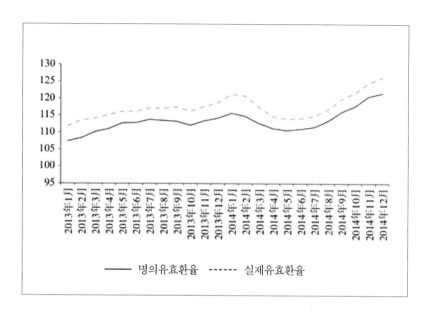

 내부 범례: 명의유효환율 ------ 실제유효환율

그래프 2-17 위안화 유효환율추이

자료출처: 국제결제은행

2014년, 파운드화와 달러화가 강세였으며 양자의 명의유효환율이 2013년에 비해 각각 3.59%와 7.63% 상승했다. 반면에 유로화와 엔화는 약세를 보여 명의유효환율이 각각 4.51%와 8.18%의 하락폭을 보였다.(그래프 2-18 참고)

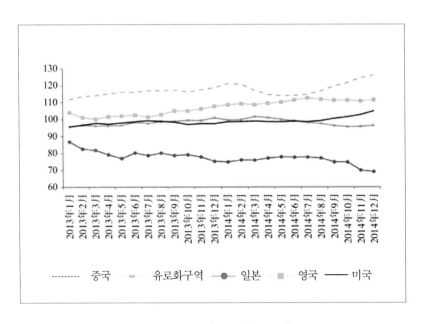

그래프 2-18 5대 경제체 통화의 명의유효환율 추이

자료출처: 국제결제은행

3. 역외 위안화 CNH

2014년도, 달러화 대비 역외 위안화의 환율이 뚜렷한 양방향변동 추세를 보였다. 역외 위안화 환율이 최고치 6.265, 최저치 6.019를 기록해 변동폭이 4.1%에 달했다. 2014년 12월 말, 역외 위안화 환율이 1달러 당 6.2128위안으로서 2013년 12월 말의 6.0568에 비해 역외 위안화가 2.51% 평가 절하했다.

역내 시장과 역외 시장이 나뉘어져 있기 때문에 두 시장의 환율 즉 CNY와

CNH의 변동이 일치하지 않으며 양자간에 가격차이가 존재한다. 게다가 그 가격차이는 경내와 해외 위안화 통화시장의 공급과 수요 상황과 금리차이의 변화에 따라 상하로 변동한다.(그래프 2-19 참조) 2014년 2월 9일 CNY와 CNH의 가격차가 순방향 최고치인 3.61%에 달했고, 2014년 9월 30일, CNY와 CNH의 가격차가 역방향 최고치인 -3.97%에 달했다. 절대치로 보면 역내와 역외 위안화환율 차이가 7.6%에 달한 것이다. 총적으로 말해 2014년 기간 CNY와 CNH의 가격차가 먼저 확대되었다가 축소되고 다시 확대되는 변화과정이 나타났다.

한 방면으로 경내와 해외 위안화 이율 차액이 줄어들어 위안화 국제유동에서 차익거래의 동기를 약화시켰다. 다른 한 방면으로 달러화 대비 위안화가 단계적 평가 절하 상황이 나타난 배경 하에서 경내와 경외 환차익이 뚜렷하게 확대되어 위안화 자금의 국제 유동에 대한 영향을 증강시켰다.

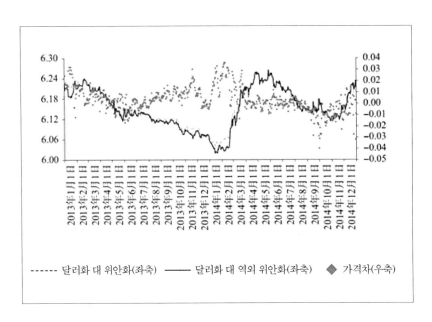

그래프 2-19 2013-2014년 역외 위안화환율 및 가격차

자료출처: Wind데이터

4. 위안화 NDF

외환규제 국가에서는 일반적으로 통화의 자유태환이 허용되지 않는다.
환율변동 리스크를 방지하기 위해 20세기 90년대에 차액결제선물환(Non-
Deliverable Forward, NDF)이 나타났다. 위안화·베트남 동화·인도 루피화
·필리핀 페소화 등 신흥시장의 통화 모두 차액결제선물환(NDF)이라는
파생수단이 나타났다.

싱가포르와 홍콩 위안화 NDF 시장은 아시아에서 가장 주요한 역외

위안화 선물거래시장으로서 그 시장의 시세는 위안화 환율 변화에 대한 국제사회의 예기를 반영한다. 위안화 NDF 시장의 주요 참여자는 구미 등지의 대은행과 투자기관으로서 그들의 주 고객은 중국에서 대량의 위안화 수입이 생기는 다국적회사이며 또 본부를 홍콩에 둔 중국 내지 기업도 포함된다.

2014년에 들어선 뒤 위안화의 여러 기한 NDF는 2013년의 지속적인 가치 증대의 추세를 잇지 못하고 먼저 상승했다가 평온한 상태를 유지하다가 다시 상승하는 태세를 보였다. 구체적으로 보면 위안화 NDF 환율이 제1분기에 빠르게 상승하고, 제2분기와 제3분기에는 변동 속에서 평온하게 과도하는 형태가 나타났으며, 제4분기에 들어선 뒤에는 위안화 NDF 환율이 계속 상승했다.

2014년 12월 말, 1개월 기한(1月期), 3개월 기한, 반년 기한, 1년 기한 위안화 NDF의 매입가격이 각각 6.1500, 6.2050, 6.2590, 6.3495로서 2013년 동기에 비해 상기 4개 기한 NDF 거래에서 달러화 대비 위안화 평가 절하폭이 0.7%, 1.5%, 2.3%, 3.6%였다.(그래프 2-20 참조)

상기 내용을 종합해보면 위안화의 단방향 평가 절상 예기가 깨졌다. 주요 통화 대비 위안화 가치가 모두 정도가 다르게 양방향 변동이 나타났다. 이는 건강한 위안화환율 시장화체제를 형성하는데 양호한 추진 역할을 한다. 위안화 환율 형성체제가 더욱 보완되어 여러 가지 영향요소가 시장에 종합적으로 반영될 것이다. 화물무역수지·본위화폐와 외화 간 이율 차액 및 거시적경제성장이 환율에 주는 각기 다른 영향으로 인해 환율이 오르거나 내리는 양방향 변동이 새로운 정상 상태(常態)를 이루었다.

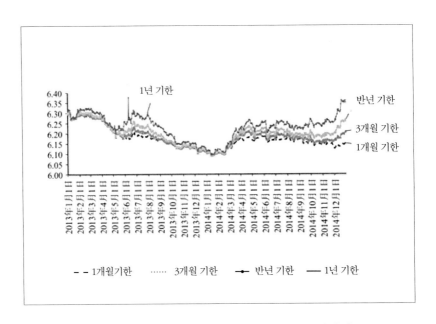

그래프 2-20 2013-2014년 위안화 NDF 매일 종합 장 마감가격

자료출처: Bloomberg.

특별란 2-5

더욱 시장화 된 위안화 환율 형성체제

환율은 통화의 대외 가격으로서 수출입무역과 대외 투자 및 융자에 직접 작용한다. 위안화 가치가 오르거나 내리거나 관계없이 기업들 사이에서 인력·재력·물력 등 생산요소의 배치상황을 바꿀 수 있고 국제시장에서 기업의 경쟁지위를 바꿀 수 있으며 최종적으로 각기 다른 이익 주체들 사이에서 수입의 재분배를 초래해 대세에 영향을 미치게 된다. 중국의 시장화 수준이 꾸준히 향상되고 국제 경제무역왕래가 꾸준히 밀접해지는 경제발전 과정에서 위안화환율의 변동폭을 적당하게 통제하는 것은 수출입기업이 효과적인 원가—수익 계산을 진행하는 데 이로워 대외무역의 안정적인 발전을 추진할 수 있다. 이에 따라 중국정부는 위안화환율에 대한 일정 정도의 관리와 통제를 진행했는데 일일 위안화환율시장의 최대 변동폭을 구체적으로 규정지어 위안화환율 변동폭이 그 경계선에 닿기만 하면 중앙은행이 시장에 들어와 간여하게 된다. 외환 매매를 통해 시장의 공급과 수요간의 관계를 조절하거나 바로잡아 위안화환율이 실물경제의 건강한 발전 및 국제수지의 기본 균형에 유리한 적절한 범위를 유지할 수 있도록 한다. 중국공산당 제18기 3중 전원회의가 열린 뒤 위안화환율의 시장화 개혁이 한 층 더 가속화되었다. 2014년 3월, 달러화 대 위안화 환율 변동구간이 1%에서 2%로 더욱 확대되었다. 특히 언급할 점은 기타 주요 통화 대비 위안화 환율의 변동구간이 일찍 2010년 환율형성체제를 더 한 층 보완할 때 당시 이미 3%로 확대되었다는 사실이다.

대다수 상황에서 달러화는 유로화·엔화·파운드화와 환율 변화 방향이 서로 반대된다. 달러화 대비 위안화 가치가 대폭적으로 평가 절하하더라도 유로화·엔화·파운드화 등 기타 주요 통화 대비 위안화 가치는 비교적 크게 평가 절상할 수 있기 때문에 양자가 서로 상쇄하면 위안화의 실제 유효 환율의 변동폭은 상대적으로 제한적이다. 2014년 중국은행간 외환시장에서 위안화와 뉴질랜드달러화·파운드화·유로화·싱가포르달러화 간의 직거래를 잇달아 실현했다. 이로써 위안화는 주요 국제통화와의 직접 태환을 이미 실현했다. 동태관리와 바스켓통화의 비중을 조정하는 것을 통해 위안화환율을 더 유연하게 능동적으로 인도함으로써 위안화환율이 시장의 공급과 수요의 변화를 충분히 반영하는 상황 하에서 총체적인 안정을 실현할 수 있도록 한다.

이밖에 2014년 위안화환율은 이미 아주 뚜렷한 양방향 변동의 특징을 나타냈다. 예를 들어 파운드화 대비 위안화 환율이 6월에 4.4% 평가 절상했으나 연말에 5.1% 평가 절하해서 한 해 동안의 변동폭이 9.5%에 달했다. 유로화와 엔화 대비 위안화 환율도 비슷한 상황이 나타났는데 이 두 가지 통화환율의 연중과 연말의 환율 변동폭을 합친 절대 변동폭이 11%를 넘었다. 위안화환율의 양방향 변동과 변동의 심화 자체가 시장의 힘이 결정적인 역할을 발휘하도록 하는 개혁 목표의 구체적인 체현이다.

2014년 하반기부터 중국인민은행이 외환시장에 간여한 차수가 크게 줄어 위안화환율을 시장이 결정하는 경우가 더 많게 되었다.

2.4.3 중국 자본계정 개방도 추산

Epstein과 Schor(1992)가 최초로 '환 배치와 환 규제에 대한 연차 보고서(AREAER, 즉 각국 환율제도에 대한 연차보고서)'로 자본관제정도를 평가할 것을 제기했다. Cottarelli와 Giannini(1997)는 '환 배치와 환 규제에 대한 연차보고서'의 자본통제정보를 이차원 변수로 양화해[1] 산술평균 계산을 진행해 자본계정의 개방도를 계산해냈다. 그 방법이 너무 대략적이어서 얻어낸 결론의 신뢰도가 적잖은 질의를 받았다. 본 보고서에서는 현재 주류 자본 개방도 추측방법인 4등급 제약식 방법[2]을

---

1) 즉 0/1 가상 변수이다. 만약 자본계정항목에 관제가 존재한다면 0으로 기록하고 그 반대인 경우 는 1 로 기록한다.

2) 계산 공식은 $$open = \sum_{i} p(i)/n$$

이 공식에서 open 은 자본계정개방도를 표시하고 그 값은 0부터 1까지이며 값이 작을수록 자본계정 관 제정도가 크다는 것을 설명한다. n은 자본항목 개방에서 고려하는 자본거래항목 총수를 표시 하는데 여 기서는 중국의 11개 대자본항목 거래에서 40개 자본거래 분항목을 표시한다. $p(i)$는 제i의 분항목의 개 방도를 표시하고 4등급 제약식 방법으로 여러 분항목에 값을 대입한다. $p(i)=1$이면 이 자본거래항목에 대한 관제가 없음을 표시하며 진실한 자본항목거래나 환결제에 대해 거의 관제하지 않음을 가리킨다. $p(i)=1/3$이면 비교적 많이 관제함을 표시하며 비교적 많은 거래 주체 혹은 대부분 자본항목에 대해 제한 함을 가리킨다. $p(i)=2/3$이면 자본거래항목 에 대한 관제가 아주 적음을 표시하며 오직 개별적인 거래주 체나 소수의 자본항목 거래에 대해 서는 규제함을 가리킨다. $p(i)=0$이면 아주 엄격하게 관제함을 표시하 며 거래가 허용되지 않거 나 금지된 항목을 가리킨다. 여기에는 법률적으로 명확하게 규정하지는 않았 지만 실제로 거래가 허용되지 않거나 금지된 항목이 포함된다. 이밖에 AREAER 중에도 소수의 항목은 관제한다고 표시했지만 구체적인 정보가 없는데 이런 상황에서 대입하는 값은 1/2이다.

이용해 중국의 명의자본계정 개방도를 측량했다.

2014년 '환 배치와 환 규제 연차보고서'에서 2013년도 중국 자본계정관제에 대한 서술에 따르면 2012년의 추세를 이어 2013년 중국 자본계정 중 태환할 수 없는 항목은 3가지인데 주로 비주민 참여 국내 통화시장·집단투자류 증권·파생수단의 판매와 발행에 집중되었다.

일부 태환 가능 항목은 주로 채권거래·주식거래·부동산거래·개인자본거래 등의 방면에 집중되었다. 4등급 제약식 방법을 이용해 계산하는 한편 미세한 변화를 고려하고 또 2014년 '환 배치와 환 규제 연차보고서'의 서술을 종합해 양화하면 2013년 중국 자본 개방도가 0.6035이다.(표 2-9 참고)

2014년 중국 자본항목 개방이 새로운 단계에 올라섰다. 위안화 자본항목 거래의 자유로운 전개를 추진하기 위해 중국정부는 일련의 조치를 출범시켰다. 예를 들면 중국(상하이)자유무역시험구 결제기관 국제위안화 결제업무를 가동해 해외 비금융기업이 경내에서 위안화표시 채권을 발행하도록 허용했으며 후강퉁제도를 구축해 기관과 개인 투자자가 위안화를 사용하여 상하이와 홍콩 주식시장에서 자유로운 주식매매를 진행할 수 있도록 했다. 이로부터 2014년 중국 자본개방도가 크게 제고되어 0.7이 넘는 수준에 이르렀을 가능성이 아주 클 것이라는 사실은 의심할 나위도 없다.

표 2-9 IMF 정의 하에 2013년도 중국 자본관제 현황

자본거래항목	2013년
1. 자본시장 증권거래에 대한 관제	
A. 주식 매매 혹은 주식체 성질을 띤 기타 증권	
(1) 비주민 정내 매입**	적격 해외기관투자자(QFII)가 정내 A주식에 투자하려면 다음과 같은 조건에 부합되어야 한다. (1) QFII가 상장회사에 대한 소유권은 회사주식의 10%를 초과해서는 안 되며 모든 외국 투자자의 한 상장회사 A주식 보유량은 30%가 넘어서는 안 된다. (2) QFII의 투자총액 한도는 1,500(이전에는 800)억 달러이다. (3) QFII를 통해 출자하는 양로기금·보험기금·공동기금 등의 매각제한기간은 3개월이다. B주식은 달러화 혹은 중국달러화로 가격을 계산하며 증권거래소에서 상장할 수 있고 외국 투자자의 구매가 허용된다.
(2) 비주민 정내 매각 혹은 발행***	비주민은 A주식과 B주식을 매각할 수 있다. 기존의 정책규정에는 비주민의 A주식 혹은 B주식 발행에 대한 제한이 없다. 그러나 현재는 비주민이 A주식 혹은 B주식을 발행한 적이 없다.
(3) 주민 해외 매입**	보험회사는 해외투자를해통해 출자할 수 있다. 단 금액은 전 분기 총자산의 15%를 초과할 수 없다. 이 비율은 모든 유형의 외국 투자, 예를 들어 투자·증권·기금 등에 적용된다. 회사가 국외와 국내 주식 및 주식형 펀드에 투자할 경우 총합 투자가 전 분기말 총자산의 30%(예전에는 20%)였음을 초과할 수 없다.

147

(4) 주민 해외 매각 혹은 발행***	역외 외국인 투자 주식제 상장회사가 해외주식을 발행할 경우 증감회의 비준을 거쳐야 하며 또 국가외환관리국에 등록해야 한다.
B. 채권과 기타 채무성 증권	
(5) 비주민 정내 매입**	QFII는 위안화표시 금융수단에 투자할 수 있다. (1) 주식과 채권·거래소에서 거래하거나 양도하는 워런트, (2) 은행간 채권시장에서 거래하는 고정수익부 상품. (3) 증권투자기금. (4) 주가지수 선물. (5) 증감회가 허용한 기타 금융수단 위안화 적격해외기관투자자(RQFII) 및 적격해외기관은 은행간 채권시장에 투자할 수 있다.
(6) 비주민 정내 매각 혹은 발행**	재정부·중국인민은행·국가발전개혁위원회의 비준을 받은 국제개발기구는 위안화 표시 채권을 발행할 수 있다. 현재까지는 비주민의 본토 채권 발행 선례가 없다. 중국 진출 외자기업도 채권을 발행할 수 있다.
(7) 주민 해외 매입**	은행·펀드관리회사·증권회사·보험회사를 포함한 적격 경내기관투자자(QDII)는 각자의 외환한도와 감독관리규제 범위 내에서 국외 채권을 매입할 수 있다. 국내외 무담보기업(회사)류 채권 및 국내외 채권투자기금의 투자는 50%와 15%를 초과할 수 없다. 2014년 2월 19일부터 고정수익류 자산 혹은 주권류 자산의 단일 투자 정부기관이 전 분기말 보험기업 보험회사 총자산의 5%를 초과해서는 안 된다.
(8) 주민 해외 매각 혹은 발행**	만약 국가발전개혁위원회에 등록한 해외채권발행 신청 만료일에서 1년이 지났을 경우 국가개발위는 마땅히 관련 당국에 심사 신청을 해야 한다. 해외 외화채권 발행을 신청할 경우에는 마땅히 국무원의 비준을 받아야 한다.

2. 통화시장 수단에 대한 관제	
(9) 비주민 경내 매입**	QFII는 최소 매각기간제한에 따라 통화시장의 펀드를 매입할 수 있다. QFII는 은행간 외환시장 거래에 직접 참여할 수 없다. 매각기간제한은 투자주체의 송금 금지 기간을 가리킨다.
(10) 비주민 경내 매각 혹은 발행*	비주민은 통화시장 수단을 매각하거나 발행할 수 없다.
(11) 주민 해외 매입***	QDII는 규정에 허용된 통화시장수단을 매입할 수 있으며 각자의 외환 배당액과 감독관리의 규제를 받는다. 국내외 무담보 기업류 채권과 국내외 증권투자기금 투자는 각각 50%와 15%를 초과할 수 없다.
(12) 주민 해외 매각 혹은 발행***	국가외환관리국의 비준을 거친 뒤 주민은 기한이 1년 이하인 채권과 상업 어음과 같은 해외 통화시장수단을 발행할 수 있다.
3. 집단 투자류 증권에 대한 관제	
(13) 비주민 경내 매입***	QFII는 국내 봉쇄식 펀드와 개방식 펀드에 투자할 수 있다.
(14) 비주민 경내 매각 혹은 발행*	이 부분의 거래는 허용되지 않는다.
(15) 주민 해외 매입***	QDII는 해외 집단 투자증권을 매입할 수 있으며 각자 외환 배당액과 감독관리의 규제를 받는다. 국내외 무담보기업류 채권과 국내외 증권투자기금의 투자는 각각 50%와 15%를 초과할 수 없다.
(16) 주민 해외 매각 혹은 발행***	국가외환관리국의 비준을 거친 뒤 주민은 해외 집단투자증권을 발행할 수 있다.

4. 파생수단과 기타 수단에 대한 관계	
(17) 비주민 경내 매입***	만약 거래가 가치 보유를 위한 것이라면 QFII는 국내 주가지수 선물에 투자할 수 있으며 특정 구제와 규모의 제한을 받는다.
(18) 비주민 경내 매각 혹은 발행*	이 부분 거래는 허용되지 않는다.
(19) 주민 해외 매입**	은행감독관리위원회의 금융기관은 은감회의 비준을 거친 다음과 같은 목적에 사용되는 파생수단을 매매할 수 있다. (1) 고정자산 부채를 리스크 헤징이 목표인 경우. (2) 이윤 획득이 목적인 경우. (3) 고객에게 (금융기관 포함) 파생상품 거래 서비스를 제공하는 것이 목적인 경우. 고객의 이익을 위해 상업은행은 재부관리서비스를 통한 해외 채테크업무를 전개함에 있어서 상업류 파생상품에 투자할 수 있다. 중앙기관은 국유자산 감독관리위원회의 허가를 받은 뒤 역외 파생상품업무를 전개할 수 있다.
(20) 주민 해외 매각 혹은 발행**	매입 신청은 반드시 별률구정에 부합되어야 한다.
5. 상업신용대출에 대한 관계	
(21) 주민이 비주민에게 제공함	
(22) 비주민이 주민에게 제공함	
6. 금융신용대출에 대한 관계	
(23) 주민이 비주민에게 제공함***	일정한 규제 하에서 다국적회사의 경내 관련기업은 해외 관련기업에 직접 대출을 제공할 수 있으며 국내 은행을 통해 해외 관련 기업에 대출을 제공할 수 있다.

구분	내용
(24) 비주민이 주민에게 제공함**	금융기관과 대외 차관 권한을 부여 받은 중국 주식투자기업은 국가외환관리국의 비준한 한도에 부합할 경우 1년 혹은 1년 이내 단기 대외 차관업무를 전개할 수 있다. 모든 대외 차관에 대해서는 반드시 국가외환관리국에 등록해야 한다. 2013년, 국가외환관리국의 비준한 단기외채 총한도액은 373억 달러에 달했다. 구제적인 사무는 전념보의 검사 혹은 비준이 필요치 않다. 모든 외부 차관은 반드시 국가외환관리국에 등록해야 한다.
7. 담보·보장 및 융자 매기 관리에 대한 관계	
(25) 주민이 비주민에게 제공함**	국내은행이 대외에 재무담보를 제공할 경우 마땅히 국가외환관리국의 비준을 거쳐야 하며 개인거래는 비준을 가지지 않아도 된다. 국내은행이 대외 비금융 담보를 제공할 경우에는 비준을 가지지 않아도 된다. 국내은행이 대외 담보를 제공할 경우에는 반드시 국가외환관리국에 정상 등록해야 한다. 국가외환관리국의 구제 내에서 비금융융기관과 기업이 대외에 금융과 비금융 담보를 제공할 수 있다.
(26) 비주민이 주민에게 제공함***	국내 금융기관으로부터 도움 빌릴 경우 외상투자생물에 따라 상무부의 비준을 거쳐 외자기업(외국인 독자기업·중외합자기업·중외합작기업 등등을 포함하지만 이들 기업에만 국한하지 않음)은 범에 따라 외국 기관의 담보를 받을 수 있다. 중국자본 기업은 일부 시행지역에서 국내 금융기관으로부터 도움 빌릴 경우 외국기관의 담보를 받을 수 있다. 단 반드시 국가외환관리국의 심사 비준 규제에 부합되어야 한다.
8. 직접 투자에 대한 관계	

151

항목	내용
(27) 대외 직접 투자***	대외 직접 투자 항목은 (1) 독려, (2) 허용, (3) 금지의 세 부류로 나뉜다. 대외 직접 투자의 외환자금 출처에 대해 외환등록부을 가져야 하며 대외 직접투자 자금 송금은 심사비준을 거칠 필요가 없지만 등록해야 한다. 국내 기업의 해외 직접 투자에 대해서는 외환을 매입해 해외 직접 투자를 진행하는 것을 허용한다.
(28) 대내 직접 투자**	4등급 분류에도는 대내 직접 투자에 영향을 미친다. (1) 독려. (2) 일반적인 허용. (3) 규제. (4) 금지. 외국인의 투자 및 기타 관련 법률과 법규의 요구에 부합되고 또 이미 상무부 혹은 지방 상무당국의 비준만 거쳤다면 비준으로 중국에 투자해 기업을 설립할 수 있다.
9. ???????????????	
(29) 직접 투자 청산에 대한 관제***	상장회사 A주식 지분을 보유했을 경우 3년 내에 양도할 수 없다. 경영기한 전의 너무 이른 청산은 원지역의 심사를 거쳐야 하고 심사비준 기관의 비준을 거치거나 반드시 사법 판결에 의거해야 한다.
10. 부동산 거래에 대한 관제	
(30) 주민이 해외에서 매입***	국내 기관의 해외 부동산 매입은 해외 직접투자 규정에 따른다. 보험회사가 해외 부동산에 투자할 경우 회사 총자산의 15%를 초과해서는 안 된다. 2014년 2월 19일부터 해외의 국내외 부동산 투자유형의 장부가액이 보험회사 보험회사 총자산의 30%(이전에는 20%였음)를 초과해서는 안 된다. 총 장부가액에는 보험회사 자체 사용 자금이 포함되지 않으며 그 장부가액의 차액은 순자산총액의 50%를 넘어서는 안 된다.

(31) 비주민이 경내에서 매입***	외국 주민이 상업주택을 구매할 경우 반드시 실제 수요와 개인 용도의 원칙에 따라야 하며 판매 중에 진물값을 지급하기 위해 외환지정은행에서 외환자금을 위안화로 직접 태환할 수 있다.
(32) 비주민이 경내에서 매각***	국가외환관리국에 등록한 뒤 비주민은 관련 은행에서 부동산 판매 수익을 직접 송환할 수 있다. 외환 심사비준절차가 이미 취소되었다.
11. 개인 자본 유동에 대한 관제	
대출	
(33) 주민이 비주민에게 제공함****	구체적인 권한 부여가 없는 상황에서 주민은 비주민에게 대출을 제공할 수 없다.
(34) 비주민이 주민에게 제공함***	구체적인 권한 부여가 없는 상황에서 비주민은 주민에게 대출을 제공할 수 없다.
선물·기증·유증·유산	
(35) 주민이 비주민에게 제공함***	주민은 개인이 유효 신분증명서를 의거로 은행에서 외환을 매입해 해외에 있는 직계 친족을 지원하거나 도울 수 있으며 연간 최고 5만 달러로 제한한다. 금액이 더 클 경우에는 개인이 반드시 은행에 개인의 유효 신분증명서와 관련당국 혹은 공증기관이 발급한 직계 친족 친족을 증명할 자료를 제공해야 한다.

항목	내용
(36) 비주민이 주민에게 제공함****	개인의 유효 증명서를 이거나 개인은 펀드 기증·유증·유산을 통해 얻은 5만 달러 미만의 수입과 관련해 은행에서 완성할 수 있다. 그 금액을 초과할 경우에는 개인 신분과 관련 증명서 및 지급 증명서가 필요하다.
(37) 외국 이민의 경내 재무 결제	
자산의 이전	
(38) 이민의 해외로의 이전***	퇴직금과 양로기금은 해외로 송금할 수 있다. 자연인이 해외로 이주하거나 홍콩·마카오에 거주하게 된 경우 이민신분을 취득하기 전에 그가 합법적으로 소유한 중국 경내의 재산을 청산해야 하며 외환을 구매해 해외로 송금해야 한다.
(39) 이민의 국내로의 이전	현재까지는 이에 적용할 법률이 없다.
(40) 도박·복권 당첨 수입의 이전	현재까지는 이에 적용할 법률이 없다.
자본 개방도	0.6035

주: * 금지 표시, ** 규제가 비교적 많음을 표시, **** 규제가 비교적 적음을 표시.

2.4.4 개방도의 변화를 부르는 구체적 항목

2012년에 비해 2013년 자본항목 거래의 40개 분항목 중에서 13개 분항목에 뚜렷한 변화가 나타났다. 이는 중국 자본계정의 개방이 한 걸음 더 추진되었음을 의미한다.

'주식 매매 혹은 주식투자참여 성질을 띤 기타 증권' 중 첫 번째 분항목에 대한 '비주민의 경내 매입'과 관련해 2012년에는 'QFII의 총투자 한도액이 800억 달러'였으나 2013년에는 'QFII의 총투자 한도액이 1 500억 달러'로서 2013년의 한도액이 뚜렷하게 제고되었다. 이로부터 QFII 규모를 점차 확대하는 추세가 나타나고 있음을 볼 수 있다. 기타 분항목의 상세한 변화는 표 2-10에서 표시한 바와 같다.

표 2-10 2012년과 비교한 2013년 중국 자본계정 관리 현황 변화

자본 거래 항목	2012년	2012년과 비교한 2013년의 변화
1. 자본시장 증권거래에 대한 관계	중국 주주가 해외 상장회사의 외환수익을 통제하고 6개월 내에 송환	중국 주주가 해외 상장회사의 외환수익을 통제하고 2년 내에 송환
A. 주식 혹은 주식 투자점여성질의 기타증권 매매		
(1) 비주민 경내 매입	(1)상장회사에서 QFII의 소유권은 회사주식의 10%를 넘어서는 안 되며 모든 외국인 투자자가 소유한 한 상장 회사의 A주식의 총량은 30%를 넘어서는 안 된다. (2) QFII의 총투자 한도에은 800억 달러이다. 2012년 연말까지 누계로 169개 기관이 비중을 받았으며 총 투자는 374억 4,300만 달러에 달했다.	(1)상장회사에서 QFII의 외국 소유권은 회사 주식의 10%를 넘어서는 안 되며 모든 외국인 투자자가 소유한 한 상장 회사의 A주식의 총량은 30%를 넘어서는 안 된다. (2) QFII의 총투자 한도에은 1,500억 달러이다. 2013년 연말까지 누계로 251개 기관이 비중을 받았으며 총 투자는 497억 100만 달러에 달했다.
(3) 주민 해외 매입	국내외 주식과 주식형 펀드에 대한 회사의 총합 투자가 회사 총자산의 20%를 넘어서는 안 된다.	국내외 주식과 주식형 펀드에 대한 회사의 총합 투자가 회사 총자산의 30%를 넘어서는 안 된다. 고정수익류 자산 혹은 주권류 자산의 단일투자 장부가액은 전 분기 말 보험회사 총자산의 5%를 넘어서는 안 된다.
(4) 주민 해외 매각 혹은 발행		변화 없음

구분	내용
B. 채권과 기타 채무성 증권	
(5) 비주민 경내 매입	2013년 6월 21일부터 대만지역, 2013년 10월 15일부터 영국, 2013년 10월 22일부터 싱가포르 등가표로 등지에서 RQFII의 내륙 증권시장 투자가 허용되었다.
(6) 비주민 경내 매각 혹은 발행	변화 없음
(7) 주민 해외매입	2014년 2월 19일부터 고정수익류 자산 혹은 주권류 자산의 단일 투자 정부가에이 전 분기 말 보험회사 총자산의 5%를 넘어서는 안 된다.
(8) 주민 해외 매각 혹은 발행	변화 없음
2. 통화시장수단에 대한 관제	
(9) 비주민 경내 매입	변화 없음
(10)비주민 경내 매각 혹은 발행	변화 없음
(11) 주민 해외 매입	변화 없음
(12) 주민 해외 매각 혹은 발행	변화 없음

3. 집단 투자기구 증권에 대한 관제	
(13) 비주민 경내 매입	변화 없음
(14) 비주민 경내 매각 혹은 발행	변화 없음
(15) 주민 해외 매입	변화 없음
(16) 주민 해외 매각 혹은 발행	변화 없음
4. 파생 수단과 기타 수단에 대한 관제	
(17) 비주민 경내 매입	변화 없음
(18) 비주민 경내 매각 혹은 발행	변화 없음
(19) 주민 해외 매입	고객의 이익을 위해 상업은행은 재부관리서비스를 통해 해외 재테크업무를 전개함에 있어서 상품류 파생상품에 투자할 수 없다. 중앙기업은 국유자산감독관리위원회의 허가를 받은 뒤 역외 파생상품업무를 전개할 수 있다. .
(20) 주민 해외 매각 혹은 발행	변화 없음
5. 상업 신용대출에 대한 관제	

구분	내용	비고
(21) 주민이 비주민에게 제공함	일정한 조건 하에서 주민이 비주민을 위해 무역신용대출을 확대하는 것(수금 및 선물급을 지연하는 것이 포함됨)을 허용한다. 관련 데이터는 반드시 국가외환관리국에 등록해야 한다.	왼쪽 칸에 적혀 있는 내용이 나타나지 않았다.
(22) 비주민이 주민에게 제공함	일정한 조건 하에서 주민이 비주민을 위해 무역신용대출을 확대하는 것(수금 및 선물급을 지연하는 것이 포함됨)을 허용한다. 관련 데이터는 반드시 국가외환관리국에 등록해야 한다.	왼쪽 칸에 적혀 있는 내용이 나타나지 않았다.
6. 금융신용대출에 대한 관계		
(23) 주민이 비주민에게 제공함	은행류 금융기관은 경영 범위 내에 은행감독관리기관의 관련 지령을 만족시키는 전제하에 해외 대출을 제공할 수 있다.	왼쪽 칸에 적혀 있는 내용이 나타나지 않았다.
(24) 비주민이 주민에게 제공함		2013년에 국가외환관리국의 비준은 단기외채 총 배당액이 373억 달러에 달했다. 구체적인 사무에 대해서는 진일보의 검사 혹은 비준을 거칠 필요가 없다. 모든 외부 차관은 반드시 국가외환관리국에 등록해야 한다.
7. 담보 · 보장 · 융자 대기 관리에 대한 관계		
(25) 주민이 비주민에게 제공함		변화 없음
(26) 비주민이 주민에게 제공함		변화 없음

8. 직접 투자에 대한 관제		
(27) 대외 직접 투자	대외 직접 투자의 외환자금 출처에 대해서는 외환 등록을 해야 하며 대외 직접 투자 자금의 송금에 대해서는 심사 비준할 필요가 없다.	대외 직접투자 항목은 (1) 독려, (2) 허용, (3) 금지로 나뉜다. 대외 직접 투자의 외환자금 출처에 대해서 외환 등록을 해야 하며 대외직접투자자금의 송금에 대해서는 심사 비준할 필요가 없지만 등록해야 한다.
(28) 대내 직접 투자		4등급 분류제도가 대내 직접투자에 영향을 미친다. (1)독려, (2) 일반적 허용, (3) 규제, (4) 금지
9. (29) 직접투자 청산에 대한 관제		보유한 상장회사 A주식 지분은 3년 내에 양도할 수 없다.
10. 부동산 거래에 대한 관제		
(30) 주민이 해외에서 매입	국외와 국내의 부동산 투자유형의 정부가액은 보험회사 총자산의 20%가 넘어서는 안 된다.	2014년 2월 19일부터 국외와 국내의 부동산 투자유형의 정부가액이 보험회사 총자산의 30%가 넘어서는 안 된다. 총 정부가액은 보험회사 자체 사용 자금을 포함하지 않으며 그 정부가액의 차액이 순자산 총액의 50%를 초과해서는 안 된다.
(31) 비주민이 경내에서 매입		변화 없음
(32) 비주민이 경내에서 매각		변화 없음
11.개인 자본 유동에 대한 관제		

내용	답
(33) 주민이 비주민에게 제공함	변화 없음
(34) 비주민이 주민에게 제공함	변화 없음
선물·기증·유증	
(35) 주민이 비주민에게 제공함	변화 없음
(36)	변화 없음
(37) 외국 이민이 경내에서의 채무 결제 —	—
자산의 이전	
(38) 이민이 국외로의 이전	변화 없음
(39) 이민이 국내로의 이전	변화 없음
(40) 도박과 복권 당첨 수입의 이전	변화 없음

자료출처: 2013년과 2014년 『환 배치와 환 규제 연차보고서』, IMF,

제3장
실크로드 : 역사에서 미래로

3.1 고대 실크로드 - 육상에서 해상으로의 발전궤적

3.1.1 소중한 세계 유산

실크로드라는 전용 명사는 19세기 70년대에 독일의 지리학자이며 지질학자인 리히트호펜(F. von Richthofen)이 『중국』(China) (제1권)에서 제일 처음으로 제기했다. 그는 한(漢)나라 시기에 중국과 중앙아시아 남부 · 서부 및 인도 사이, 나아가서 그리스·로마까지 통하는, 실크 무역을 위주로 하는 육상 교통노선을 '실크로드'라고 불렀다. 2014년 6월 22일, 중국과 카자흐스탄·키르기스스탄이 공동 신청한 실크로드가 『세계유산명록』 에 정식으로 등재되었다. 세계유산위원회는 실크로드가 동 서방 사이의 융합과 교류·대화를 실현하는 길로서 인류문명사에서 가장 중요한 4가지 문화체계인 그리스문화 · 이슬람문화 · 인도문화 · 중국문화를 서로 융합시켰으며 약 2천 년 간 인류의 공동번영을 위해 중요한 기여를 했다고 인정했다. 중국의 4대 발명은 이 실크로드를 통해 서방으로 전파되었으며 서방의 문예부흥·항해시대에 대해 중요하고 적극적인 영향을 일으켰다.

실크로드가 중국 역사에서 최초로 개척되고 막힘없이 왕래할 수 있게 된 것은 중국 서한(西漢) 연간이며 그 뒤 수(隋)당(唐)시기에 흥성했다가 명(明)청(淸)시기에 쇠락했다. 시대별 중원(中原) 정국의 불안정과 국경 민족의 이주 등 요소의 영향으로 실크로드에는 다양한 노선이 나타났다. 장안(長安)를 기점으로 하서주랑(河西走廊)을 거쳐 파미르고원을 넘어 중앙아시아 · 서아시아지역을 경유해 지중해 연안의 유럽지역까지 통하는 무역 통로를 '서북 실크로드'라고 부르고, 쓰촨(四川)에서 출발해 윈난 · 미얀마마를 경유해 인도까지 이르는 통상도로를 '서남 실크로드'라고 부르며, 서북과 서남 실크로드를 합쳐 '육상실크로드'라고 부른다.

중국의 동북(東北)과 화북(華北)지역에서 시작해 몽골고원을 거쳐 시베리아 삼림지대의 대초원을 꿰질러 최종 아랄 해·카스피 해 일대까지 이르는, 유라시아 대륙의 초원지대를 가로지르는 동서 교통노선은 '초원 실크로드'라고 부른다. 그리고 육상의 서남 실크로드 남쪽의 한 구간에서 시작해 중국의 취안저우(泉州)·광저우 등 연해 항구를 거쳐 바다로 나가 동남아시아·스리랑카·인도를 경유해 페르시아 만·홍해 지역까지 통하는 통로를 '해상 실크로드'라고 부른다.

3.1.2 실크로드의 형성

중국은 세계 최초로 견직기술을 장악한 국가로서 비단의 고향으로 불린다. 고서 『목천자전(穆天子伝)』에는 최초로 비단을 국가의 선물로 삼아 여러 국가를 방문한 이는 기원전 10세기 서주(西周)의 주목왕 (周穆王)이라는 기록이 있다. 그는 산시(陝西) 성의 시안(西安)에서 출발해 서쪽으로 긴 여정을 거쳐 오늘날의 키르기스스탄에 당도했는데 도중에 경유한 국가의 주인에게 견직물을 포함한 예물을 증정했다. 기원전 5세기경 춘추전국시기의 진(秦)나라가 대월지(大月氏)·새인(塞人, A Sai race)·강인(羌人) 등 유목민족을 통해 견직물을 유럽의 고대 그리스왕국으로 운송 판매했으며 이로써 중원에서 초원지역을 경유해 서역으로 통하는 무역 통로를 개척했다. 진나라가 6국을 통일한 뒤 춘추전국시기 때부터 이어온 장기적인 분열할거 국면을 결속 짓고 생산을 회복했으며 도량형을 통일시키고 통상의 길을 소통시킴으로써 진나라의 상업무역이 먼 서역·중앙아시아 일대까지 이르게 되었다. 그러나 실제로 규모를 형성하고 원활한 통상이 이루어진 실크로드는 한나라에 형성되었다. 그때 당시 중국 경내에 세 갈래의 실크로드가 형성되었다. 즉 서북 육상실크로드와 서남 육상실크로드, 동북·동남의 해상 실크로드이다.

1. 서북 육상실크로드

서한(西漢)시기에 한 고조(漢高祖) 유방(劉邦)이 중국 역사상 최초로 화친(和親)정책의 선례를 창조했다. 그는 황실의 딸을 흉노족의 묵돌(冒頓) 선우(單于, 흉노족 군주에 대한 칭호)에게 시집을 보냄으로써 '한나라와 흉노족이 형제 협의를 맺고', 양자간 '통상시장을 개설했다.' 한나라의 목적은 전쟁을 피면하고 경제무역관계를 발전시켜 양측 인민이 모두 실리를 얻을 수 있도록 하는 것이다. 서역의 여러 나라들도 주동적으로 한나라와 통상을 진행해 비단무역이 아주 번창했다. 한무제(漢武帝) 시기에 하서지역을 차지한 흉노족이 지리적으로 한 왕조, 특히 수도 장안에 큰 위협이 되었다.

그래서 한 무제는 세 차례나 출정해 흉노족을 대패시켰는데 32년이나 걸렸다. 허타오[河套, 황허(黃河)가 닝샤(寧夏)에서 산시성까지 굽이돌아 흐르는 곳]지역 이민 둔전정책의 실행을 통해 중원과 톈산(天山) 남부의 오랜 농업지역 및 중앙아시아·서아시아의 농업지역을 연결시켰으며 역참(驛站) 등 관련 시설을 널리 설치해 상인들의 왕래와 무역에 편리한 숙식조건을 마련하고 또 무역을 위한 보충 물자를 제공함으로써 실크로드를 개척하고 확장시켰다.

　기원전 138년, 한 무제가 장건(張騫)을 서역에 외교사절로 파견해 월지(月氏)와 연합해 함께 흉노족에 저항 반격할 수 있기를 바랐다. 장건은 월지와의 연합은 성공시키지 못했지만 서역 여러 나라의 자연환경·풍토인정·사회경제·정치제도·교통노선에 대해서 익숙하게 장악해 중원이 서역 여러 민족에 대해 알 수 있도록 풍부한 자료를 제공했다. 기원전 119년, 장건이 또 다시 외교사절로 서역을 방문해 오손(烏孫)과 연합해 흉노족을 공격했다. 그런데 오손에 내란이 일어 동방에 귀순할 뜻이 없었기 때문에 결맹목적은 또 달성하지 못했다. 그러나 장건의 수행 부사(副使)들이 각각 중앙아시아의 대완(大宛)·강거(康居)·대월지·대하(大夏) 등의 나라들을 방문해 한나라의 정치적 영향을 확대했다. 한나라는 또 둔황(敦煌)에서 염택[塩澤, 현재의 뤄부포 호(羅布泊)] 사이에 교통 정역을 설치하는 한편 또 룬타이(輪台)와 취리(渠犁) 등지에 둔전하고 사자교위(使者校尉)를 설치해 한나라와 서역 여러 나라들 간의 교통요로를 보호하도록 했다.

　한나라가 서역과 통하게 된 뒤 서역의 사자와 상인들이 대거 내지로 와서 통상무역을 진행했다. 역사 기록에 따르면 그때 당시 서역으로 통하는 남북

두 갈래 노선으로 이미 적지 않은 서역상인들이 드나들었으며 서역 여러 나라 정치 사절들도 상업을 겸해 경영하는 상인들이었다. 누란(樓蘭)은 중국 견직물 중계운송 및 판매 시장이었는데 견직물은 누란에서 톈산 남도(南道)를 거쳐 중앙아시아 심지어 유럽까지 전해졌다. 중원에서 수출된 물품으로는 견직물·칠기·동기·옥기·장신구 등이 있었는데 비단이 주요 상품이었다. 광범위한 영향으로 인해 서역의 인민들도 자체로 비단 장사를 하기 시작했으며 여러 손을 거쳐 비단을 교환해서는 먼 중앙아시아와 유럽으로 날라다 팔곤 했다. 서역 각지의 농작물 종자·채소·과일 및 가죽·모포·모직물 등의 생활용품과 야광옥(夜光璧, 璧는 고대의 둥글넓적하며 중간에 둥근 구멍이 난 옥)·명월주 등 사치품도 잇달아 중원으로 전해져 들어왔으며 또 음악·무용·악기 등도 있었다.

2. 서남 육상실크로드

기원전 4세기 한나라 시기에 '촉--신독도(蜀--身毒道)'를 개척했다. 여기서 촉은 쓰촨을 가리키고 신독은 고대 인도를 가리킨다. 서남 실크로드는 쓰촨에서 출발해 윈난과 미얀마를 경유해 인도까지 이르며 일반적으로 뎬시[滇西, 윈난 성 경내 쿤밍(昆明) 서부의 광범위한 지역]를 '서남실크로드'라고 불린다. 이 길은 서북 실크로드보다 2백여 년이나 앞섰으며 세계 문명에 위대한 기여를 했다. '고대 서남 실크로드'는 쓰촨-윈난 구간에서 두 갈래로 나뉜다. 한 갈래는 '고대 야크로드[영관도(零關道)]인데 청두(成都)에서 출발해 야안(雅安)·

시창(西昌)을 거쳐 후이리(會理)에 이른 뒤 서남방향으로 꺾어들어 진사강(金沙江)을 건너 윈난의 다리(大理)에 이르는 길이다. 다른 한 갈래는 청두에서 출발해 이빈(宜賓)을 거쳐 진(秦)나라 때 뚫은 '오척도(五尺道)'를 따라 남쪽으로 나가다가 헝 강(橫江) 하곡으로 꺾어들어 윈난의 쿤밍과 다리까지 이른다. 두 갈래의 길은 다리에서 합류한 뒤 텅충(騰沖)을 경유해 미얀마마 경내의 바모(八莫)에 이르며 바모에서 수로와 육로 두 갈래로 나뉘어 출발해 인도에 이르며 인도에서 또 중앙아시아 · 유럽으로 들어선다.

서남 실크로드가 군·현을 서로 잇고 역참을 서로 연결시킨 국제 통상도로가 될 수 있은 것은 한나라가 심혈을 기울여 경영한 것과 밀접히 연결된다. 한 무제는 서역에서 돌아온 장건의 보고를 듣고 기원전 105년에 내지에서 병졸과 장정들을 널리 징집해 덴시로 보내 얼하이(洱海)에서 서쪽으로 통하는 '박남도(博南道)'를 대대적으로 개척했다. 그가 막대한 인력과 물력을 허비해 관영 역참을 건설함으로써 서남 실크로드는 번창한 전성시대를 이루었으며 중국과 인도 두 고대 문명국을 잇는 최초의 유대가 되었다. '고대 서남 실크로드'를 통해 중국의 비단과 촉포(蜀布, 면포)· 공죽장(筇竹杖, 대나무 지팡이)·공예품·철기 등의 물품이 끊임없이 수출되고 국외의 유리·보석·비취·야광주 등이 수입되었다.

3. 해상 실크로드

실크로드가 개척된 뒤 중국의 비단이 먼 대진(大秦, 즉 로마제국)까지 팔려나갔다. 그러나 아시아 서부지역의 고국인 안식국(安息, 고대 서아시아에 있던 이란 족의 파르티아 왕국을 중국에서 이르던 이름)[현재의 이란고원과 메소포타미아(유프라테스 강과 티그리스 강 사이 지역)] 상인의 경영 판매를 거쳐야만 했다. 로마인들은 중국으로 통하는 해상 통로를 찾을 수 있기를 바랐다. 그 수요에 따라 한나라는 동북과 동남 연해지역에 새로운 항로를 개척했다. 한나라 해선은 광둥의 쉬원(徐聞) · 광시의 허푸(合浦)에서 출발해 남쪽으로 난하이(南海)를 거쳐 말라카 해협을 지나 인도양을 항해해 인도와 스리랑카에 당도했다. 스리랑카는 그 해상 무역로드의 중요한 중계역이었다. 중국은 그 곳에서 진주· 벽유리 ·기이한 물건 등 서역의 제품들을 구입하고 중국의 비단·자기·칠기 등 제품은 또 그 곳에서 로마로 중계 운송됨에 따라 해상 실크로드가 개척되었다.

그때 당시 비단은 로마제국 상류사회에서 다투어 추구하는 사치품이 되었으며 견직물 가격이 폭등했다. 아우렐리아누스시대(서기 270~275년)에 비단 1파운드 가격은 황금 1파운드였다. 중국 비단의 대량 매입으로 로마 귀금속화폐가 꾸준히 유출되어 심각한 국고 고갈 상태를 초래하기도 했었다. 서기 1세기 로마의 작가 플리니우스(Gaius Plinius Caecilius Secundus)는 그때 당시 동방과의 무역 적자의 균형을 유지하기 위해 매년 약 현재 가치로 2천만 달러의 황금이 로마제국의 국고에서 지출된 것으로 추산된다고 말했다. 그중 인도에 매년 고대 로마의 작은 금화를 5천만 개(1870년의 1억 500만 골드프랑에 해당함)가 지급되고 중국에 지급되는 로마 금화가 약 3,500만에서 1억 개에 달했다.

언급해야 할 것은 중국과 서역 간 무역의 발전에 따라 한나라 중앙정부의 화폐도 대량으로 서역에서 유통되었다는 사실이다. 반냥전(半兩錢)은 신장(新疆)에서 발견된 최초의 한폐(漢幣, 한나라 화폐)이다.

허톈(和田)에서 발견된 '한거이체전(漢佉二体錢)'은 구멍이 뚫리지 않고 변두리가 없는 둥그런 동전인데 크고 작은 두 가지가 있다. 앞면에는 전서체 한자로 동전 무게가 표기되어 있고 뒷면의 중심에는 말이나 낙타 모양의 도안이 그려져 있으며 둘레에는 거로문(佉盧文)이 빙 둘러 새겨져 있는데 우전왕(于闐王)의 이름과 연호이다. 거로문은 그때 당시 우전국 일대 형제 민족이 사용하던 문자이다. 동전에 한문을 겸해서 사용한 점으로 미루어보아 그때 당시 우전국과 한족이 경제적인 연계가 아주 밀접했음을 알 수 있다.

3.1.3 실크로드 흥망성쇠의 역사

실크로드는 한나라 때 형성되었고 서기 6세기 수당시기에 번영 발전했으며 청나라 때 쇠락했다.

1. 수(隋)나라가 최초로 만국박람회 창설

대업(大業) 4년(서기 608년)에 수 양제(隋煬帝)가 상서좌승(尙書左丞) 배구(裴矩)의 제안을 받아들여 파병해 토욕혼(吐谷渾)을 격파하고 강역을 확장함으로써 영토 범위가 동쪽은 칭하이 호(青海湖) 동안에서 시작해 서쪽은 타림(塔里木) 분지까지, 북쪽은 쿠루커타거(庫魯克塔格) 산맥까지, 남쪽은 쿤룬(崑崙)산맥까지 이르렀으며 군현(郡縣)제도를 실행해 관리했다.

그 곳은 이전 여러 조대를 거치며 한 번도 정식 행정구역을 설치한 적이 없는 곳이지만 실크로드가 막힘없이 잘 통하도록 수호함으로써 객관적으로 한족과 토욕혼 간의 장기적인 교류와 융합을 실현해야 하는 역사적 추세에 따르고 중국과 서역 간 경제문화교류를 위한 유리한 조건을 마련했다.

배구가 『서역도기(西域図記)』세 권(卷)을 썼는데 서언에는 둔황에서 지중해 동안까지 이르는 세 갈래의 길에 대해 상세하게 기록했다. 그중 중로(中路)와 남로(南路)가 곧 한나라 후부터 '실크로드'로 불린 길이다.

한편 북로[1] (北路)는 위진남북조(魏晉南北朝)·수나라 때에 흥기한 새로운 길로서 중국과 서역 국가 간 무역·경제 교류가 지속적으로 발전했음을 객관적으로 반영한다. 대업 5년(서기 609년), 수 양제가 직접 40만 대군을 인솔해 서역 순시에 나섰다.

그는 수도 장안에서 출발해 간쑤(甘肅) 성의 농서(隴西)에 이른 뒤 서쪽으로 칭하이에 이르러 치롄산(祁連山)을 가로질러 하서주랑의 장예군(張掖郡)에 당도했다. 서역 27개국의 군주와 사신들이 제각기 찾아와 수 양제를 알현하고 신하라고 자칭하며 통치를 받을 의향을 밝혔다. 각국의

---

1) 제천산북로(天山北路)라고도 부른다. 이오[伊吾, 현재의 하미(哈密)]에서 포류해[蒲類海, 현재의 바리쿤호(巴里坤湖)] ·티에러(鐵勒) 등의 부를 경유해 불름국(拂菻國, 고대 동로마제국에 대한 호칭, 현재의 시리아)에 이른다.

상인들도 분분히 장에로 모여들어 무역을 진행했다. 수 양제는 실크로드를 직접 개척하고 공고히 해 실크로드 역사에서 미담이 되고 있다. 이어 수나라는 또 고대 실크로드에서 전례없는 만국박람회를 개최해 중국과 서역 국가 간의 상호무역을 크게 추진했다.

2. 당(唐)나라 육상·해상 실크로드의 대발전

당나라 정부는 실크로드의 교통을 크게 중시했다. 당나라 재상 가탐(賈耽)이 기록한 바에 따르면 주변 소수민족지역과 역외로 통하는 주요 도로가 총 7갈래에 달했다.

당 정관(貞觀) 14년(서기 640년), 고창국(高昌國)이 서역으로 통하는 통로를 차단하자 당 태종(唐太宗)이 파병해 고창국군을 대패시키고 고창에 서주부(西州府)와 안서도호부(安西都護府)를 설치했다.

그리고 카라샤르(焉耆)·구자(龜玆)·소륵(疏勒)·우전 등 20여 개 나라를 안서도호부의 관할 하에 두었다. 무측천(武則天) 시대에 그때 당시의 정주(庭州)에 북정도호부(北庭都護府)를 설립하고 북정 도호부에 의지해 천산북로(天山北路)를 통치하고 안서도호부에 의지해 천산남로(天山南路)를 통치했다. 지방정부를 설립해 군사보위를 강화함으로써 실크로드가 막힘없이 잘 통할 수 있도록 수호했다.

그밖에 당나라 정부가 실크로드의 발전을 위해 취한 한 가지 중요한 조치는 한나라시기에 수립한 역전(驛伝)제도[1]를 강화해 더 많은 교통노선을 개척한 것이다. 역전제도는 중원 내지에서 아주 발달했을 뿐 아니라 변강·소수민족지역, 특히 실크로드 위에서도 아주 완벽하게 갖추어졌다. 당 고종(唐高宗) 현경(顯慶) 2년, 대장(大將) 소정방(蘇定方)이 서돌궐 사발라(沙鉢羅) 카한(可汗)을 격파시킨 뒤 제일 먼저 한 일이 바로 '도로를 소통시키고 우역(郵驛)을 설치한 것'이다.[『자치통감(資治通鑒)』 권 200]

중국은 당나라 때 당시 세계 최대 경제체였다. 번영 발달한 사회경제가 실크로드의 무역 번영을 위한 기반을 마련했다. 실크로드를 통해 중국은 중앙아시아·서아시아·유럽에 동방 문명을 전파했으며 중고(中古)시기 이래 국제무역에서 중국의 주요 지위를 충분히 과시했다. 그때 당시 중국에서 상업경영에 종사한 서역 상인이 특별히 많았는데 당 천보(天宝) 연간에 장안에 체류하는 호객[胡客, 중원에 체류 중인 호인(오랑캐)을

---

1) 중국 고대에 사신들이 사절로 외국을 방문하고 관리들이 왕래할 때 이용하거나 조령과 문서 등 을 전할 때 이용하도록 정부가 설치한 교통조직시스템을 역전(驛傳)이라고 부른다. 역전제도는 대략 춘추전국(春秋戰國)시기(기원전 770~기원전 221년)부터 실행되기 시작해 진나라 때에 이 미 구치(廐置)·승전(承傳)·부거(副車)·식주(食廚) 등 역전기구가 있었다. 한나라 때에 이르 러서는 거(車, 수레)를 이용해 전송하는 것을 '전(傳)'이라 부르고 말을 이용해 전송하는 것을 '역(驛)'이라 불렀으며 걸어서 전송하는 것을 '우(郵)'라고 불렀다. 한나라 시기에는 또 주요 교 통요로에 역을 설치했는데 일반적으로 30리 간격을 두고 역을 하나씩 설치해 오가는 인부와 말 에게 숙식과 여물을 제공하곤 했다. 마치 지금 고속도로 옆에 설치된 휴게소와 비슷하다. 일반 도로 연선에 정(亭)과 우(郵)를 설치해 역시 숙식이 가능하도록 했다. 일반적으로 정은 10리 간 격으로, 우는 5리 간격으로 하나씩 설치했다. 역·정·우 층층이 분급 설치되어 문서와 조령이 그 어떤 곳에나 빠르게 배달되도록 했다.

가리킴]이 4천명도 넘었으며 장안 서시(西市)에 전문적으로 호시(胡市)를 개설하고 서역의 화물을 거래했다.

당나라 중기(8세기)에 대당제국에 '안사의 난(安史之亂)'이 일어나 당 왕조의 세력을 서역에서 퇴출시킴으로써 육상실크로드가 중단되었다. 국내 경제중심이 북방에서 남방으로 바뀜에 따라 실크로드도 육로 위주에서 해상 위주로 방향이 바뀌기 시작했다. 당나라 때 해상 실크로드는 두 갈래였는데 한 갈래는 등주[登州, 산둥(山東) 성의 펑라이(蓬萊)]에서부터 해상으로 고려에 이르는 발해도이고, 다른 한 갈래는 광주통해이도(廣州通海夷道), 즉 광주에서 출항해 베트남과 말레이 반도·수마트라 등지를 경유해 인도·실론(錫蘭, 스리랑카의 옛 이름)에 이르고 또 다시 아라비아에 이르는 길이다. 해상 실크로드는 점차 중외무역·종교·문화교류의 중요한 경로가 되었다. 당나라 시기 실크로드의 번영에는 또 한 가지 소홀히 해서는 안 되는 외적 요소가 존재한다. 아라비아제국의 흥기 및 대 중국 무역 추진 조치가 당나라 시기 실크로드의 번영을 부추긴 큰 추진력이었다. 서기 750년, 압바스 왕조가 바그다드에 수도를 세우면서 대식제국[대식(大食)이란 아랍을 가리키는 중국식 지칭. 페르시아인들이 인근 아랍을 '타지'(Tazi)라고 불렀는데, 그것이 중국에 전해지면서 '대식'으로 음사(音寫)되었다]은 그 영토를 전반 아라비아 반도로 확장했으며 홍해·페르시아 만에서 인도·중국에 이르는 해상 상도와 중국에서 콘스탄티노폴리스(터키의 도시 이스탄불의 옛 이름)에 이르는 아시아대륙을 가로지르는 실크로드를 통제했다. 대식국은 중국과 정치·경제·문화 등 모든 영역에서 서로 교류를 진행했으며 바그다드에서는 심지어 중국 물품을 전매하는 시장까지 개척했다.

대식제국의 중요한 상공업 도시들의 제조업과 상업의 번영은 아주 큰 정도에서 중국과의 무역에 의존했다. 예를 들어 바그다드의 제지업 · 견직업 · 도자기제조업은 원료와 공예는 물론 장인까지 모두 중국인에 의지했다. 그래서 대식제국은 중국과의 무역을 크게 중시해 실크로드를 따라 대상로를 경영하면서 일련의 엄밀한 도로시스템을 발전시켜 상업의 수요에 적응하고자 했다. 대상로는 바그다드를 기점으로 이란 고원을 지나 부하라 · 사마르칸트를 경유해 중국 서역 남도의 상업중심인 카슈가르(喀什葛爾, 고대의 소륵)에 이르며 하서주랑을 거쳐 황허 유역까지 이른다. 그밖에 대상로는 또 바그다드에서 동남쪽으로 바스라까지 뻗어나간 뒤 호르무즈 · 페르시아 만을 연결하고 남쪽으로 홍해 연안의 시라프에 이르는데 아라비아 상인들이 이 상로를 통해 인도양과 벵골 만으로 나온 뒤 다시 중국 남방 연해의 광저우 · 항저우(杭州) · 취안저우(泉州) · 양저우(揚州)에 이를 수 있어 해상 실크로드와 대륙 실크로드를 연결시켰다.

3. 해상 실크로드가 주류를 이루다

송(宋)나라 때에 중앙아시아와 서역의 정치구도에 변화가 일어났다. 북방에서 전란이 자주 발생해 경제 중심이 남쪽으로 이동함에 따라 실크로드 무역이 점차 중국과 주변 소수민족의 국경 호시무역으로 퇴화되었다. 조선 · 항해 기술이 발전함에 따라 안전하고 적재량이 큰 해상무역이 전례없이 번영했다. 무역 노선이 수십 갈래에나 달했으며 해상 실크로드가 육로를 대체해 중국이 외국과 경제무역 거래를 진행하는 주요 경로가 되었다. 송나라 때 해상 대외 무역 파트너에는 일본·고려·진랍(眞臘, 캄보디아)·점성(占城, 베트남 중남부)·마일(麻逸, 필리핀)·보르네오(渤泥, 칼리만탄 섬)·스리비자야(三仏齊, 수마트라)·천축(天竺, 인도)·실론(錫蘭, 스리랑카)·라구(羅斛, 태국)·대식(大食, 아라비아 반도) 등 50여 개 국가와 지역이 포함되었으며 무역 물품은 주로 전통적인 비단제품과 해상 대규모 운반에 적합한 자기였다.

4. 대통일 시기 실크로드의 전성시대

몽원(蒙元) 시기에 중국과 서역의 무역왕래와 문화교류가 전례 없이 활발했다. 칭기즈칸과 그 자손의 기마병들이 초원 실크로드를 따라 유라시아대륙을 종횡무진하면서 우구데이(窩闊台)·차가타이(察合台)·킵차크(欽察)·일(伊兒) 등 4대 칸국과 원(元)나라를 설립하고 유라시아 대륙을 하나로 이어놓았으며 대몽골제국 강역 내에 사면팔방으로 잘 통하는 방대한 역참시스템을 형성했다. 몽원시기에는 초원 실크로드의 남도와 북도를 연결시키고 또 하서주랑의 실크로드 및 쓰촨·윈꾸이(雲貴, 윈난 성과 꾸이저우 성)에서 남아시아로 통하는 도로를 연결시켰을 뿐만 아니라 중국 동남 연해와 페르시아 만·지중해 및 아프리카 동해안의 해양 실크로드를 연결시킴으로써 동서양의 경제문화교류, 특히 비단무역이 가장 번영 발전하는 단계에 들어섰다.

실크로드 무역 범위가 전례없이 확대되었으며 아무런 무역 중계역도 필요하지 않게 되었다. 원나라는 유럽 남부의 이탈리아, 북부의 러시아, 마자르(馬札兒, 헝가리) 및 아프리카와 모두 직접적이고 경상적인 경제교류를 진행했으며 대통일의 시장 네트워크체계를 구축했다. 전통적인 비단상품을 제외하고도 원나라 시기에는 또 일부 방직물 품종과 생사·자기·대황 등의 수출이 새롭게 등장했다. 원나라 시기에는 '중통보초(中統宝鈔)'·'지원보초(至元宝鈔)' 등의 지폐가 광범위하게 사용되었다. 이들 지폐는 그 기능으로 보나 제도적인 면으로 보나 모두 당·송 시기 수준을 추월했다. 원나라 때 해외에 분봉한 제왕에게 상을 내리거나 중앙아시아와 유럽 대상 무역 및 진공 시에는 모두 지폐로 지급했다. 마르코 폴로가 지폐의 제조 발행·종류·관리·회수 등 거의 모든 과정에 대해 상세하게 기술했다. 비록 지폐 사용 범위를 원나라 경내로 제한했지만 중국과 서방의 무역에 여전히 중요한 영향을 일으켰다. 원나라 후에 인도와 일 칸국은 모두 중국을 본떠 지폐를 발행한 바 있다.

5. 육상실크로드의 쇠락

세계경제구도의 변화와 길의 험난함, 그리고 중앙아시아의 동란으로 인해 명(明)나라 시기의 육상실크로드는 더 이상 중국의 대외 무역 통로가 아니라 기본상 일종의 외교적 예의 연계 수단으로만 되었다. 명 영락(永樂) 5년(1407년), 티무르 제국이 명 왕조와의 상업무역교류를 중단했다. 몽골인의 남침을 방지하기 위해 명나라가 장성을 쌓고 쇄국 정책을 실시함에 따라 육상실크로드의 쇠락을 초래했다.

반면에 해상 실크로드는 명나라시기에 새로운 발전을 이루었다. 1405~1433년의 28년간 명 성조(明成祖)는 대명나라의 위망과 덕행을 널리 알리기 위해 정화(鄭和)를 파견해 200여 척의 배와 2만 여 명 인원을 거느리고 7차례에 거쳐 서역에 대한 대원정에 나서게 했다. 원정대는 동남아시아 · 남아시아 · 이란 · 아라비아 등지에 이르렀으며 가장 멀리는 아프리카 동해안과 홍해 연안에 이르렀는데 총 30여개 국가 및 지역과 우호적인 관계를 수립하고 경제문화연계를 강화했다. 정화의 선대(船隊)는 중국의 비단과 자기를 싣고 나가 중국에 드문 향료 · 염료 · 보석 · 코끼리 가죽 · 진기한 동물 등등을 싣고 돌아왔다.

강희(康熙) 29년(1690년)부터 35년(1696년)까지, 대청제국이 티베트 달라이 5세를 격파하고 차르황제의 지지를 받는 갈단을 물리쳤으며 후에는 또 아무르사나 (Amursana, 阿睦爾撒納) 분열세력을 소멸하고 서역을 안정시켰다. 건륭제는 그 땅을 '신강(新疆)'이라고 이름 지었다. 그 뒤 중원 경제실력의 뒷받침 하에 신강과 페르가나 · 파미르 · 코칸트 칸국(현재의 우즈베키스탄) · 부하라 칸국(현재의 타지키스탄) 간의 국경무역이 거의 옹근 한 세기 넘게 지속적으로 번영했다. 그 시기 세계경제가 산업혁명과 해양시대에 들어섰으며 중국이 서북 육로를 통해 중앙아시아 · 서아시아 · 남아시아 및 유럽과 전개해오던 경제문화연계가 매우 취약해지고 축소 약화되었다. 19세기 중엽에 이르러 제정러시아가 중앙아시아 3개국을 강점하고 중국 서북 변경에 대한 침략확장정책을 펴면서 서북 변경무역이 철저히 결속되는 결과를 맞이했다. 동서양 문명 교류를 이어온 역사의 운하였던 중국 육상실크로드가 그렇게 조용히 사라져버렸다.

한편 서방 열강이 해상 실크로드를 따라 중국 연해도시에 상륙해 아편 전쟁을 일으켰으며 중국에 대한 침략과 약탈을 감행해 중국을 반식민지 반봉건 사회로 점차 전락시켰다. 이때부터 그 해상 실크로드를 통해 서방 국가들의 저렴한 공업제품이 중국으로 대량 수입되고 중국의 상업과 수공업·원자재 생산업이 강박적으로 자본주의 경제 범주에 포함되었다. 서방의 현대공업·교육·문화도 중국사회에 막대한 영향을 일으켜 양무운동·신해혁명이 잇달아 일어나 중국 봉건사회의 결속을 추진하였으며 중국은 나라를 멸망의 위기에서 구하고 생존을 도모하며 민족의 부흥을 위한 힘겨운 탐색을 시작했다.

3.1.4 일대일로 - 실크로드의 부흥

1. 유럽연합의 뉴 '실크로드'

1988년, 유네스코[국제연합 교육과학문화기구, United Nations Educational, Scientific and Cultural Organization (UNESCO)]가 10년 기한을 두고 '실크로드 종합연구 - 대화의 길' 프로젝트를 가동함으로써 최초로 '실크로드'부흥 계획을 추진 및 실행한 국제기구가 되었다. 1994년, 유엔 총회에서 유럽연합이 제출한 「항구가 없는 중앙아시아의 새로 독립된 개발도상국 및 그 인접국의 국경 통과 운수체계: 현황과 미래 행동방안」이라는 제목의 문서를 통과시켰다. 그 취지는 중앙아시아와 남캅카스의 새로 독립된 국가들을 도와 국경 통과 영역에서 러시아 영토를 거치는 것을 제외한 바다로 통하는 더 많은 항구를 확보함으로써 이들 국가가 국제사회에 융합되는 발걸음을 가속하기 위한 데 있다. 그 문서에 제기된 유럽-캅카스-아시아 교통회랑(TRACECA로 약칭)을 뉴 '실크로드'라고 부른다. 즉 철도·도로 및 파이프라인 등 현대 교통시설의 연결을 통해 아시아를 가로질러 유럽·북아프리카에 이르는 육상 무역통로이다. 뉴 '실크로드' 경제벨트는 동쪽은 아태경제권과 연결되고 서쪽은 발달한 유럽경제권과 이어져 '세계 최장, 발전 잠재력 최대의 대 경제 회랑'으로 인정받고 있다.

중앙아시아 국가들은 TRACECA프로젝트 자금과 해외투자 및 대출을 적극 이용해 철도와 도로 및 파이프라인에 대한 개조와 건설을 진행하고 카스피 해 항구를 개조해 뉴 '실크로드' 구축 기회를 빌어 중앙아시아가 역사적으로 맡았던 동서양 유대 역할을 회복할 수 있기를 바라며 이로써 경제발전과 번영을 추진할 수 있기를 기대한다. 예를 들어 2001년에 카자흐스탄은 텐기즈 호(Lake Tengiz)--노보로시스크 송유관을 건설해 카자흐스탄에서 러시아로 국경을 넘는 석유 수출을 위한 중요한 경로를 한 갈래 늘렸다. 우즈베키스탄은 북부·중부·남부지역 철도의 본국 영토 내 연결을 실현함으로써 본국 내 통일된 철도시스템을 기본적으로 수립했다. 1996년 투르크메니스탄과 이란이 테젠(Tedzhen) - 사라(Serakhs) - 마슈하드(Mashhad) 철도를 개통함으로써 중앙아시아 5개국이 이란을 거쳐 페르시아 만의 바다로 통하는 항구에 이를 수 있게 되었다. 1998년에 키르기스스탄이 '실크로드 외교'학설을 공식 제기했다. 그 학설은 키르기스스탄이 TRACECA프로젝트 참여를 계기로 '실크로드'지역 국가와 교통·경제무역·인문협력을 발전시키는 데 주력함으로써 동서양·남북 국가 간의 진정한 우의와 협력의 유대 역할을 발휘할 수 있기를 바란다고 주장했다.

2. 중국은 '일대일로'건설 창도

중국은 자고로 실크로드 상의 가장 중요한 국가였다. 유럽이 제기한 뉴 '실크로드'프로젝트에 대해 2013년 9월 7일 시진핑 중국 국가주석은 카자흐스탄 나자르바예프 대학(Nazarbayev University)에서 중요한 연설을 발표하는 자리에서 유라시아 각국 간의 경제연계를 더욱 긴밀히 하고 서로간의 협력을 더욱 깊이 진행하며 발전공간을 더욱 넓히기 위해 혁신적인 협력패턴을 이용해 '실크로드 경제벨트'를 공동 건설하자는 전략적 구상을 최초로 제기했다. 같은 해 10월 3일, 시진핑 주석은 인도네시아 국회에서 「중국 - 아세안 운명공동체를 손잡고 건설하자」는 제목의 연설을 통해 아세안국가들에 중국과 해상 협력을 강화할 것을 진심으로 제안했다.

시 주석은 중국정부가 설립한 중국 - 아세안 해상협력기금을 효과적으로 사용할 것과, 해양협력 파트너관계를 발전시킬 것, 그리고 21세기 '해상 실크로드'를 공동으로 건설할 것을 제안해 '일대일로'개념의 초기 형태를 그려냈다. 그 뒤 시진핑 주석과 리커창(李克强) 총리는 각각 키르기스스탄 · 타지키스탄 · 몰디브 · 스리랑카 · 인도 등의 국가들을 방문해 '일대일로'연선의 주요 국가들에 그 원대한 구상의 전략적 내용과 중요한 의미에 대해 자세히 설명하고 공동인식을 모색했다. 이로써 중국이 창도한 '일대일로'건설이 국제사회의 광범위한 관심을 받는 중요한 화제가 되었다. 표 3-1에는 2014년 시진핑 주석과 리커창 총리가 여러 나라를 방문하며 공동 인식을 모색한 담화 내용이 담겼다.

표 3-1 2014년 시진핑 · 리커창 각국 방문 시 공동인식을 모색한 담화 내용

시간	지점	담 화 내 용
2월	러시아	러시아가 '일대일로' 건설에 참여하는 것을 환영한다.
3월	독일	중국과 독일은 실크로드 경제벨트의 양쪽 끝에 위치했고 유라시아의 2대 경제체와 성장극이며 또 충칭(重慶)-신장-유럽을 연결하는 위신어우(渝新歐)철도의 기점과 종착점이기도 하다. 양국은 마땅히 협력을 강화해 실크로드 경제벨트의 건설을 추진해야 한다.
4월	벨기에	중국과 유럽 간 협력과 실크로드 경제벨트 건설의 유기적인 결합을 적극 탐색하자.
6월	아랍 국가 연맹	'일대일로'는 서로 이득이 되고 이익을 공유할 것을 창도하며 각국 경제의 보다 밀접한 결합을 이끌고 인프라 건설과 체제 혁신을 추진하며 새로운 경제와 취업 성장점을 창조하고 각국 경제 내생동력과 리스크 대처능력을 증강할 수 있다.
8월	몽골	양국 간 유엔 · 상하이협력기구 · 아시아 교류 신뢰구축회의(CICA) 합작을 강화하고 '실크로드 경제벨트'와 아시아 인프라투자은행 건설을 공동 추진해야 한다.
9월	타지키스탄	양국은 실크로드 경제벨트 공동 건설을 계기로 천연오일 가스 · 전력 · 경제무역 · 교통 인프라 건설 등 영역의 협력을 강화해야 한다.
9월	몰디브	몰디브는 인도양 요로에 위치했으며 해상 실크로드의 중요한 역참이다.

9월	스리랑카	스리랑카의 해사 · 항공 · 상업 · 에너지 · 지식 등 5대 중심 건설계획이 중국의 21세기 해상 실크로드 건설 창의와 서로 일치한다. 양국은 소원을 동력으로 바꾸어 해양 · 경제무역 · 인프라 건설 · 국방사무 · 관광 등의 영역에서 교류와 협력을 강화해야 한다.
9월	인도	'중국의 에너지'와 '인도의 지혜'가 막강한 잠재력을 방출할 것이다. 양국은 방글라데시 · 중국 · 인도 · 미얀마 경제회랑 건설을 공동 추진하고 '일대일로' 창의를 탐구하며 아시아 경제의 지속적인 성장을 이끌어야 한다.

'일대(一帶)'[즉 실크로드 경제지대(벨트〈대, 帶〉)를 가리킴]는 중국 시안을 기점으로 해서 서쪽으로 깐수(甘肅)와 신장(新疆)을 거쳐 카자흐스 탄·우즈베키스탄·투르크메니스탄·이란·이라크·시리아· 터키를 경유해 흑해를 지나 불가리아·루마니아·헝가리·슬로바키아·체코에 들어서며 최종 서유럽 여러 국가에 이른다.

'일로(一路)'[즉 해상 실크로드(비단길〈로, 路〉)를 가리킴]는 중국 동남 연해에서 출발해 베트남·싱가포르·말레이시아·인도네시아 등 동남아국가를 경유한 뒤 말라카 해협을 꿰질러 인도양에 들어서며 또 인도를 거쳐 아프리카에 당도해 케냐·소말리아·예멘을 지나 홍해에 들어선 다음 사우디아라비아·수단·이집트를 경유해 수에즈 운하를 거쳐 지중해에 들어서면 서유럽 각국과 서로 연결된다.

상기와 같이 협의적 의미에서의 연선을 제외하고도 '일대일로'는 또 주변의 여러 지역까지 뻗어나간다.(그림 3-1 참고) 중국을 포함해서 일대일로 연선에는 총 60여 개의 국가와 지역이 분포되어 세계 최장 거리와 최강 발전 잠재력을 갖춘 경제회랑을 형성하게 될 것이다. '일대일로'는 44억 인구를 아우르고 GDP 규모가 21조 달러에 달해 세계에서 차지하는 비중이 각각 63%와 29%이며 화물과 서비스 수출은 전 세계의 24%를 차지한다. 이들 국가와 중국 간에는 밀접한 경제무역협력이 존재하는바 양자 무역규모가 1조 달러 이상에 달해 중국 대외무역총액의 4분의 1을 차지한다. 최근 10년간 중국과 관련 국가 간의 무역액이 연간 평균 19%의 성장률을 기록했으며 이는 중국의 대외 경제무역발전의 일대 동력이 되었다.

'일대일로' 건설은 고대 실크로드와 일맥상통하며 국제 경제협력의 새로운 패턴의 구축에 입각했다. '일대일로' 건설은 연선 국가 간의 상품 무역과 서비스 무역에만 국한되지 않고 요소의 유동과 제도 건설·인문 교류의 심층 차원적이며 전면적인 상호 연결과 관련되며 목표는 중국과 주변 국가 간의 '이익공동체'와 '운명공동체'를 형성하는 것이다.

유럽연합이 제기한 뉴 '실크로드'계획과 가장 큰 다른 점은 중국이 창도한 '일대일로' 건설이 고대 실크로드가 남겨준 정신적 유산을 물려받아 널리 알려야 한다는 점을 특별히 강조한 것이다. 평화·포용·협력·호리(互利, 서로에 이득이 되는 것)는 실크로드 유산의 정수이다. 이러한 실크로드 정신을 계승해 중국은 '일대일로' 건설에서 다음과 같은 '4가지 원칙'에 따라야 한다고 강조했다. 즉 중국은 주변 국가들과 세세대대로 우호 관계를 유지하고 조화롭고 화목하게 지내는 사이좋은 이웃이 되어야 한다는 것, 서로 확고하게 지지하며 진심으로 대하고 서로 믿을 수 있는 좋은 벗이 되어야 한다는 것, 실무적인 협력을 대대적으로 강화하고 서로에 이득이 되며 이익을 공유하는 좋은 파트너가 되어야 한다는 것, 더 넓은 흉금과 더 넓은 시야로 지역 협력을 확대하고 함께 빛나는 미래를 창조해야 한다는 것이다.

· 중국의 전면 개방성 경제건설 체제와 서로 맞물린다.
· 중국의 '대국은 관건이고, 주변은 제일 중요하며 개발도상국가는 토대'라는 외교이념에
  서로 부합된다.
· 중국의 평화적 굴기의 계획과 책략에 부합된다.

━━ 실크로드 간선   ═══ 한나라 때 실크로드(당나라 때 이미 폐기됨)
═══ 송나라 때 실크로드   ━━ 해상 실크로드

그래픽 3-1 고금의 '실크로드' 비교

3.2 '일대일로'의 전략적 가치

2015년 3월 28일, 보아오아시아포럼에서 국가발전개혁위원회·외교부
·상무부가 공동으로 '실크로드 경제벨트와 21세기 해상 실크로드 공동
구축 추진 관련 전망과 행동'을 발표했다. 이로써 2013년 9월과 10월 시진핑
주석이 각각 제기한 '실크로드 경제벨트'와 '21세기 해상 실크로드'전략적
구상이 정식 출범해 중국 국내와 국제 두 방면의 대국을 종합한 국가 전략이
되었다. '일대일로'는 한(漢)·당(唐) 시기 빛나는 역사 속에서 실크로드의
정신을 정련해 앞으로 몇 개의 십 년 동안 중국경제의 장원한 발전에 입각해
중국의 대외 주변전략 및 대내 개방전략에 지도적 역할을 하도록 했으며
뚜렷한 전략적 특징을 띤다.

3.2.1 일대일로의 전략적 특징

1. 중국 미래 운명과 관련된 국가 전략

'일대일로'는 천년의 실크로드 정신을 지도 방침으로 삼고 앞으로 몇 개의
십 년동안 중국의 발전에 입각한 중장기 전략적 구상이다. 2015년에 발표한

'실크로드 경제벨트와 21세기 해상 실크로드 공동 구축 추진 관련 전망과 행동'은 8개 부분으로 구성되었으며 시대적 배경 · 공동 구축 원칙·기본 사고 방향·협력 중점·협력체제·중국 각 지역 개방추세 · 중국의 적극적인 행동 및 아름다운 미래의 공동 창조 등의 내용이 포함되었다. 그 취지는 평화 · 발전 · 협력 · 이익 공유를 주제로 하는 새 시대에 복잡하고 저조한 글로벌 경제 형세와 복잡한 국제와 지역 국면에 직면한 상황에서 실크로드 정신을 계승하고 널리 알리고자 함이다. '실크로드 경제벨트와 21세기 해상 실크로드 공동 구축 추진 관련 전망과 행동'은 정책적 소통 · 시설의 상호 연결 · 무역 상통 · 자금의 융통 · 민심의 상통 등 5개 방면의 전략적 요점에 대해 탐구했으며 새로운 대외개방의 국가전략의 주체적인 기본 틀 형성이 이미 완성되었음을 상징한다.

'일대일로'전략은 천백 년 전 한 · 당 두 조대의 빛나는 역사 시기에 이룩한 실크로드 정신에서 기원해 그 역사적 뿌리가 아주 깊으며 '평화적 협력, 개방적 포용, 서로 배우고 본받으며, 서로에 이롭고 이익을 공유하는' 실크로드정신을 계승해 대대로 전해야 하는 중요한 역사적 사명을 짊어졌으며 앞으로 몇 개의 십 년간 중국의 전면적인 대외개방의 전략적 발전 과정을 이끌게 된다.

2. 국내외 두 시장을 종합 고려한 지역적 발전전략

'일대일로'는 국내와 국제 두 시장을 종합 고려하고 주변 외교구도에서 출발한 중대한 지역적 발전전략이다. 실질적으로 그 전략은 중국의 대외전략 및 대내 개방과 연결된 전반적인 전략이다. 국제적인 차원에서 보면 '일대일로'는 국제시장에 착안해 지역 협력의 전반 국면을 계획한 것이다. '일대' 연선은 '중국-중앙아시아-서아시아'경제회랑, 뉴 유라시아대륙교 경제회랑, 중국·몽골·러시아 경제회랑에 의지해 유라시아 협력과 남남합작의 새로운 틀을 형성함으로써 지역경제와 외교전략의 유기적인 결합을 실현하기 위해 노력하고 있다.

3. 상층설계(頂層設計, Top-Level Design)와 실무적 운영을 유기적으로
   결합시킨 전략

'실크로드 경제벨트와 21세기 해상 실크로드 공동 구축 추진 관련 전망과 행동'이 발표되기 전과 후 국가발전개혁위원회·외교부·상무부 등의 기능부서가 19개 관련 연구 과제를 토대로 수십 차례의 포럼과 세미나를 진행했다. 그 과정에 여러 각 부처 및 관련 성·직할시·자치구, 연선 국가와 밀접히 소통하면서 '실크로드 경제벨트와 21세기 해상 실크로드 공동 구축 추진 관련 전망과 행동' 및 상대적으로 실행 가능한 방안을 공동 작성해 '일대일로'에 대한 상층설계와 총체적인 배치를 진행하는 한편 앞으로 몇 년간의 시간표와 로드맵을 확정지음으로써 상층설계와 실무적인 운영의 결합을 실현했다.

물론 '일대일로'전략은 실제적인 것을 중시할 것을 강조해 이미 조기성과를 거두기 시작했다. 현재 교통·전력·통신 등의 인프라와 연선국가의 민생개선에 이로운 프로젝트를 중점으로 관건적이고 상징적인

프로젝트를 전개했으며 이어 자원 에너지의 개발이용, 그리고 전면적인 무역 서비스 왕래가 이어졌으며 이에 따라 다산업사슬(多産業鏈) · 다업종 투자기회가 마련되었다.

3.2.2 일대일로의 전략적 내용

2013년 10월에 열린 APEC회의에서 시 주석은 '후롄후통(互聯互通, 정책, 도로, 무역, 통화, 민심의 다섯 가지 영역에서 서로 연결시켜 통하게 한다는 의미)'에 대해 다음과 같은 네 가지 방면으로 개괄했다. 즉, 태평양 양안을 아우르는 아태 '후롄후통' 구도를 형성하고, '후롄후통' 건설을 제약하는 걸림돌을 제거하며, 지역과 국제 협력의 기본 틀 내에서 '후롄후통'과 인프라 건설을 추진하고, '후롄후통'을 통해 아태지역 인민들 간에 여러 영역에서 더욱 밀접한 연계를 맺을 수 있도록 추진한다는 것이다. 2014년 11월, 시 주석은 '후롄후통'의 내용에 대해 다음과 같이 진일보로 정의했다. "인프라 · 제도 규정 · 인원교류에서 삼위일체가 되고, 정책의 소통 · 시설의 연결 · 무역의 상통 · 자금의 융통 · 민심의 상통 이 다섯 가지 영역을 동시에 추진하며, 전면적 · 입체화 · 네트워크식의 서로 연결을 실현하고 생기 넘치는, 여러 사람의 지혜와 힘을 모은 개방적인 시스템이다."

1. '5통' 핵심전략의 내용

정책의 소통: 정책적 소통을 강화하는 것을 '일대일로'건설의 중요한 보장으로 삼는다. 정부 간 협력을 강화해 다차원적인 정부 간 거시적 정책 관련 소통과 교류 메커니즘을 적극 구축해 이익의 융합을 심화하고 정치적 상호 신뢰를 추진하며 협력에 대한 새로운 공동 인식을 달성하는 것이다.

시설의 상호 연결: '일대일로'건설의 우선적인 영역으로서 인프라의 친환경 저탄소화 건설과 운영관리를 강화하고, 통일된 전반적인 운송조율 메커니즘의 수립을 추진하며, 통상구 인프라 건설을 추진하고, 민항 분야의 전면적인 협력 확대를 위한 플랫폼과 메커니즘을 구축해 항공 인프라 수준을 빨리 제고하는 것이다. 이밖에 에너지 인프라의 '후렌후통' 합작을 강화하고, 양국 국경을 넘나드는 광케이블 등 분야의 건설을 가속 추진하며, 대륙 간 해저 광케이블 프로젝트 건설을 계획하고, 공중(위성)정보전송통로를 보완함으로써 정보의 교류와 협력을 확대하는 것이다.

무역의 상통: 투자무역합작은 '일대일로' 건설의 중점 내용으로서 투자무역의 편리화문제에 대한 연구와 해결에 힘써 투자와 무역 장벽을 제거하고 연선국가 및 지역과 자유무역구 건설에 대해 적극적으로 공동 의논해 실현하는 것이다.

자금의 융통: 연선 국가와 양자 간 본위화폐 스와프·결제 범위와 규모를 확대하는 것이다. 아시아 채권시장의 개방과 발전을 추진한다. 아시아인프라투자은행·브릭스국가개발은행의 창설을 공동 추진하고 상하이협력기구 융자기관 설립에 대해 관련 당사국과 협상을 전개

한다. 실크로드기금의 창설과 운영을 가속화한다. 중국-아세안 은행연합체 · 상하이협력기구 은행연합체의 실무적인 합작을 심화하고 은행단대출(신디케이트 론, syndicate loan) · 은행 신용공여 등의 방식으로 다자간 금융합작을 전개한다. 연선 국가 전부와 신용등급이 비교적 높은 기업 및 금융기관이 중국 경내에서 위안화 표시 채권을 발행하는 것을 지지한다. 조건에 부합되는 중국 경내 금융기관과 기업이 해외에서 위안화표시 채권과 외화표시 채권을 발행할 수 있으며 조달한 자금을 연선 국가에서 사용하는 것을 독려한다. 실크로드기금 및 각국 주권기금의 역할을 충분히 발휘해 상업성 주권 투자기금과 사회자금이 '일대일로' 중점 프로젝트 건설에 공동 참여하는 것을 인도한다.

민심의 상통은 동력의 원천이다. 민심이 서로 통하려면 인문교류와 민간 교류를 강화해야 한다. 민심과 사회적 기반을 튼튼히 다지는 것은 '일대일로'건설과 경제협력 추진의 관건적인 일환이다. '일대일로'의 공동 건설을 통해 연선 각국의 공동 발전을 추진해 연선 인민들에 대한 복지를 늘려주고 인민들 간의 우호적인 내왕을 강화하며 서로간의 이해와 전통적인 우의를 증진해야만 민심의 상통을 실현할 수 있고 실크로드 경제벨트 건설을 더 높은 차원으로 떠밀 수 있다. 현재 민심의 상통이 연선 국가에서 비교적 큰 차이성을 보이고 있는데 일부 국가의 추진 속도가 기타 '4통'에 비해 훨씬 뒤처지고 있으므로 더 큰 노력이 필요하다.

2. 아시아 선행의 목표 방향

'일대일로'건설은 몇 세대의 꾸준한 노력을 거쳐야만 실현할 수 있는 웅대한 프로젝트이다. 적어도 앞으로 5년간의 제1단계에는 다음과 같은 다섯 가지 방면의 내용을 중점적으로 추진해야 한다. 즉, 아시아 국가를 중점 방향으로 아시아 내 '후롄후통'을 우선적으로 실현해야 한다. 경제회랑에 의지해 아시아 '후롄후통'의 기본 틀을 형성해야 한다. 교통 인프라를 돌파구로 삼아 아시아 '후롄후통'이 조기 효과를 거둘 수 있도록 실현해야 한다. 융자 플랫폼 건설을 관건적인 일환으로 삼아 아시아 '후롄후통'의 걸림돌을 제거해야 한다. 중국은 400억 달러를 투자해 개방적인 실크로드기금을 창설할 것이다. 인문교류를 유대로 아시아 '후롄후통'의 사회적 기반을 튼튼히 해야 한다.

3.2.3 일대일로전략의 경제적 영향

'일대일로'는 인프라 건설에 대한 보완 및 경제무역투자제도의 편리화를 통해 관련 국가와 정책적 소통·시설의 상호 연결·무역의 상통·자금의 융통·민심의 상통을 실현함으로써 서로 이롭고 이익을 공유하는 '이익공동체'와 공동 번영하는 '운명공동체'를 수립하는 것이다. 중국의 전면적인 대외 개방 추진의 중대한 전략으로서 '일대일로'는 글로벌 경제구도 및 주변 지역 경제 발전에 심원한 영향을 일으킬 것이다.

'일대일로'는 중국경제 뉴 노멀 시대에 맞춘 전략적 선택이다. '일대일로'

전략은 교통 인프라 건설 프로젝트를 조기성과로 간주하고 이를 토대로 자원과 에너지 개발 이용을 추진하며 최종 전면적인 무역 서비스 왕래에 착안해 이에 따른 다산업사슬과 다업종 투자기회를 얻으며 또 수출·대외투자·자본 수출 등의 분야에서 중국경제 운행에 영향을 준다는 것이다. 2015년 '일대일로'전략이 본격적인 실행 단계에 들어서며 실행 가능한 계획이 곧 출범하게 된다. 중단기적으로 볼 때 이 전략은 중국경제 구조조정·금융시장 발전 및 위안화의 국제화 등의 방면에서 적극적인 효과를 일으키게 된다.

1. 중국경제지역 구조조정을 추진한다

'일대일로' 중의 '일대'에는 산시·간쑤·칭하이(靑海)·닝샤(寧夏)·신장 등 서북의 5개 성과 충칭(重慶)·쓰촨·윈난·광시 등 서남의 4개 성이 포함된다. '일로'에는 취안저우·광저우·닝보(寧波) 등 3개의 주요 항구와 기타 지선의 항구가 포함되며 광둥·푸젠(福建)·저장(浙江)·윈난·광시·하이난(海南) 등 6개 성을 연결시킨다. 분명한 것은 중국 중서부지역은 '일대일로'전략 중에서 지역 성장의 주요 동력으로서 마땅히 그에 따른 프로젝트 우대와 자원 투입의 혜택을 누려야 함이 분명하다. 중서부 성들이 '실크로드 경제벨트' 중에서 차지하는 중요한 지리적 위치로 인해 이들 성의 지위가 국제 물류통로의 제일 끝에서 중요한 접점으로 이동하도록 추진했으며 점차 경제발전의 주체 지위를 차지하게 되어 더욱 많은 물류·인원 이동·자금 및 산업을 유치해 경제의 빠른 발전을 추진하게 되었다.

지난 6년 중부·서부 지역의 경제 성장률이 줄곧 동부지역보다 컸으며 2014년 투자 성장률이 동부지역보다 각각 2.6%포인트와 2.9%포인트 높았다. 서부지역의 빠른 발전이 중국 동부와 중서부의 경제 균형을 추진하게 된다. 분명한 것은 '일대일로'가 적극적인 지역 협력효과를 일으켜 연선의 성과 자치구의 전면적인 개방을 추동할 것이라는 점이다. 이에 따라 기존의 국부적(点狀,塊狀)인 대외개방패턴을 타파하고 지역 발전의 판도구조를 바꿔 지역 간의 '후렌후통'과 산업이전을 강화할 수 있다.

2. 산업구조 최적화 업그레이드를 가속화한다

'일대'는 국제 대통로에 의지해 중점 경제무역산업단지를 합작 플랫폼으로 삼아 중국-파키스탄 경제회랑·방글라데시-중국-인도-미얀마 경제회랑 · 뉴 유라시아대륙교 · 중국-몽골-러시아 경제회랑을 공동 건설하는 것이다. 한편 상하이협력기구는 또 롄윈강(連雲港)에서 상트페테르부르크까지 총 연장길이가 약 8,500킬로미터에 이르는 유라시아 교통운수대통로를 개척키로 결정했다. 중국-카자흐스탄 간 롄윈강 물류합작기지가 이미 가동되었는데 이는 '실크로드 경제벨트'의 첫 실물 플랫폼이다. '일로'는 중점 항구도시에 의지해 중국-미얀마-인도 경제회랑·범(泛) 통킹 만 연해 국제 경제회랑·중국-베트남 경제회랑 · 중국-싱가포르 경제회랑 등 서남 국제 경제회랑을 건설하며 막힘이 없이 잘 통하고 안전하며 고효율적인 운수대통로를 구축하는 것이다. '일대일로'는 통로(通路)·통항(通航) · 통상(通商)을 돌파구로 삼고 중국 산업구조조정의 강도를 높여 우위 산업의 발전을 힘써 추진한다.

통로에는 철도 · 고속철 · 건축자재 등의 업종이 포함된다. 철도는 '일대일로'의 관건과 후롄후퉁의 주체이다. 추산에 따르면 앞으로 '일대' 연선지역에는 중국-러시아 고속철 등을 포함해서 철도 총 길이가 약 1만 킬로미터에 달하고 이와 관련된 총 투자가 3천~5천억 위안에 이를 전망으로서 중국 중톄(中鐵, 중국철도공사총회사) · 톄젠(鐵建, 중국톄젠주식유한회사) 등의 회사에 엄청난 영업수입을 가져다줄 수 있다. 중국 고속철 역시 자체 원가 우위와 기술 우위를 이용해 거대한 발전 계기를 맞아왔다. 세계 고속철 계획 규모는 3만 3,000킬로미터이며 건설 중인 고속철이 2만 8,000킬로미터에 이른다. 동남아시장 궤도교통 프로젝트만 해도 총투자규모가 9,800억 위안에 접근했다. 아시아인프라 건설발전기금 · 브릭스 4개국발전기금 등 여러 가지 금융투자의 지원을 받아 수요가 점차 방출될 전망이다.

통항은 항해·항공 관련 업종에 비교적 큰 발전공간을 마련할 것이다. '일대일로'의 합류점이 장쑤 성까지 확정됨에 따라 항구 롄윈강에 대한 전반적인 계획이 전 성 범위 내에서 가동되어 항구·산업·도시의 연동효과가 나타나게 될 것이다. 항공업 수요가 왕성해짐에 따라 서비스류 · 관련 장비류 · 조립 완제품 생산류 회사가 잇달아 국가 정책의 수혜를 입을 것으로 예상된다.

통상은 에너지·원자력발전 · 화학공업 · 농업 등의 영역에 혜택을 가져다 줄 수 있다. 연선의 인프라 건설 공사가 지역 내 에너지 수요의 성장을 이끌 것이며 보다 많은 수입 파이프라인 또한 중국의 에너지 안전을 보장할 수 있다. 대륙교의 영향이 미치는 지역은 세계 주요 에너지와 전략적

자원 공급기지로서 내부 자원 상호 보완성이 강하다. 자원대국은 중국과의 천연 오일 가스 합작을 통해 현지 재정 세무 수입과 취업기회를 늘릴 수 있다.

'일대일로' 연선 각국의 자연자원 우세와 노동력 비용의 비교 우위에 힘입어 국제운수대통로의 건설에 따라 내륙국가 내 고속철 · 궤도교통의 발전이 경제 지리적 부족점을 미봉해 중국의 일부 노동력 밀집형 산업과 자본 밀집형 산업의 '일대일로' 주변 국가로의 이전을 추동할 수 있다.

3. 수출 성장 동력을 제공하고 수출패턴의 혁신을 가속화한다

'일대일로'가 중국-중앙아시아-서아시아 · 중국-몽골-러시아 등의 몇 개 경제회랑에 영향을 주어 연선국가 화물과 서비스수출이 전 세계 총량의 23.9%를 차지하고 중국과 연선 국가의 상호 보완성과 협력 잠재력이 중국의 수출산업에 새로운 성장점을 제공하게 된다. 2014년 중국과 아세안 · 아프리카 · 러시아 · 인도 등 국가 간의 양자 무역 성장률이 평균치를 훨씬 웃돌았다. 중국은 5년 연속 아세안 국가들의 최대 무역 파트너가 되었으며 양자 무역규모가 2020년이 되기 전에 1조 달러에 이를 것으로 전망된다. '일대일로' 연선 국가의 수출 비중이 앞으로 십 년 내에 3분의 1 정도 오를 것으로 예상된다.

'일대일로'는 프로젝트 도급 등의 형태로 노무 송출 및 선진적인 장비 · 기술 · 관리 등의 수출을 추진해 저급 완제품·소비품에서 첨단기술 수출로의 전환을 완성함으로써 체계화한 무역산업 사슬을 형성할 수 있다.

주변의 개발도상국들은 각기 다른 비교 우위를 갖추었기 때문에 교통 · 통신 · 농업 · 화학공업 · 방직 · 에너지 · 금융 · 과학기술 등 많은 분야에서 경제기술합작을 전개할 수 있는 공간이 아주 크다.

4. 중국의 대외 투자 및 중국기업 '해외진출(走出去)'을 추진한다.

2014년에 중국 외자유입 규모가 1,280억 달러, 대외 투자가 1,400억 달러에 달해 최초로 일본을 추월해 아시아 최대 해외 투자국과 세계 3위 외자 제공 국가로 부상했다. 그러나 중국은 해외 자산 구조가 합리적이지 않은바 순투자 수익이 낮은 수준이고 중국기업의 '해외진출(走出去)'이 초기단계에 머물러 있으며 다국적기업은 아직 전 세계 범위 내에서의 분포를 형성하지 못했기 때문에 중국의 산업 업그레이드와 우세 잉여 생산능력의 대외 이전에 불리하다. 중국은 대외 투자규모를 확대하는 한편 마땅히 투자구조를 하루 빨리 조정해야 한다. '일대일로'는 대외투자구조를 개선하는 방면에서 적극적인 역할을 발휘하게 될 것이다.

아시아개발은행은 2020년이 되기 전에 아시아지역의 연간 인프라 투자 수요가 7,300억 달러에 달할 것으로 추산했다. 만약 '일대일로' 연선국가에 대한 중국의 투자 비중이 현재의 13%에서 30%로 상승할 경우 앞으로 십 년간의 총투자가 1조 6천억 달러에 달할 것이다. 중국은 대외 투자를 확대하는 것을 통해 '일대일로' 연선 국가를 도와 자금 방면에서의 장애를 뚫는 한편 축적한 외환보유고를 효과적으로 이용해 더욱 높은 해외 투자수익을 얻을 수 있다.

'일대일로'전략은 중국기업의 '해외진출(走出去)' 전략을 추진하는데 도움이 됨으로써 기업의 개혁을 추진할 수 있다. 중국과 '일대일로' 연선 국가 간 상호 투자 규모가 크지 않기 때문에 성장 잠재력이 아주 크다. 연선 국가들은 인구당 소득 및 자원 · 산업구조 면에서 중국과 비슷하기 때문에 합작 공간이 있다. 국내 기업은 관련 우대 정책을 이용해 적극적으로 시장을 개척하고 기업을 도입하며 자원을 배치하고 발전기회를 이용해 '해외진출(走出去)' 전략을 적극 배치할 수 있다. 최근 몇 년간 일부 에너지기업과 대량의 서비스류 · 첨단과학기술기업들이 잇달아 '해외진출(走出去)' 전략을 택하고 있다. 민영기업의 대외직접투자 유동량이 차지하는 비중도 꾸준히 증가해 중국기업의 해외 인수합병의 새로운 활력소로 되고 있다. 자본 송출 과정에서 리스크통제가 아주 중요하다.

'해외진출(走出去)' 기업은 재무 · 환율 등 시장 리스크를 효과적으로 예방해야 하며 문화의 차이 · 정책 법률 · 노동 환경 등 비 시장성 리스크 대처 면에도 적극 참여해 일정한 성과를 이룸으로써 국제 영향력을 꾸준히 높여야 한다.

특별란 3-1

'일대일로'가 중국은행업의 새로운 국제화 시대를 열다

2013년 10월 2일, 시진핑 중국 국가주석이 자카르타에서 수실로 밤방 유도요노 인도네시아 대통령과 회담을 나누는 자리에서 본 지역의 '후롄후통' 건설과 경제 일체화를 추진하기 위해 중국은 아시아인프라투자은행(이하 '아투행'으로 약칭)을 창설해 아세안 국가를 포함한 본 지역 개발도상국가의 인프라 건설을 위한 자금적 지원을 제공할 것을 창의했다. 2015년 3월 31일, 즉 아투행 창립 회원국 신청 마감일에 유엔 5대 상임이사국 중에서 미국을 제외하고 기타 4개국, G20 국가 중의 13개국, 세계 GDP 순위 앞 10위를 차지하는 국가 중의 8개국이 모두 아투행 가입 신청을 했다.

새로운 시기 중국 대외개방전략의 '주 엔진'으로서의 '일대일로'전략은 투자와 무역 이륜 구동을 통해 우위 잉여 생산능력 이전문제를 해결하고 산업과 기술 업그레이드를 이끌며 경제구조를 최적화하고 지역 협동발전을 추동하며 글로벌 경제 안정과 번영을 추진하는 등 면에서 중대하고 심원한 의미가 있다. 금융은 현대경제의 핵심이다. '일대일로'의 무역과 투자 합작에서는 필연적으로 금융을 운반체로 삼아야 하며 특히 상업은행의 지원이 필요하다. 한편 또 중국은행업의 국제화 발전에 역사적인 기회를 마련해줄 것이다.

'일대일로'전략은 중국 대외무역과 투자의 새로운 구도를 펴게 되며 은행 국제 금융업무의 발전공간을 넓혔다. 중국과 연선 국가 간 무역과 투자 규모가 꾸준히 확대됨에 따라 중국기업 '해외진출(走出去)'의 발걸음이 더 빨라졌으며 차원과 수준이 더 한층 제고되었다. 이에 따라 은행은 시장공간을 더 심층 개발하고 고객자원을 발전시킬 수 있는 양호한 기회를 얻을 수 있으며 시대를 뛰어넘고 국경을 뛰어넘으며 여러 업종을 넘나드는 다차원적인(在跨時,跨境,跨業等維度上的) 국제 결제·무역 융자·현금 관리·리스크 방지·담보 등의 업무에서 거대한 발전기회가 존재한다. '일대일로' 연선의 많은 국가들은 인프라가 낙후하고 시장이 건전하지 않다. 이에 비해 중국은 인프라 생산기술과 설비가 선진적이고 경험이 풍부하므로 산업화 기반이 비교적 약한 국가에 산업화 발전기회를 제공할 수 있으며 이에 따라 또 대량의 인프라 건설에 필요한 융자 수요가 생길 수 있다. 아투행·실크로드기금의 지원이 있어도 상업은행이 제공하는 다양한 융자 지원이 빠져서는 안 된다.

위안화의 국제화는 최근 몇 년간 뚜렷한 성과를 거두었다. 국제 은행 간 통신 협회(SWI FT)의 최신 데이터에 따르면 2014년 12월 위안화는 이미 세계 다섯 번째 상용 결제통화로 승격했다. '일대일로'전략을 추진하고 실시하는 과정에서 중국은 연선 국가에 대한 직접투자를 적극 전개함으로써 상품 수출과 노무 송출을 이끄는 한편 위안화 자본의 수출도 확대했다. 이는 필연코 세계 자원 배치·생산·판매·가격 표시·결제 과정에서 위안화의 사용을 추진하게 되므로 위안화의 국제화를 유력하게 앞으로 떠밀게 된다.

이러한 상황하에서 위안화와 관련된 국제 금융서비스 수요가 상응하게 늘어나게 된다. 따라서 중국 자본 은행은 위안화 서비스를 통해 대량의 역외 고객을 확보할 수 있으며 또 관련 상품의 혁신을 이끌 수 있다. 게다가 많은 연선 국가들은 에너지 · 광산 · 농산물 등 자원형 제품의 수출 위주이다.

이는 국제 대종상품 무역 분야에 위안화 가격표시를 도입할 수 있는 가능성을 제공했으며 중국 자본 은행이 국제 대종상품 거래에 깊이 참여할 수 있도록 조건을 창조해 주었다.

'해외진출(走出去)' 기업은 '해외진출(走出去)' 금융기관의 지원을 떠날 수 없다. 상업 관습이 서로 다르고 금융발전수준이 뒤처지는 등 요소의 제약을 받아 중국자본기업들이 연선 국가 본토에서 충분하고 효과적인 금융적인 지원을 받기가 어렵다. 한편 현재 중국자본은행의 해외기관은 대부분 주요 국제금융중심과 발달한 국가 혹은 지역에 집중되어 있어 '일대일로' 연선 국가에는 많이 분포되어 있지 않다. 중국과 연선 국가들은 바야흐로 경제무역합작의 대 발전을 맞이하게 된다. 이는 중국자본 은행이 해외분포를 더 한 층 보완할 수 있는 기회를 마련해 주었다. 중국자본 은행은 자체 업무 특징과 고객의 수요를 결합시켜 중국의 중점 무역과 투자 파트너를 우선 목표로 정하고 기구의 설치를 더욱 보완하는 한편 연선국가의 금융기관과 업무 합작을 적극 강화해서 서로 유무상통하고 서로 이득이 되게 하며 다 같이 이익을 나눌 수 있도록 할 수 있다.

물론 '일대일로'는 수많은 국가들과 관련되어 경영환경이 복잡하므로 중국자본은행의 경영에 새로운 문제 · 새로운 시련을 가져다주고 있다. 특히 직면하게 될 국가별 리스크 · 금융 감독관리 리스크에 대해 큰 중시를 불러일으켜야 한다. '해외진출(走出去)' 기업은 복잡한 금융상품에 대한 수요, 특히 다양한 상품의 종합조율 서비스에 대한 수요가 절박한바 이 역시 중국자본은행의 상품 혁신과 서비스 혁신에 더 높은 요구를 제기했다. 이에 따라 중국 상업은행은 새로운 기회를 적극 이용하는 한편 맞춤형 책략을 주동적으로 제정해 해외기관 설치·내부 절차 최적화·상품서비스혁신 등의 방면에서 미리 준비하고 미래지향적으로 대처해야 한다. 또한 아투행 · 실크로드기금 · 정책성은행과 합작하고 다양한 보험기관과 합작해서 잠재적인 리스크를 예방 및 해소함으로써 경영안전을 확보해야 한다.

한편 은행의 해외 지점 설립 및 단기 외채 지표 확대 등에 대해 지원해줄 것과, 대외 도급 공사 위험 보증 특별 자금 · 수출 우대 구매자 신용 대출 등의 지원 정책을 관련 업무에 참여하는 모든 상업은행으로 확대할 것을 감독관리당국에 제안했다.

[교통은행 수석 이코노미스트 롄핑(連平)]

3.3 일대일로와 중국의 세계 공공재 공급

3.3.1 세계 공공재 공급을 늘리는 것이 매우 필요하다

'공공재'라는 개념은 미국의 경제학자 폴 새뮤얼슨(Paul Samuelson)이 최초로 제기했다. 그는 한 나라 안에서 공공재의 특징인 외부성과 비배제성(non-excludability) 및 비경쟁성(non-rival)에 대해 상세하게 논술했다. 20세기 60년대 후기에 공공재 개념은 국제 영역에 도입되어 '세계 공공재'가 생겨났다.[1] 세계은행은 세계 공공재에 대해 다음과 같이 정의했다. 세계 공공재는 대외 외부성이 아주 강한 상품·자원·서비스 및 규정제도·정책체제를 가리킨다. 이들 공공재는 발전과 빈곤 해소에 매우 중요하며 또 선진국과 개발도상국 간의 협력과 집단 행동을 통해서야만 이러한 공공재를 충분히 공급할 수 있다. '세계 공공재'는 전 세계 어디서나 비경쟁성과 비배제성 특징을 띠며 일반적으로 크게 두 가지로 분류된다.

---

1) 본 도서에서 언급한 세계 공공재와 국제 공공재는 서로 교체 혼용할 수 있다. 일부 학자는 국제 공공재를 세계 공공재와 지역(국제)공공재 두 가지로 분류한다.

(1) 최종 공공재. 이는 '결과'로서 예를 들면 천년 발전 목표와 같은 것이다.

(2) 중간 공공재. 이는 최종 공공재를 제공하기 위해 기여하는 공공재를 가리키는데 예를 들면 전염병이 국경을 넘어 전파되는 것을 예방해 국제적 건강위험을 줄이기 위한 국제건강규정제도와 같은 것이다.

경제 세계화의 발전으로 인해 세계 공공재에 대한 수요가 갈수록 커지고 있다. 국제적 인구이동·국제무역·투자규모의 꾸준한 성장이 공공안전·국제 법률제도·국제경제질서·국제 공공 인프라 · 동식물질병예방퇴치 등의 세계 공공재 공급 증가에 새로운 요구를 제기했다. 그런데 현재 세계 공공재 공급 총량이 심각하게 부족하고 공급구조가 불균형적인 문제가 존재한다. 그 두드러진 표현은 개발도상국의 세계 공공재 공급이 극단적으로 부족하고 세계 공공재 공급 지역 분포의 불균형 현상이 심각한 것이다. 따라서 세계 공공재 공급을 늘리는 것이 매우 필요하다. 짚고 넘어가야 할 점은 세계 공공재 중에는 좋고 나쁜 구별이 있는데 나쁜 공공재의 공급은 줄이거나 제거해야 한다는 것이다. 예를 들면 에볼라 바이러스 · 국제 마약 밀수 등등은 나쁜 공공재이다. 세계 공공재 공급 부족을 초래하는 원인은 주로 다음과 같은 세 가지이다.

첫 번째, 패권국들이 공급을 줄인 것이다. 세계 공공재의 패권 안정론은 패권국이 자체 의향과 편익만을 누리기 위해 세계 공공재 공급을 회피하는 '무임승차(free riding)'현상이 보편적으로 존재하기 때문에 줄곧 세계 공공재 공급 부족 상태에 처해 있다고 주장한다. 일단 패권국의 실력이 쇠락하거나 혹은 비용지출 역전이 발생해 수익이 모조리 소실될 경우 패권국인 자국 이익에서 출발해 공공재에 대한 지출을 삭감하고 세계 공공재 공급을 줄이거나 중단하게 된다. 제2차 세계대전 이후 미국은 최대 패권국으로서 줄곧 세계 공공재의 주요 공급자였다. 2008년에 글로벌 금융위기가 발생하게 된 원인은 대체로 미국이 주도하는 국제통화체제의 내적 결함 때문이다. 이밖에 미국경제 회복의 지연 · 미국정부의 양적완화정책 · 지나친 채무 지급도 미국 패권 및 그가 유지하는 국제경제안정, 특히 국제금융체제에 대한 신뢰 위기를 악화시킨 이유이다. 패권 실력의 약화로 인해 미국이 세계 공공재 공급을 줄임으로써 공급이 수요를 따르지 못하는 모순이 더욱 불거졌다.

두 번째, 글로벌화가 수많은 글로벌 관리 관련 새로운 난제를 가져다주었다. 에너지문제에서 기후변화문제에 이르기까지, 대규모 살상 무기의 확산에서 전염성질병의 예방퇴치에 이르기까지, 국제금융시스템의 안정에서 다국적 거시적 경제정책조정에 이르기까지 여러 가지 정치 · 경제 · 안전 문제가 복잡하게 얽혀 세계의 평화 발전이 갈수록 많은 도전에 직면하게 됨에 따라 글로벌 관리와 질서 안정 등 서비스를 제공하는 면에서 국제사회가 새로운 세계 공공재를 늘릴 것을 요구한다. 그런데 전 세계적인 문제에 주로 대처하는 유엔 · 국제통화기금 · 세계은행 · 세계무역기구 등의 기구에 관리구조가 비과학적이고 개발도상국의 역할이 저평가되는 등 여러 가지 결함이 존재하는 한편 실력이 있는 국가들은 또 여러 가지 복잡한 국제문제에 대한 관리를 단독으로 완성할 수가 없다. 끊임없이 나타나는

새로운 전 세계적 문제에 대한 해결 방면에서 국제사회가 효과적인 조정을
진행하고 집단행동을 취해 세계 공공재 공급을 늘리는 것이 매우 필요하다.

세 번째, 실력 있는 대국이 세계 공공재 수요의 변화를 효과적으로
장악하지 못했다. 세계 공공재의 수요는 끊임없는 발전 변화 과정에 처해
있어 실력 있는 대국이 정세를 잘 살펴 효과적인 공급을 제공해야 한다.
그러나 주요 공급자로서의 미국은 일부 국제 영역 공공재 공급에서 반응이
민첩하지 못하고 지도능력이 취약하다. 세계 기후변화·금융파생수단
감독 관리·에볼라 바이러스 통제 등 여러 분야에서 갈수록 늘어나는 세계
공공재에 대한 국제사회의 수요를 만족시키지 못했다.

예를 들어 각기 다른 발전 목표를 둔 국가가 환경보호에 대한 이념과
방향도 각기 다른데 특히 미국이 책임을 회피하고 협의 체결을 거부함에
따라 온실가스 배출 감축을 취지로 한 '교토의정서(Kyoto Protocol)'는
초주권 세력의 감독관리의 결여와 그 어떤 형식의 실질적인 경제 구속력이
없는 상황에서 거의 백지화 되다시피 되었다. 전통 국제관계 준칙 및 이념이
도전에 직면하고 일부 주류 발전 패턴이 의심을 받는 상황에서 국제사회는
과학적이고 합리적인 새로운 패턴을 미처 찾지 못한 실정이다.

특별란 3-2

세계 공공재

새뮤얼슨(1954)이 최초로 공공재 이론을 제기했다. "공공재는 이러한 재화들이다. 매개인이 그 재화에 대한 구매를 원하건 않건 그들이 가져다주는 이점은 사회전반에 고루 분포되어 분리할 수 없게 되는 것이다." 세계 공공재는 한 나라의 경계를 벗어나서 기타 국가의 공민도 누릴 수 있는 재화 혹은 서비스를 가리킨다. 예를 들어 세계 공공 위생 · 세계 안전 · 국경을 뛰어넘는 제도 및 국경을 넘나드는 인프라의 조율 등등이다.

세계 공공재 이론의 발전 과정에서 찰스 킨들버거(Charles P. Kindleberger)와 로버트 길핀(Robert Gilpin) 등 이들이 제기한 '패권안정 이론'은 상당히 영향력이 있다. 킨들버거는 그의 저작 『1929~1939년 세계경제 대공황』 중에서 국제 경제체계가 안정적으로 운행되려면 일부 국가가 '공공재'를 담당해야 한다고 주장했다.

길핀은 세계 공공재 공급과 관련해 '패권안정이론'의 두 개 중심 명제를 제기했는데 하나는 세계 정치 질서는 하나의 주도 국가가 창립한다는 것이고, 다른 하나는 국제질서가 유지되려면 패권국이 지속적으로 존재해야 한다는 것이다. 멘슈어 올슨(Mancur Lloyd Olson, 1965)은 '집합행위'이론을 제기해 "하나의 집단을 구성하는 인구가 매우 적거나 혹은 강제적 혹은 기타 어떤 특별한 수단으로 개인에게 그들의 공동 이익을 위해 행동할 것을 요구하지 않는 한 이성적으로 자신의 이익을 모색하는 개인이라면 그들 공동의 이익 혹은 집단의 이익을 실현하기 위한 행동을 취하지 않을 것"이라고 주장했다.

이론 연구가 표명하다시피 세계 공공재의 공급을 늘리려면 마땅히 세계적 혹은 국제적 집단의 행동에 더 많이 의지해야 한다. 현재 세계 공공재 개념이 국제정책을 제정하는 중요한 구성부분이 되었으며 유엔기구·국제통화기금·세계은행 및 비정부기구의 의제 중에 갈수록 많이 나타나고 있다.

3.3.2 중국은 세계 공공재의 공급자로 부상하고 있다

세계 공공재는 누가 제공하는가? 네 가지 선택 경로가 있다. 첫 번째는 세계 정부가 제공하는 것이다. 그러나 진정한 의미의 세계 정부는 나타난 적이 없으며 세계 정부를 수립한다는 구상은 적어도 단시일 내에는 실행 가능성이 없다. 두 번째는 초강대국이 제공하는 것이다. 역사적으로 수많은 초강대국이 세계 공공재 제공자의 역할을 담당했었다. 예를 들어 19세기 후기와 20세기 초기의 영국, 20세기 40~60년대의 미국이다. 기존의 국제 질서 하에 미국은 여전히 가장 주요한 세계 공공재 제공자이며 가장 중요한 국제기구에서 주도적 지위를 누리고 있다. 그러나 세계 경제의 발전은 불균형적이어서 강국이 영원히 강한 경우가 거의 없다.

이들 초대국의 지위가 영원히 불변하는 것이 아니며 그들이 세계 범위 내에서 차지하는 이익 비중도 갈수록 작아질 수 있고 기타 국가에 대한 통제와 감독관리 능력도 점차 약화될 수 있다. 그 패권지위가 떨어짐에 따라 그들의 공공재 공급도 점차 줄어들 것이다. 한 방면으로는 그들이 공급을 원치 않고 다른 한 방면으로는 그들에게 확실히 공급 능력이 없기 때문이다. 세 번째는 국제기구가 제공하는 것이다. 세계 범위 내에 대량의 국제기구가 존재해 이들 국제기구가 국가 간의 협력을 추진하고 다양한 영역에서 일부 세계 공공재를 제공한다. 유엔 · 세계은행 · 국제통화기금 등 국제기구가 세계 공공재 제공 중에서 지극히 중요한 역할을 발휘하고 있다. 네 번째는 국가집단 혹은 이익집단이 제공하는 것이다. 예를 들어 각국이 국제무역협정을 체결할 때 지구환경문제 해결 관련 조항을 포함시켜 바스켓 협정을 형성함으로써 공공재의 제공을 개인 재화 성질을 띤 활동과 연결시켜 세계 공공재의 제공을 추진하는 것이다. 결국 세계 공공재의 공급은 주로 초대국이 주도하고 주권국가 및 일련의 국제기구를 통해 실현하는 것이다.

중국은 개혁개방의 기본 국가정책을 따르고 있으며 경제의 글로벌화 정도가 비교적 높은 국가이다. 기후의 변화·생태환경의 파괴·전염병의 전파·무역 보호·경제금융위기 등 세계적인 문제가 모두 중국경제의 발전과 사회의 안정을 직접 위협하게 된다. 그리고 또 자연생태가 취약하고 글로벌경제에 대한 의존도가 커지고 있으며 여러 가지 리스크에 대처하는 능력이 비교적 약한 것 등 '선천적' · '후천적' 요소의 제약을 받아 세계적인 문제가 중국에 대한 파괴성은 선진국에 대한 것보다 훨씬 더 크다. 따라서 중국은 세계에서 세계 공공재가 가장 필요한 국가 중의 하나이다.

한편 중국은 남다른, 중국 특색의 사회주의 길을 걷고 있으며 정부의 강유력한 조직과 지도하에 경제 총량이 30년간 줄곧 빠른 성장을 이어오면서 세계 최대 무역국·최대 국제준비금 국가 및 제2위 경제체로 부상해 세계 사무에 대한 중국의 영향력이 이미 오래 전부터 '예전과는 다른 수준이다.' 2014년 중국이 글로벌 경제 성장에 대한 기여도가 27.8%(미국은 15.3%)에 달해 이미 미국을 추월해 글로벌 경제의 가장 중요한 엔진이 되었다. 굴기 중인 신흥시장국가와 개발도상국가의 대표로서 중국은 글로벌 경제 관리체제 중에서 더욱 큰 역할을 발휘하고 더욱 큰 영향력을 과시해야 할 뿐 아니라 또한 할 수 있다. 세계 공공재 공급이 곧 현실적인 경로 중의 하나이다.

실제로, 중국은 경제발전 과정에서 , 또 유엔 상임이사국이 되어 국제사무에 참여하는 과정에서 국제사회를 위해 힘이 닿는 데까지 공공재를 공급하려는 노력을 해오고 있다. 예를 들어 중국 경제의 빠른 발전과 지속적인 번영은 세계에 활력이 넘치는 국가관리패턴과 발전에 대한 새로운 사고방식을 제공했으며 중국 패턴은 이미 적지 않은 개발도상국들이 연구하고 본받는 대상이 되었다. 그밖에 중국이 경제와 금융 체제의 안정, 국제 원조와 구원의 제공, 과학기술혁신과 진보 등의 방면에서 이룬 성과도 양호한 외부효과를 일으켜 일정한 정도에서 세계 공공재의 공급을 늘렸다.

2008년의 글로벌 금융위기가 발생한 후부터 세계 공공재 공급체계에 두 가지 중요한 새 변화가 나타났다. 한 가지 변화는 신흥국가의 전반적인 굴기에 따라 세계 공공재 공급측도 조용히 변화가 발생하고 있는 것이다. 신흥시장국가들이 점점 더 적극적인 역할을 발휘하고 있다. 다른 한 가지 변화는 전 세계 인터넷 등 시장법칙을 기반으로 하는 예비공공재가 빠르게 굴기하기 시작해 세계 공공재체계 중에서 더욱 효율적인 참신한 구성부분이 되었다. 그 과정에서 중국은 책임지는 대국의 모습을 더욱 많이 보여주었으며 새로운 사유, 새로운 방식, 새로운 준칙으로 세계 공공재 공급을 증가하는데 적극 참여하고 또한 추진했다. 예를 들어 중국은 G20체제에 적극 참여하고 IMF구조 위기 중에서 심각한 타격을 받은 국가를 지지했으며 유럽연합의 주권 채무위기 완화계획을 지지하고 중국-아세안 자유무역구를 건설했으며 4조 위안 규모의 경제자극계획을 제정함으로써 글로벌 경제의 기관차 역할을 담당했다. 중국이 진행한 이 모든 세계적 혹은 지역적 활동이 글로벌 금융 안정과 경제 회복에 중요한 기여를 했으며 국제사회의 광범위한 찬양을 받았다.

3.3.3 일대일로건설이 제공하는 세계 공공재

'일대일로' 건설은 21세기에 중국의 가장 주요한 국가 전략 중의 하나이며 또 중국이 세계에 제공하는 최대 협력과 이익 공유의 공공재 중의 하나이다. '일대일로'건설은 중대한 역사적 사명을 짊어지고 있으며 다음과 같은 다섯 가지 방면에서 세계 공공재 공급을 늘릴 수 있다.

첫째, 국제 협력의 새로운 이념과 새로운 패턴을 형성할 수 있다. 중국의 개혁개방은 현재 세계에서 가장 영향력 있는 제도혁신 중의 하나이다. '일대일로'건설은 21세기 중국의 전면적인 대외개방의 웅대한 전략으로서 실제로는 중국이 국제사회에서 포용적 발전 이념을 추진하는 일대

실천이다. 실천에서 참된 인식이 생겨난다는 속담이 있다. '일대일로'건설은 경제회랑이론·경제벨트이론·21세기의 국제협력이론 등 혁신적인 경제발전이론과 지역협력이론 및 글로벌화이론으로써 인류발전의 지식의 보물창고를 풍부히 하고 있으며 21세기의 국제협력을 위한 공동 의논 · 공동 건설 · 공유 및 포용적 발전의 새로운 이념과 새로운 패턴을 마련하게 된다.

　둘째, 고효율적인 시설의 '후롄후퉁'을 실현할 수 있다. 인프라 투자는 경제성장에 대한 견인역할이 뚜렷할 뿐 아니라 충족하고 고효율적인 인프라는 또 국민경제의 지속적인 발전의 근본적인 보장이기도 하다. 아시아 '일대일로' 연선국가는 교통·통신·에너지 등 인프라 건설이 뒤처지고 수준이 낮아 이들 국가의 경제발전에 심각한 걸림돌로 되었다. 중국경제가 30여 년간 고속 성장을 유지할 수 있는 가장 중요한 원인 중의 하나가 바로 '인프라 선행' 이념을 고수해 정부의 조직 하에 사회자금을 인프라 건설에 우선 투입한 것이다. '일대일로' 건설은 인프라 건설과 각국 인프라의 '후롄후퉁'에 중점을 두었다. 중국은 자체의 선진적인 인프라 건설능력과 기술적 우세 및 저축이 많은 자금 우세를 살리고 국제사회자원을 동원해 연선 국가에 대한 인프라 공급의 증가를 추진한다. 이에 따라 연선 국가의 국제무역을 전개하는 여러 가지 선로와 차단된 시설을 뚫고 전반 지역의 경제협력수준을 높임으로써 연선 국가의 미래 경제의 안정적인 성장을 위한 튼튼한 기반을 마련한다. 아시아는 세계에서 경제성장이 가장 빠른 지역이며 아시아 경제의 안정적이고 빠른 성장은 또 세계 기타 지역 경제의 발전을 위한 양호한 환경을 조성할 수 있다.

셋째, 새로운 국제통화를 제공한다. 제2차 세계대전 이후 브레튼우즈체제의 제도적 틀 아래서 달러화가 줄곧 주요 국제통화로서 국제 대종상품·금융시장에서 가격 표시와 결제 및 지불 수단이 되어왔으며 각국 통화당국의 주요 준비자산이 되어왔다. 브레튼우즈체제가 붕괴된 후 달러화의 지위가 다소 떨어지고 특히 유로화가 탄생한 뒤 국제통화체계의 다원화 추세가 뚜렷해졌다. 그러나 현재까지 달러화는 여전히 국제준비통화 중에서 60%의 비중을 차지하고 있다.

미국이 세계 경제총량 중에서 차지하는 비중은 25%미만이지만 국제통화 중에서 차지하는 비중은 60%가 넘는다. 이러한 통화지위와 실물경제지위의 거대한 편차는 달러화가 실물경제에서 이탈해 자가팽창하는 결과를 초래해 금융위기를 일으킬 수 있으며 더 나아가서 달러화의 대대적인 유출효과를 통해 위기를 다른 나라에게까지 전염시킬 수 있다. 2008년 미국의 서브프라임모기지 위기에서 야기된 글로벌 금융위기로 인해 다른 나라에서 입은 손실이 4조 달러에나 달했다. 그렇기 때문에 새로운 국제통화를 증가해 달러화에 문제가 생겼을 경우 국제통화를 위한 안정적인 고정 닻(錨)과 안전지대를 마련해야 한다. 2009년에 중국은 위안화의 국제화를 추진하기 시작해 국제통화체계를 보완하고 세계 공공재 공급 실천을 늘렸다.

'일대일로' 건설은 아시아지역 경제국가들 간의 밀접한 결합을 추진하는 장기적인 전략이다. 중국은 자금·기술적 원조·가격표시와 결제 통화 및 지급 결제 시스템 등등을 포함한 전면적인 금융 지원을 제공하기 위해 노력할 것이다.

특별란 3-3

'일대일로' 위안화 지급결제시스템의 건설

지급 시스템은 가장 중요한 금융 인프라로서 국제 위안화 지급 결제 시스템을 구축하는 것은 연선 국가들 간 국제 자금의 고효율적, 안전적인 유통을 확보할 수 있는 관건적 요소이다. '일대일로' 연선의 각국 대다수가 개발도상국이어서 금융발전이 상대적으로 뒤처져 있고 결제시스템의 발전수준이 각이하며 기준이 일치하지 않기 때문에 국제 결제과정에 각국은 연계은행제도를 적용해 간접적인 자금 조달과 지급을 실현해야만 한다. 달러화가 세계 제일의 준비통화와 거래통화이긴 하지만 대종 상품 거래에서 단일 지급결제 경로와 수단이 여전히 부족하기 때문에 자금의 조달과 지급은 연계은행의 외국환포지션에 따르는 수밖에 없다. 현재 '일대일로' 연선 각국 중앙은행들이 외환 지급 결제에서 흔히 본국 결제시스템을 이용해 직접 SWIFT에 맞추는 방식을 취하고 있다. 대다수 국가들이 양자무역에서 사용되는 본위화폐를 제3국 통화로 전환시켜 SWIFT시스템을 통해 결제 지급하기 때문에 거래비용과 환결제 리스크가 커졌다.

'일대일로' 건설에서 통일된 규칙과 기술 협정을 제정해 보다 편리하고 효율적인 지급결제 플랫폼을 제공하기 위해 중국은 2013년에 위안화

결제시스템의 업그레이드를 완성했으며 또 이를 바탕으로 국제 위안화 지급 결제시스템을 곧 출범시킬 계획이다. 차세대 위안화 결제 시스템은 설계 방면에서 국제 결제시스템 건설과 관리의 선진적인 경험을 충분히 살려 재난 복구 시스템(Disaster recovery system)과 안전 시스템에 대한 세대교체를 실현해 더욱 높은 효율과 더욱 강대한 기능을 갖추었다. (1) 상업은행이 법인을 단위로 집중 접속할 수 있도록 지원함으로써 상업은행 본부 및 지점의 지급 업무를 하나의 계정을 통해 집중 완성할 수 있도록 했다. (2) 더욱 풍부한 유동성 관리기능을 제공해 대규모 결제 시스템의 대기 업무 중재 · '자금 풀' 관리 · '바스켓' 유동성의 실시간 조회 등의 기능을 새로 추가함으로써 시스템의 결제효율을 높였다. (3) 은행간 온라인 결제 업무의 처리를 지지했다. (4) 국제적으로 통용되는 ISO 20022 통신메시지 기준을 적용해 SWIFT 결제시스템과 호환을 실현함으로써 국가별 결제 시스템 간의 '후롄후퉁'에 이롭도록 했다.

총적으로 중국의 위안화 결제 시스템은 기술적인 선진성에서 보나 시스템의 완벽성에서 보나 모두 비교적 큰 우세를 갖추었기 때문에 '일대일로' 연선 국가의 경제무역 · 투자왕래에서 국제 결제 업무를 담당할 수 있으며 가격이 저렴하고 안전한 위안화 지불 결제서비스를 제공할 수 있다.

넷째, 신형 국제금융기관을 설립한다. 국제금융협력은 세계 공공재 공급 면에서나 국가의 경제주권 안전 수호 면에서 모두 중요한 역할을 발휘한다. 현재의 국제금융협력 플랫폼은 주로 국제통화기금 · 세계은행 · 국제결제은행 · 여러 대주의 개발은행 등 국제금융기관인데 이들 기관은 모두 미국이 주도하며 그 관리구조 · 제도 배치 · 업무 기준은 기본적으로 모두 선진국의 제도와 기준에 따라 설계한 것으로서 개발도상국의 특징과 발전 요구에 대해서는 별로 고려하지 않았으며 국제금융협력에 대한 개발도상국의 수요를 만족시키는 면에서는 더욱이 한 일이 없는 상황이어서 두말할 것도 없다. 중국은 세계 최대 개발도상국으로서 이에 대해 특히 느끼는 바가 크다. 개발도상국이 공정한 발전환경과 필요한 금융적 지원을 받을 수 있도록 돕기 위해 중국은 줄곧 국제금융체제개혁을 애써 추진해 왔으며 더욱 공정하고 합리한 국제금융질서를 수립할 수 있기를 기대했다.

그러나 미국 국회의 저애를 받아 3년 전에 G20 서울 정상회담에서 통과된 국제통화기금의 개발도상국 비중을 늘리는 안건이 아직까지도 이행되지 않고 있다. 그래서 중국은 브릭스국가개발은행 설립과 아시아인프라투자은행 창설, 실크로드기금의 설립을 창도하는 등 실무적인 자세와 새로운 관리규칙 및 기준으로 개발도상국의 발전과 금융수요에 더욱 관심을 가지고 실제행동으로 글로벌 금융 관리에 참여함으로써 국제통화체제 개혁을 추진하고 국제금융영역의 세계 공공재 공급을 늘리고 있다.

다섯째, 국부적인 전쟁과 테러리즘을 소멸하기 위한 새로운 수단을 제공한다. 전쟁은 세계 난민 수를 늘리는 원흉이고 테러리즘은 현재 세계 각국의 안전을 위협하는 중요한 요소이다. 어떻게 해야 세계 평화를 유지하고 전쟁을 소멸하며 효과적인 테러방지를 진행할 수 있을까? 이는 전 세계가 직면한 생사가 달려 있는 공동 문제이다. 폭력으로 폭력을 제지시키고 전쟁으로 전쟁을 소멸하는 것이 단기 내에는 유효한 수단임이

틀림없다. 그러나 전쟁과 테러리즘이 생겨날 수 있는 토양을 제거할 수는 없다. '일대일로' 연선 국가의 경제발전 수준은 똑같지 않다. 예를 들어 중앙아시아 내륙 국가와 지역은 동아시아 경제권과 유럽경제권 사이에서 발전의 '두메산골'이 되었으며 빈곤과 절망은 전쟁과 극단주의·테러리즘이 범람하는 온상이 되고 있다. 중남반도(인도차이나 반도)의 '금삼각(金三角, 골든 트라이앵글(Golden Triiangle)'은 교통 등 인프라가 낙후되었기 때문에 대체로 마약거래에 의지해서 생존하고 있다. '일대일로' 건설 과정에서 중국은 연선 국가의 '무임승차(搭便車)', '급행열차 탑승(搭快車)'을 환영할 뿐 아니라 중앙아시아·중남 반도 국가의 공동 발전을 추진하는 면에도 진력하게 된다.

중국정부는 다른 국제기관 및 국가와 함께 아시아인프라투자은행과 실크로드기금을 통해 생기가 넘치는 여러 곳의 경제 회랑을 건설하게 된다. 이러한 조치의 실시는 육상과 해상 두 방향에서 광범위한 파급효과(후광효과)를 일으켜 빈곤 소멸을 가속화하고 글로벌화에 따른 빈부격차와 지역 발전의 불균형을 축소할 수 있다. 그래서 '일대일로'건설은 근본적인 해결책으로서 전쟁과 극단주의·테러리즘을 뿌리 뽑는 데 유리하며 지역 초점의 열기를 식힐 수 있도록 추진하고 지역 일체화를 가속함으로써 장기적인 평화와 보편적인 안전, 그리고 공동 번영하는 조화로운 세계를 구축할 수 있도록 추진할 수 있다.

3.4 '일대일로'건설이 직면한 시련

　중국이 제기한 '일대일로' 건설에 관련된 국가가 아주 많다. 연선 각국은 경제발전단계·정치제도·문화·종교 등의 면에서 차이가 비교적 크며 '일대일로' 건설에 참여하는 목적과 이익적 요구도 각기 다르다. 따라서 그 복잡성과 직면한 시련이 그 어떤 지역의 경제협력보다도 훨씬 크다.

　발기자와 주요 추진자로서 중국은 맞닥뜨린 여러 가지 시련에 대해 충분히 인식하고 파악해 상층설계를 잘해야 하며 나아가서 각 국가 간의 협상과 교류를 강화해 서로 간에 신뢰와 공동 인식을 증진함으로써 혁신적인 지역협력의 길을 개척해야 한다.

3.4.1 정치적 시련

1. 정당제도의 충격

　정치는 이익집단 간에 서로 겨루는 최종 표현 형태이다. '일대일로' 건설은 국제화·장기화 특징을 띠며 국가와 국가 사이의 경제협력관계를 새로운 차원으로 끌어올림으로써 우위 상호 보완과 서로에 이롭고 이익을 공유하는 목표에 이르게 한다. 이에 따라 필연코 연선 국가의 국제환경 변화를 일으키게 되며 나아가 그 국내 이익 분배의 혁신을 부르게 된다.

선거제도 하에서 '일대일로' 건설 프로젝트는 정당 정치의 희생양으로 전락할 수 있다. '일대일로' 연선 국가 대다수가 정당선거제도를 실시하고 있는데 여당이 집권하고 반대당이 재야에서 '감독'하곤 하면서 수많은 중대한 내정과 외교정책이 늘 여야 간 투쟁으로 인해 연속성이 결여되곤 한다. '실크로드 경제벨트'의 건설을 둘러싸고 발생하는 교류와 협력은 대다수가 장기적인 것과는 반대로 일부 국가의 미숙한 정당 정치의 영향을 받는 관련 정책은 단기적이다. 이러한 부조화는 경제벨트 건설의 순조로운 실행에 각기 다른 정도로 소극적인 영향을 일으키게 된다.

2. 복잡한 대국 개입관계

'일대일로'는 동아시아·남아시아·중서 아시아·유럽 등 지역의 60여 개 국가가 공동으로 구축해야 하기 때문에 각기 다른 지역 간, 각기 다른 정치연맹 간의 분쟁과 모순·마찰의 제약을 받게 되는 것은 불가피하다. 현 시대의 주요 정치경제대국 모두가 정도가 다르게 '일대일로' 건설에 참여하고 있다. 예를 들어 유럽연합은 2007년 6월에 '유럽연합과 중앙아시아 새 파트너관계전략'을 통과시키고 중앙아시아에 대한 투자를 적극 전개하고 있으며 인권·환경·수자원 등의 분야에서 일부 성과도 거두었다.

2011년에 미국정부가 세계와 아프가니스탄을 연결시키는 '뉴 실크로드 계획'을 제기했다. 그 목적은 아프가니스탄 인접국의 지지를 얻어 무역과 에너지 수출·투자, 그리고 평화를 추진하기 위한 데 있다. 2014년, 러시아와 벨로루시·카자흐스탄이 유라시아 경제연맹을 체결해 화물 · 서비스 · 자금 및 노동력의 새로운 연맹 내 자유유동을 추진했다. '일대일로' 건설이 이들 대국의 기득 이익을 건드리기만 하면 그들은 필연적으로 강대한 정치적 영향을 동원해 간섭할 것임은 의심할 나위가 없다. 그러면 합작 프로젝트의 무산을 초래할 가능성이 아주 크다. 중국-키르기스스탄-우즈베키스탄 철도 계획이 러시아-카자흐스탄—키르기스스탄-타지키스탄 철도계획에 의해 대체된 것이 곧 그러한 예이다. 그러므로 중국과 기타 대국 간의 정치-경제-외교관계를 잘 처리해 정치적 위험을 줄이는 것이 '일대일로' 건설의 순조로운 추진에 지극히 중요하다.

3.4.2 군사 충돌이 주는 시련

1. 중앙아시아지역은 여전히 안보적 시련에 직면

'실크로드 경제벨트' 건설은 장기적인 평화 환경이 필요하다. 그런데 중앙아시아의 안보적 위협은 간과할 수가 없다. 중앙아시아는 여러 가지 사상 · 문화 · 종교가 서로 작용하는 합수목이며 세계에서 여러 가지 문화 · 사상 · 종교의 마찰이 가장 치열한 지역 중의 하나이다. 이곳에는 백 여 개의 크고 작은 민족과 부족이 생활하고 있어 민족 구성이 아주 복잡하다.

장기적인 빈곤과 외부적 간섭으로 인해 아프가니스탄 경내의 충돌이 쉽게 확대될 수 있으며 이슬람 극단주의와 테러리즘이 '넘치는' 결과가 나타나 중앙아시아의 안정에 악영향을 미칠 수 있다. 이밖에 중앙아시아 국가 간에 경계가 명확하지 않은 비지(飛地)와 수자원 분배 등 해결할 수 없는 문제가 적지 않게 존재해 일촉즉발의 위기 상황이 이따금씩 발생하고 있기 때문에 중국의 '실크로드 경제벨트' 구축 과정에서 각국과의 정책조정에 어려움을 더해주었다. 예를 들어 2014년 1월 11일 키르기스스탄과 타지키스탄 양국 간에 보루크(Vorukh) 비지 쟁탈 분쟁으로 무장충돌이 발생했다. 문제를 더욱 복잡하게 만든 것은 연선의 일부 소국들이 자국 이익을 위해 대국 사이에서 균형을 찾고자 인위적으로 모순과 충돌을 만들어내 그 지역의 긴장 국면을 더욱 악화시킨 것이다. 이에 따라 '일대일로' 건설에 걸림돌을 보태주었다.

2. 남중국해 도서 분쟁의 미해결

중국-아세안 간 해상 '실크로드' 공동 건설에서 여러 가지 현실적인 문제와 시련에 직면했다. 중국과 해상 인접국 간의 섬과 산호초 및 해역 획분 분쟁은 마땅히 적절하게 해결해야 할 문제이다. 자원이 결핍한 연대에 해양에 매장된 거대한 자원이 적잖은 해로 연선 국가들의 끝없는 팽창 욕망을 불러일으켰으며 이들 국가들은 수단을 가리지 않고 해양자원에 대한 점유권을 확대하려고 갖은 애를 썼다. 이것이 바로 중국과 일부 남중국해 국가들 간에 도서 분쟁이 끊이지 않는 근원이다. 최근 몇 년간 중국이 쫓아버렸거나 억류한 어선과 어민의 수량, 부과한 벌금의 금액이 세계 최대 규모라 할 수 있을 정도이다. 2013년, 필리핀이 중국의 남중국해 분쟁과 관련해 13가지 사항을 국제해양법재판소에 제출해 판결해줄 것을 청구했다. 이밖에 미국·러시아·일본·인도 등 지역 밖의 대국들도 꾸준히 끼어들어 혼란한 틈을 타서 한몫 챙기려고 중국을 억제하기 위한 다양한 군사연습을 진행해 남중국해 도서 분쟁에 화약냄새를 짙게 하고 있다.

이런 상황들은 중국이 '유엔해양법공약' 및 '중화인민공화국 경제 배타해역과 대륙붕법'에 따라 해양 분쟁을 처리할 것을 요구하고 있다. 중국은 외교 · 경제무역 · 군사 등의 수단을 종합적으로 이용해서 다른 국가들이 일방적인 행동을 취해 현 상황을 바꾸려는 시도를 제지시키고 인접국과 도서의 영유권 및 해역 획분 관련 담판을 적극 추진해야 한다. 중국과 베트남은 이미 통킹 만 해역 획분 협정을 달성했고 중국과 한국도 '중한 해역 획분 문제의 조속한 해결' 관련 공동 인식을 달성했다.

3.4.3 문화 충돌이 주는 시련

1. 제도 배치와 종합 조율의 난제

'일대일로' 건설은 다자간 외교 무대이고 경제의 글로벌화·지역 경제 일체화 과정이기도 하다. 따라서 포용적이고 서로 이득이 되게 하는 원칙에 따라 효과적인 제도 배치와 정책 조율을 진행하는 과정에 흔히 문화적 충돌과 장애에 부딪히게 된다. 유럽연합의 경제 일체화 경험을 보면 주권 양도가 결여된 일체화 과정은 흔히 안정적이지 않다. 의식형태·민족 · 문화·종족의 차이는 '일대일로'건설에서 반드시 직면해야 할 현실이다.

중국은 '일대일로'건설의 발기자이자 조직자와 관리자로서 당연히 대국의 책임을 짊어져야 한다. 경제적으로 여러 국가가 '무임승차' '급행열차 탑승'을 환영하는 한편 문화적으로 어떻게 해야 연선 국가들이 중국의 의식형태와 발전 패턴을 받아들일 수 있게 하고 빛나는 중화의 문화를 우러르고 받드는 마음이 생기게 할 수 있을까? 대대적인 제도건설과 종합 조정조치가 필요하다.

2. 문화의 소프트파워가 강하지 않다.

해상 실크로드를 거쳐 중화의 문화가 실크로드 연선 국가에 전파되었던 적이 있다. 그중에는 유가사상·율령제도·한자·의복과 장신구·건축·화폐가 포함되었으며 심지어 윤리도덕·정치제도·사회풍속 등도 포함되었다. 서방문화의 장기적인 침략과 확장으로 인해 현재 주변 국가가 그나마 공감하는 것은 다만 중국의 하드파워일 뿐, 중국의 문화·화폐 등 소프트파워는 그 영향력이 아주 작다. 조화·도의 등 중국 문화의 정수를 어떻게 중국 '일대일로'건설의 강대한 소프트파워로 바꿀 것이냐가 시급히 해결해야 할 중대한 문제 중의 하나로 대두되었다.

특별란 3-4

중화문명의 정수: 포용성과 평화성

중화 문명은 유구한 역사 속에서 다른 문명과의 교류를 거치는 가운데서 독특한 문명 대화의 패턴이 형성되었다. 그 정수가 곧 포용성과 평화성이다. 중국은 다른 문명을 인정하는 전제하에 대화와 교류를 강화해 장점을 살리고 단점을 극복했으며 발전하고 장대해지면서 수천 년간 꾸준히 이어왔다. 바로 이런 포용적, 평화적인 문명 대화의 패턴에 힘입어 중화의 적지 않은 찬란한 문화가 다른 문명에 자발적으로 받아들여졌으며 적지 않은 외족(外族)이 자발적으로 중화 문명에 가까이 접근해 왔다.

한나라 때부터 한족과 흉노·돌궐(突厥)·회골(回鶻)[서하(西夏)]·거란(契丹)[요나라(遼國)]·여진·몽골·만족 등 외족 간의 전쟁에서 상대방에 대한 철저한 토벌은 없었으며 주로 문명 간의 전쟁이지 종족 간의 전쟁이 아니었으며 대규모의 종족학살은 극히 드물었다. 흔히는 외족의 정권이 붕괴된 후 중화 문명과의 교류 과정에 점차 동화되어 중화 문명의 일부분이 되곤 했다. "총적으로 진한(秦漢)시기에서 청(淸)나라에 이르는 2천여년 간 한(漢)민족은 자체의 문화에 의지해 자연스럽게, 비폭력적으로 소수민족을 동화시켜 주류사회에 포함시켰다(乃其主流)"[리저허우(李澤厚)

225

『논어금독(論語今讀)』].

중국 문화는 자고로 '어진 이를 가까이하고 이웃과 사이좋게 지내는 것(親仁善鄰)'을 중시해왔다. 필요한 군사 장비를 갖추더라도 그 목적은 어디까지나 '군사력으로 도를 지키기 위함(以戎衛道)'이요, '만방을 화합시키기 위함(協和萬邦)'이다. '군사력으로 도를 지키기 위함'에서 '도'란 무력으로 천하를 정복해 인민과 기타 종족을 노예로 부리고자 하는 '패도(覇道)'가 아니라 인의를 추구하는 '왕도(王道)'이다. 중국 문화는 '왕도'를 우러러 받들며 그 핵심은 덕행으로 사람들이 따르게 하는 것이다. 즉 유가에서 주장하는 '먼 곳에 있는 자가 귀순해 따르지 않으면 문치의 수법으로 그들을 교화해 스스로 귀순해 따르도록 하는 것(遠人不服, 則修文德以來之)'이다. 그래서 중화 문화는 심신을 닦고 교양을 쌓는 것을 강조하며 사회의 공평과 정의를 수호하며 국가와 국가 간에 서로 화목하게 지낼 것을 창도하고 '남과 사이좋게 지내되 자신의 원칙과 주장을 잃지 않는 화이부동(和而不同)'의 포용적인 태도에 따라 서로 다른 문명을 존중한다.

'일대일로' 전략을 실시하는 오늘날 시진핑 국가주석이 말씀하셨다시피 "협력 발전의 이념을 선도해야 한다. 국제관계에서 바른 의리관(義利觀)을 실천해야 한다…… 국제관계에서 의와 이익의 관계를 타당하게 처리해야 한다. 정치적으로 공정과 정의를 주도해서 서로 평등하게 대해야 하고, 경제상에서 서로가 이롭고 이익을 공유하며 공동 발전하는 원칙에 따라야 하며 시대에 뒤처진 제로섬게임을 포기해야 한다. 스스로 잘 살아야 할 뿐 아니라 다른 사람도 잘 살게 해야 한다." 이러한 협력과 이익 공유, 평등과 서로 이로워야 한다는 사상은 중화 문명의 대외관계의 집중적인 구현일 뿐 아니라 '일대일로'건설의 지도사상과 각국 관계를 처리하는 준칙이기도 하다.

3. 민심이 상통하는 상호 신뢰의 기반을 다지는 것이 매우 필요하다

경제발전수준이 낮은 '일대일로' 연선 국가들이 중국의 경제적 우위를 두고 다소 우려하고 있는 경향이 보편적으로 존재한다. 예를 들어 일부 중앙아시아 국가는 중국과의 경제협력이 자국보다는 중국에 더 이로울 것이라고 여기고 있고, 일부 동남아 국가는 중국의 투자와 함께 중국의 저렴한 상품이 대거 몰려들까봐 그리고 현지 취업 기회가 줄어들까봐, 심지어 환경이 파괴될까봐 걱정하고 있으며, 또 일부 국가는 중국의 지역 영향력 확대에 위협을 느끼고 있다. 중국이 인문교류 분야에서 얼마나 많은 일을 했든지 간에 객관적으로 존재하는 이익 · 언어·문화 · 종교 등 방면의 차이가 여전히 '일대일로' 연선국가 민중들의 중국에 대한 깊은 이해를 저해하고 있다. 만약 제때에 조치를 취해 여러 경로로 민심 상통작업을 펼쳐 정부와 민간의 다차원적인 상호 신뢰를 구축하지 않는다면 '일대일로' 건설이라는 장기적이고 거대한 계획은 이상적인 경지에 이르기 어렵다.

종합하면 '일대일로'는 '정책 소통·시설의 연결·무역의 상통 · 자금의 융통 · 민심의 상통' 등의 내용을 포함한 전례가 없는 종합적인 프로젝트로서 장기적이고 복잡한 성질을 띤다. 아주 긴 시간 동안 교통과 통신 등의 기본 설비와 장비 시설이 결핍되고 법규 정책의 포용성이

결여되며 정치적 상호 신뢰의 부족 등의 시련에 직면하게 될 것이다.

그리고 또 지연정치의 위험이 크고 문화종교의 충돌 · 테러리즘의 위험 또한 간과해서는 안 된다. 따라서 상업기관은 관련 리스크에 대한 통제를 강화해야 한다. '일대일로' 건설 과정에서 소통과 협상을 강화하고 다자간, 양자간, 지역간, 소구역(次區域, Subregion)간의 협력체제와 플랫폼의 역할을 충분히 발휘하며 이익 접점을 확대함으로써 공동 발전과 공동 번영을 추진해야 한다.

제4장
'일대일로'와 위안화 국제화:
상호 추진해야 하는 논리

4.1 위안화의 국제화 과정과 '일대일로' 건설의 정적 상관관계

21세기에 들어선 뒤 세계 경제 일체화 과정이 빨라지고 지역경제 협력 정도가 한 층 더 깊어졌다. 모두다 같이 '일대일로' 연선에 처한 국가들은 지역경제 왕래와 협력을 한층 더 강화해야 한다. 중국도 경제협력을 통해 개혁개방을 심화하고 경제 성장방식의 전환을 한층 더 추진해야 한다. '일대일로'는 중국의 새로운 지역경제 협력의 중점이다.

'일대일로' 건설의 '5통' 목표는 결국 중국이 연선 각국과 지역경제협력을 강화해서 지역 내 심층 협력의 대 국면을 점차 형성하는 것이다. '일대일로' 연선 각국은 자원 특징이 각이하고 경제적 상호 보완성이 강해 상호간 협력 잠재력과 공간이 아주 크다. '5통' 목표의 실현과 위안화 국제화의 길은 서로 추진하며 상부상조한다.

(1) 정책 소통 방면에서. 위안화 국제화의 객관적인 요구는 세계 범위 내에서 위안화의 사용규모를 확대하는 것이다. 여기에는 무역의 가격표시와 결제·금융거래와 외환보유고 등이 포함된다. '일대일로' 연선 각국과 중국 간에는 역사적인 우호 관계가 존재하며 중국은 또 이들 국가의 중요한 무역 파트너로서 경제무역 협력과 연계가 밀접하다. 따라서 연선

각국은 중국이 위안화 국제화를 추진함에 있어서 필연적인 선택이다. 다음과 같은 조치는 모두 위안화의 국제화에 적극적인 역할을 하게 된다. 정책적 소통을 강화하고 지역 금융안전 네트워크를 구축해 국제 돈세탁 등 범죄행위를 단속하는 것, 지역경제협력을 증진시켜 양자 간 무역과 투자를 위한 정책적 지원을 마련하는 것, 통화 스와프협정을 체결해 위안화의 외환보유고로서의 기능을 증강하는 등의 조치이다.

(2) 시설의 연결과 상통 방면에서. 도로가 통하지 않고 시설의 부족 등의 문제가 '일대일로' 연선 각국의 무역협력과 투자협력의 걸림돌이 되고 있다. 예를 들어 중앙아시아 5개국의 철도궤도는 일반적으로 광궤로서 중국 국내 철도궤도와 다르다. 철도의 연결과 상통을 실현해야만 무역에 편리를 제공해 경제연계를 강화할 수 있다. 한 방면으로, 중국과 이들 국가 간의 철도 연결과 상통은 상품화물과 인적 왕래를 추진해 지역 내 요소의 일체화 정도를 높일 수 있는 한편 중국기업의 대외 투자에 편리를 제공해 국내의 넘쳐나는 우수한 생산능력을 대외로 이전시킬 수 있다.

중국의 대외무역과 투자는 필연코 위안화의 국제화에 추진역할을 일으키게 될 것이다. 다른 한 방면으로, 위안화의 국제화는 연선 각국의 도로 등 인프라 건설에 충족한 자금적 지원을 제공할 수 있다. 최근 몇 년간 달러화·유로화 등 국제통화가 꾸준히 평가 절하됨에 따라 외화 보유 비용이 크게 늘었다. 이에 비해 위안화 가치는 기본상 안정적이어서 도로건설에 사용되는 기초물자를 위안화로 가격을 표시하고 결제를 진행하는 것을 거래 각 측 모두가 선호한다.

(3) 무역 상통 방면에서. 중국은 '일대일로' 연선 각국으로부터 에너지 · 광물·금속·식량 등 여러 가지 대종상품을 수입하고 연선 각국은 중국으로부터 기계 · 교통운수수단 등의 대형 제조업제품을 수입한다.

국제시장에서 이런 제품은 대부분 달러화·유로화로 가격을 표시하고 결제한다. 만약 지역 내에서 무역과 투자의 본위화폐 가격 표시와 결제를 실현한다면 달러화·유로화 등 제3국 통화의 사용을 피해 달러화 · 유로화의 평가 절하에 따른 자산의 손실을 효과적으로 방지할 수 있으며 또 환비용도 경감할 수 있다. 그런 의미에서 볼 때 '일대일로'건설은 위안화의 국제화에 얻기 어려운 발전의 기회를 가져다주었다. 무역 상통 목표의 실현은 직접적으로 위안화의 사용범위를 넓히고 간접적으로 연선 각국의 위안화 보유 의향을 자극함으로써 위안화의 국제화를 추진하는 데에 적극적인 역할을 할 수 있다.

(4) 자금 융통 방면에서. 중국의 경제발전과 금융 발전 수준은 연선 국가들 중에서 앞자리를 차지한다. 중국은 기술 · 인재 · 자금 등 여러 분야에 지원해 서로 이롭고 이익을 공유하며 공동 발전할 수 있는 능력을 갖추고 또 그럴 의향도 있다. 신형의 다자간 국제금융기관을 설립하면 글로벌 자원을 더 잘 동원해 '일대일로' 건설의 투입력을 보장할 수 있다.

'일대일로' 투자와 융자 활동에서 위안화를 더 많이 사용하게 되는데 이는 위안화가 성숙한 국제통화로 성장할 수 있도록 추진하는데 도움이 된다. 위안화를 지역무역과 투자과정에서 가격 표시 통화로 삼으면 역으로 지역 내 자금 융통에도 유리해 지역 무역과 경제 일체화를 추진할 수 있다. 위안화의 안정적인 통화 가치와 원만한 평가 절상 예기가 연선 각국의

위안화 보유 의념을 강화해 위안화의 국제 사용을 확대하는 데 적극적인
의미가 있다.

(5) 민심의 상통 방면에서. 인적교류는 지역 내 관광의 발전, 문화의
교류와 융합을 의미하며 연선 각국이 더 큰 범위 내에서 위안화를 사용할 수
있는 새로운 기회를 가져다준다. 위안화의 국제화도 지역 내 각국의 민간
교류활동의 편리화를 더욱 추진함으로써 더 깊은 차원에서의 문화 교류에
이로움을 더해준다. 그럴 뿐 아니라 위안화의 국제화는 또 매체를 통한
전파 방면에서 중국 이미지를 부각함으로써 중화 문화에 대한 연선 각국의
흥취를 불러일으켜 민심이 서로 통할 수 있도록 추진한다.

4.2 위안화의 국제화, '일대일로' 건설 추진

4.2.1 위안화의 국제화, 5통목표 실현에 이로워

'5통'은 '일대일로' 건설의 핵심 목표이다. 인프라 건설·자원 협력·무역·투자 등 구체적인 지역경제협력 내용은 모두 통화를 벗어날 수 없기 때문에 통화의 상통은 소홀시할 수 없는 중요한 방면이다. '일대일로'전략의 발기국인 중국이 추진 실시하는 위안화의 국제화는 연선 각국 간 통화의 유통을 직접 강화해 '5통'목표의 실현과 지역경제 협력의 심화에 대해 관건적이고 적극적인 역할을 발휘할 수 있다.

특별란 4-1

'일대일로' 건설과 지역 경제 협력

고대 실크로드라는 명칭은 실크무역을 위주로 하는 교통노선이라는데서 유래했으며 이 교통노선은 여러 갈래의 통로를 통해 아시아·유럽·아프리카 대륙을 서로 이어놓았다. 고대 실크로드는 중국의 실크 등 우세제품을 연선 각국에 운송하는 한편 연선 각국의 우세 제품을 교환했다. 고대 실크로드가 가져다준 지역 무역 왕래가 경제적 연계를 증진하고 각 지문화의 전파와 발전을 추진함으로써 고대 지역경제문화 교류와 협력의 한 본보기로 되었다. '일대일로' 전략은 도로의 상통, 인프라의 건설을 기반으로 마찬가지로 지역무역왕래와 경제발전 및 문화교류를 이끌 수 있다. 그래서 '일대일로'는 중국발전의 기회일 뿐만이 아니라 더욱이 지역 내 각국 경제발전의 성장점으로서 도로·무역·경제·문화 등 여러 방면에서 지역의 발전을 이끌어 전반 지역의 대 번영을 실현할 수 있다. '일대일로'의 위대한 희망을 실현하려면 연선 각국이 손잡고 힘을 합쳐 합작하고 노력해 지역의 더욱 높은 수준 더 심층 차원의 대 개방, 대 교류, 대 융합 실현의 목표를 향해 함께 나아가야 한다.

'일대일로'는 아시아·유럽·아프리카 대륙과 관련된 복잡하고 방대한 프로젝트로서 그 건설 과정에 각국이 힘을 합쳐 합작해야 한다. 정책 소통 방면에서 고위층 합작을 강화하고 합작 과정에서 맞닥뜨리는 문제에 대해 협상을 통해 해결하는 것은 '일대일로' 건설의 기본 보장이다. 또한 다국적 범죄를 공동으로 단속하고 본 지역의 민속과 종교를 서로 존중함으로써 '일대일로'건설을 위한 양호한 정치 환경을 조성해야 한다. 시설 연결 방면에서 인프라계획과 기술기준체계의 연결을 강화하고 철도운송의 조율체제를 통일시키며 물류정보화합작을 증진해야만 아시아 여러 소구역 및 아시아·유럽·아프리카 간의 인프라망의 연결을 점차 실현할 수 있다.

한편 철도 · 파이프관 · 통신선로의 건설과 유지보수, 해상 항로와 공중 항로의 확장, 국제 송전과 자원 공동 개발도 마찬가지로 각국의 공동 노력이 필요하다. 무역 상통 방면에서 '일대일로' 각국의 경제는 보완성이 강하기 때문에 무역 영역을 넓히고 무역구조를 최적화하며 각국 간 산업의 우세 보완을 증진하고 전반 산업사슬의 지역 분업과 협력 발전을 추진하며 지역 무역의 새로운 성장점을 발굴해야 한다. 또한 지역 내 본위화폐의 스와프와 결제 규모를 확대하고 지역 금융 감독관리와 통화협력을 강화해야 한다. 민심 상통 방면에서 각국은 마땅히 민간조직의 교류와 협력을 이끌고 지원해야 하며 지역 내 국가 간 관광 · 역사문화전시회 · 예술단체 교류 등의 활동을 늘려 관광의 편리화와 문화언어 방면의 협력을 강화해야 한다.

'일대일로' 건설성과는 지역 내 각국에 혜택을 가져다 줄 것이다. '일대일로'와 관련된 지역이 넓고 인구가 많아 무궁한 발전 잠재력이 있다. '일대일로' 체계 프로젝트의 실시는 지역 내 발전 잠재력을 충분히 불러일으켜 지역경제 성장을 이끌게 된다. 구체적으로 '일대일로' 건설이 가져다준 각국 인프라의 개선으로 인해 자원개발의 비용과 환경오염을 줄이고 지역 내 무역과 투자의 왕래에 편리를 가져다주었으며 인원과 기술 등 생산요소의 국가 간 유동을 추진하고 국가 간 정보망 연결을 증진했다. 이에 따라 각국 경제성장을 직접 제고했을 뿐 아니라 더욱이 각국 경제발전에 새로운 성장점을 제공해 후속발전의 잠재력을 제고했다. 무역 투자의 편리화가 추진됨에 따라 지역 내 무역 연계를 한 층 더 증진시켜 각국의 산업 우위를 충분히 살려 산업사슬의 분업 배치를 최적화함으로써 각국의 우위 산업이 더욱 경쟁력을 갖추게 할 수 있을 뿐 아니라 새로운 산업분업을 파생시켜 경제성장의 동력 원천이 될 수 있다. 금융 감독 관리와 신용합작으로 지역 무역과 투자가 더욱 안전하고 투명해질 것이며 지역 내 본위화폐의 스와프와 결제 중 사용 빈도의 증가도 제3국 통화의 리스크를 방지하고 무역비용을 낮추는 역할을 할 것이며 고위층 간 상호 방문과 민간의 교류활동으로 지역 내 각국의 정치적 상호 신뢰와 문화교류를 증진할 수 있다. 이 모두 각국의 경제성장에 양호한 환경을 조성하게 된다. '실크로드기금'의 설립은 더욱이 건설자금 우려를 완화해 '일대일로' 건설성과에 더욱 쉽게 달성할 수 있도록 한다.

1. 무역 발전에 충족한 유동성 지원을 제공한다.

중국과 실크로드 연선 국가 간 무역 협력이 빠르게 성장하고 있다. 2013년, 중국과 중앙아시아 4개 국(중앙아시아 5개 국가 중 투르크메니스탄을 제외)의 무역액이 402억 달러에 달해 2012년에 비해 13% 성장했다. 그중 중국과 카자흐스탄 간 무역액이 286억 달러, 중국과 우즈베키스탄

간 무역액이 최초로 40억 달러를 돌파해 성장률이 각각 11.3%와 58.3%에 달했다. 현재 중국은 이미 러시아·카자흐스탄·투르크메니스탄의 최대 무역 파트너, 우즈베키스탄·키르기스스탄의 두 번째 무역 파트너, 타지키스탄의 세 번째 무역 파트너로 되었으며 중앙아시아 천연 오일 가스자원의 최대 구입국이기도 하다. 그리고 또 중국은 우즈베키스탄의 최대, 키르기스스탄의 두 번째 투자 원천지국가이기도 하다. 그밖에 중국과 실크로드 서쪽 끝의 유럽 간 무역이 빠르게 성장해 2013년에 5,590억 6천만 달러에 달했다. 그 이외에 지역 내 기타 국가 간의 무역도 아주 빈번하게 이루어지고 있다. '일대일로' 건설이 점차 추진됨에 따라 지역 내 무역협력이 한 층 더 제고될 전망이어서 무역의 융자와 유동성 수요를 만족시킬 수 있는 충족한 통화가 필요하다.

위안화의 국제화는 지역 내 각국의 무역발전에 충족한 유동성을 지원할 수 있어 '일대일로' 무역 상통의 목표를 실현하는데 도움이 된다. 첫째, 위안화의 국제화 과정에 거대한 자금 유출이 동반되므로 연선 각국 기업들은 중국에 대한 무역활동 과정에 위안화의 무역 융자지원을 받을 수 있고 일정 규모의 위안화 자산을 빠르게 축적할 수 있는 기회를 얻어 지역 내 무역협력을 한 층 더 확대할 수 있도록 양호한 조건을 마련할 수 있다. 둘째, 중국이 이미 연선 여러 국가들과 중앙은행 차원의 양자 통화스와프협정을 체결했기 때문에 관련 국가들은 비상 신용대출 수단을 통해 위안화자금을 얻어 본국의 금융시스템에 주입할 수 있어 국내 기관 혹은 기업이 손쉽게 위안화 차관을 얻어 중국으로부터의 수입 지급에 사용함으로써 양자 간 무역협력과 발전에 편리를 제공한다. 셋째, 위안화 역외시장의 발전은 해외 위안화의 사용에 편리를 도모하는 한편 국제은행의 운행 하에 역외 위안화 예금이 배로 확대되어 연선 각국의 대 중국 무역 발전에 충족한 해외 위안화 유동성을 제공할 수 있다. 이로부터 위안화의 국제화가 풍부한 위안화 유동성을 조성해 지역무역의 발전을 추진할 수 있음을 알 수 있다.

2. 제3국 통화를 사용한 가격표시와 결제 리스크를 방지한다.

국제무역 가격표시 통화의 선택은 통화공급변동·환율변동·통화거래비용·금리수익 등 여러 가지 요소의 영향을 받는다. 그중에서도 가장 중요한 영향 요소가 바로 이들 통화의 사용 비용이다. 세계 시장에서 가장 중요한 무역 가격표시통화는 달러화이다. 그 원인을 분석해보면 첫째, 달러화는 관건적인 국제통화로서 원유 등 대종상품의 가격책정권을 장악하고 있어 국제무역에서 달러화로 가격표시와 결제를 진행하면 거래비용이 저렴한 우세가 있고, 둘째, 미국의 국가실력이 세계 다른 모든 국가들의 선두를 차지해 경제정치발전이 안정적이어서 달러화가 우량 외환보유고이기 때문이다. 이밖에도 달러화의 환율이 상대적으로 비교적 안정적이고 통화 가치가 강세이며 국내 금리가 비교적 높아 달러화 보유에 따르는 자본 수익도 비교적 높기 때문이다. 비록 미국의 무역 비중이 해마다 줄어들어 전후(戰後) 초기와 같은 절대적 우세 지위가 아닌지는 오래지만 달러화는 여전히 국제무역에서 가장 광범위하게 사용되고 있는 제3국통화로서 무역 가격 표시와 결제에서 여전히 절대적 우세 지위를 차지한다.

2008년 금융위기 이후 달러화 환율이 대폭적인 변동을 겪었다. 미국연방준비위원회의의 여러 차례에 걸친 양적완화정책으로 달러화가 꾸준히 평가절하되어 국제 무역 쌍방이 달러화로 가격표시와 결제를 진행함에 있어서 아주 큰 환율변동리스크에 직면하지 않을 수 없었다. 한편 미국 국내 경제자극정책으로 인해 자국 정치경제형세의 불안정을 초래해 자산 수익률이 하락했는데 이는 정부 외환보유고 혹은 개인의 자산배분 중의 달러화 비중 역시 마찬가지로 자본손실의 위험에 직면해야 함을 의미한다. 이에 따라 사람들은 국제무역에서 제3국 통화를 이용한 가격표시의 위해성에 대해 더욱 깊이 인식하게 되었다.

중국은 '일대일로' 연선 국가의 중요한 무역 파트너로서 지역 내 무역에서 위안화로 가격표시와 결제를 진행한다면 제3국 통화 사용에 따른 리스크를 효과적으로 방지할 수 있다. 최근 몇 년간 위안화의 무역 가격표시통화로서의 우세가 갈수록 뚜렷해지고 있어 국제적으로 갈수록 많은 인정을 받고 있다. 위안화 가치의 안정이 위안화 국제 사용의 확대에 양호한 국제적 평판을 제공했고, 위안화 국제사용의 확대, 특히 가격 표시와 결제 통화로서의 위안화는 기타 통화 환율변동의 리스크를 방지할 수 있으며, 중국의 자산 수익률이 비교적 높은 수준을 유지하고 있어 위안화를 보유하면 상당한 자산 가치증대를 실현할 수 있고, 갈수록 강대해지고 있는 중국의 경제실력 또한 위안화에 신용 보장을 제공할 수 있다. 따라서 갈수록 많은 국내외 기업들이 위안화를 이용한 무역 가격표시와 결제를 시도해 보고 있다. '중국은행 위안화 국제화업무 백서(2014년도)'의 조사연구 결과에 따르면 조사대상 기업들이 국제 거래에서 위안화 실제 사용 수준이 2013년에 비해 현저하게 높아졌다. 해외 기업 중 수출입과정에서 위안화를 사용해 결제한 비중이 15% 이상인 기업이 26%를 차지해 2013년에 비해 10%포인트 늘어났다.

3. 중대 기둥 프로젝트에 금융적 지원을 제공한다.

'일대일로'건설은 국가 경제 및 민생과 관련된 중대한 기둥 프로젝트가 아주 많다. 그중에서도 인프라 건설이 주요 내용이다. 이들 중대한 기둥 프로젝트는 한 국가가 자체 발전 잠재력을 키우고 국민의 생활수준을 개선하는 기반으로서 국민 경제의 발전에 직접적으로 영향을 준다. 중대한 기둥 프로젝트는 투자 규모가 크고 건설 주기가 길어 흔히 직접적인 경제효과는 뚜렷하지 않고 간접적인 효과는 크지만 추측하기가 어려운 특징을 띠며 공공재 속성을 띤다. 고속철도를 예로 들면 고속열차표 판매 수입을 통해 건설비용을 회수한다는 것은 어려움이 너무 크다. 그러나 고속철은 연선의 인구와 기술 등 요소의 유동을 이끌어 경제무역연계를 증진시킬 수 있으며 지역 과학기술수준과 대외무역액의 성장, 전시회관광과 같은 서비스업의 발전을 추진하는 등 일련의 연쇄경제효과가 나타나게 할 수 있다.

위안화의 국제화는 시설의 연결 목표를 실현하는데 이로워 '일대일로' 건설에 필요한 탄탄한 물질적 기반을 마련할 수 있다. 중국은 인프라 건설 방면에서 독특한 우세를 갖춰 신형의 다국적 금융기관(예를 들어 아시아인프라투자은행·실크로드기금 등)의 설립을 통해 전 세계의 자원을 동원하고 또 위안화표시 채권·대출·직접투자·프로젝트 융자 등의 다양한 형태를 통해 중대한 기둥 프로젝트에 금융적 지원을 제공함으로써 중국의 인프라 건설 경험과 성과를 국외로 널리 보급하고 양자의 경제협력을 증진해 '일대일로' 연선에서 중국의 국제 이미지를 향상시킬 수 있다. 그밖에 중대한 프로젝트 융자를 접점으로 삼아 중국과 '일대일로' 연선 각국 간 고위층 왕래·민간 교류를 강화할 수 있으며 지역 경제일체화 정도를 높일 수 있다.

4. 공공 통화 및 리스크 관리체제를 제공한다.

'일대일로' 연선 국가는 경제발전수준이 각기 다르고 금융 개방정도도 일치하지 않으며 시장과 제도의 차이는 더욱 광범위하게 존재한다. 어찌해야 거래비용을 한 층 더 낮추고 더욱 밀접한 경제무역연계를 구축해 지역 경제 일체화정도를 높일 수 있을까? 이는 '일대일로' 건설이 추구하는 최종 목표이며 또 회피할 수 없는 준엄한 시련이다. 역사적 경험에 비추어 볼 때 경제금융 안전 축(錨, 닻)을 구축하는 것은 지역경제협력에서 중요한 일환이다.

중국은 세계 제2위 경제체로서 '일대일로' 연선 국가와 비교할 때 국가적 리스크가 비교적 낮고 무역금융발전 수준이 비교적 높다. 만약 위안화가 '일대일로'에서 무역 가격표시 및 결제·금융거래·외환보유고 기능을 전면적으로 발휘할 수 있다면 중국이 연선 국가들을 위해 새로운 국제통화 및 리스크 관리체제를 제공하고 경제 금융 안전 축(錨, 닻)을 구축해 지역경제와 금융 안정을 수호함에 있어서 중대한 기여를 할 수 있음을 표명한다. 그렇기 때문에 위안화는 지역협력의 '곤경'을 타파할 수 있는 최적의 선택이 될 전망이다.

구체적으로 말하면 첫째, 위안화는 지역적 공공 통화로서 그 사용 규모의 확대에 따라 지역 간 무역의 거래비용을 낮출 수 있다. 한편 지역 내 각국이 위안화를 본국 통화의 현성 혹은 잠재 참고기준으로 삼으면 본국 통화가 다른 통화의 격렬한 변동으로 인한 영향을 받는 것을 경감시켜 본위 화폐의 안정을 추진하는 역할을 할 수 있다. 둘째, 중국의 국제 지위가 올라가면 대내적으로 지역 내 협상 각국에 '화를 이웃 나라에 전가시키는' 통화정책이 나타나는 것을 피면할 수 있고 대외적으로는 지역을 대표해 세계에서 목소리를 내어 본 지역의 이익을 수호할 수 있다. 셋째, 위안화의 국제지위가 올라가면 지역 내 각국의 국제무역 '거래흥정'능력을 높여 국제무역담판에서 전반 지역의 목소리를 높일 수 있다. 넷째, 중국이 위안화의 국제화과정에서 쌓은 통화관리경험은 지역 내 각국 리스크관리체제의 형성에 경험을 제공할 수 있고 또 지역 내 금융감독관리협력을 강화하며 지역 금융리스크 감측 조기경보 시스템을 구축해 지역 금융 안정을 수호하는 데에도 적극적인 의미가 있다. 총적으로 위안화 국제화수준의 제고와 위안화의 지역 내 사용 비중의 상승은 공공 통화를 제공하고 무역협력에 편리를 제공하는 한편 지역경제 금융 안전 축(錨, 닻)을 구축해 지역경제 일체화를 추진하는 데 적극적인 역할을 발휘한다.

특별란 4-2

위안화의 국제화와 국제무역융자

국제무역융자(international trade finance)는 대외무역기업이 국제무역에서 실제 무역 수요를 만족시키기 위해 진행하는 융자행위이다. 국제무역융자는 수입상 혹은 수출상이 수출입무역과정에서 자금이 부족한 문제를 해소해 국제무역이 더욱 원활하게 이루어지도록 한다. 80%~90%의 국제무역이 국제무역융자에 의지해 실현되어야 하는 것으로 추산되고 있다. 수많은 학자들의 연구를 통해서도 국제무역융자문제가 기업의 수출입에 지극히 큰 영향을 준다는 사실이 증명되었으며 이로부터 국제무역융자가 국제무역에서 차지하는 중요성을 알 수 있다.

국제무역융자의 어려움은 이미 오래 전부터 존재해온 문제이다. 특히 중소형 대외무역기업에서 더 심각하게 존재한다. 이 문제는 2008년 금융위기 후 더욱 불거졌다. 대외무역기업은 담보로 삼을 수 있는 자산이 비교적 적고 또 담보를 제공할 제3자가 비교적 적기 때문에 은행의 대출조건을 만족시키기가 매우 어렵다. 전통적인 융자방식이 대외무역기업에는 아주 어려워 이들 기업은 실제 대외무역에서 국제무역융자에 크게 의존한다.

20세기 90년대부터 시작해 중국 여러 은행들이 국제무역융자업무를 잇달아 전개하기 시작했다. 전대신용장(打包貸款)·수입신용장(進口開証)·수출환담보(出口押匯) 등 상용 국제무역융자방식이 아주 꾸준하게 발전했다. 그러나 중국의 은행은 자체 리스크관리능력이 제한적이고 국제적으로 흔히 사용되는 포페이팅(Forfaiting)·팩토링(Factoring) 등 국제무역융자수단 개발이 제한적인데 이는 중국의 세계 1위 수출입무역국 지위와 아주 어울리지 않는다.

위안화의 국제화가 상기 모순을 해결할 수 있는 '윤활제'를 제공할 수 있다. 기업 차원에서 보면 수출상은 국제무역융자를 통해 화물을 발송한 뒤 자금을 얻어 생산을 계속해야 하고, 수입상은 국제무역융자를 통해 화물값을 선불한 뒤 후속 생산을 계속해 나아가 이윤을 창출해 융자금을 상환해야 한다. 총적으로 수입상이나 수출상을 막론하고 모두 생산무역 과정에서 자금 부족현상이 나타나게 된다. 위안화의 국제화는 국제무역에 충분한 유동성을 제공함으로써 화물과 자금을 제때에 결제할 수 있도록 해서 시간적으로 기업의 자금 부족을 단축시킬 수 있다. 은행 차원에서 보면 국제무역융자는 이윤이 크기 때문에 여러 은행들이 서로 다투는 목적이 되고 있다. 다만 리스크관리수준의 제한으로 그 분야 업무에 선뜻 뛰어들지 못하고 있을 뿐이다. 위안화의 국제화를 추진한 뒤 은행들은 자체 리스크관리수준을 더욱 중시하고 있으며 해외에 지점을 널리 설립함으로써 일정한 정도에서 정보의 비대칭모순을 완화해 국제무역융자 업무의 위험도를 낮추고 있다. 한편 위안화의 국제화는 해외 위안화 환거래시장과 단기자금수급시장을 개척함으로써 은행 등 금융기관이 한층 더 경쟁력을 갖춘 위안화 국제융자업무를 개발하는 데 편리하도록 했다.

4.2.2 지역통화 사용은 지역 경제협력 추진

1. 지역경제와 통화협력의 이론적 탐구

20세기 90년대부터 세계 각지의 지역경제협력이 빠른 발전 궤도에 들어섰다. 지역경제 일체화조직의 수량이 꾸준히 늘고 있으며 전 세계적 범위 내에서 지역경제협력발전이 붐을 일으켰다. 중국이 창의하고 추진 실시하는 '일대일로'건설이 바로 지역경제 일체화를 추진하는 중요한 전략이다.

지역경제협력에서 관세 우대정책 제정, 무역장벽 해소 등의 무역 일체화 조치는 우선적으로 고려해야 할 사항이다. 2014년 6월 15일까지 세계무역기구(WTO) 지역무역협정 신청건이 585건에 달했는데 관세동맹 · 무역 우대 협정 · 자유무역협정 · 경제일체화협정 등 다양한 유형이 포함되었다. 꾸준히 늘어나고 있는 지역무역협정은 세계 경제무역연계가 갈수록 강화되고 있음을 설명할 뿐 아니라 새로운 세기의 지역경제협력의 중요한 가치를 반영하고 있다.

무역 일체화를 제외하고도 지역경제협력은 또 경제 일체화 · 금융 일체화 · 생산요소 일체화 · 제품시장 일체화 등 여러 분야와 관련된다. 지역 내 각기 다른 차원의 협력방식이 지역경제협력의 범위와 깊이를 반영한다. 일반적으로 무역 일체화는 지역경제협력의 기반과 최저 차원이고, 경제 일체화는 지역 간 비교적 강한 경제무역연계와 더 비슷한 경제주기를 반영하는 것으로서 지역경제협력의 깊은 차원의 반영이다.

먼델(Mundel)은 1961년에 '최적 통화지역'이론을 제기했다. 그때부터 지역통화에 대한 토론이 끊인 적이 없다. 20세기 90년대부터 지역경제 일체화 발전추세에 따라 학술계에서는 지역경제와 통화협력문제를 에워싸고 광범위하게 탐구해왔다.

학자들이 종사해온 실증연구 결과, 통화가 지역경제협력, 특히 무역협력에 아주 중요한 역할을 한다는 사실을 표명한다. 헬리웰(Helliwell, 1996)은 캐나다 두 개 성 간의 무역 비중이 캐나다의 하나의 성과 미국의 하나의 주 간 무역 비중의 20배에 달하는 사실을 발견했다. 이는 캐나다 국내 무역에서는 같은 통화를 사용하는 반면에 미국과의 무역에서는 두 가지 통화를 사용해야 하는 것과 아주 큰 연관이 있다. 로스(Andrew K. Rose, 2000)도 만약 두 나라가 동일 통화를 사용할 경우 무역 비중이 서로 다른 통화를 사용하는 두 나라 간 무역 비중의 3배라는 사실을 발견했다. 프랑켈(Frankel)과 로스(2002)는 '공고효과(Announcement Effects)'가 통화연합이 무역에 영향을 주는 경로와 원인일 수 있다고 제기했다. 이런 점에서 유럽통화연합에 반대하는 펠드스타인(Feldstein)마저도 각기 다른 국가가 동일 통화를 더 많이 사용하게 되면 지역 내부의 무역비용을 효과적으로 줄일 수 있다고 인정했다.

수많은 연구 결과가 표명하다시피 통화협력은 지역경제협력에 아주 양호한 제고와 추진역할을 했다. 무역에 대한 직접적인 역할을 제외하고도 로스와 엥겔(Engel)(2002)은 통화연합 내에 있는 국가들의 실제 환율 변동이 더 작고 경제주기가 더 일치하며 그 내부 경제 일체화 정도가 다른 국가들보다 훨씬 높다고 지적했다. Adjaute와 Danthine(2003)은 통화의 통일이 지역 내 금융시장의 안정도를 높이는데 이로워 지역 내 금융시장 일체화 정도를 추진할 수 있다고 주장했다. 멜리츠(Melitz, 2004)는 한 걸음 더 나아가 통일된 통화가 지역 내 각국으로 하여금 외재적 충격에 대해 비슷한 반응을 보이고 경제의 동기화 변동을 일으키게 한다고 주장했다.

그런데 아이러니한 것은 예전의 연구 중에서는 통화협력에 대한 정의를 대부분 통화의 통일 혹은 통화연합의 수립에 착안했다는 것이다. 수많은 국가에 있어서 통화의 통일은 한 나라 통화주권의 상실을 의미하므로 독립 자주적인 통화정책이 없다면 이러한 선택에 따르는 대가가 너무 커진다.

마찬가지 도리로 유로화지역과 비슷한 통화연합을 수립하는 것도 역시 체제적 통합 조정 · 정책적 타협 등 수많은 문제에 따른 곤혹에 직면해야 한다. 게다가 '최적 통화지역'이론이 지역 내 국가의 무역수준 · 경제성장 · 통화팽창 · 금융발전 등에 아주 각박한 요구를 제기해 통화연합을 수립하는 데도 겹겹의 어려움이 존재한다. 그래서 아직 협력 초기 단계에 처한 경제지역에서는 통화문제가 별로 중요하지도 절박하지도 않아 보인다.

본 보고서에서는 통화협력의 범주에 대해 더욱 세분화하고 확대해 지역 내에서 가장 자주 사용하는 본위화폐의 비례를 지역통화협력의 대리변수로 삼을 것을 제기했다. 그러한 정의가 더욱 일반성을 띤다. 그것은 지역 내부 통화를 사용해야만 지역 경제정책조정을 추진하고 국제자본의 충격을 막아낼 수 있으며(Goldberg and Tille, 2008), 또 통화의 통일이건 통화의 연합이건 모두 지역 내에서 가장 흔히 사용되는 본위화폐의 비례가 특정 정도에 이른 후에 생겨날 수 있는 산물이기 때문이다. 총적으로 지역 내에서 가장 자주 사용되는 본위화폐의 비례가 점차 상승할 경우 지역 내 무역협력과 발전에 이로워 지역 무역 일체화를 추진할 수 있다.

그러나 무역통화의 사용에는 비교적 큰 관성이 존재하기 때문에 지역통화 도입 초기에는 일부 저애를 받을 수 있다. 장기적으로 달러화가 줄곧 주요 무역 가격표시 및 결제 통화였기 때문에 지역 본위화폐를 도입하게 될 경우 제일 먼저 맞닥뜨릴 난제는 결제비용이 달러화에 비해 현저하게 높아 지역 무역의 발전에 불리한 것이다. 그러나 중장기적으로 보면 본위화폐의 사용 비례가 올라감에 따라 환율의 잦은 변동에 따른 무역과 투자의 불확실성을 방지하고 지역 내 각국의 환비용을 낮출 수 있을 뿐 아니라 지역 내 각국의 환율조정 및 통화협력도 강화할 수 있어 근린궁핍화 경쟁성 통화정책이 가져다주는 경제 재난을 피면함으로써 지역경제 발전 및 지역 금융안정에 유리할 수 있다.

간단하게 말하면 지역 내에서 가장 자주 사용되는 본위화폐의 비중을 늘리면 거래비용을 절약하고 환율리스크를 방지하며 지역 내 경제협력을 증강해 지역 내 무역 후생효과를 효과적으로 높임으로써 지역 내 무역과 경제의 일체화를 추진할 수 있다.

2. 지역통화사용과 지역경제협력의 현황

거래의 각도에서 보면 지역통화사용은 무역 가격표시 및 결제와 관련되며 또 금융 가격표시 및 결제와도 관련된다.

본 보고서에서는 국제결제은행이 3년에 한 차례씩 발표하는 세계 외환거래 데이터(Triennial Central Bank Survey of Foreign Exchange and

Derivatives Market Activity, 이하 Triennial Survey로 약칭)[1]를 이용해 매개 국가가 매개 통화에 대한 사용정도를 평가했다. 그래서 지역 내 각국의 데이터를 종합하면 이 지역에서는 여러 가지 통화에 대한 사용상황을 알 수 있다. 연구의 편리를 위해 지역 내에서 가장 빈번하게 사용되는 본위화폐의 비중을 '지역 내 각국의 외환거래량이 최대인 본위화폐와 지역 내 모든 국가의 외환거래량의 비율'로 정의했다.[2]

본 보고서에서 지역경제협력에 대한 평가는 주로 무역 일체화와 경제 일체화 두 가지 방면에 집중되었다. 무역 일체화 정도는 지역 내 각국 간 무역의 긴밀도, 의존도를 측정하는 것으로서 지역경제협력에 대한 저차원적인 평가이다. 경제 일체화정도는 지역 내 각국 간에 일정한 경제적 관련성이 있어야 한다고 요구하고 있는데 이는 지역 내 국가의 산업구조 · 무역구조 · 정치관계 등에 대해 더 높은 요구를 제기했으며 심층차원의 지역경제협력을 평가하는 지표이다.

무역 일체화에 대한 평가방법은 주로 지역 내 무역 비중(intraregional trade share)과 지역 내 무역 밀도(intraregional trade intensity)의 두 가지가 있다. 지역 내 무역 비중은 지역 내 여러 국가 간 수출입무역총액과 지역 내 여러 국가의 수출입무역총액의 비율인데 지역 내 여러 국가 간

---

1) 국제결제은행이 매 3년에 한 차례씩 발표하는 Triennial Survey는 현재 시장에서 외환과 파생 상품시장에 대한 가장 전면적이고 가장 정확한 정보로서 정책 제정자와 시장 참여자들이 금융 활동 에 더 잘 종사하고 금융리스크를 더 잘 방지하는데 도움이 된다.
2) 유로화가 2001년에야 나타났기 때문에 이제부터의 연구는 2001년 이후의 샘플 데이터를 취한 다.

무역의 독립성과 지역 내 각국에 대한 중요도를 가장 직접적으로 평가할 수 있다. 지역 내 무역 밀도는 일종의 상대적 수치이다. 여기서 먼저 지역무역 비중(regional trade share)부터 계산해야 하는데 그것은 본 지역 수출입무역총액과 세계수출입무역총액의 비율이다. 지역 내 무역 밀도는 지역 내 무역 비중과 지역무역비중의 비율인데 이는 상대적 지표로서 지역 내 무역을 기타 무역과 비교했을 때 상대적으로 중요한 정도를 판단하는 것이다. 경제 일체화에 대한 측정에서는 가장 간단한 상관계수의 방법을 채용하는 것이 보편적이다. 먼저, 세계은행 WDI 데이터뱅크에서 지역 내 여러 국가의 달러화로 표시한 국내총생산 연도별 데이터를 취한 뒤 그 연도화한 GDP 수치에 대해 로그화 처리를 거쳐 그 로그화한 GDP수치를 이용해 지역 내 각국 양자 간 상관계수를 계산한 다음 그 상관계수들의 평균치를 취하면 경제 일체화를 평가하는 지표-산출 상관성(GDP correlation)를 얻을 수 있다. 이 지표는 지역 내 각국 간의 독립성과 상호 의존도를 아주 잘 반영한다. 경제 일체화 정도가 높은 지역에서는 지역 내 각국 간에 비슷한 경제주기가 존재하며 외재적 충격에 대한 반응이 일치하다. 본 보고서에서는 12년과 20년을 상관계수 계산의 시간 간격으로 삼아 각각 지역 내 중단기와 중장기에 맞춰 경제 일체화 정도를 평가했다.

본 보고서에서는 다음과 같은 16개 지역경제협력기구를 연구대상으로 선정했다.[1] 그들로는 베네룩스 경제연합(Benelux)·유럽연합(EU)·유럽자유무역연합(EFTA)·독립국가연합(CIS)·유라시아경제공동체(EAEC)·동남아국가연합+중일한(ASEAN+3)·경제협력기구(ECO)·방콕협정(Bangkok Agreement)·남아시아지역협력연합(South Asian Association for Regional Cooperation)·태평양제도포럼(PIF)·걸프만 아라비아국가 협력위원회(이하 '걸프만협력위원회', GCC)·안데스공동체(CAN)·3국집단[G3국(미국 유럽 일본)]·북미자유무역협정(NAFTA)·남미공동시장(MERCOSUR)·아태경제협력기구(APEC)이다. 연구와 관련된 주요 변수 및 그 정의는 표 4-1을 참고하라.[2]

---

1) 데이터를 입수할 수 없는 원인으로 아프리카와 중미주 지역경제협력기구는 본 보고서의 연구 범위에 포함되지 않았다.
2) 각국 간의 수출입무역 데이터의 출처는 IMF 무역분포 통계 데이터 뱅크(IMF Direction of Trade Statistics)와 CEIC 글로벌 거시적경제 데이터 베이스(CEIC Global Database)이고, 국가 전반적 리스크 관련 데이터의 출처는 EIU 국가 리스크 모델 데이터뱅크(EIU Country Risk Model)이며, 국내총생산·공업 완제품무역의 GDP 중에서 차지하는 비중·인구 당 국내총생산·도시화수준 관련 데이터의 출처는 세계은행 WDI 데이터뱅크(World Development Indicators) 이다.

표 4-1 주요 변수 및 정의

변 수	변 수 의 정 의
IT share	지역 내 무역 비중
IT intensity	지역 내 무역 밀도
GDP correlation-12	12년을 시간 간격으로 한 산출 상관성
GDP correlation-20	20년을 시간 간격으로 한 산출 상관성
Currency	지역 내 가장 빈번하게 사용하는 본위화폐 비중
Currency	지역 내 가장 빈번하게 사용하는 본위화폐의 제곱
Dgdp	지역 내 가장 빈번하게 사용하는 본위화폐를 본국 통화로 삼은 국가의 GDP가 지역 내 국가 총 GDP 중에서 차지하는 비중
Risk	지역 내 국가 전반적인 리스크의 평균치
Trade openness	지역 내 국가 평 무역 개방도
Metrade	지역 내 공업 완제품 수출이 GDP 중에서 차지하는 비중(표준화)
GDPpc	지역 내 인구당 GDP(표준화)
Urban rate	지역 내 도시화수준의 차이(표준화)

(1) 지역 내 본위화폐의 사용상황.

표 4-2를 보면 지역 내에서 가장 빈번하세 사용되는 본위화폐의 비중에 뚜렷한 지역 차이가 있음을 쉽게 보아낼 수 있다. 그런 차이성은 달러화의 슈퍼 국제지위와 연관이 있다. 미국이 포함된 모든 지역경제협력기구 중에서 지역 내 사용이 가장 빈번한 본위화폐는 달러화이므로 지역 내 사용이 가장 빈번한 본위화폐의 비중이 아주 높으며 거의 100%에 접근했다. 한편 미국이 포함되지 않은 지역경제협력기구 중에서도 달러화는 상당히

높은 비중을 차지하기 때문에 지역 내 본위화폐의 사용 비례를 직접적으로 낮추었다. 그밖에 지역경제협력기구별 무역 일체화와 경제 일체화 정도에 현저한 차이가 존재한다. 일부 지역경제협력기구 내부 국가 간에는 산업구조·무역구조·경제발전수준이 모두 비슷하지만 일부는 정반대여서 여러 국가 간에 거대한 차이가 존재한다.

표 4-2 주요 변수의 기술적 통계

변수	견본량	평균치	기준차	최소치	최대치
IT share	208	0.198 7	0.210 7	0.006 4	0.720 6
IT intensity	208	3.900 5	4.310 0	0.314 1	22.069 0
GDP correlation−12	208	0.843 2	0.173 9	0.633 6	0.996 7
GDP correlation−20	208	0.861 8	0.144 1	0.081 2	0.993 4
Currency	208	0.584 2	0.214 0	0.178 6	0.963 3
Currency	208	0.388 1	0.252 2	0.031 9	0.927 9
Dgdp	208	0.660 9	0.216 1	0.103 3	1.000 0
Risk	208	41.756 1	11.733 8	12.500 0	61.000 0
Trade openness	206	86.900 9	37.625 8	37.750 0	221.333 0
Metrade	192	29.700 2	21.069 2	5.370 3	92.729 2
GDPpc	208	11,770,290 0	10,569,820 0	622,065 0	42,824,600 0
Urban rate	208	16.260 3	8.990 9	1.154 7	35.341 2

분석의 편리를 위해 이제부터 유럽연합·아세안10+3·걸프만 협력 위원회·북미자유무역협정·남미공동시장 5개의 주요 지역경제 협력기구를 선정해 비교를 진행하기로 한다. 그래프 4-1에서 알 수 있다시피 이 5개 기구의 지역 내 사용이 가장 빈번한 본위화폐의 비중은 전반적으로 볼 때 상대적으로 안정적이다.

북미자유무역협정 내에서 사용이 가장 빈번한 본위화폐는 달러화로서 그 비중이 약 90%에 달한다. 북미지역에서는 달러화를 지역 내 주요사용 통화로 삼으면 거래비용을 최대한 절약할 수 있어 무역과 경제의 안정적인 발전에 이롭다.

유럽연합은 전 세계에서 지역경제협력 정도가 비교적 높은 지역인데 지역 내 사용이 가장 빈번한 본위화폐는 유로화로서 그 비중이 50%를 약간 밑도는 정도이다. 주요 원인은 런던이 세계에서 가장 중요한 글로벌 금융중심이어서 영국에서 거래되는 외환의 품종이 많고 금액이 거대해 유로화 거래가 런던에서 차지하는 비중이 고작 3분의 1정도여서 유로화의 전반 비중을 낮추기 때문이다.

아세안 10개국 틀 안에서 매 한 국가의 통화가 모두 일정한 비중을 차지하지만 모두 10% 미만으로서 지역경제발전과 일체화 정도가 제한적이다. 그러나 '아세안+중·일·한'체제를 도입한 뒤 중·일·한 3개국 시장의 거대한 수요가 아세안 10개국의 발전을 효과적으로 이끌었으며 엔화도 그로 인해 '아세안 10+3' 틀 안에서 가장 빈번하게 사용되는 본위화폐로 부상했다.

남미공동시장에서 사용이 가장 빈번한 본위화폐는 브라질 레알화이다. 그런데 그래프 4-1을 보면 지역 내 사용이 가장 빈번한 본위화폐의 비중에 큰 변동이 일고 있음을 볼 수 있다. 이는 지역 내 각국의 경제발전ㆍ정치 구도의 심한 변동과 관련된다. 20세기 말, 남미주 여러 국가에서 보편적으로 경제위기가 발생했다. 그때 당시 브라질은 경제가 안정적인 플러스성상을 하고 있었기 때문에 브라질 레알화가 지역통화 사용 중에서 주도적 지위를 차지했다. 그런데 21세기 초에 들어서 남미주 각국 경제가 비약적으로 발전했다. 아르헨티나 경제 성장률이 5년 연속 8%이상에 달하고 기타 국가도 5%에 달하게 됨에 따라 브라질 레알화의 지위가 급하강했다.

걸프만 협력위원회 국가의 경우 달러화ㆍ유로화 사용 비중이 보편적으로 높은 편이어서 지역 내 본위화폐 사용 비중이 상대적으로 낮은 수준이다. 지역 내 사용이 가장 빈번한 본위화폐는 사우디아라비아의 리얄화이며 그 비중은 약 20%에 달한다.

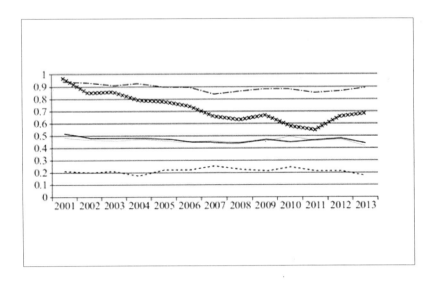

그래프 4-1 지역 내 사용이 가장 빈번한 본위화폐 비중

(2) 지역 무역 일체화와 경제 일체화 정도

주요 지역경제협력기구의 무역 일체화 정도는 그래프 4-2와 그래프 4-3에서 보면 5개 기구의 지역 내 무역 비중이 상대적으로 안정적이지만 지역 내 무역 밀도는 뚜렷한 추세적 변화가 있음을 볼 수 있다.

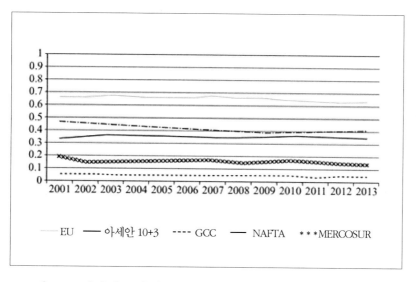

그래프 4-2 지역 내 무역 비중 비교

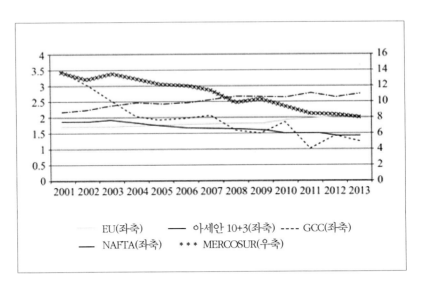

그래프 4-3 지역 내 무역 밀도 비교

　　유럽연합 각국 간에는 제로관세이고 통일된 통화인 유로화가 있어 무역 비용이 저렴하며 게다가 유럽연합 각 회원국 간에는 무역 상호 보완성이 존재해 유럽연합 지역 내 무역 비중이 매우 높다. 그러나 21세기에 들어선 뒤 '브릭스 5개국'을 위수로 하는 신흥경제체의 빠른 성장으로 인해 유럽연합 · 북미주 등 선진국의 지역무역 비중이 꾸준히 하락하고 있다. 이 역시 유럽연합 · 북미주 등 경제협력기구의 지역 내 무역 비중의 안정과 지역 내 무역 밀도의 상승을 초래한 원인 중의 하나이다.

　　걸프만협력위원회 국가들은 비슷한 수출구조를 갖추어 무역 분야에서 상호 보완성이 약하기 때문에 무역 일체화 정도가 낮은 수준에 머물러 있다. 아세안 10+3의 무역 일체화 정도는 21세기 이후부터 뚜렷한 변화가 없다. 남미공동시장의 지역 내 무역 밀도는 21세기에 들어선 뒤 급하강했는데 주요 원인은 원래 기수가 낮아--무역총량과 세계무역총량의 비율이 매우 낮음–남미주 각국 무역이 발전함과 동시에 이 비율이 빠르게 상승함에 따라 지역 내 무역 밀도의 하락을 초래했다.

　그래프 4-4와 그래프 4-5는 주요 지역경제협력기구의 경제 일체화 정도를 반영한다. 전자는 12년을 시간 간격으로 했을 때의 산출 상관성을 나타내고 후자는 20년을 시간 간격으로 했을 때의 산출 상관성을 나타낸다. 세계 여러 지역의 산출 상관성은 21세기 이후부터 전반적으로 상승하는 추세가 나타났다. 이는 경제 글로벌화의 전반적인 추세에서 지역 간, 국가 간의 경제적 연계가 갈수록 밀접해지고 있어 세계 범위 내에서 경제 일체화 정도가 꾸준히 제고되고 있다는 사실을 설명한다.

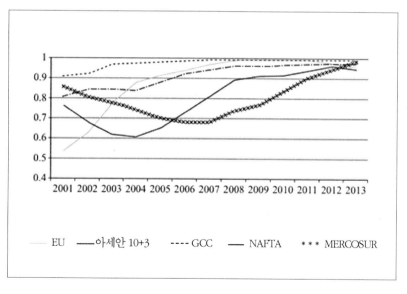

그래프 4-4 지역경제 일체화 정도(12년을 시간 간격으로 함)

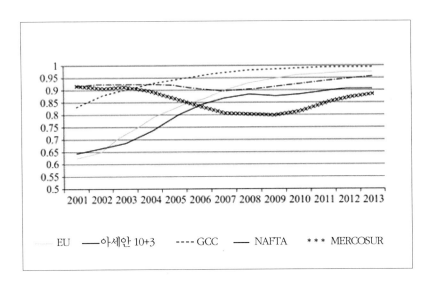

그래프 4-5 지역경제 일체화 정도(20년을 시간 간격으로 함)

걸프만협력위원회의 국가들은 비슷한 무역구조와 산출구조 및 경제발전패턴을 갖추고 있으며 외재적 충격에 대한 반응도 아주 강한 유사성을 띠기 때문에 지역 내 산출 상관성이 아주 높다. 량주(梁柱, 2010)는 연구를 거쳐 걸프만 6개국의 경제주기가 장기적으로 일치한 것은 석유 수출에 대한 의존도가 높은 것과 연관된다는 사실을 발견했다. 이 또한 산출 상관성이 줄곧 높은 수준을 이어온 중요한 원인이다.

북미자유무역협정은 설립되어서부터 캐나다와 멕시코의 미국 경제 의존도가 꾸준히 상승해 지역 내의 산출 상관성이 비교적 높은 수준에 달하게 되었다.

유럽연합의 꾸준한 확장이 경제 일체화에 주는 영향은 아주 크다.

산업구조 · 경제발전패턴이 각기 다른 국가는 그 경제 주기도 각기 다르기 때문에 경제 일체화를 실현하기가 어렵다. 비록 시간의 흐름에 따라 유럽연합 회원국 간의 산업 융합이 꾸준히 깊어지고 각국 간 경제주기가 일치하는 방향으로 향하고는 있지만 비대칭 충격이 여전히 지역 내 경제 일체화 정도를 제약할 것이다.

남미공동시장은 신흥경제체제를 위주로 하며 경제 변동성이 비교적 크다. 또한 그 산출 상관성의 변동도 비교적 크다.

아세안 10+3은 남북협력의 본보기이다. 자유무역구의 설립은 각국 간의 연계를 강화함으로써 지역 경제 일체화 정도를 꾸준히 높였다. 그러나 이익이 서로 교차하는 다강 구도로 인해 아세안 10+3 틀 안에서 각국 산출 상관성의 변동이 비교적 복잡하다.

특별란 4-3

유럽연합의 경제 일체화 과정

18세기 60년대에 유럽, 특히 서유럽 각국은 보편적으로 산업혁명을 통해 자본주의사회에 들어서 생산력을 크게 제고시켰다. 19세기에 교통수단의 발전으로 전 세계의 거리를 더욱 가깝게 만들었다. 각자 비교 우위를 갖춤으로 인해 유럽 각국 간의 지역적 분업이 점차 형성되고 국가 간 무역이 꾸준히 발전했으며 서로 간 경제무역 연계가 갈수록 밀접해졌다. 그러나 경제적 연계가 강화됨과 동시에 유럽 각국 간의 경쟁도 꾸준히 치열해졌다. 민족주의의 성행으로 인해 각국은 보편적으로 무역 보호주의정책을 실시했다. 경제 마찰이 정치 충돌로 상승해 결국 세계대전을 유발했다.

전쟁의 세례를 겪은 유럽 각국은 경제 일체화가 각국의 빠른 발전과 재차 굴기를 실현할 수 있는 지름길이라는 사실을 발견했으며 제2차 세계대전 이후에 2차례 시도해 모두 성공했다. 1944년, 벨기에 · 네덜란드 · 룩셈부르크가 공동으로 경제연합을 설립했으며 현재까지 줄곧 존재해오고 있다. 1952년, 미국의 지지 하에 프랑스 · 연방 독일 · 이탈리아 · 벨기에 · 네덜란드 · 룩셈부르크 6개국이 '유럽석탄철강공동체조약'을 체결하고 통일된 석탄과 철강 공동시장을 수립했으며 관세의 규제를 취소했다. 이 두 차례의 시도는 비록 단지 유럽 일체화의 첫 걸음에 불과하지만 가장 중요한 한 걸음이었으며 각국이 유럽 일체화의 우세에 대해 인식할 수 있게 되었다.

1957년에 프랑스·독일 등 6개국은 '로마조약'을 체결하고 유럽경제공동체 및 유럽원자력공동체를 설립했으며 공동시장을 다른 영역에까지 확장시켰다. 1965년, '브뤼셀조약'을 체결하고 유럽석탄철강공동체·유럽원자력공동체·유럽경제공동체를 통일시켜 유럽공동체로 부르기 시작했다. 영국 등 다른 유럽 국가들은 프랑스·독일 등 6개국에 의해 배제를 당한 것에 불만을 품고 1960년에 덴마크·노르웨이·스웨덴·스위스·오스트리아·포르투갈과 연합해 유럽자유무역연합을 설립했다. 그러나 그 내부의 경제 일체화 정도는 여전히 유럽공동체와 비할 바가 못 되었다. 유럽 국가의 연합을 한 층 더 강화해 공동시장을 확대하고 관세체제를 보완하며 연합 역량을 강화하기 위해 1973년에 유럽공동체는 최초로 확충해 영국·아일랜드·덴마크를 가입시킴으로써 유럽지역 일체화 중에서 유럽공동체의 지위를 확립했다.

유럽공동체가 설립된 후 유럽 각국은 더 깊은 차원의 경제 일체화를 실현하기 위해 꾸준히 노력해 왔다. 통일된 공동시장을 설립해 요소의 자유로운 유동을 실현하고 지역 공동 통화를 출범시켰으며 국가를 초월한 관리기구를 설립했다-유럽공동체 여러 회원국의 노력으로 이 모든 것이 점차 현실로 되었다- 1991년에 통과된 '마스트리히트조약'에서는 유럽정치연합과 유럽경제통화연합 설립에 대해 제기했는데 이는 유럽연합이 경제무역연합에서 경제·정치·통화·외교·안보 등 여러 분야의 깊은 차원의 일체화 연합으로 방향이 바뀌기 시작했음을 상징한다. 여러 차례의 확충을 거쳐 현재 유럽연합의 회원국은 28개에 달한다.

1999년에 유로화가 가동되었다. 그 뒤 유럽연합은 안정된 지역경제정치형세와 평온하고 빠른 경제발전수준·강대한 경제 전반 규모·완벽한 금융시스템에 힘입어 유로화를 세계시장에서 중요한 국제통화 중의 하나로 부상시켰으며 이는 또 역으로 유럽 전반 경제의 발전을 한층 더 추진했다. 유럽연합의 일체화 과정은 일종의 시도이며 패턴으로서 세계 무대에서 지역경제협력의 새로운 본보기를 창조했다. 그 뒤 수많은 지역경제협력기구가 잇달아 유럽연합을 모방해 일체화 과정을 추진했지만 유럽연합처럼 큰 성공을 거둔 것은 아직까지 없다.

3. 지역통화의 사용이 지역경제협력을 추진한다는 연구 증거

(1) 지역통화의 사용이 무역 일체화에 주는 영향.

지역 내 통화협력이 무역협력에 막대한 추진역할을 한다는 결론은 대다수 사람들의 인정을 받았다. 본 보고서에서는 지역 내 사용이 가장 빈번한 본위화폐의 비중을 지역통화 사용을 평가하는 지표로 삼았으며 분석 과정에서 이차항을 도입해 지역통화사용과 지역무역 일체화 간에 'U형'관계가 나타난다는 결론을 얻어냈다. 즉 지역 내 사용이 가장 빈번한 본위화폐 비중이 비교적 낮을 경우에는 그 통화 사용 비중의 증가가 지역 내 무역 일체화 정도를 증강시키지 않고 오히려 억제작용을 하며, 지역 내 사용 본위화폐의 비중이 비교적 높을 경우에는 그 통화 사용 비중의 증가가 지역 내 무역 일체화 정도를 빠르게 제고한다는 것이다.

지역통화의 사용과 무역 일체화 사이에 나타나는 이런 'U형' 관계는 미국을 포함하지 않은 지역경제협력기구에서는 거의 모두 설립된다. 그 근본 원인을 분석해보면 주로 지역통화의 국제적 지위와 관련이 있다.

브레튼우즈체제가 붕괴된 후 일부 비교적 발달한 국가만 자유변동 환율제도를 선택한 외에 대다수 국가들은 여전히 달러화를 안정적인 기축통화로 삼고 있다. 20세기 말기에 들어서서 아프리카와 라틴아메리카의 일부 국가들이 달러화(化)를 실시하기 시작했는데 국내 경제발전을 안정시키고 인플레이션을 억제하며 금융시장의 심화를 추진하고 외화보유비용을 절약하기 위함이었다. 이러한 배경 하에 달러화에 '자마이카체제 슈퍼국제통화'라는 칭호를 부여한 것은 전혀 지나칠 것이 없다. 달러화를 무역 가격표시와 결제 통화로 삼으면 거래비용을 낮출 수 있으며 더욱 직접적이고 투명한 지역 내 무역을 실현할 수 있다. 지역 내 사용이 가장 빈번한 본위화폐 비중이 비교적 낮을 경우 무역활동에서 지역 내 본위화폐를 사용해 가격표시와 결제를 진행하면 달러화 태환을 꾸준히 진행해야 하고 또 환율리스크 방지 조치도 취해야 하므로 시간적 금전적으로 높은 비용을 허비해야 한다. 이런 경우 지역 내 본위화폐 사용을 확대하는 것은 지역 내 무역의 발전을 추진할 수 없을 뿐 아니라 오히려 거래비용의 증가로 인한 일정한 억제작용까지 할 수 있다.

주의해야 할 바는 달러화를 지역 내 무역에서 가격표시와 결제 통화로 사용하면 비록 거래비용은 낮출 수 있지만 여전히 일정한 대가를 지불해야 한다. 첫째, 달러화를 사용해 가격표시와 결제를 진행하면 지역 내 각국의 미국경제 의존도를 높이게 되어 미국 국내 통화정책과 경제주기가 지역 내 무역과 경제발전에 뚜렷한 영향을 주게 된다. 2007년 미국 서브 프라임

모기지 위기 발생 초기에는 중국을 포함한 대부분 신흥경제체의 경제 운행이 기본상 양호한 상황이었으나 달러화에 대한 지나친 의존도로 인해 금융위기 확대화 과정에서 큰 타격을 받게 된 것이다. 이는 대다수 지역경제협력기구가 받아들이기를 원치 않는 사실이며 또 지역의 독립적 건강 발전에서 반드시 버려야 할 것이다. 기존의 국제통화체제를 개혁해서 주권국가 통화에 대한 의존도를 낮춰야 한다는 것은 이미 시장의 공동 인식으로 되었다.[우샤오링(吳曉靈), 2009] 둘째, 국가적 차원에서 만약 통화제도의 달러화를 선택하거나 혹은 통화정책의 달러화 정도가 높을 경우 통화정책과 환율정책의 독립성을 잃게 된다. 미국 연방준비제도이사회는 통화정책을 제정할 때 자국의 이익만 고려하기 때문에 타국의 이익까지 동시에 고려할 수 없다. 게다가 달러화를 실행하는 국가들은 통화정책과 환율정책을 이용해 재정적자를 보전하거나 국제수지균형을 유지할 수 없다. 만약 한 나라 통화정책의 달러화 정도가 비교적 높을 경우 통화정책의 독립성과 유효성이 약화될 뿐 아니라 정부의 외환보유고가 '달러 함정'에 빠질 수 있다. 그밖에 지역경제협력의 목적은 단일 국가의 세력이 약한 점을 미봉하기 위한 데 있다. 이에 따라 지역경제협력의 수단을 통해 자신의 발언권을 확대하고 전반 지역의 공동 이익을 수호하기 위해 애써야 한다.(Krugman, 1991) 미국이 참여하지 않은 지역경제협력기구 내에서 달러화를 보편적으로 사용하는 것은 사실상 지역 내 회원국의 세계 시장에서의 발언권을 다른 사람에게 순순히 양보하는 것으로서 장기적인 안목으로 볼 때 전반 지역의 경쟁력을 제고하는 면에서 불리할 것임은 분명한 일이다.

통화지역의 비용과 수익은 환경의 변화에 따라 꾸준히 변화한다.(Michael

Artis, 2002) 마찬가지로 지역통화 사용의 비용과 수익도 환경의 변화에 따라 꾸준히 변화한다. 미국 서브 프라임 모기지 위기가 최종 글로벌 금융위기로 퍼진 사실로부터 갈수록 많은 국가들이 지역 내 통화 사용 확대의 중요성을 인식하게 되었으며 특히 지역무역의 발전과 지역경제의 독립 등에 대한 적극적인 역할에 대해 인식하게 되었다. 이를 계기로 지역 내 사용이 가장 빈번한 본위화폐 비중이 늘어남에 따라 거래비용을 낮추고 환율리스크를 방지하는 등의 이로운 점이 나타나기 시작할 뿐 아니라 지역경제 발전목표를 위해 더 잘 봉사할 수 있게 된다. 유로화지역과 같은 통화연합을 실행하는 것을 지역 내 사용이 가장 빈번한 본위화폐 비중을 빠르게 늘리는 일종의 급진적인 수단으로 삼을 수 있다. 이로써 'U형'의 밑바닥을 빠르게 지나 지역 내 무역 일체화에 대한 지역통화 사용의 추진역할을 일으켜야 한다. 그러나 자연적으로 선택해서 추진하는 지역통화의 사용에 비해 높은 제도비용과 일부 국가 통화수단의 효과 상실로 인해 통화연합은 지역 내 경제의 불안정을 악화시켜 지역 내 일부 회원국의 국제수지 불균형 혹은 경제의 불균형을 초래할 수 있다. 이는 통화연합이 다른 지역에서 보급하기가 너무 어려운 원인이기도 하다.

(2) 지역통화의 사용이 경제 일체화에 주는 영향.

지역통화의 사용이 경제 일체화에 주는 영향과 관련해서는 두 가지 상반되는 관점이 있다. 내생성 가설(endogeneity hypothesis)은 통화지역 창설이 지역 내 무역을 추진하고 지역 내 무역 비중을 늘리며 지역 내 국가의 상호 의존성을 높일 수 있다고 주장한다. 수요적 충격이나 정책적 충격이 닥쳤을 때 지역 내 각국 간의 상호 연계가 경제주기의 일치를 조성한다. 전문화 가설(specialization hypothesis)은 통화지역에 따른 지역 내 무역 발전이 지역 내부의 무역 분화를 심화하고 무역 이전을 가속해 각국의 비교 우위를 충분히 발휘함으로써 전문화 정도를 높이기 때문에 지역 내 국가들이 비대칭성 충격의 영향을 더 쉽게 받을 수 있어 지역 내 각국 간 경제주기의 일치성을 떨어뜨린다고 주장한다. 십여 년 간 학술토론 과정에서 내생성 가설이 점차 우세를 차지하게 되었다. 그 원인은 지역 내 무역 분화가 주로 기술함량이 낮은 산업에 존재하고 첨단기술산업은 여전히 분산화 현상을 보이고 있는 것(Knarvik, 2000)과 국가가 받는 비대칭성 충격의 영향이 대칭성 충격보다 작아 국가 차원에서 보면 그 영향이 아주 평평한 때문일 것이다.(Grauwe, 2000) 내생성 가설은 통화지역이 창설된 후 최적 통화지역은 자가 강화의 효과를 일으켜 무역 일체화와 경제 일체화가 서로 동반해 같은 방향으로 발전할 수 있다고 제기했다.(Frankel and Rose, 1998) 이를 토대로 Boeri(2005)는 통화지역의 창설이 요소의 유동을 더욱 편리하게 해 통일된 노동력시장의 형성에 이로우며 경제주기의 일치를 추진할 수 있다는 관점을 제기했다. 그리고 Schiavo(2008)는 통화의 일체화가 자본시장의 일체화를 추진하고 그 다음 지역 내 각국 간에 비슷한 경제주기를 형성할 수 있도록 추진한다는 이론을 발견했다. 본 보고서가 얻은 결론은 내생성 가설을 지지했다. 즉, 지역통화의 사용이 지역 내 경제 일체화정도를 제고해 지역 내 각국 간의 경제주기를 일치하게 한다는 것이다.[1] 지역 내 사용이 가장 빈번한 본위화폐의 비중이 올라감에 따라

---

1) 데이터 출처와 관측 구간의 국한성으로 인해 새 세기부터 경제 글로벌화 추세가 연구 결과의 정 확성에 일부 영향을 미칠 수 있다.

지역 내 거래비용을 낮추고 지역 내부 무역과 투자를 추진하며 지역 내 각국 간의 산업 상관성을 높이고 지역 간, 각국 간의 경제적 연계를 증강함으로써 경제 일체화 정도를 추진한다고 주장한다. 그 작용의 효과는 주로 다음과 같은 두 가지 방면에서 반영된다.

첫째, 국제 분업의 심화와 시장 경제의 발전에 따라 세계 범위 내에서 무역과 경제 협력이 꾸준히 발전하고 있다. 지역 내 국가들은 흔히 생산력수준의 제고와 무역경제의 발전을 모색하기 위해 지역협력기구의 설립을 추진한다. 따라서 지역 내 국가들 간에는 산업구조와 무역구조가 비슷하며 경제적 상호 보완성이 존재한다. 달러화·유로화 등의 국제통화에 비해 본 지역 통화는 지역 내 각국의 경제 발전을 위해 더 잘 봉사할 수 있다. 지역 내 사용이 가장 빈번한 본위화폐의 비중이 올라감에 따라 달러화의 수량 변화·환율 변화 등이 본 지역 경제에 주는 영향을 점차 억제하고 그 영향에서 벗어나 지역무역의 집합체를 형성하고 환율변동 리스크와 금융거래비용을 낮춰 지역 내 무역 발전에 편리를 도모함으로써 지역의 전반적인 경제발전 수준을 높일 수 있다.

둘째, 20세기 90년대부터 다극화된 세계경제구도가 점차 형성되어 국제 경제력 비교 변화가 격렬해지고 국가 간 경제의 경쟁이 갈수록 치열해졌다. 지역 내 사용이 가장 빈번한 통화의 비중이 올라감에 따라 이런 통화가 점차 국제통화로 부상하기 시작했으며 본 지역을 대표해 전 세계 범위 내에서 국제통화의 기능을 행사하고 세계 구도 내에서 본 지역의 목소리를 높일 수 있게 되었다. 지역 각국은 본 지역에 이로운 무역협상을 애써

발전시키고 공동으로 발전해서 지역의 전반적인 이익을 보호하고자 한다. 푸징쥔(富景筠, 2012)은 동아시아경제협력의 문제점은 사실적 일체화와 법리적 일체화 사이에 유력한 상호 작용관계가 결핍한 것이라며 제도 내생적 일체화 환경을 애써 조성해야 한다고 주장했다. '아시아 공동 화폐'의 구축과 기타 외부 제도 환경을 추구하지 않고 자연적인 변화 과정 속에서 지역 내에서 가장 빈번히 사용되는 본위화폐의 비중을 점차 확대하는 것은 동아시아 경제 통화 협력의 중요한 경로이며 또한 '일대일로'전략 실행 과정에서 중요한 조치이기도 하다.

전반적으로 말해 지역 내에서 가장 빈번히 사용되는 본위화폐의 비중을 늘리게 되면 지역 내 경제협력을 효과적으로 추진할 수 있다. 지역 내 사용이 가장 빈번한 본위화폐의 비중을 늘림에 따라 환율리스크 축소·무역비용 절감·경제 변동의 감소 등에 따르는 수익이 달러화 등 국제통화 사용에 따르는 수익을 점차 추월하게 될 것이며 이에 따라 지역 내 각국의 무역발전과 일체화정도의 상승을 추진할 수 있다. 무역 일체화는 지역경제협력의 가장 낮은 차원과 가장 직접적인 표현형태이다. 비록 지역통화 발전의 시작단계에서는 지역 내 무역의 발전을 이룰 수 없지만, 심지어 비용의 상승으로 무역의 하락세를 초래할 수도 있겠지만 장기적인 안목으로 볼 때 지역 내 통화는 지역의 발전에 가장 적합한 통화로서 그 통화의 발전과 확대는 본 지역 경제발전을 자극하는 활력이며 외생적 파동에 따르는 충격을 막아내고 지역 내 무역 비용을 낮출 수 있다. 한편 심층 차원의 경제 일체화로 보면 지역 내 통화의 발전은 지역 경제의 일체화를 추진하고 글로벌 경쟁에서 지역 각국의 목소리를 높여주어 지역발전의 공동목표를 실현할 수 있다.

4.3 '일대일로' 건설은 위안화의 국제 지위를 공고히 할 수 있다

4.3.1 지역 내 주요 통화를 결정하는 요소

지역 내에서 사용이 가장 빈번한 본위화폐의 비중을 늘리면 지역경제협력을 추진하고 지역 일체화 정도를 높일 수 있다. 그러나 모든 국가의 통화가 다 본 지역을 대표하고 나아가 지역통화로 발전할 수 있는 것은 아니다. 지역 내 사용이 가장 빈번한 본위화폐는 어떻게 생겨나는 것일까? 이에 영향을 주는 중요한 요소는 무엇일까? 이는 '일대일로'건설의 기회를 빌어 위안화의 국제화를 추진할 수 있는 관건이다. 본 장절에서는 앞에서 서술한 연구 샘플을 토대로 진일보의 분석을 진행해 '일대일로' 건설이 위안화의 국제사용 확대에 적극적인 영향을 줄 수 있는지 여부를 검증해보려고 한다.

5대 지역경제협력기구에 대한 심층 연구를 통해 우리는 지역 내 사용이 가장 빈번한 통화를 결정짓는 요소에 주로 다음과 같은 네 가지 부분이 포함된다는 사실을 발견했다. 그 네 가지 요소의 구체적 지표 및 정의는 표 4-3을 참고하라.

표 4-3 지역 주요 통화의 결정적 요소

변수	변수 정의
국가 전반	
GDP share	그 통화사용 국가 GDP가 지역 내 국가 총 GDP중에서 차지하는 비중
Risk	그 통화 사용 국가의 전반적인 리스크 평균치(표준화)
금융 발전	
Credit	그 통화사용 국가 국내 금융기관의 신용대출총량이 GDP중에서 차지하는 비중(표준화)
FDI/GDP	그 통화사용 국가 평균 FDI/GDP(표준화)
Reserve	그 통화사용 국가 외환보유고 총량/3개월 수출입총액(표준화)
무역 발전	
Trade openning	그 통화사용 국가 평균 무역개방도(표준화)
Metrade	그 통화사용 국가의 공업 완제품 수출이 GDP 중에서 차지하는 비중(표준화)
경제발전수준	
GDPpc	그 통화 사용 국가의 인구당 GDP(표준화)
Life expectation	그 통화 사용 국가의 인구 당 평균 예기 수명(표준화)

주: 표준화 방법이 선택 적용한 것은 Z-score 표준화로서, 즉 변수와 지역 내 평균치의 차를 지역 내 표준편차로 나눈 값이다.

표 4-4를 통해 아세안 10+3 틀 안에서 주요 지역통화의 사용 비중 및 설명변수에 대해 알 수 있다. 표를 통해서 엔화가 가장 빈번하게 사용되는 지역 내 통화로서 그 비중이 50%에 접근했고, 한화(4.59%)와 싱가포르달러화(4.36%)가 그 뒤를 이었으며 다른 통화(위안화는 포함되지 않음)의 거래 비중은 모두 1% 미만이라는 사실을 볼 수 있다.

표 4-5 는 유럽연합 28개국의 주요 지역통화 사용 비중 및 설명변수를 열거했다. 표를 보면 유로화가 가장 빈번하게 사용되는 지역 내 통화로서 그 비중이 50%에 접근했고, 영국 파운드화가 그 뒤를 이었으며(15.88%), 스웨덴 크로네 · 덴마크 크로네와 같은 다른 지역내통화가 차지하는 거래 비중은 겨우 1% 정도임을 알 수 있다.

표 4-4 아세안 10+3: 주요 지역통화의 사용 비중과 설명변수

주요 통화	엔화	한화	싱가포르 달러화	말레이시아 링기트화	필리핀 페소화	타이 밧화
Currency	47.93%	4.59%	4.36%	0.51%	0.47%	0.93%
GDP share	33.60%	6.92%	1.62%	1.73%	1.42%	2.07%
Risk	−0.99	−0.61	−1.24	−0.86	0.08	−0.23
Credit	2.55	0.48	−0.16	0.25	−0.64	0.63
FDI/GDP	−0.84	−0.72	2.82	−0.30	−0.63	−0.35
Reserve	1.36	−0.49	−0.40	−0.21	0.70	−0.07
Trade openness	−1.00	−0.13	2.77	0.46	−0.63	0.31
Metrade	−1.08	−0.23	2.48	0.52	−0.81	0.40
GDPpc	1.52	0.40	1.90	−0.31	−0.71	−0.56
Life expectation	1.53	1.17	1.35	0.10	−0.98	−0.08

표 4-5 유럽연합: 주요 지역통화의 사용 비중과 설명변수

주요 통화	유로화	영국 파운드화	스웨덴 크로네화	덴마크 크로네화
Currency	46.87%	15.88%	1.52%	1.06%
GDP share	73.38%	14.79%	3.15%	1.89%
Risk	−0.13	−0.13	−1.55	−1.28
Credit	0.24	1.05	0.16	1.03
FDI/GDP	0.09	−0.14	−0.49	−0.50
Reserve	−0.54	−0.52	0.02	1.74
Trade openness	0.09	−1.00	−0.56	−0.34
Metrade	−0.01	−1.06	−0.68	−0.70
GDPpc	0.20	0.36	1.16	1.22
Life expectation	0.38	0.98	0.98	0.29

실증 분석을 통해 본 보고서에서는 다음과 같은 네 가지 연구 결론을 얻어냈다.

첫째, 국가 전반 요소. 통화 발행국의 국가 전반 경제실력이 강할수록 지역 내에서 그 통화의 사용 비중이 높고, 통화 발행국의 국가 전반 리스크가 낮을수록 지역 내에서 그 통화를 사용하는 비중이 높다. 이는 국가의 전반 경제실력과 국가 전반 리스크정도에 따라 한 나라의 통화가

지역 내의 주요 통화로 될 수 있느냐 여부를 결정하는 중요한 요소임을 설명한다. 한 나라의 경제총량이 강대해야만 외환시장의 변동이 경제에 주는 영향을 막아낼 수 있다. 마찬가지로 국가의 전반 리스크가 낮아야만 신용 통화에 양호한 신용을 지원해 거래 리스크를 낮출 수 있다.

현실적인 예를 보면 경제총량요소와 전반 리스크요소가 통화확장의 가장 중요한 요소이다. 수많은 지역경제협력기구를 보면 거래량이 제일 많은 지역 내 통화는 일반적으로 경제총량이 제일 큰 국가에서 발행되는 것이다. 본 보고서에서 선정한 16개 주요 경제협력기구의 보편적인 상황을 보면 매 한 가지 지역의 주요 통화는 언제나 본 지역 GDP총량의 60%이상 비중을 차지하는 경제체라는 배경이 받쳐주고 있는데 이로부터 국가 전반 경제실력이 지역 주요 통화의 경쟁에 대한 중요성을 알 수 있다.[1] 지역 내에서 최적 통화의 버금가는 통화를 선택하는 문제에서도 국가경제총량은 소홀히 할 수 없다. 그렇기 때문에 국가경제총량은 한 통화가 지역 주요 통화가 될 수 있도록 지탱해주는 강력한 뒷심이다. 국가경제총량에 의지해 통화 사용 확대에 따르는 경제적 충격을 완화할 수 있다. 따라서 국가경제총량은 지역 주요 통화를 결정짓는 관건이다.

경제총량 이외에 국가 전반 리스크도 매우 중요하다. 국가 전반 리스크는 신용 통화를 위한 신용적 지원을 제공할 수 있어 일종의 '소프트 경쟁력'이 된다. 현재 통화는 모두 신용 통화로서 국가 리스크가 커짐에 따라 통화의

---

1) 단 APEC ·아세안 10+3 ·방콕협정의 주요 통화 발행국의 GDP 비중만 30% 미만이다.

사용 리스크도 커진다. 예를 들어 러시아 루블화의 지역 내 사용 비중은 그 나라의 전반 리스크와 아주 큰 연관이 있다. 채무계약위반 · 전쟁의 빈발로 인해 루블화는 세계시장에서 발걸음을 내딛기가 어려우며 중앙아시아 · 캅카스지역에서의 보급도 아주 어려워졌다. 반면에 싱가포르 · 덴마크 · 스위스 등의 국가들을 보면 비록 이들 국가는 경제 규모가 비교적 작지만 안정된 정치경제환경이 마련되어 있기 때문에 이들 통화를 도와 지역통화 사용에서 일정한 지위를 차지할 수 있도록 한다.

둘째, 금융발전수준 요소. 일찍이 1992년, Tavlas와 Ozeki는 금융발전이 통화의 국제 지위에 중요한 영향을 준다고 제기했었다. 통화의 사용은 금융의 발전을 떠날 수 없다. 자본계정개방 · 금융거래결제 · 국제통화보유고 등은 모두 통화가 지역 주요 통화가 되는 데 영향을 주는 중요한 요소이다.

금융의 발전과 개혁은 지역통화의 사용비중에 직접 영향을 줄 수 있다. 인도 루피화는 20세기 90년대부터 남아시아지역협력연합(SAARC)에서 가장 빈번하게 사용되는 지역 내 통화로 되었다. 그 뒤 인도는 국제수지고급위원회 · 자본계정태환가능위원회 · 자본계정완화태환위원회를 잇달아 설립해서 인도 루피화의 자본계정 자유태환을 실현하려고 노력했으며 이를 빌어 인도 루피화의 국제 지위를 제고할 수 있기를 바랐다. 그러나 그 과정에서 남아시아지역협력연합 내 거래에서 인도 루피화가 차지하는 비중은 줄곧 잦은 파동을 겪었으며 5년 내에 40% 하락했다.

자본계정 태환은 한 가지 통화가 국제 사용을 확대하는 '안정기기'로서 투기성 매매차익이 가져다주는 충격을 방지할 수 있다. 자본계정의 태환과 연결되는 것은 외환보유고 규모이다. 1997년 아시아금융위기를 겪은 뒤 신흥시장국가들은 보편적으로 외환보유고 규모를 제고했다. 예를 들어 브라질은 1997년에 외환보유고가 겨우 517억 달러 규모였는데 2012년에 이르러 3,732억 달러에 달해 6배 넘게 성장했다. 외환보유고의 성장이 국가의 금융·경제 안정성을 증강시켰음은 의심할 나위 없다. 그러나 달러화 · 유로화 · 엔화 등 지역 밖의 국제통화가 대량으로 정부 외환보유고 반열에 들어서게 되면 필연코 지역 내 통화 사용 비중의 상대적인 하락을 초래하게 된다. 이 또한 브라질 레알화가 남미공동시장 거래에서 차지하는 비중이 2001년의 82%에서 2007년의 48%로 떨어진 원인 중의 하나이다. 이는 시장에서 한 가지 통화의 수량이 많을수록 지역 내 사용 빈도도 상대적으로 높은 것과 비슷하다. 한 나라의 통화는 무역과 자본 경로를 통해 대외로 수출되어 지역 내 그 통화의 사용 비중을 늘리게 된다. 물론 이 또한 그 나라 금융 매개의 효율과 관련된다. 금융시장이 발달할수록 그 수출능력이 강하며 통화의 지역 내 사용도 더 빈번해진다.

셋째, 무역발전수준 요소. 국제무역이 국제통화의 사용을 생겨나게 했다. 국가 간 무역에서는 여러 가지 선택 가능한 통화 중에서 한 가지 혹은 제한적인 몇 가지를 선택해서 가격을 계산하고 결제를 진행해야 한다. 일반적으로 무역에서 가격 표시와 결제 통화는 수출측 혹은 수입측의 통화로 정하며 또 주요 국제통화 중에서 제3자 통화로 정할 수도 있다. 만약 한 나라의 무역개방도가 비교적 높으며 그 나라가 발행하는 통화의 세계 범위 내 사용 수준도 상대적으로 비교적 높을 것이다. 그러나 달러화가 강세인 현실적인 상황에서 수많은 국가들이 제3자의 통화를 가격 표시와 결제 통화로 선택함으로써 이러한 논리가 실제 상황 속에서는 별로 선명하지 않다.

레이(Rey, 2001)는 모형을 이용해 제2차 세계대전 전과 후 영국 파운드화의 쇠락과 달러화의 흥기에 대한 분석을 거쳐 다음과 같은 사실을 발견했다. 즉 미국의 GDP가 1870년에 이미 영국을 추월했지만 공업 완제품 수출은 1950년에 이르러서야 영국을 추월했다는 사실이다.(표 4-6 참고) 국제통화의 전환은 '이력효과(hysteresis effect)'가 있고 또 무역 유동량은 국제통화 전환의 가장 중요한 영향 요소이며 공업 완제품 무역은 더더욱 중요한 요소이다. 기타 국가의 통화를 사용하면 리스크가 존재한다--사용과정에서 통화 발행국이 양호한 신용이 있는지, 계약을 어겨 외화자산을 보잘것없는 것으로 만들지 않을지를 고려해야 할 뿐 아니라 또 통화가 빠르게 평가 절하하는 상황에서 그 통화로 어느 정도의 실물을 구매할 수 있을지도 고려해야 한다-- 그렇기 때문에 공업 완제품 수출이 곧 하나의 대리변수가 되는 것이다. 공업 완제품 중에서 대다수는 사람들의 생활과 밀접히 관련되는 필수품으로서 그 비율이 높을수록 그 나라에서 통화를 사용해 가치가 있는 실물을 더 많이 살 수 있고 통화의 안정성도 더 양호하다는 사실을 설명한다.

넷째, 경제발전수준 요소. 앞에서 서술한 세 가지 요소에 비해 경제발전수준 요소가 지역통화 사용에 주는 영향은 비교적 작다. 그 영향은 직접적인 통화 사용과 간접적인 문화 침투의 두 부분으로 나뉜다. 만약 한 나라의 경제발전 수준이 높고 인구당 소득이 높으며 예기 수명이 길면 그 나라의 주민은 더욱 많은 금전과 시간·정력이 있어 해외 여행을 하고 소비할 수 있기 때문에 본국 통화의 사용범위를 세계 다른 나라에까지 확대시킬 수 있으며 통화사용의 빈도를 직접적으로 높일 수 있다. 이밖에 또 문화적인 침투가 존재한다. 사람들은 경제발전수준이 높은 국가와 그 국가가 발행하는 통화에 대해 항상 부러운 눈길로 바라보며 더욱이 그 나라 경제와 통화 뒤의 문화요소에 대해 알고 싶어 하는 흥취가 생기게 된다. 그래서 경제발전수준이 높은 국가는 더 많은 비주민의 소비와 투자를 쉽게 끌어들이고 그 나라 통화를 사용하고 보유하고자 하는 의향을 증강하는데 이로워 그 나라 통화의 사용 정도를 높일 수 있다.

표 4-6 영국과 미국 양국 GDP와 공업 완제품 수출   단위: 백만 달러

연 도	영국GDP	미국 GDP	영국 공업 완제품 수출	미국 공업 완제품 수출
1820	34,829	12,432	1,125	251
1850	60,479	42,475		
1870	95,651	98,418	12,237	2,495
1900	176,504	312,866		
1913	214,464	517,990	39,348	19,196
1929	239,985	844,324	31,990	30,368
1950	344,859	1,457,624	39,348	43,114
1973	674,061	3,519,224	94,670	1,744,548
1992	910,401	5,510,378	194,535	451,026

자료출처: Helene Ray, *The Review of Economic Studies,* 68 (2) (Apr.,2001), pp. 457.

특별란 4-4

엔화의 국제화와 아세안 속의 엔화

1967년 5월, 일본경제조사협의회가 「엔화의 국제 지위」라는 제목의 조사보고를 발표했다. 보고에서는 엔화의 국제 지위가 일본의 경제 산업 발전에 어울리지 않는다면서 엔화가 달러화나 파운드화처럼 국제통화체제 속의 관건 통화가 될 수는 없지만 엔화의 지위를 점차 강화하는 것에 대해 고려해야 한다고 주장했다.[1] 일본은 20세기 60년대 말과 70년대 초에 엔화의 국제화 관련 토론을 시작했는데 20세기 90년대 초 일본경제 거품이 붕괴된 후 경제가 장기적인 불경기에 들어섰다.

엔화의 국제화 시기에 일본의 경제가 빠르게 발전해 GDP 평균 성장률이 9.5%에 달했으며 20년간 일본의 경제총량이 549% 성장했다. 그리고 일본 국가의 리스크 수준이 엔화의 국제화 초기에는 전반적으로 낮은 편이었다. 중앙정부와 지방정부의 장기 채권 잔액 비중이 GDP의 10% 미만이어서 아주 낮은 수준에 머물렀다. 그러나 엔화의 국제화 후기에

---

1) 푸리잉(付麗穎): 『엔화의 국제화와 동아시아통화협력』, 39쪽, 베이징, 상무인서관, 2010.

이르러 특히 1980년부터 미국의 압력을 받아 엔화가 대폭 평가 절상하기 시작했으며 일본 중앙정부와 지방정부의 장기 채권 잔액도 점차 늘어 50% 이상에 달했다. 전반적으로 볼 때 엔화 국제화의 전반 시기에 일본의 국가 리스크수준은 여전히 비교적 낮은 편이었다.(그래프 4—6 참고) 비약적으로 발전하는 일본 경제와 국가의 양호한 리스크수준은 엔화의 국제화에 양호한 내부 경제 및 정치 환경을 마련해주었으며 이는 그 시기 엔화의 국제화가 발전한 중요한 원인이다.

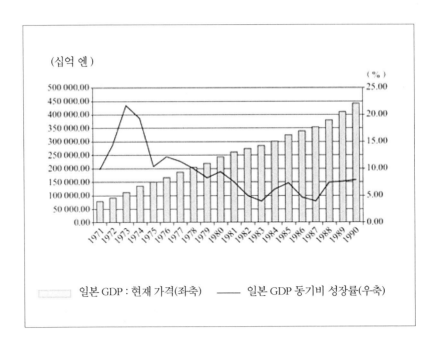

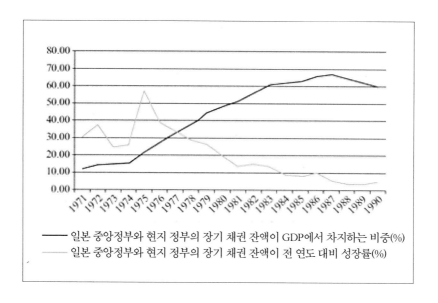

그래프 4-6 엔화의 국제화 실현 기간 일본 경제와 무역의 발전

일본 중앙정부와 현지 정부의 장기 채권 잔액이 GDP에서 차지하는 비중(%)

일본 중앙정부와 현지 정부의 장기 채권 잔액이 전 연도 대비 성장률(%)

그래프 4-6 엔화의 국제화 실현 기간 일본 경제와 무역의 발전

무역 발전의 각도에서 보면 엔화의 국제화 과정에서 일본의 무역 개방도는 줄곧 150%이상에 달했으며 해외로 상품과 서비스를 지속적으로 수출했다. 일본경제의 꾸준한 발전에 힘입어 일본은 국제무역 중 가격표시통화의 선택에서 갈수록 큰 주동권을 쥘 수 있게 되었다. 일본의 수출 무역에서 엔화 가격표시 비중이 꾸준히 늘어 1971년의 2%에서 1990년의 37.5%로 늘어났으며 엔화 무역 가격표시의 국제통화기능을 실제로 실현했다.(그래프 4-7 참고)

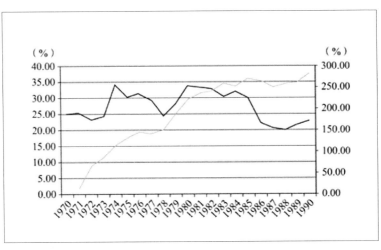

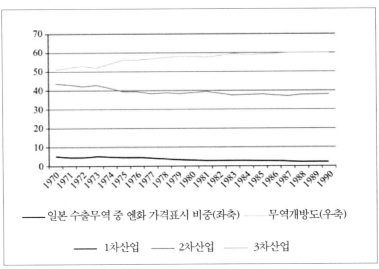

——— 일본 수출무역 중 엔화 가격표시 비중(좌축)　　——— 무역개방도(우축)

——— 1차산업　　——— 2차산업　　——— 3차산업

그래프 4-7　엔화 국제화 기간의 무역 개방도 · 엔화 무역 가격표시 정도

및 산업구조

금융발전의 각도에서 보면 일본은 제2차 세계대전 후 자금이 턱없이 부족하고 경제발전이 시급했다. 이에 정부는 금융업에 대해 매우 엄격한 감독 관리를 실시했으며 정책적 차원에서 경제 발전에 도움이 되는 금융정책을 실시했다. 이러한 감독 관리와 정책은 실제상에서 일본의 금융 시장화 발전을 침식했으며 일정한 정도에서 금융시장의 발전을 저해함으로써 일본의 간접금융 위주, 자본시장이 발달하지 않은 금융구조를 직접 초래했다. 엔화의 국제화 기간에 일본 국내 금융시장이 급성장해 아시아에 대한 직접 투자가 수직상승했으며 엔화의 세계 시장 지위가 꾸준히 올라갔다.

엔화의 국제화는 일본의 경제구조 전환과 업그레이드 및 산업구조의 이전을 추진했다. 1970년부터 일본은 노동력 원가가 꾸준히 올라가고 무역여건이 점차 악화됨에 따라 경제구조의 전환과 업그레이드를 실행하지 않으면 안 될 처지에 몰리게 되었다. 일본은 노동 밀집형 산업·발전 잠재력이 낮은 산업을 아시아 다른 국가로 이전해 아시아의 유일한 '기러기 편대형 모델(Flying Geese Paradigm)'을 형성해 '아시아 4마리의 작은 용'의 굴기를 직접 이끌었으며 중국·동남아를 포함한 아시아의 대발전을 추진했다. 그래서 아시아의 많은 국가들은 일본의 자본확장에 적극 환영하는 태도를 보였으며 고위층과 민간의 교류도 갈수록 빈번해졌다. 이는 일본이 '잃어버린 10년'을 겪은 뒤에도 엔화가 여전히 동아시아 범위 내에서 강세를 유지할 수 있은 중요한 원인이다.

4.3.2 일대일로 위의 위안화 사용 확대

이 부분에서는 '일대일로' 건설 과정에서 위안화가 지역 주요 통화로 성장할 수 있는 기회가 있을지 여부에 대해 토론하고자 한다. 우리는 중국과 '일대일로' 연선 국가에 대해 여러 가지로 배열 조합을 진행해 지역경제협력기구 창설을 위한 모의 실험을 진행했다. 앞에서 연구한 지역 주요 통화의 결정 요소에 대한 분석 모본을 이용해 모의 설립한 다양한 지역경제협력기구 내 위안화의 사용 비중에 대해 추산하는 한편 지역 내 기타 주요 국가 통화의 사용 비중도 추산하고자 한다. 데이터 입수 가능성의 영향을 받아 추산 시기를 2013년으로 가정해 모의에 사용되는 모든 데이터는 2013년의 데이터로 한다.

표 4-7에는 구체적인 추산 결과를 표기했다. 표를 통해 모의 설립한 여러 지역 중 위안화의 사용 비중이 모두 40%가 넘어 아주 높은 수준에 이르렀음을 쉽게 발견할 수 있다. 이는 위안화가 '일대일로' 연선의 지역 주요 통화가 될 수 있는 조건을 전적으로 갖추었음을 충분히 설명한다.

중국과 마찬가지로 러시아와 인도도 브릭스국가의 반열에 올랐으며 또 모두 '일대일로' 연선의 대국으로서 유라시아대륙의 복잡한 지연정치 속에서 중요한 역할을 담당한다. 그렇다면 위안화는 지역 주요 통화 경쟁에서 러시아 루블화와 인도 루피화 이 두 '걸림돌'과 맞닥뜨리지는 않을까? 우리가 추산한 결과에 따르면 그 답은 분명 부정적이다. 모의 설립한 중국-중앙아시아 5개국 틀 안에서 위안화 사용 비중이 최고로 75.30%에 달했다. 중앙아시아지역의 지역경제협력에서는 러시아 루블화가 위안화의 주요 경쟁대상이다. 모의 설립한 중국-중앙아시아-러시아 틀

안에서는 러시아 루블화가 원래 위안화에게 속했던 일부 할당액을 나눠 가지면서 위안화의 사용 비중이 60.74%로 떨어졌지만 위안화는 여전히 지역 내에서 가장 주요한 통화이다. 남아시아 · 동남아시아에서 중동까지 이르는 해상 실크로드의 지역경제협력에서는 인도 루피화(11.17%)와 싱가포르달러화(9.77%)가 일정한 지역 내 영향력을 갖추었지만 여전히 위안화(46.66%)의 지역 주요 통화 지위를 흔들기에는 역부족이다.

표 4-7 모의 협력지역의 주요 통화 사용 비중

지역 내 기타 국가	위안화	루블화	루피화	기타
중앙아시아 5개국[a]	75.30%			
중앙아시아 5개국, 러시아	60.74%	16.42%		
중앙아시아 5개국, 인도, 아프가니스탄, 파키스탄, 러시아	56.18%	17.31%	13.59%	
중앙아시아 5개국, 인도, 아프가니스탄, 파키스탄, 러시아, 몽골, 동유럽 캅카스 5개국[b], 중동 7개국[c]	52.55%	20.02%	18.53%	
중앙아시아 5개국, 몽골, 러시아, 동유럽 캅카스 5개국, 터키	65.15%	27.72%		
인도, 파키스탄, 아프가니스탄, 중동 7개국	51.79%		8.29%	
중국, 필리핀, 말레이시아, 인도네시아, 베트남, 미얀마, 싱가포르, 태국, 인도, 방글라데시, 라오스	46.66%		11.17%	9.77% (싱가포르달러), 5.26% (인도네시아 루피아)
중국, 인도, 파키스탄, 이란, 사우디아라비아	67.16%		15.73%	

주: a. 중앙아시아 5개국: 타지키스탄, 키르기스스탄, 카자흐스탄, 투르크메니스탄, 우즈베키스탄.
b. 동유럽 캅카스 5개국: 아제르바이잔, 아르메니아, 그루지야, 우크라이나, 벨로루시.
c. 중동 7개국: 이란, 이라크, 시리아, 사우디아라비아, 쿠웨이트, 요르단, 터키.

그러나 상기 추산 결과는 가장 낙관적인 가설 정경 하에 얻어낸 것이다. 같은 방법으로 아세안 10+3과 상하이협력기구 중 위안화 사용 비중이 각각 30.98%와 60.61%라는 추산 결과를 얻어낼 수 있다. 이로부터 위안화 실제 사용 비중이 6.72%와 31.95%인 것과 비해 차이가 아주 크다.(표 4-8 참고) 이는 위안화 국제화가 이제 시작 단계이고 위안화의 지역통화지위가 아직 공고하지 않은 현실상황을 반영한 것으로서 위안화 국제화의 미래 발전 잠재력이 거대함을 표명하지만 위안화 지역 사용의 실제 수치가 추산 수치보다 훨씬 낮은 배경 원인에 대해 올바르게 사고해볼 필요가 있다.

표 4-8 위안화 지역 사용 비중의 추산 수치와 실제 수치

지역협력기구	위안화 사용 비중 실제 수치	위안화 사용 비중 추산 수치
아세안 10+3	6.72%	30.98%
상하이협력기구	31.95%	60.61%
APEC	4.28%	6.29%

간단히 말해 다음과 같은 몇 가지 방면의 원인이 있을 수 있다. 첫째, 중국의 자본계정이 아직 완전히 개방되지 않아 일부 위안화 지역 사용의 수요를 억제하고 있는 것이다. 자본계정 개혁이 한 층 더 추진됨에 따라 위안화 사용 비중이 대폭 늘어날 것으로 예기할 수 있다. 둘째, 지역 내에서 사용하는 가장 주요한 통화가 이미 확정된 이상 위안화의 국제화는 필연코 선행자 우세를 갖춘 이들 통화와 경쟁을 벌이게 된다. 한편 지역 내 통화 사용의 전환은 '이력효과'가 있기 때문에 위안화 지역 사용 비중이 늘어나는

데는 아주 느린 과정을 거치게 된다. 셋째, 위안화 가격표시와 결제의 주동권이 비교적 약하다. 중국은 수출입무역 규모가 방대하지만 그중 위안화로 가격표시와 결제를 진행하는 비중은 상대적으로 낮은 수준이다.

'중국은행 국제 위안화 업무 백서'에 따르면 환율변동이 불리한 상황에서는 외국 기업의 제시 가격을 전적으로 받아들여 환율위험을 부담하는 기업이 여전히 조사에 응한 경내 기업의 26%를 차지한 것으로 드러났다. 넷째, 역사문화와 지연정치의 원인. 중국과 일부 국가 간에는 역사와 영토 문제에서 분쟁이 존재한다. 게다가 중국의 기존 정치제도와 시장체제는 다른 국가와 다르다. 예를 들어 필리핀은 미국의 전략적 동맹국이어서 많은 문제에서 중국과 팽팽히 맞서고 있고, 중국과 인도 사이에는 영토문제에서 분쟁이 존재하며, 중-일 간에도 여전히 영토 분쟁과 역사 문제가 존재하는 등등이다. 이들 국가의 정부 혹은 민중은 중국의 굴기에 대해 경계 심리 혹은 대립 정서가 존재하는데 이 역시 위안화의 지역 사용 비중이 낮은 수준에 머물게 되는 원인이다.

이로 보아 위안화가 성숙된 국제통화로 부상하려면 아직도 일정한 과정을 거쳐야 한다. 우선, 자본규제를 점차 풀어 위안화의 금리 시장화와 환율 시장화를 실현해 기존의 위안화 사용 수요를 만족시켜야 한다. 다음, 위안화 사용 규모를 애써 확대해야 한다. 여기에는 구체적으로 다음과 같은 내용이 포함된다. 위안화 준비통화 규모를 확대하고 양자간 본위화폐 스와프협정을 체결함으로써 위안화가 더욱 많은 국가의 준비통화로 되게 하는 것, 위안화 무역 가격표시 주동권을 장악하고 장기 · 스와프 · 선물옵션 등의 외환 파생수단을 발전시켜 수출입무역을 위해 봉사하도록 하며 위안화 가치의 안정을 유지하는 것, 금융거래에서 위안화의 사용

규모를 확대하고 위안화 역외시장을 발전시켜 위안화 역외시장의 업무규모와 거래 비중을 확대하는 것 등이다. 마지막으로, 문화 영역에서 소통을 늘려 비주민의 위안화 보유 및 사용 의향을 강화해야 한다.

공자학원을 적극 발전시키고 민간문화교류를 강화해 중화의 전통문화를 널리 전파함으로써 중국문화에 대한 외국인의 동질감을 키워주어야 한다.

특별란 4-5

메콩강유역 개발 경제협력과 중국
-아세안자유무역구의 건설

메콩강유역개발경제협력기구(GMS)는 아시아개발은행의 선도로 1992년에 설립되었으며 메콩강 [중국명 란창 강(瀾滄江)] 유역의 중국 · 베트남 · 미얀마마 · 캄보디아 · 라오스 · 태국 등 6개 국가가 포함된다. 메콩강유역개발경제협력기구가 설립된 뒤 일련의 인프라 프로젝트를 추진했으며 중국과 중남반도 국가 간의 경제무역왕래도 갈수록 빈번해지고 있다. 1992년에 메콩강유역개발경제협력기구가 설립된 뒤 중국과 중남반도 5개국 간의 무역이 안정을 유지하면서 빠르게 발전해 그 무역액이 중국 수출입총액 중에서 차지하는 비중이 1992년의 1.15%에서 2013년의 3.61%로 늘었다. 중남 반도 5개국은 이미 중국수출입무역의 중요한 협력파트너로 부상한 것이 분명하다.

(그래프 4−8 참고) 2014년 12월 20일, 중국의 리커창 총리가 태국 방콕에서 열린 메콩강유역개발경제협력기구 제5차 정상회의에서 중요한 연설을 발표하면서 인프라 분야 협력을 심화하고, 산업협력패턴을 혁신하며, 무역투자협력에 대한 금융적 지원을 강화하고, 민생과 사회사업의 발전을 추진하며, 지역 발전의 개방과 상호 작용 수준을

제고해야 한다는 총 5가지 메콩강유역 개발경제협력 관련 제안을 내놓았다.

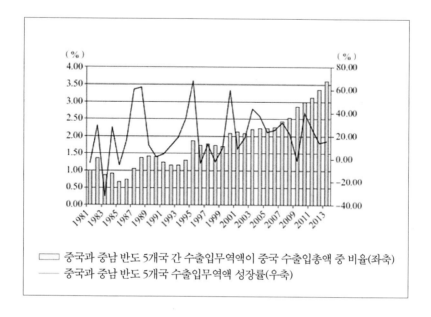

그래프 4-8 중국과 중남 반도 5개국의 수출입무역

중남반도 5개국은 중국과 함께 메콩강 유역에 위치했으며 중국 역사에서 우호적인 이웃 국가이다. 중국은 '이웃과 사이좋게 지내고 이웃을 벗으로 삼는' 주변 외교방침을 일관성 있게 고수해 오고 있다.

중남반도 5개국과 여러 분야에서 서로 이득이 되는 협력을 심화하는 것은 지역경제발전과 민생개선을 추진할 수 있고 지역 내 장기적 안정과 번영 발전을 수호할 수 있다. 그 이외에 메콩강유역 개발 경제협력을 통해 중국은 동남아 각국과 지역경제협력에 대한 제도적 걸림돌을 제거하는 방면에서 중요한 시도를 해 일정한 경험을 쌓았으며 또 관련 인재의 발전도 추진함으로써 중국과 아세안 간 자유무역구 건설을 위한 일정한 기반을 마련했다.[왕민정(王敏正), 2004] 중남반도 5개국은 중국과 아세안 간 자유무역구의 점진적 발전 과정에서의 중요한 일환으로서 중국—아세안 자유무역구 설립 추진을 위해 다음과 같은 세 가지 방면의 역할을 발휘했다고 할 수 있다.

첫째, 자유무역구 건설은 세수 등 제도의 건설인 한편 무역과 관련되는 인프라 건설이기도 하다. 메콩강유역 개발 협력 과정에서 철도 · 전력 · 통신 등 인프라 건설을 진행함으로써 중국—아세안 자유무역구의 건설을 위한 시설기반을 마련했다.

둘째, 중국과 중남반도 5개국 간의 무역은 세수 — 결제 등 제도적 장벽이 점차 사라짐에 따라 급성장을 이루어 현지 기업의 발전을 저해하지 않았을 뿐 아니라 오히려 현지 경제발전을 추진했다. 중남반도 5개국은 아세안에서 빠뜨릴 수 없는 회원국이다. 중국과 이들 국가 간의 발전은 시범 역할을 해 중국—아세안 자유무역구 협상을 위한 양호한 현실적 토대를 마련했다.

셋째, 메콩강유역 개발 경제협력은 중국—아세안 경제협력의 첫 걸음으로서 중국과 중남반도 5개국 간에 폭넓은 교류와 협력을 진행해 풍부한 경험을 쌓음으로써 제도적 걸림돌을 제거하기 위한 시도를 했다고 할 수 있다.

지역 일체화의 점진적 추진은 중국과 주변 국가 간 지역경제협력을 진행하는 중요한 방식으로서 메콩강유역 개발 경제협력에서 중국—아세안 자유무역구의 설립에 이르기까지 그 과정에서 지역경제협력의 구상과 경로를 보여주었다.

'일대일로' 건설은 위안화의 국제화에 절호의 역사적 기회를 마련해 주었다. 중요한 것은 수많은 연선 국가 중에서 적합한 대상을 선택해 우선적으로 지역경제협력을 전개함으로써 시기적절하게 '5통'목표와 위안화 국제화의 조기성과를 수확하는 것이다.

모의 지역 내 위안화 사용 비중에 대한 추산 결과에 따르면 중앙아시아 5개국이 현 단계에서 최적의 선택이다. 우선, 실현 난이도를 보면 중앙 아시아 5개국을 '실크로드 경제벨트' 건설의 접점으로 삼는 것이 가장 실제적이며 직접 상하이협력기구 틀 내에서 구체적으로 추진할 수 있다. 다음, 중국—중앙아시아 5개국 모의 틀 내에서 위안화 사용 비중의 추산 수치가 가장 높으며 주요 경쟁 대상인 러시아는 경제 하행압력을 받는 상황에 처해 있어 한동안은 지역 내 주요 통화 경쟁 목표를 고루 돌보기가 어려울 것 같다. 그밖에 장기간 러시아 세력의 간섭을 받아온 중앙아시아 5개국은 제3 세력의 개입을 모색하는 것이 절박하다. 이에 따라 중국이 그 지역에 진출할 수 있는 유리한 시간적 창구를 열어놓았다.

그러나 중앙아시아 5개국을 위안화 사용 보급 지역으로 삼으려면 수많은 위험도 존재한다는 사실을 부정할 수 없다. 가장 주요한 것이 금융감독관리 문제이다. 중앙아시아 5개국은 금융서비스 발전 수준이 낮아 금융기관의 리스크 대응 수준이 낮고 환율이 불안정하다. 이 모든 것이 중앙아시아 5개국의 위안화 사용의 어려움을 가중시키고 있다. 그밖에 세계 정치의 영향도 위안화의 중앙아시아 5개국 내 사용에 도전하고 있다.

중앙아시아 5개국 내부에 경제발전의 불확실성이 존재함과 동시에 일정한 정치적 위험도 존재한다. 러시아를 제외하고 미국·일본도 중앙아시아지역에서 자체 이익을 도모하고자 하기 때문이다.

'일대일로'는 위안화의 사용범위를 확장하고 위안화의 국제 사용 규모를 확대해 위안화의 국제화를 추진할 수 있다. 위안화의 국제화도 '5통'목표 실현과 지역경제협력 심화에 관건적인 역할을 할 수 있다. 이론분석과 실증분석 결과 모두 지역 내 사용이 가장 빈번한 본위화폐 비중을 늘리게 되면 지역 내 금융 리스크를 효과적으로 방지하고 거래 비용을 낮추며 지역경제의 전반 경쟁력을 높이고 지역 내 무역 일체화와 경제 일체화를 가속할 수 있다는 사실을 설명해주고 있다.

'일대일로' 건설은 연선 각국 인민들에게 복지를 가져다 줄 수 있다. '후롄후퉁'은 지역경제성장을 이끌 수 있을 뿐만 아니라 연선 국가의 경제적 연계를 밀접히 할 수 있으며 나아가서 유라시아대륙을 아우르는 지역협력의 새 구도를 형성할 수 있다. 과거 경험에 비추어 보면 국가의 전반 경제실력 · 국가 전반 리스크 수준 · 무역발전수준 · 금융발전수준 · 경제발전수준 등의 요소는 한 가지 통화가 지역 내 가장 주요한 통화가 될 수 있는지 여부를 결정짓는 관건적 요소이다.

중국은 세계 제2위 경제체이고 세계 무역과 직접 투자에서 가장 중요한 국가 중의 하나이며 '일대일로' 연선 각국의 중요한 무역 파트너이고 경제발전과 금융발전 수준이 지역 내 앞자리를 차지하며 국내 정치가 안정되고 문화가 번영해 '일대일로'에서 위안화의 확대사용을 위한 충분한 준비가 되어 있는 상황이다. 위안화의 국제 사용에서 편리성을 제고하고 거래비용을 낮추는 방면에서만 계속 노력한다면 '일대일로' 건설 과정이 추진됨에 따라 연선 국가들이 필연코 무역 · 투자와 융자 · 금융거래 · 외환보유고 중에서 위안화의 비중을 점차 늘리게 되어 위안화가 주요 국제통화의 반열에 오를 수 있는 충분한 동력을 마련할 수 있다. 추산 결과에 비추어 중국-중앙아시아 5개국체제를 '실크로드 경제벨트' 건설 중 위안화의 국제화를 대거 추진하는 시범지역으로 건설하는 구상도 가져볼 수 있다.

제5장
'일대일로' 주요 무역상품
가격표시 통화의 선택

제5장
'일대일로' 주요 무역상품 가격표시 통화의 선택

　우선, 본 장에서는 '일대일로' 연선 국가의 무역 수치를 분석하고 무역이 지역 내 각국 경제발전에 주는 중요한 의미를 명확히 했다. 다음, 본 장에서는 실증분석을 통해 위안화 가격표시와 결제가 중국과 '일대일로' 연선 국가 간 무역협력을 심화시키는 데에서 반드시 거쳐야 할 길이라는 사실을 증명하고 위안화 선물시장 발전의 전략적 의미에 대해 토론하였다. 마지막으로, 본 장에서는 '일대일로' 대종상품무역의 위안화 가격표시와 결제 전망에 대해 추산하고 합리적인 건의를 제기하였다.

5.1 중국에 대한 '일대일로' 무역의 중요한 의미

    '일대일로'와 관련된 연선 국가가 아주 많다. 중국 무역에 대한 연선 국가의 기여도에 대해 알아보기 위해 우리는 지리적 분포와 실제무역상황에 근거해 일부 연선 국가들을 선정해 분석을 진행했다.(표 5-1 참고)

표 5-1 '일대일로' 연선 국가 (일부)

지리 구역	주요 국가
동남아 및 남아시아지역	인도네시아 · 말레이시아 · 필리핀 · 싱가포르 · 태국 · 브루나이 · 베트남 · 라오스 · 미얀마마 · 캄보디아 · 동티모르 · 네팔 · 부탄 · 인도 · 파키스탄 · 방글라데시 등
중앙아시아 및 중동지역	몽골 · 카자흐스탄 · 키르기스스탄 · 타지키스탄 · 우즈베키스탄 · 투르크메니스탄 · 파키스탄 · 아프가니스탄 · 이란 · 아제르바이잔 · 그루지야 · 터키 · 시리아 · 이라크 · 예멘 · 오만 · 사우디아라비아 등
동유럽 및 남유럽지역	루마니아 · 우크라이나 · 불가리아 · 그리스 · 벨로루시 · 폴란드 · 리투아니아 · 라트비아 · 에스토니아 · 러시아 등
북아프리카지역	소말리아 · 에티오피아 · 술탄 · 이집트 · 리비아 · 알제리 · 니제르 · 케냐 · 우간다 등
대양주지역	오스트레일리아 등

그래프 5-1을 보면 중국 수출총액의 성장속도와 일부 연선 국가 수출액의 성장속도가 대체로 비슷하다는 사실을 알 수 있다. 2001-2009년 기간 일부 연선 국가에 대한 중국의 수출 성장속도가 수출총액을 초과했고 2010년 후부터 일부 연선 국가에 대한 수출 성장속도가 여전히 일정한 우세를 유지했다. '일대일로' 연선 국가가 중국의 수출 성장을 이끄는 데서 일정한 기여를 했다고 볼 수 있다. 중국의 지역별 수출 비중은 그래프 5-2를 보면 된다.[1]

'일대일로' 연선 국가에 대한 중국의 무역은 뚜렷한 상승세가 나타났다. 통계수치에 따르면 일부 연선 국가에 대한 중국의 수출 비중이 1992년의 9.36%에서 2013년의 18.55%로 상승했으며 여전히 막강한 성장세를 유지하고 있다. 앞으로 연선 국가에 대한 중국의 수출이 여전히 비교적 높은 수준을 유지하며 빠른 성장세를 이어갈 것으로 전망된다. 한편 '일대일로'의 더욱 깊은 차원의 협력은 중국 제품에 대한 수요를 더 한층 개발함으로써 중국의 산업 구조조정과 업그레이드 및 국내외 경제 균형의 최적화를 위한 길을 마련할 것이다.

현재 '일대일로' 연선 국가에 대한 중국의 상품 수출은 주로 여러 가지 유형의 기계와 전기 기구·철도와 철도용 기관차 차량 및 관련 시설·선박·철강제품(예를 들어 천연가스 수송관)·의복·플라스틱제품 등

---

1) 특별한 설명이 없을 경우 이하 무역 수치의 출처는 모두 UN Comtrade 데이터베이스이다.

국내 유효 수요가 부족한 업종에 집중되었다. 중국이 철강·석탄·선박·태양광 발전·석유화학공업 등 업종의 유효 수요가 부족한 큰 배경하에서 이 분야 국제무역협력을 강화하는 것은 중국이 경제의 뉴 노멀 상황에 더욱 잘 적응해 더욱 품질 높은 경제성장을 실현하는데 필연적으로 도움이 될 것이다.

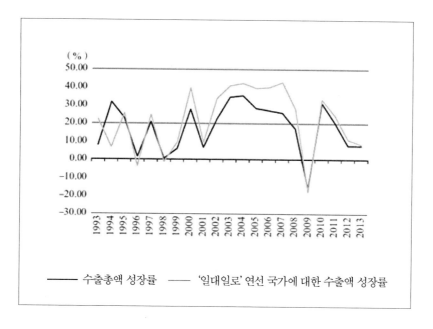

그래프 5-1 중국수출총액 및 일부 연선 국가에 대한 수출 성장률

자료출처: 국가통계국

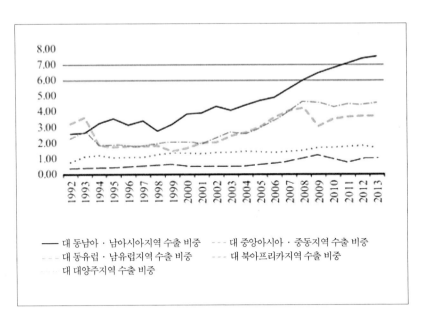

그래프 5-2 일부 연선 국가에 대한 중국 수출 비중

5.2 연선 국가에 대한 '일대일로' 무역의 중요한 의미

5.2.1 대 중국 수출경제 기여도가 크다

우리는 최근 20년간 '일대일로' 연선 국가의 대 중국 수출 상황에 대한 분석을 거쳐 다음과 같은 몇 가지 공동 법칙을 얻어냈다. 첫째, 중국의 수입 수요가 막강하다는 것. 비록 파동이 있긴 하지만 상승세가 아주 뚜렷했다. 둘째, 연선 국가의 대 중국 수출 성장속도가 상당히 긴 시간 범위 내에서 대외수출총액의 성장속도를 추월해 대 중국 수출의 중요성을 드러낸 것이다. 그래프 5-3과 그래프 5-4는 태국과 오스트레일리아의 대 중국 수출 변동추이를 각각 나타낸다. 분명한 것은 중국경제의 도약에 따른 막강한 수요가 연선 국가의 대외 수출 및 경제성장에 실제적인 이득을 가져다주었다는 것이다.

북미주 셰일가스혁명의 배경 하에 2014년 국제시장에서 원유·천연가스·무연탄 3대 에너지 가격추세에 분화가 생겼다. 원유·무연탄 가격은 하락했지만 천연가스는 공급과 수요가 모두 왕성해 여전히 높은 가격을 유지했다. 이는 국제 대종 에너지상품시장이 구조조정에 직면했음을 표명한다. '일대일로' 연선에는 에너지상품 수출국이 아주 많다. 중국 에너지 소비 중 천연가스가 차지하는 비중이 아주 낮고 원유와 석탄이 차지하는 비중은 80%에나 달한다. 이는 중국의 기술 진보 · 산업 구조조정 과정에서 단기 내에는 뚜렷한 원유 · 석탄 수요의 단층이 나타나지 않을 것임을 의미한다. 이는 실제로 중동 에너지 수출국에 윈윈(win-win)을 실현할 수 있는 계기를 마련해준 것이다. 이밖에 중국시장에서 천연가스 대외 의존도가 비교적 높아 이러한 에너지 제품의 수요에도 일정한 영향력을 일으킨다. 에너지상품에 대한 중국의 지속적이고 거대한 수요는 무역가격의 안정과 생산 및 비용 지출의 안정 등에 양호한 조건을 마련해줄 것임은 의심할 나위가 없다. 그래서 중국과 '일대일로' 연선 국가 간에는 거대한 무역 협력의 공간이 존재한다.

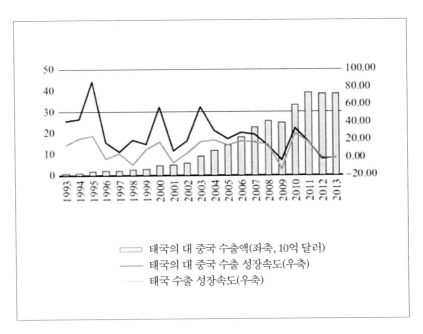

그래프 5-3 태국의 대 중국 수출 상황

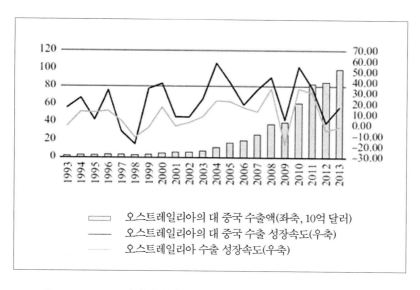

오스트레일리아의 대 중국 수출액(좌축, 10억 달러)

오스트레일리아의 대 중국 수출 성장속도(우축)

오스트레일리아 수출 성장속도(우축)

그래프 5-4 오스트레일리아의 대 중국 수출 상황

5.2.2 대종상품 수출의 경제적 영향

역사적 통계 수치에 따르면 대종상품 수출이 '일대일로' 연선 국가의 대
중국 수출에서 차지하는 비중이 비교적 크다. 우리는 이에 대해 통계분석을
진행했다. IMF의 분류를 참고로 우리는 대종상품을 식품류(food &
beverages) · 에너지류(energy) · 농업원자재류(agricultural raw materials)
· 금속류(metals) 등 4대류로 분류했다. 연선 각국의 2011-2013년 기간 모든
유형의 대종상품의 대 중국 수출액을 합계해서 '일대일로' 연선 국가 중 대
중국 대종상품 수출국 분포상황을 얻어냈다.(그래프 5-5, 그래프 5-6, 그래프
5-7, 그래프 5-8 참고)

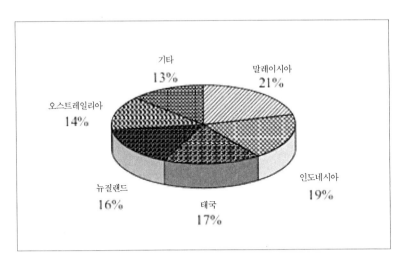

그래프 5-5 식품류 대종상품의 대 중국 수출국 분포

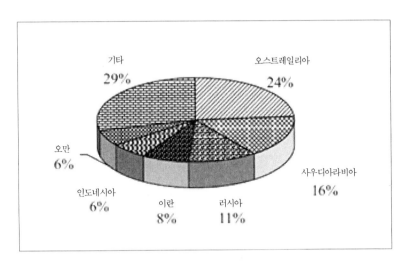

그래프 5-6 에너지류 대종상품의 대 중국 수출국 분포

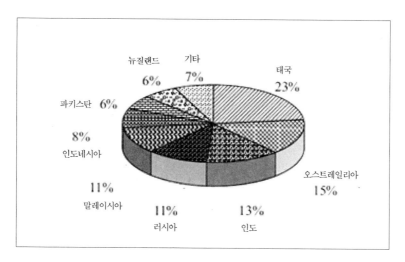

그래프 5-7 농업원자재류 대종상품의 대 중국 수출국 분포

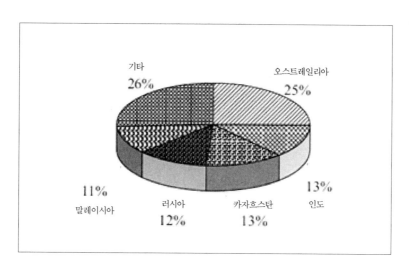

그래프 5-8 금속류 대종상품의 대 중국 수출국 분포

그래프를 통해 여러 유형의 대종상품의 원천지가 매우 광범위하고 관련된 국가가 많지만 주요 원천지 국가는 실제로 비교적 집중되었으며 지리적 위치가 대부분 태평양지역·서아시아·유럽(주로 러시아)에 분포되었음을 알 수 있다. 예를 들어 식품류 대종상품의 대 중국 수출이 앞 5위를 차지한 국가는 차례로 말레이시아(비중은 21%)· 인도네시아(비중은 19%)·태국(비중은 17%)·뉴질랜드(비중은 16%) ·오스트레일리아(비중은 14%) 순이며 이들 국가 비중을 합치면 총 87%에 달한다. 금속류 대종상품 수입 원천지도 마찬가지로 '집중'된 특징이 존재하며 앞 5위 국가는 차례로 오스트레일리아(비중은 25%)· 인도(비중은 13%)·카자흐스탄(비중은 13%)·러시아(비중은 12%)· 말레이시아(비중은 11%) 순이며 이들 국가 비중을 합치면 74%에 달한다.

그렇다면 대 중국 대종상품 수출이 연선 국가 경제에 대체 어떤 영향을 일으킬까? 역사 데이터에 대한 분석을 거쳐 우리는 대종상품의 대 중국 수출 성장의 추이가 기본적으로 각국의 대 중국 총수출 성장 추이와 일치하다고 주장한다. 구체적으로, 식품·농업원자재 및 금속 3대류 대종상품의 대 중국 수출 성장 추이는 기본적으로 여러 국가의 대 중국 수출총액 성장 곡선을 에워싸고 상하로 변동했으며 양자의 산술 평균치가 대체로 같았다. 그래프 5-9에서는 카자흐스탄의 대 중국 수출 성장속도와 금속류 대종상품의 대 중국 성장속도의 비교상황을 밝혔다. 그래프를 통해 상기 특징을 정확하게 보아낼 수 있다.

에너지류 대종상품의 대 중국 수출에는 서로 다른 두 가지 상황이 존재한다. 한 가지 상황은 사우디아라비아와 같은 비교적 특별한 상황이다. 즉 그 나라의 에너지류 대종상품의 대 중국 수출(여러 가지 유형의 석유제품·원유 등이 주로 포함됨) 성장 곡선이 그 나라의 대 중국 수출총액의 성장폭과 거의 완벽하게 맞물리는 상황이다. 이는 그 나라가 중국에 수출하는 주요 상품이 곧 그 에너지제품이며 에너지제품의 수출상황이 그 나라의 대 중국 당해 수출총액을 기본상 결정짓는다는 사실을 설명한다. 다른 한 가지 상황은 러시아·오스트레일리아와 같은 국가의 상황이다. 그래프 5-10에서는 러시아의 대 중국 에너지류 대종상품 수출 성장속도와 대 중국 수출총액의 성장속도의 비교 상황을 보여주었다. 오스트레일리아의 경우도 이와 아주 비슷하다. 이 두 나라 에너지류 대종상품의 대 중국 수출 성장 곡선은 거의 항상 대 중국 수출총액 성장 곡선의 위측에 있었다. 이는 에너지류 대종상품이 이들 국가의 대 중국 수출에서 결정적인 요소로 작용한다는 것을 의미한다.

상기 분석을 종합해보면 4대류 대종상품 중 에너지류 대종상품 수출성장이 '일대일로' 연선 국가의 대 중국 수출을 효과적으로 이끌고 있으며 이에 따라 그 나라 국내 경제성장에 적극적인 영향을 가져다주고 있음을 알 수 있다. 그 이외의 3대류 대종상품의 대 중국 수출 성장은 변동이 비교적 크지만 전반적으로는 여전히 총수출액 성장률을 에워싸고 상하로 변동하는 상황이다. 이는 이 3대류 대종상품 수출이 총수출추세와 밀접히 연결되어 있음을 표명하며 마땅히 상응하게 중시해야 한다. 심지어 더 진일보로 위안화가 일단 연선 국가의 무역 가격표시 결제시스템에 가입하는 날에는 대 중국 대종상품 거래 활동의 변동성을 효과적으로 억제하게 될 것이며 심지어 이로 인해 '일대일로' 연선 국가의 무역활동이 더 한 층 번영할 수 있도록 이끌 수 있다고 주장한다.

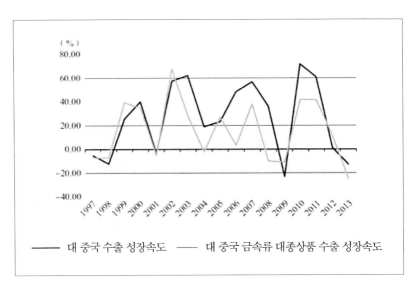

그래프 5-9 카자흐스탄의 대 중국 금속류 대종상품 수출

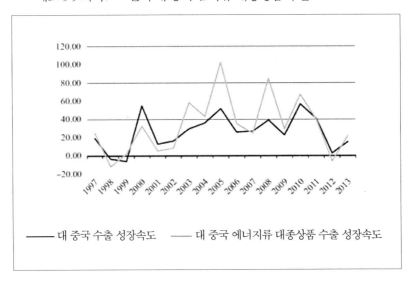

그래프 5-10 러시아의 대 중국 에너지류 대종상품 수출

5.2.3 대 중국 수입 수요와 발전의 새 기회

중국과 '일대일로' 연선 국가 간에는 우위의 상호 보완을 실현해 서로 협력하고 이익을 공유하는 무역관계를 수립할 수 있다. '일대일로'의 무역협력은 연선 국가에 새로운 발전기회를 가져다줄 것이다.

중국은 연선 각국에서 에너지 · 광산물 및 목화 · 가죽 등 원자재제품을 수입하는 한편 이들 국가로 의류와 공업 부품을 수출한다. 수출품에는 또 다양한 유형의 철강제품과 기관차 차량 등이 포함되는데 이들 국가의 인프라 건설과 공업의 발전에 새로운 활력을 주입시킴으로써 현지 2차 산업의 발전에 이로움을 준다. 농산물(과일과 견과류를 포함) 및 동물의 모발 혹은 육류에 대한 중국의 수요가 현지 농업의 발전을 이끌어 이들 국가의 농업현대화건설을 추진하는데 도움이 될 수 있다.

그밖에 무역 규모의 꾸준한 확대가 현지에 대량의 신규 취업 기회를 가져다줄 것임은 의심할 나위가 없다. 이는 현지 정치국면의 안정과 사회의 조화로움을 유지하는 데 이로워 그 나라 경제성장과 발전에 간접적인 추진역할을 하게 된다.

'5통'목표의 지도 아래에 우선적으로 정부 간 협력을 강화하고, 다음 고속철프로젝트를 추진해 도로의 연결을 실현해 현지 교통여건을 개선하며, 진일보로 무역의 성장을 추진하고 현지 경제 발전을 진작시킨다. 동시에 위안화를 지역 내 무역 가격표시 결제통화로서 널리 보급해 제3국 통화의 사용에 따른 환율 리스크를 줄이고 '일대일로' 지역경제협력 패턴을 강화함으로써 공동 번영을 실현한다.

5.2.4 위안화 투자경로가 확대되고 있다

2011년 12월, 중국이 RQFII(위안화 적격 해외기관 투자자) 업무를 정식 개시한 뒤 RQFII의 투자액 한도와 범위가 진일보로 확대될 전망이다. 이는 분명 국제 위안화 업무의 추진과 위안화의 국제화 가속에 중요한 적극적인 영향을 일으킬 것이다. 그밖에 후강퉁의 출범과 개별주식옵션의 준비과정을 거쳐 정식 가동한 것 모두가 중국의 자본시장을 보완하고 위안화 투자경로를 넓히는 데 있어서 중대한 의미가 있다. 마지막에 역외 금융시장 건설과 자유무역구의 새로운 시도 또한 위안화 투자경로를 다양화하는 데 있어서 보조적 역할을 하게 된다.

위안화 투자경로의 확장은 위안화의 국제화에 현실적인 가능성을 제공했다. 이는 비주민의 위안화 보유와 사용에 대한 의향을 증강시켜 '일대일로' 연선 국가들이 중국과의 무역에서 위안화로 가격표시와 결제를 진행하는 것을 받아들이게 하는 데 이롭다. 이에 따라 위안화의 지역 내 사용 규모와 사용 빈도를 높여 위안화가 지역 주요 통화로 부상할 수 있는 기반을 마련할 수 있다.

5.3 위안화 가격표시와 결제, 무역협력의 심화에 이로워

5.3.1 가격표시통화의 선택 이론

한 나라의 주권 통화가 어떻게 한 상품의 글로벌 가격표시통화가 될 수 있느냐는 문제에 대해 글로벌경제이론 중에 여러 가지 해석이 존재한다. 어떤 학자는 통화가 교류 매개로서의 역할이 가격표시통화 선택 과정에서 지극히 중요한 역할을 한다고 주장했다. 일반적으로 외환시장거래에서 거래비용이 비교적 낮은 통화가 더 환영 받는다. 그것은 낮은 거래비용이 흔히 비교적 양호한 유동성의 표현이기 때문이다. 더욱이 어떤 학자는 모델을 만들어 이런 통화가 상품시장의 거래비용을 효과적으로 낮추고 시장 효율을 높일 수 있다고 증명했다. 한편 낮은 거래비용은 흔히 주권국가의 성숙된 금융시장과 시장 감독관리 및 고효율의 대규모 자금배치와 갈라놓을 수 없다.

또 다른 학파의 이론은 업종 특징에 초점을 맞추었다. 그 이론에 따르면 대량의 동질화 상품이 쇄도하고 또 세분화된 시장에서 거래가 전개되는 업종은 거래비용이 낮은 단일통화를 사용해 가격표시를 진행하는 것을 선호하는 경향이 있다. 이런 상황에서는 여러 가지 통화가 모두 가격표시통화로 될 가능성이 있다. 그중에서 어떤 통화가 경쟁에서

315

이길지는 어떤 통화가 역사적 선제적 우세를 차지하느냐에 의해 결정되며 '관성'에 의해 그 지위가 유지된다. 미시적 각도에서 말하면 어느 한 통화가 일단 그 시장 가격표시 권한 쟁탈에서 우세적 지위를 얻었다면 기업은 가격표시통화를 새로이 선택할 동기가 없다. 그 이유는 그리 하면 비교적 높은 거래비용에 맞닥뜨릴 수 있는 한편 경쟁업종 내 가격 변동으로 기업 영업수입의 불확정성을 초래할 수 있기 때문이다. 그렇기 때문에 비록 어떤 통화의 거래비용이 충분한 경쟁력을 갖추었다 할지라도 이미 통치지위를 차지한 가격표시통화를 뒤흔들지 못할 것이다.

세 번째 이론은 가격표시통화의 선택이 국가별 거시적 경제변수의 변동상황과 밀접한 관련이 있다고 주장한다. 예를 들면 만약 한 나라의 통화 공급이 안정적이고 원활할 경우 다른 조건이 불변하는 전제하에 그 통화 환율은 더욱 안정적일 수 있으며 그러면 기업은 상품거래 가격표시 과정에 그 통화를 선택하는 것을 더욱 원할 것이다. 실증 연구를 거쳐 수출측 가격표시통화의 선택 및 가격표시통화 환율의 변동과 밀접히 연결되어 있고 또 이상적인 조건 하에서 수출측은 통화의 변동과 충격이 가장 작은 주권 통화를 선택해 가격표시를 진행하기를 원한다는 것을 표명했다. 한 걸음 더 나아가서 어떤 학자는 상품의 수요가격탄력과 생산원가 곡선의 볼록성이 생산자 가격표시통화의 선택에 영향을 준다고 주장한다. 즉, 만약 상품 수요의 탄력이 크면 가격 변동에 따른 한계평균원가의 상승을 초래하며 게다가 볼록성이 클수록 생산자 잠재적 손실도 커진다. 이는 실제로 거시적경제 변수의 변동이 가격표시통화 선택에 주는 영향에 대해 더욱 깊이 분석한 것이다.

우리는 여기서 제기된 이론을 받아들여 위안화 환율 및 그 변동 상황이 중국의 대외무역에 일으키는 영향이 어떤 것인지를 확정하려고 시도했다. 이제부터 '일대일로'무역에서 위안화를 사용해 가격표시와 결제를 진행하면 연선 국가의 경제무역협력을 추진할 수 있을지? 여러 국가 주체에 일정한 정도의 상호 이익과 혜택을 가져다줄 수 있을지? 연선 각국 경제성장과 발전에 기여할 수 있을지에 대해 실증방법을 통해 검증하려 한다.

5.3.2 연선 국가의 대 중국 수출에 근거한 실증연구

이 부분에서 우리는 '일대일로' 연선 국가의 각도에 서서 대 중국 수출 중 위안화로 가격표시와 결제를 진행하면 수출에 잠재적 이득을 가져다줄 수 있을지, 그래서 그 경제 성장에 순방향 효과를 가져다줄 수 있을지에 대해 탐구하고자 한다. 이를 위해 다음과 같은 모형을 구축했다.

$$\ln EX_{i,t} = a_i + \beta_i \ln Y_{CHN,t} + \gamma_i \ln EXR_t + \delta_i \ln VOL_t + \varepsilon_{i,t}$$
$$\sigma_{i,t}^2 = \theta_1 + \theta_2 u_{i,t-1}^2 + \theta_3 \sigma_{i,t-1}^2 + \theta_4 \ln VOL_t + v_{i,t}$$

위 공식에서 EX_{it}는 국가 i가 t시기 내에 중국에 대한 수출액(달러화로 표시)을 표시하고, $Y_{CHN\,t}$는 그 시기 중국의 국내총생산을 표시하며, 인플레의 영향을 제외한 국내총생산(GDP) 수치를 취해 계산을 진행했다. 우리는 수입국 국내총생산의 증가, 즉 총소득의 증가가 수입의 추진에 유리하다고 주장한다. 고로 예기치 β_i는 플러스 값이다. EXR_t는 그 시기 국가 i 통화 대비 위안화 환율을 표시한다. 우리는 국가 i 통화 대비 위안화

317

가치의 평가 절상이 그 나라에 대한 중국 수입액의 성장에 이로울 것으로 예기했다. 다시 말하면 그 나라의 수출액을 늘리는 데 도움이 된다는 뜻으로서 γ_i 는 마땅히 플러스 값이다. $\ln VOL_t$는 국가 i 통화 대비 위안화 환율의 변동 상황을 평가한다. 우리는 환율의 변동이 '일대일로' 연선 국가의 수출에서 위안화 가격 변동을 가중시켜 무역 리스크를 늘려 수출액에 억제작용을 일으킬 것으로 예기한다. 즉 δ_i 가 마이너스 값이다.

더 진일보로 우리는 광의적 자기 회귀 조건부 이분산(generalized autoregressive conditional heteroskedasticity, GARCH) 모형을 도입했다. 즉 '일대일로' 연선 국가의 대 중국 당기 수출이 직면한 불확정성(δ^2_i $,t$)은 전 시기 불확정성(δ^2_i $,t_{-1}$) · 미처 예기치 못한 수출 변화(u^2_i $,t_{-1}$) 및 당기 그 나라 통화 대 위안화 환율변동($\ln VOL_t$)의 영향을 받는다.

우리는 1994-2013년의 데이터를 취해 실증연구를 진행했다.[1] '일대일로' 연선 국가의 토대 위에서 무역액이 비교적 크고 또 각 지역에서 대표성을 띠는 국가를 선택해 그에 대한 실증연구를 거쳐 그 결과를 보고했다. 표 5-2에서 이들 국가의 실증결과를 볼 수 있다. 평균 방정식 및 분산 방정식 중 변동항($\ln VOL_t$)의 매개변수 추측 결과 및 뚜렷한 정도가 포함된다. 마지막 열에는 매개 국가의 대 중국 수출액에 대한 모형의 적합도(goodness of fitting)를 기록한 것으로서 즉 조정을 거친 R^2(Adjusted R-Squared)이다. 그중 평균 방정식(mean equation) 중의 $\ln VOL_t$ 의 추측 매개 변수는 수출국

---

1) 수출입 데이터의 출처는 UN Comtrade 데이터베이스이고, 인플레의 영향을 제외한 국내총생산(GDP) 데이터의 출처는 세계은행 데이터베이스(World Development Indicators)이며, 환율 데이터의 출처는 Datastream 데이터베이스이다.

통화 대비 위안화 환율 변동폭이 1%포인트 변화했을 때 그 국가의 대 중국 수출액의 예기변화를 표시한다. 분산 방정식(variance equation) 중의 $\ln VOL_t$ 의 추측 매개 변수는 수출국 통화 대비 위안화 환율 변동폭이 1%포인트 변화할 때 그 국가의 대 중국 수출 리스크 변동의 백분율을 가리킨다. 표의 수치 0.000 0은 매개 변수 추측치가 통계상에서 0과 뚜렷한 차별이 없음을 표시한다. 이는 위안화환율의 변동이 그 나라 수출의 예기 수준 혹은 수출 리스크에 뚜렷한 영향이 없음을 설명한다. 조정을 거친 R^2이 0.906 8이라는 것은 불가리아의 대 중국 수출의 90.68%를 우리 모형을 이용해 설명할 수 있다는 의미이다.

표 5-2 모형 매개 변수 추측 결과 (일부)

국가	lnVOL_t 평균 방정식	lnVOL_t 분산 방정식	조정을 거친 R^2
불가리아	0.0000	0.0000	0.9068
필리핀	−0.1865*** (0.0390)	0.0282* (0.0148)	0.8938
루마니아	−0.1782*** (0.0440)	0.0035*** (0.0000)	0.9315
파키스탄	−0.1690*** (0.0424)	0.0000	0.6971
인도	−0.1554*** (0.0467)	0.0000	0.9492
카자흐스탄	−0.0447*** (0.0122)	0.0000	0.9791
러시아	−0.0436*** (0.0102)	0.0000	0.9533
말레이시아	−0.0347*** (0.0076)	0.0007*** (0.0000)	0.9802
싱가포르	0.0301*** (0.0095)	0.0000	0.9476
니제르	−0.4027** (0.1668)	0.0000	0.9263
태국	−0.0653** (0.0278)	0.0051*** (0.0000)	0.9788
오스트레일리아	0.0425** (0.0203)	0.0000	0.9898
이집트	−0.1665* (0.0997)	0.0000	0.6498
터키	0.0584* (0.0348)	0.0013*** (0.0000)	0.6274
우간다	0.0000	−0.4052*** (0.0841)	0.6003

그리스	0.0000	-0.0554^{***}	0.9096
		(0.0201)	
오만	0.0000	-0.0363^{***}	0.9075
		(0.0123)	
벨로루시	0.0000	-0.0260^{***}	0.4590
		(0.0086)	
폴란드	0.0000	0.0134^{***}	0.9169
		(0.0004)	
리투아니아	0.0000	0.0087^{***}	0.9645
		(0.0001)	
인도네시아	0.0000	-0.0030^{***}	0.9880
		(0.0000)	
우크라이나	0.0000	0.0203^{**}	0.0719
		(0.0102)	
네팔	0.0000	0.0000	0.5216
사우디아라비아	0.0000	0.0000	0.9706

주: *는 10% 수준에서 뚜렷함을 나타내고, **는 5%의 수준에서 뚜렷함을, ***는 1% 수준에서 뚜렷함을 나타낸다. 괄호 안은 추측한 표준차이다.

절대다수 국가에 있어서 환율변동이 이들 국가의 대 중국 수출액에 주는 영향이 아주 뚜렷하며 게다가 위안화 환율변동은 이들 국가의 대 중국 수출 수준을 떨어뜨린다는 사실을 볼 수 있다. 예를 들어 태국의 대 중국 수출 계수 추측치가 -0.065 3인데 이는 태국 바트화 대비 위안화 환율 변동이 1%포인트 올라갈 경우 태국의 대 중국 수출을 평균 0.0653%포인트 떨어뜨리게 됨을 의미한다. 다시 말하면 위안화 대비 태국 바트화의 환율 변동이 태국의 대 중국 수출액에 실제적인 억제작용을 한다는 것이다.

마찬가지로 카자흐스탄은 오랜 기간 중국에 여러 가지 광물연료·여러 가지 금속(철·망간·동·아연 등)광석 및 정광을 수출하고 있는데 위안화 환율의 변동이 마찬가지로 그 나라의 대 중국 수출에 강력한 억제작용을 일으켰다. 그 계수의 추측치가 -0.044 7인데 이는 위안화 대비 카자흐스탄 통화의 환율 변동이 1%포인트 상승할 경우 카자흐스탄의 대 중국 수출을 평균 0.044 7%포인트 떨어뜨린다는 것을 의미한다. 그 모형에서 조정을 거친 R^2가 97.91%인데 이는 우리 모형이 카자흐스탄의 대 중국 수출액의 변화에 대해 아주 잘 해석했음을 설명한다.

뿐만 아니라 위안화 환율변동이 심화되면 '일대일로' 연선 상당수 국가의 수출 변동성이 커진다는 사실도 볼 수 있다. 이는 대 중국 수출에서 위안화로 가격 표시와 결제를 진행하지 않는 상황에서 위안화 환율의 변동이 이들 국가의 대 중국 수출상품 가격변동을 심화시켰다는 의미이다.

이러한 불확정성이 수출의 비예기적 변동을 일으키며 즉 더 큰 수출 리스크를 의미한다. 필리핀을 예를 들면 그 통화 대 위안화 환율 변동이 1%포인트 올라갈 경우 필리핀의 대 중국 수출의 변동을 0.0282%포인트 상승시킨다.

종합해보면 표 5-2에서 조정을 거친 R^2이 보편적으로 비교적 높은 편인데 이는 우리 모형이 '일대일로' 연선 국가의 대 중국 수출액 변동을 비교적 잘 해석할 수 있음을 설명하며 또 그중의 대부분 국가에 대해 위안화환율의 변동은 그 국가들의 대 중국 수출액에 뚜렷한 부정적인 작용을 한다는 것을 알 수 있다. 바꾸어 말하면 현실적인 무역결제 및 지급 습관이 실제로 무역활동 활약정도에 억제작용을 일으킨다는 것이다. 이는 위안화가 '일대일로'무역 지급결제의 주요 통화가 될 수 있는 튼튼한 이론적 토대를 마련해주었다. 첫째, 위안화를 사용해 무역결제를 진행하면 환율 변동이 상업활동에 가져다주는 불리한 영향을 효과적으로 방지할 수 있어 수출상의 영업수입과 순이윤을 안정시키는 데 뚜렷한 적극적인 의미가 있다. 둘째, 환율변동을 예방해서 무역활동의 진일보 대번영을 효과적으로 추진함으로써 연선 국가의 경제발전에 이로움을 가져다줄 수 있다.

우리가 앞에서 분석한 바와 같이 대 중국 무역 수출은 수많은 연선 국가의 수출 성장에 순방향 견인역할을 하며 또 환율변동에 대한 억제에 따른 무역공간의 확대가 대 중국 수출 성장을 한층 더 이끌 수 있다. 따라서 연선 국가의 경제성장을 추진하게 된다.

중국 자본시장의 대외개방도의 진일보 확대와 중국 금리시장화 개혁의 추진 및 위안화환율형성체제의 꾸준한 보완에 따라 위안화가 '일대일로' 무역 지급결제 주요 통화가 되는 것이 갈수록 가능한 현실적인 선택으로 되고 있다. 이는 중화문화의 국제 동질감과 영향력을 제고하는데 추진역할을 하며 양자 경제를 진작해서 최종적으로 상호 이득과 혜택을 주는 국면을 실현하는 데 중요한 의미가 있으며 위안화의 국제화·국제통화의 다원화 발전에도 심원한 영향을 줄 수 있다.

5.3.3 중국 대종상품 수입에 근거한 실증연구

이 부분에서 우리는 진일보로 대종상품무역이 환율변동의 영향을 받는지 여부에 대해 탐구하고자 한다. 이 부분의 모형·데이터 출처 및 시간 구간은 앞의 것과 똑같다. 표 5-3부터 표 5-6까지는 차례로 대표성을 띤 일부 식품류·에너지류·농업원자재류·금속류 대종상품 관련 대 중국 수출국에 대한 실증 연구결과이다.

표 5-3 대종상품(식품류)에 근거한 모형 매개 변수 추측 결과

국가	$\text{In}VOL_t$ 평균 방정식	$\text{In}VOL_t$ 분산 방정식	조정을 거친 R^2
태국	-0.1190^{**}	0.0113^{*}	0.9514
	(0.0523)	(0.0066)	
오스트레일리아	0.0000	0.0015^{***}	0.8196
		(0.0001)	

주: *는 10% 수준에서 뚜렷하다는 것을 표시하고, **는 5% 수준에서 뚜렷하다는 것을 표시하며, ***은 1% 수준엣 뚜렷하다는 것을 표시함. 이하동문.

표 5-4   대종상품(에너지류)에 근거한 모형 매개 변수 추측 결과

국가	InVOL_t 평균 방정식	· InVOL_t 분산 방정식	조정을 거친 R^2
사우디아라비아	0.0000	0.0035***	0.9813
		(0.0000)	
러시아	−0.02376***	0.0000	0.9481
	(0.0338)		

표 5-5   대종상품(농업원자재류)에 근거한 모형 매개 변수 추측 결과

국가	InVOL_t 평균 방정식	InVOL_t 분산 방정식	조정을 거친 R^2
오스트레일리아	−0.0768***	0.0049*	0.9123
	(0.0211)	(0.0026)	
러시아	−0.2799***	0.0000	0.9142
	(0.0266)		

표 5-6   대종상품(금속류)에 근거한 모형 매개 변수 추측 결과

국가	InVOL_t 평균 방정식	InVOL_t 분산 방정식	조정을 거친 R^2
인도	−0.7326***	0.0000	0.7931
	(0.2715)		
말레이시아	−0.0437***	0.0039***	0.9242
	(0.0081)	(0.0000)	

첫째, 우리 모형과 추측 결과는 설득력이 있다. 그 모형과 추측 결과는 이들 국가의 4대류 대종상품 관련 대 중국 수출액의 변동을 아주 훌륭하게 설명했기 때문이다. 이는 아주 높은 R^2의 수치에서 반영된다.

둘째, 대종상품무역에서 위안화로 가격표시와 결제를 진행하지 않는 상황에서 위안화 환율변동이 일부 연선 국가의 대 중국 수출 성장에 억제작용을 일으켰다. 한편 위안화 환율 변동은 또 일부 국가의 대 중국 대종상품 수출 위험을 증가시켰다. 예를 들어 표 5-3에서 태국 바트화 대비 위안화 환율변동이 1%포인트 상승할 경우 태국의 대 중국 식품수출이 0.1190%포인트 하락하는 결과를 초래했음을 알 수 있다. 그리고 태국과 오스트레일리아 통화 대비 위안화 환율 변동이 1%포인트 상승하면 이들 양국의 대 중국 식품 수출 변동이 각각 0.0113과 0.0015%포인트 상승했다.

마찬가지로 표 5-4에서는 러시아 루블화 대비 위안화 환율 변동이 1%포인트 상승하면 러시아의 대 중국 에너지 수출이 0.2376%포인트 하락했음을 알 수 있다. 사우디아라비아의 대 중국 에너지 수출액은 비록 위안화 환율의 변동에 민감하게 반응하지 않았지만 그 수출의 변동은 위안화환율변동과 뚜렷한 상관관계를 보였다. 표 5-5를 보면 오스트레일리아와 러시아의 대 중국 농업원자재수출이 위안화 환율변동에 대한 탄력은 각각 -0.0768과 -0.2799인데 이는 위안화 대 오스트레일리아달러화와 위안화 대 루블화의 환율변동이 이 두 국가로부터 이런 유형의 상품을 수입하는 중국에 역제역할을 일으킨다는 것을 표명한다. 오스트레일리아 달러화 대비 위안화 환율의 변동이 크면 오스트레일리아의 대 중국 농업원자재 수출 위험도 커지게 된다.

마찬가지로 금속류 대종상품 분야의 대 중국 주요 수출국 중 인도와 말레이시아의 수출 환율 탄력 추측치가 뚜렷한 마이너스 값으로 나타났는데 이는 위안화환율의 변동이 이 두 국가의 대 중국 금속수출의 성장을 억제한다는 것을 보여주었다. 이밖에 말레이시아의 대 중국 수출 위험도 위안화 환율 변동이 커짐에 따라 커진다.

상기 서술 내용을 종합하면 위안화는 '일대일로' 연선 국가의 대 중국 무역결제의 주요 통화로 될 수 있는 튼튼한 이론적 토대를 이미 갖추었다. 이는 거대한 무역공간을 마련하는데 유리하며 동시에 실크로드 연선국가의 빠른 경제성장을 추진하고 서로 이득과 혜택을 주는 공영하는 국면을 형성하는 데 중요한 의미가 있다.

5.4 대종상품 위안화 가격표시에 대한 금융지원체제

5.4.1 일대일로 연선의 위안화 금융 서비스

무역과 투자를 향한 국제 위안화 금융서비스는 '일대일로'무역에서 위안화 가격표시와 결제를 실현하기 위한 중요한 지원세력을 마련하는 것이다. 비록 정부 심사와 해외 지점 설립 등의 여러 가지 제한성으로 인해 전반적으로 중국 은행업 해외기관 수량이 제한적이지만 '일대일로'라는 특정 경제벨트 속에서 중국자본 은행은 이미 적지 않은 해외기관을 설립했다.

표 5-7에는 중국의 주요 국유은행이 '일대일로' 연선 국가에 설립한 해외기관을 열거했다. 이들 해외기관의 발전은 무역과 관련된 국제 위안화 서비스의 품질을 높이는데 유리하다. 자본계정에서 위안화 자금 유동에 대한 관제가 여전히 존재하는 상황에서 이들 해외 지점은 국내와 해외 업무 연동을 통해 해외 무역기업이 위안화 자금 지원을 받을 수 있도록 편리를 보장해주고 또 위안화 무역수입을 효과적으로 이용해 그 지역 국제 위안화무역결제의 발전에 튼튼한 금융적 기반을 마련해 준다.

표 5-7 국유은행이 연선 국가에 설립한 해외기관

은 행	해외 기관
공상은행	하노이지점(베트남) · 카라치지점(파키스탄) · 뭄바이지점(인도) · 프놈펜지점(캄보디아) · 비엔티안지점(라오스) · 바르샤바지점(폴란드) · 시드니지점(오스트레일리아) · 공은(工銀)알마티(카자흐스탄) · 공은인도네시아 · 공은말레이시아 · 공은태국 · 공은모스크바(러시아)
농업은행	시드니지점(오스트레일리아) · 하노이대표처(베트남)
중국은행	YALIAN(亞聯)지점(카자흐스탄) · 시드니지점(오스트레일리아) · 차이나타운(中國城)지점(오스트레일리아) · 퍼스지점(오스트레일리아) · 박스 힐(Box Hill)지점(오스트레일리아) · 브리즈번지점(오스트레일리아) · 라용지점(태국) · 호찌민시지점(베트남) · 프놈펜지점(캄보디아) · 오주(五洲)지점(캄보디아) · 무아르(麻坡)지점(말레이시아) · 풀라우피낭지점(말레이시아) · 클랑지점(말레이시아) · 조호르바루지점(말레이시아) · 쿠칭지점(말레이시아) · 푸총(Puchong)지점(말레이시아) · 자카르타지점(인도네시아) · 수라바야지점(인도네시아) · 메단지점(인도네시아) · 하바롭스크지점(러시아) · 프리모르스키(연해주)지점(러시아) · 러시아중국은행 · 카자흐스탄중국은행 · 말레이시아중국은행 · 중국은행오스트레일리아 · 중국은행태국 · 울란바토르대표처(몽골) · 나이로비대표처(케냐)
건설은행	호찌민시지점(베트남) · 시드니지점(오스트레일리아) · 건설은행러시아유한책임회사
교통은행	시드니지점(오스트레일리아) · 호찌민시지점(베트남)

해외기관을 설립하는 한편 중국자본 은행은 풍부한 종류의 국제 위안화 상품을 출시해 기업의 결제·융자 수요를 충족시켰다.

위안화 결제 방면에서 주요 상품은 무역 항목 아래 위안화 신용장 개설·송금·대금 징수 및 NRA계좌결제 등이 포함된다. 국제 위안화 융자 방면에서 '위안화 국제화 보고 2013'에서 제기되었던 '전통무역 융자상품 위주이고 신형 융자상품이 비교적 적은' 상황과는 달리 현재는 국제 팩토링·보증장·보증신용장·포페이팅을 대표로 하는 신형 융자상품이 아주 널리 보급되었다.(표 5-8 참고)

표 5-8 중국 주요 국유은행의 무역 융자상품

공상은행	수입 전대 융자(進口預付款融資) · 수입화환어음 · 수입대지급 · 수입화물 선취 보증/선하증권배서 · 신용장확인업무 · 수입T/T융자 · 수입 팩토링 · 수출주문서 융자 · 수출영수증 융자 · 전대신용장 · 포페이팅 · 수출화환어음/어음 할인 · 수출 팩토링 · 단기 수출신용보험 항목 아래의 융자(신용보험융자) · 운송비용과 보험비용 융자
농업은행	개설보증금 감면 · 전대신용장 · 수출어음할인 · 수출화환어음 · 수입화환어음 · 선하증권배서 · 포페이팅 · 기한부 신용장 일람불 어음(Usance Letter of Credit Payable at sight) · 아발(Per Aval, 保付加簽) · 국제무역 주문서 융자 · 국제 팩토링 · 수출신용보험 항목 아래의 융자 · 수출 영수증 담보 대출 · 수출상업 영수증 융자 · 收付通 · 무역 항목 아래의 리스크 참여 · 수입 항목 아래의 아발(Per Aval)
중국은행	룽푸다(融付達, Rong Fu Da Post Finance) · 신용공여 신용장 개설 · 雜幣進口匯利達 · 수입화환어음 · 지급 후이리다(Hui Li Da, 匯利達) · 해외 대지급 · 수입화물 선취보증 · 매입어음 · 추심전매입 · 전대신용장 · 수출어음 할인 · 수출화환어음 · 수출 취안이다(全益達) · 수출 후이리다 · 수출환급세위탁관리계정 담보 융자 · 포페이팅 · 국제기구 담보 항목아래 무역금융 · 수출상업 영수증 어음 할인 · 수입 더블 팩토링 · 수출 더블 팩토링 · 당발송금 융자 · 리스크 참여 · 매출채권 매입
건설은행	수입 신용장 · 수출 신용장 · 수입대리수금 · 수출위탁수금 · 수출 신용 보험 항목 아래 대출 · 수출 국제 팩토링 · 수출 상업 어음 융자 · 수출환급금 융자풀 · 수출 적적서류매입(nego) · 전대신용장 · 수출 위낙 수금 대출 · 비신용장 항목아래 신탁영수증대출 · 해외 대지급 · 신용장 개설 · 수입 화물 선취 보증과 선하증권배서 · 신용장 항목 아래 신탁영수증대출 · 기한부 신용장 항목 아래 환어음 할인 및 미수금 매입 · 국제무역 위안화 결제 업무 · 포페이팅 · 룽화퉁(融貨通) · 룽장퉁(融賬通) · 룽롄퉁(融鏈通)
교통은행	TSU(무역서비스시설) · 수출무역 융자 · 단기 수출신용보험융자 · 국내 신용장 매입자 융자 · 수입 고객선지급보증 · 수입무역융자 · 매출자 국내 신용장 · 수출 팩토링 · 수출 신용장 · 대외 담보 · 국제 위탁 수금 · 국내 신용장 매출자 융자 · 수입 팩토링 · 수입 신용장 · 수출 리스크 참여 · 주 고갯 서비스 플랫폼 · 포페이팅 · 국제업무 인터넷뱅킹 · 구조적 무역 융자 · 수입 대지급 · 매입자 국내 신용장

5.4.2 중국 선물시장의 빠른 발전

성숙한 선물시장은 두 가지 방면으로 대종상품 무역의 발전을 추진한다. 성숙한 선물시장은 한 방면으로 가격발견의 기능을 갖추어 대종상품 현물시장의 가격산정을 이끌 수 있다. 다른 한 방면으로는 효과적인 리스크 방지수단을 마련해 대종상품 무역 쌍방의 현물거래 리스크 헤징을 돕는다. 양자 무역 중 위안화 가격표시 결제 상황에서 중국 선물시장의 빠르고 건전한 발전은 대종상품 무역에 환율리스크가 없는 무역 리스크 헤징 수단을 제공하게 된다. 번거로운 환율태환 과정이 필요 없는 상황에서 선물시장의 가격발견기능의 충분한 이용이 가능해진다.

최근 몇 년간 중국 선물시장이 빠르게 발전해 대종상품 선물의 충분한 이용을 통한 위안화 가격표시 결제가 가능한 현물무역서비스의 기반을 마련했다. 현재 중국 선물시장은 3개의 선물거래소와 1개의 금융선물거래소로 구성되었으며 총 46개의 거래품목이 있다. 그중 상하이 선물거래소에 12개의 선물품목이, 다롄(大連) 상품거래소에 16개 선물품목이, 정저우(鄭州)상품거래소에 16개 선물품목이, 중국금융선물거래소에 2개 선물품목이 있으며 에너지 화학공업, 농·림·목·어업, 금속광산, 희귀금속 및 금융상품의 5대 유형이 포함되었다.(표 5-9 참고)

표 5-9 중국 주요 선물품목 분류

화학공업	연료유 · 천연고무 · 석유타르 · 무연탄 · 메틸알코올 · 정제 테레프탈산(精對苯二甲酸) · 유리 · 트루스타이트 · 선형 저밀도 폴리에틸렌 · 폴리염화비닐 PVC · 폴리프로필렌 · 코크스 · 점결탄
농 · 임 · 목 · 어업	일반 밀 · 양질의 강금 소맥(强筋小麥) · 조숙 인디카종 벼(메벼) · 만숙 인디카종 벼 · 메벼 · 목화 · 유채씨 · 채유 · 유채 유박 · 백설탕 · 옥수수 · 옥수수 녹말 · 황대두(黃大豆, 콩) 1호 · 황대두 2호 · 콩깻묵 · 콩기름 · 종려유 · 달걀 · 섬유판 · 베니어 합판
금속광산	동 · 알루미늄 · 아연 · 납 · 콘크리트 보강용 강철봉 · 선재 · 핫코일 · 규소철 · 철광석
희귀금속	황금 · 백은
금융상품	5년 만기 국채 선물 · 후선(滬深) 300주가지수 선물

2014년, 중국 최초의 '선물법' 제정이 빠른 진전을 보였다. '자본시장의 건강한 발전을 진일보로 추진하는 것에 대한 국무원의 몇 가지 의견' · '선물회사 감독관리방법' · '선물회사 자산관리업무 관리규칙(시행안)' 등이 잇달아 발표 실시되었다. 중국증감회가 '선물 및 파생상품 업종의 혁신발전을 한층 더 추진하는 것에 대한 의견'과 '증권투자기금 공개모금운영지침 1호-상품선물거래형 개방식 기금 지침'을 발표함에 따라 선물시장 및 거래의 제도화 규범화 정도가 갈수록 제고되고 있다. 2014년

12월 31일, 중국증감회가 '해외 거래자와 해외 중개 기구의 경내 특정 선물 품목 거래에 종사하는 것에 대한 관리 잠행방법(의견수렴 안)'에 대해 전 사회 범위 내에서 공개적인 의견수렴을 진행했다. 이 일련의 법규의 출범은 중국 선물시장의 장원한 발전에 튼튼한 제도적 보장을 마련했다.

2014년, 상하이 선물거래소 · 다렌상품거래소 · 정저우상품거래소가 또 21개 품목을 잇달아 출시해 지속적인 거래를 전개했다. 거기에 2013년에 첫 번째로 출시한 금 · 백은 선물까지 합치면 현재 중국 선물시장에서 이미 23개 품목 선물의 야간거래가 가동되었으며 전체 선물 품목의 절반을 차지한다. 거래가 가장 활발한 16개 선물품목에는 콘크리트 보강용 강철봉 · 철광석 · PTA · 콩깻묵 · 유채 유박 · 코크스 · 점결탄 등이 포함된다. 2014년 12월 12일 중국 증감회는 상하이선물거래소의 상하이 국제에너지거래센터 내 원유선물거래를 공식 비준했다. 이는 원유선물이 상장을 앞둔 초읽기단계에 들어섰음을 의미한다.

중국선물업협회의 최신 통계자료에 따르면 2014년 전국 선물시장 누계 거래량이 25억 500만 건에 달하고 누계 거래액이 291조 9,800억 위안에 달해 동기에 비해 각각 21.54%와 9.16% 성장한 것으로 나타났다. 이 두 가지 지표 모두 중국선물시장 역사상 최신 기록을 창조해 중국선물시장 거래규모가 또 한 번 역사기록을 창조했음을 설명한다. 그중 연간 전국 상품 선물시장 누계 거래량은 22억 8,800만 건, 누계 거래액은 127조 9,600억 위안으로 동기에 비해 각각 22.48%와 1.18% 성장했고, 연간 전국 금융 선물시장 누계 거래량은 2억 1,700만 건, 누계 거래액은 164조 100억 위안으로 동기에 비해 각각 12.41%와 16.31% 성장했다.

그밖에 국내 관련 기관의 통계에 따르면 중국 선물시장 고객 권익이

2,600억 위안이상에 달해 역사적 기록을 창조했다.

　중국 선물시장의 발전은 새로운 이정표가 될 것이다. 선물 중개업무·투자자문업무·자산관리업무·리스크 분회사업무 등의 추동 하에, 새로운 선물품목과 선물옵션이 곧 출시를 앞둔 배경을 볼 때 중국 선물회사는 바야흐로 대대적인 발전시대를 맞이하게 되었다. 기존의 연구 결과, 콩기름·옥수수·밀·콩깻묵·알루미늄·동·목화·콩·계란·기름 연료·천연고무 등의 상품선물은 이미 현물시장가격에 대한 선도 기능을 갖추었음을 표명한다.

5.5 대종상품 무역 가격표시 위안화 비중에 대한 측정

2013년 중국이 수입한 주요 대종상품의 가치는 약 3,414억 달러에 해당한다. 2012년의 3,322억 달러에 비해 92억 달러 늘었으며 성장률이 약 2.77%에 달했다. 중국 대종상품 수입 중 상당 비중을 차지하는 부분을 '일대일로' 연선 국가가 차지했으며 앞 10순위를 차지하는 주요 무역 파트너가 기본적으로 모두 이 지역에 집중되었다. 표 5-10에서는 2013년 중국이 수입한 주요 에너지류와 공업원자재류 제품 분류 관련해서 종합적인 정보를 열거했다. 표에서 보면 중국과 '일대일로' 연선 국가 간 무역 협력의 중요성을 분명하게 알 수 있다. 각국의 분기별 통계 수치에 근거하고 위안화국제화지수(RII)의 3급 지표인 '세계무역총액 중 위안화 결제 비중'을 결부시켜 연도를 데이터 평활 창구로 삼아 중앙값 회전을 이용해 본위화폐 무역결제의 연도 로그 성장률을 계산한다.(根据各國的季度統計數据,結合人民幣國際化指數(RII)的三級指標"世界貿易總額中人民幣結算比重",以年度作爲數据平滑窗口,利用滾動中位數計算本幣貿易結算的年度對數增長率) 이를 토대로 만약 2015년 중국경제 운행이 전반적으로 안정되어 7%의 경제성장을 실현한다면 2015년 세계 무역에서 위안화 결제 비중이 3.4%에 달해 전년도의 비중에 비해 성장폭이 30%가 넘을 것이라고 추측했다.

표 5-10 중국 주요 에너지・원자재 수입 (2013)

대종상품 종류	세계 무역액 (억달러)	'일대일로' 수입액 (억달러)	중국 수입액 중 비중(%)	'일대일로' 주요 무역 파트너	수입액 (억달러)	중국 수입액 중 비중(%)
목재	1 318.75	94.02	50.09	러시아	28.27	15.06
				뉴질랜드	18.57	9.89
				태국	11.68	6.22
				베트남	10.06	5.36
				인도네시아	7.81	4.16
				파푸아 뉴기니	6.35	3.38
				미얀마마	6.21	3.31
				오스트레일리아	5.07	2.70
철광석 및 정광	1 609.92	856.29	80.64	알바니아	551.53	51.94
				아제르바이잔	216.09	20.35
				오스트레일리아	23.78	2.24
				바레인	23.36	2.20
				불가리아	14.12	1.33
				미얀마마	13.91	1.31
				캄보디아	13.59	1.28
동광석 및 정광	563.23	38.26	19.63	오스트레일리아	16.52	8.47
				몽골	9.56	4.90
				터키	4.33	2.22
				모리타니	4.25	2.18
				카자흐스탄	3.61	1.85
알루미늄 광석 및 정광	57.88	36.84	97.77	인도네시아	24.05	63.83
				오스트레일리아	8.27	21.94
				인도	3.08	8.18
				기니	0.61	1.63
				가나	0.51	1.35
				피지	0.26	0.69
				말레이시아	0.06	0.17

				오스트레일리아	5.73	42.18
				몽골	0.82	60.5
				터키	0.65	4.79
아연광석 및 정광	76.71	9.11	67.08	인도	0.63	4.65
				아일랜드	0.45	3.31
				카자흐스탄	0.32	2.32
				이란	0.27	1.98
				사우디아라비아	0.25	1.82
				오스트레일리아	101.20	39.02
				인도네시아	52.50	20.24
				러시아	27.87	10.75
석탄	1 279.59	227.58	87.75	조선	13.94	5.37
				몽골	11.87	4.58
				남아프리카공화국	10.99	4.24
				베트남	8.44	3.25
				뉴질랜드	0.78	0.30
				사우디아라비아	423.68	19.29
				앙골라	318.09	14.48
				오만	199.32	9.08
				러시아	197.43	8.99
원유	1 165.45	1 736.59	79.07	이라크	179.00	8.15
				이란	168.88	7.69
				카자흐스탄	93.75	4.27
				아랍에미레이트연방	83.67	3.81
				쿠웨이트	72.77	3.31
				일본	0.59	67.82
콘크리트 보강용 강철봉	184.07	0.82	94.25	룩셈부르크	0.07	8.05
				독일	0.06	6.90
				한국	0.05	5.75
				터키	0.02	2.30
				벨기에	0.01	1.15
				러시아	0.40	6.04
				오스트레일리아	0.25	3.84
백은	16.16	0.96	14.50	벨기에	0.21	3.17
				말레이시아	0.05	0.76
				조선	0.05	0.76

이하의 추산에서는 2013년 한 해 동안 수입액이 92억 달러 신규 성장한 주요 대종상품 수입액을 기준으로 삼았다. 2014년과 2015년에 주요 대종상품 수입 성장 수준이 비슷한 것을 감안하면 2015년에는 2억 5,300만 달러 가치의 신규 성장 대종상품 수입에서 위안화를 가격표시결제통화로 사용할 것이라고 낙관적으로 예측했으며 2015년 한 해 동안 수입한 주요 에너지류와 공업원자재류 대종상품 중 약 95억 800만 달러에 해당하는 가치의 상품을 위안화로 가격표시와 결제가 진행될 것으로 예견했다.

중국은 '일대일로' 연선 국가의 중요한 대종상품무역 파트너이다. 만약 중국이 '일대일로' 연선 국가로부터 수입하는 대종상품 중 위안화로 가격표시와 결제를 진행하는 비중이 25%(가장 보수적인 상황), 50%(보수적인 상황), 75%(낙관적인 상황), 100%(가장 낙관적인 상황)에 달할 경우 그에 상응한 세계무역총액 중 위안화결제 비중이 각각 3.53%, 7.05%, 10.58%, 14.11%까지 늘어나게 될 것이다.(표 5-11 참고) 중국의 알루미늄광석·철광석·석탄의 주요 수입 원천지 국가는 알바니아 · 아제르바이잔·인도네시아·오스트레일리아·러시아 등의 국가들로서 이를 대종상품 위안화가격표시의 중점 돌파구로 삼을 수 있다.

표 5-11 '일대일로' 대중상품무역 위안화가격표시에 대한 추측

| 중국이 '일대일로' 연선 국가에서 수입하는 대중상품 | 가장 보수적인 상황 | | 보수적 상황 | | 낙관적 상황 | | 가장 낙관적인 상황 | |
| | 25% 위안화 가격표시 | | 50% 위안화 가격표시 | | 75% 위안화 가격표시 | | 100% 위안화 가격표시 | |
	무역금액 (억달러)	세계 총무역액 중 비중 (%)	무역금액 (억달러)	세계 총무역액 중 비중 (%)	무역금액 (억달러)	세계 총무역액 중 비중 (%)	무역금액 (억달러)	세계 총무역액 중 비중 (%)
목재	23.50	1.78	47.01	3.56	70.51	5.35	94.02	7.13
철광석 및 정광	214.07	13.30	428.14	26.60	642.22	39.90	856.29	53.20
동광석 및 정광	9.57	1.70	19.14	3.40	28.71	5.10	38.28	6.80
알루미늄광석 및 정광	9.21	15.91	18.42	31.82	27.63	47.73	36.84	63.64
아연광석 및 정광	2.28	2.97	4.56	5.94	6.84	8.91	9.11	11.87
석탄	56.90	4.45	113.79	8.90	170.69	13.35	227.58	17.80
원유	434.15	2.69	868.29	5.38	1 302.44	8.07	1 736.59	10.76
포크리트 보강용 강철봉	0.20	0.11	0.41	0.23	0.61	0.34	0.82	0.45
백은	0.24	1.49	0.48	2.97	0.72	4.47	0.96	5.96
합계	750.12	3.53	1 500.24	7.06	2 250.37	10.59	3 000.49	14.12

본 장의 분석 결과 위안화의 국제화는 중국과 '일대일로' 연선국가 간의 무역 리스크를 낮추는데 이로워 '일대일로' 연선국가의 대 중국 무역 발전을 추진할 수 있어 양자 간 경제성장에 지속적인 동력을 제공할 수 있다. 한편 중국 자본은행이 제공하는 국제 위안화 금융서비스, 특히 무역융자업무는 '일대일로' 무역협력에 중요한 금융적 지원을 제공할 수 있다.

　대종상품 무역은 '일대일로' 연선국가의 대 중국 무역의 주요 구성 부분으로서 양자 간 경제발전에 중요한 추진역할을 한다. 또한 위안화 국제화의 꾸준한 심화가 환율리스크를 낮추어 양자 간 무역의 안정적이고 빠른 발전을 추진할 수 있다.

　이 과정에서 중국 선물시장의 빠른 발전이 대종상품 현물시장의 리스크 방지와 가격 책정에 금융적 지원을 제공할 수 있다. 그러나 문제점과 시련이 여전히 존재한다. 무역융자 방면에서 위안화 금리와 달러화 금리 간에 차액이 존재하기 때문에 위안화 무역 융자비용이 상대적으로 높아지게 된다. 이는 위안화 무역 융자의 보급을 저해해서 중국과 '일대일로' 연선국가 간 무역협력에 대한 추진역할을 제한하게 된다.

　국내 선물시장의 발전 방면에서 중국자본계정의 개방 과정이 아직 완성되지 않았기 때문에 '일대일로' 연선 국가들의 중국 선물시장을 이용한 대종상품 무역 리스크 방지와 가격 책정 경로가 원활하지 않다. 그렇기 때문에 중국 자본계정 개혁을 꾸준히 추진해야 한다.

　그 과정이 아직 완성되지 않은 상황에서 위안화의 역외 금융중심 역할을 충분히 살려 비주민이 위안화 역외 금융중심을 통해 중국금융시장 거래에 참여할 수 있는 경로를 넓혀야 한다. 이는 '일대일로' 연선국가의 대 중국 대종상품 무역 과정에서 중국 선물시장의 리스크 방지와 가격책정 기능을 충분히 살릴 수 있을 뿐 아니라 '일대일로' 연선 국가의 대 중국 무역 위안화 수입의 환류체제를 확대함으로써 위안화 무역결제기업을 위한 가치 보유와 가치 증대의 경로를 더 많이 마련할 수 있다.

제6장
'일대일로' 인프라
융자 속의 위안화

6.1 '일대일로' 인프라 융자의 필요성

6.1.1 인프라 발전의 낙후는 연선국가의 경제성장에 심각한 장애

'일대일로' 연선에는 대다수가 신흥 경제체와 개발도상국가들로서 산업화와 도시화가 빠르게 추진되는 시기에 처해 있지만 대다수 국가들은 인프라 발전이 뒤처져 있다. 인프라가 경제성장에 어울리지 않는 것이 이들 국가 경제발전을 제약하는 주요 요소 중의 하나이다. 예를 들어 중앙아시아 5개국 중 상황이 조금 나은 카자흐스탄만 제외하고 나머지 4개국은 인프라 발전이 더딘 실정으로서 교통 · 에너지 · 통신 등의 인프라가 거의 독립 전 구소련의 수준에 머물러 있어 이들 국가 경제발전과 지역 경제협력에 심각한 걸림돌로 작용하고 있다. 경제 성장폭이 세계 2위이고 경제총량이 세계 8위를 차지하는 인도도 인프라 세계 순위는 겨우 87위에 머물러 있는 상태이다. [1]

---

1) World Economic Forum, 2014, The Global Competitiveness Report 2014-2015, September 2014.

맥킨지 앤드 컴퍼니(McKinsey & Company)가 2009년에 발표한 보고서에 따르면 인프라의 결핍이 인도의 연간 경제성장폭을 1.1% 떨어뜨리며 그에 따른 경제손실이 2천억 달러나 된다고 밝혔다.[2] 경제총량이 동남아지역 1위, 세계 16위을 차지하는 인도네시아의 경우 인프라 상황이 겨우 56위에 머물렀고 [3] 비즈니스 편리도 순위는 겨우 120위에 그쳐 [4] 낙후한 항구·잦은 정전·엉망진창인 도로가 수많은 다국적기업을 뒷걸음질치게 만든다.[5] 인프라를 대대적으로 발전시키는 것은 '일대일로' 연선 국가의 경제발전을 장기적으로 제약해온 걸림돌을 제거함에 있어서 반드시 거쳐야 할 과정이라는 점에 대해서는 각국이 이미 공동 인식을 형성했다.

6.1.2 경제성장에 대한 인프라 건설의 뚜렷한 견인 역할

현재 글로벌 경제 회복이 더디고 총수요가 부족해 전반적으로 여전히 저성장·저인플레의 특징을 보이고 있다. IMF가 2015년 1월 발표한 '세계경제전망'에서 2015년 글로벌 경제성장률을 3.5%로 예측해 2014년

1) World Economic Forum, 2014, The Global Competitiveness Report 2014-2015, September 2014.

2) http://world. huanqiu. com/hot/2012-05/2762436. html.

3) World Economic Forum, 2014, The Global Competitiveness Report 2014-2015, September 2014.

4) World Bank, 2014, Doing Business 2014, November 2013. 5 http://www. mofcom. gov. cn/aarticle/i/jyjl/j/201206/20120608193636. html.

10월의 예측 수치보다 0.3%포인트 낮아졌다.[1] 외수 부진 · 대종상품 가격 하락 · 미국의 테이퍼링(양적 완화 정책의 점진적 축소) 등의 영향을 받아 신흥경제체 성장률도 최근 들이 다소 둔화되고 있다. IMF는 신흥시장과 개발도상 경제체의 2015년 성장률을 0.6%포인트 낮춘 4.3%로 하향 조정했으며 그중 아시아 개발도상국의 성장률은 6.6%에서 6.4%로 낮추었다.[2] 외수 부족으로 인해 수출 주도형 경제발전 패턴을 유지하기가 어렵기 때문에 성장률의 하락은 '일대일로' 연선 국가들이 새로운 경제성장점을 모색하지 않으면 안 되도록 요구하고 있다.

인프라 투자가 경제 성장에 미치는 뚜렷한 견인역할은 다음과 같은 면에서 반영된다. 투자건설단계에서는 유휴자원이 존재하기만 하면 인프라투자의 증가로 인해 총수요가 배로 증가하게 되어 투자 승수효과를 거두게 된다. 건설 완료 후 사용단계에서는 여러 경제체의 생산비용과 거래비용을 직접 낮출 수 있을 뿐만 아니라 다른 요소(예를 들어 노동과 기타 자본)의 효율을 높여 그 지역의 종합경쟁력을 높여주며 나아가 더 많은 자본을 유치해 양적 순환을 형성할 수 있다.

1) 1 International Monetary Fund, 2015, "WorldEconomicOutlook", January 2015.
2) International Monetary Fund, 2015, "WorldEconomicOutlook", January 2015.

6.1.3 일대일로 연선국가의 인프라 융자 경로의 확장 절실

인프라 건설은 대량의 자금이 보장되어야 한다. 아시아개발은행의 예측에 따르면 2010-2020년, 아시아의 개발도상 경제체들의 매년 인프라 투자수요가 약 7,760억 달러에 달할 것으로 예측했으며 이중에는 내부 인프라 투자 7,470억 달러와 지역 인프라 투자 290억 달러가 포함되었다.[3] 민생증권(民生証券) 연구에 따르면 '실크로드 경제벨트'의 경우 지역 내 철도건설계획만 약 1만 킬로미터에 달하는데 현재 1킬로미터 당 건설 투자액을 3,000만~5,000만 위안으로 예산하면 총 투자가 3,000억~5,000억 위안에 이를 예정이다. 만약 3~5년에 나누어 건설한다면 매년 투입되는 자금 규모가 약 1,000억 위안에 이를 것으로 예산된다.

홍업증권(興業証券)의 추산에 따르면 아태지역에서 앞으로 10년 내에 인프라 건설에 필요한 건설자금이 약 8조 달러에 이를 것으로 보인다. 자본이 선행돼야 한다. 이 대규모 자금 부족 문제를 해결하기 전에는 '일대일로' 건설을 거론할 수 없다. 아시아개발은행·세계은행과 같은 다자기구는 기구 설립 취지에서 보나 그 출자능력에 대한 자본금의 규제를 보나 모두 인프라 투자에 그처럼 거액의 자금을 제공할 리 없다. 게다가 인프라 건설은 투입이 크고 기한이 길며 리스크가 크고 회수율이 낮으며

---

3) Asian Development Bank Institute, 2010, "Estimating Demand for Infrastructure in Energy, Transport, Telecommunications, Water and Sanitation in Asia and the Pacific: 2010-2020", September 2010.

효과가 더디게 나타나는 등의 특징으로 인해 개인 투자는 감당하기 어려울 뿐만 아니라 또한 개인 투자는 참여를 거부하고 있다. 이에 따라 자금이 '일대일로' 인프라 건설을 제약하는 걸림돌이 되었다. 때문에 반드시 융자경로를 적극 넓혀 보다 많은 공공자금 · 개인자금이 '일대일로' 인프라 건설에 공동참여할 수 있도록 동원해야 한다.

특별란 6-1

교통 인프라 융자 경로 분석

메콩강유역 소구역(GMS)은 메콩강유역의 6개 국가와 지역을 가리키는데 캄보디아 · 베트남 · 라오스 · 미얀마마 · 태국 및 중국의 윈난(雲南) 성이 포함된다. 'GMS 지역 투자 틀(2013—2022)'에서는 2013—2022년 GMS가 우선 추진할 총 515억 달러의 210개 프로젝트에 대해 정리했다. 교통 인프라 프로젝트가 총 96개인데 그중 84개 프로젝트의 투자총액이 441억 달러에 이를 예정이며 그 외 12개 프로젝트의 투자액은 아직 추측할 수가 없다.(표 6—1 참고)

표 6—1 2013—2022년 GMS 교통인프라 건설 투자계획 프로젝트

국가	캄보디아	중국	라오스	미얀마마	태국	베트남	기술지원	합계
프로젝트 수량	8	6	33	13	13	11	12	96
프로젝트 금액 (억 달러)	23.52	166.90	131.70	20.36	48.73	49.59	0.15	441

자료출처: GMS.

계산 결과 중국을 제외한 교통인프라 프로젝트 투자 금액이 274억 달러이며 평균 매년 투자액은 27.4억 달러이다. 캄보디아 · 베트남 · 라오스 · 미얀마마 · 태국 5개국의 매년 GDP 총 합계는 6,400억 달러이고, 재정수입 총 합계는 1,300억 달러이며, 연간 프로젝트 투자액이 GDP 중에서 차지하는 비중은 약 0.4%이고 재정수입 중에서 차지하는 비중은 약 2.1%이다. GDP와 재정수입에 비해 연간 프로젝트 투자액은 감당하기 어려운 수준이 아니다. 그러나 재정압력을 완화하고 재정적자를 낮추기 위해 GMS는 여전히 융자경로를 넓히기 위해 애써 계획하고 있다. 현재 96개 프로젝트 중 약 30개 프로젝트에 대한 융자 출처를 기본적으로 확정지었다. 외부 자금의 주요 출처는 다음과 같다.

(1) 해외 우대 대출. 관련된 비즈니스 총 금액이 약 78억 5천만 달러이다. 예를 들어 중국 수출입은행이 라오스 NR1A 도로개선 프로젝트(Lantui-Bounneau구간, 145킬로미터)에 우대 대출을 9,100만 달러 제공할 계획이며 Vientiane-Boten 철도 프로젝트에 우대 대출을 72억 달러 제공할 계획이다.

(2) 아시아개발은행대출. 약 23억 달러의 자금을 제공한다는 계획으로서 중국 룽링(龍陵)-루이리(瑞麗) 고속도로(총 투자액 17억 5천만 달러) 건설에 2억 5천만 달러의 대출을 제공하는 것과 GMS Ha Noi-Lang son 고속도로(총 투자액 14억 달러) 건설에 8억 달러 자금을 제공하는 것 등이 포함된다.

(3) 정부 간 지원. 관련된 총 투자액이 약 1억 달러로서 중국 정부가 라오스 NR13도로 개선 프로젝트(Oudomxay-Pakmong 구간, 82킬로미터)에 8,200만 달러의 자금 지원을 제공하는 계획이 포함된다.

(4) 개인 투자. 관련된 자금액이 총 4억 달러로서 라오스 Luang Namtha-Xiengkok-Lao-Myanmar 우의대교 건설 프로젝트에 개인 투자가 약 1억 5천만 달러 포함되었다

메콩강 유역 소구역의 인프라 융자 중 현재 주요 투자자는 중국이다.

6.2 '일대일로' 인프라 융자의 주요 패턴

자금의 국한성은 '일대일로' 연선국가 인프라 투자에서 직면한 공동 난제이며 융자 패턴의 적합도가 '일대일로' 인프라 프로젝트의 건설효율을 직접 결정짓는다. 세계 최대 개발도상국인 중국은 경제적 토대가 약하고 영역이 넓으며 자금이 턱없이 부족하다는 등 여러 방면의 제약요소를 극복하고 짧은 몇 십 년 사이에 인프라 건설영역에서 논쟁할 여지없이 훌륭한 성적을 이루었다. 그 성공경험을 여러 나라와 공유할 수 있으며 여러 나라의 본보기로 될 수 있다. 중국 패턴의 정수를 '일대일로' 건설에 효과적으로 이용할 수 있다면 각 국가의 인프라 건설에 새로운 구상을 제공해 관건 문제를 해결함으로써 '일대일로' 인프라 건설의 발전을 아주 크게 추진할 수 있다.

6.2.1 프로젝트의 성질에 의해 결정되는 융자 패턴

(1) 순 공공재 성질의 프로젝트, 예를 들어 환경보호·감측(?) · 녹화 · 재해 예방 및 대처시설 등이다. 이런 프로젝트는 연구기간·시공기간 · 유지보수기간 전 과정에 수금체제가 형성되지 않았을 뿐 아니라 공익성이

비교적 강하기 때문에 투자정책 결정권과 프로젝트 심사비준권이 본국 중앙정부 혹은 지방정부에 집중되며 각급 정부가 계획하고 결책한다.

　건설자금의 조달은 주로 정부재정예산배정금에 의존하며 프로젝트가 건설된 후의 관리와 운영도 정부가 주도한다. 이밖에 국제 지원 · 증여 · '일대일로' 관련 특별기금 등도 순 공공재 성질의 프로젝트 자금의 주요 원천이다.

　(2) 반경영성질의 프로젝트, 예를 들어 도로·교량·환경 위생·전기 공급 · 급수·가스 공급 등의 시설이다. 이런 프로젝트는 외재성·규모성 · 비배타성 특징을 띠며 수금체제로 모든 건설비용을 보충할 수 없기 때문에 철저한 시장화운영에 의지할 수 없다. 따라서 정부가 투자와 융자체제 혁신을 통해 일정한 가동자금을 주입하고 정책적 우대를 제공해 민간 혹은 외부 자금의 투자를 유도해야 하며 특히 국제 우대 대출을 유치해야 한다. 이 방면에서 중국은 성공 사례가 아주 많다. 중국 국내 90% 이상의 고속도로, 70%의 1급 도로와 40%이상의 2급 도로는 모두 '대출을 이용해 길을 닦은 뒤 비용을 수금해 대출을 상환하는' 패턴으로 건설했으며 일정한 정도에서 정부 재정지출의 결핍을 보충했으며 정부는 그중에서 더 이상 주요 투자자의 역할을 맡지 않았다.

　(3) 경영성질의 프로젝트, 예를 들어 도시 간 지역 간 고속도로·시내와 시외 대중교통·집중 난방공급·유선 텔레비전 등이다. 이런 프로젝트는 자본 도입 규모가 비교적 작고 배타 비용이 비교적 낮은 특징을 띠며 수금체제가 완벽할 뿐 아니라 건설비용을 커버할 수 있어 개인과 외자가

주요 투자자와 경영자의 역할을 담당한다. 이처럼 개인 자본과 외자를 주입시켜 주요 건설 임무를 맡도록 하는 패턴은 개발도상국가의 인프라 건설 투자와 융자체제 혁신의 기본 경로이며 또 '일대일로' 인프라와 같은 대형 전략적 건설임무가 거액의 자금 수요에 직면한 상황에서 현실적 수요에 비교적 부합하는 혁신방식이기도 하다.

6.2.2 자금 조달 경로에 의해 결정되는 융자 패턴

1. 직접 융자

(1) 정부의 도시행정채권 발행. 선진국은 대다수가 이런 경로를 통해 인프라 융자를 실현한다. 예를 들어 미국 인프라 건설자금 출처의 90%~95%가 도시행정채권이며 도시행정채권 잔액이 GDP 중에서 차지하는 비중은 기본적으로 15%~20%를 유지한다. 일본에서는 그 비중이 더욱 높아 40%에 달한다.

(2) 기업의 도시건설채권 발행. 채권의 입안에서 설계까지, 심사비준에서 발행까지, 유통에서 청산에 이르기까지 전적으로 기업채의 운행패턴을 적용해 자금을 모금한 뒤 인프라 프로젝트에 투자하는 것이다. 도시행정채권 발행조건이 성숙하지 않은 국가에서는 지방정부가 기업의 '명의를 빌려' 도시건설투자기업채권 발행을 통해 도시행정건설자금을 조달하고 정부는 기업의 채권발행 과정에 정책적 우대를 제공한다. 예를

들어 담보 제공, 토지나 자원허가, 세수우대 등의 정책적 우대이다.

(3) 인프라 자산지원증권 발행. 인프라 수금 혹은 수익으로 생기는 현금류를 상환 기반으로 삼고 인프라자산의 증권화를 실현하는 것이다. 예를 들어 자산세트를 이체증권 · 담보대출채권 등으로 묶어 자본시장에 투입함으로써 자산을 활성화시키는 것이다. 2006년 6월 중국 최초의 도시 인프라 수금 수익권을 자산 증권화한 상품-'난징(南京) 도시건설 오수처리 수금 자산 지원 수익 특별자산관리계획'을 적격 기관투자자에게 발행하기 시작했는데 겨우 1개월 만에 7억 2,100만 위안의 수익 증빙 매입을 마무리 지음으로써 채무구조를 최적화한 동시에 사회자금을 조달해 자산을 활성화시켰으며 인프라 건설과 투자 · 융자의 지속적인 발전을 실현할 수 있었다.

(4) 고정수익권익증권 발행. 성장 성능이 양호하고 수익예기를 갖춘 인프라 건설 프로젝트에 대해 은행·사회를 상대로 광범위하게 주식자금을 모금하는 것이다.

2. 간접 융자
(1) 정책성 은행 대출. 인프라 프로젝트 건설주기와 자금 회수기가 비교적 길고 제품과 서비스의 가격과 수금시스템 시장화정도가 높지 않아 그 경영이 정책적 요소의 영향을 비교적 많이 받는다. 인프라영역의 이러한 특성은 사회자금이 정책성 자금의 동원이 필요함을 결정짓는다.

정책성 은행은 상업은행에 비해 자체의 독특한 우세를 갖추었다. 인프라 프로젝트 건설의 어려움을 감안할 때 정책성 은행은 프로젝트 건설 초기에 주도적 역할을 담당할 수 있는 조건을 갖추었고 또 마땅히 그 역할을 담당해 관건적인 인도자가 되어야 한다. 정책성 은행은 정부가 시장체제의 부족점을 미봉할 수 있는 중요한 수단으로서 그 운행체제는 주로 상업은행 혹은 기타 금융기관에 금융채권을 발행하는 것을 통해 자금을 조달한 뒤 인프라 건설 프로젝트에 정책적 장기대출을 발행하는 것이다. 이러한 체제는 단기적이고 분산적인 상업자금을 인프라 건설의 특징에 알맞는 장기적이고 대규모적인 융자지원으로 재통합하는데서 효과적이다. 더욱 중요한 것은 그 체제가 사회자금에 대한 양호한 유도효과를 일으켜, 특히 인프라 프로젝트 건설의 중·후기에 상업자금에 대한 막강한 흡인력을 형성해 프로젝트 건설의 양호한 순환을 가속할 수 있다.

(2) 상업은행대출. 사회 융자의 주경로로서 상업은행은 인프라 융자시장에서 마땅히 주요 역할을 발휘해야 한다. 융자 패턴 혁신을 통해 상업은행은 상업자금이 인프라 건설을 지원할 수 있도록 중개역할을 할 수 있다. 예를 들어 은행단대출·연합대출 등의 방식을 통해 단일 상업은행의 자금 실력이 제한적인 단점을 미봉할 수 있고, 자금의 지나친 집중 투입에 따른 리스크의 집중을 방지할 수 있으며 자금을 재통합하고 리스크를 공동 분담할 수 있어 인프라 건설에 대한 지원력을 키울 수 있다. 혹은 담보체제에 대한 보완을 통해 상업자금의 인프라 건설 참여를 편리하게 할 수 있다. 그밖에 끼워 개발하기를 추진해 저수익 프로젝트와 고수익 프로젝트를 하나의 자산조합으로 묶어 수익의 균형을 이룸으로써

사회자금의 인프라 투자 동기를 자극하는 것이다.

(3) 정부의 재정적 지원. 인프라 건설의 공공성과 공익성에 비추어 정부는 마땅히 투자자에게 일정한 재정적 지원을 제공해 프로젝트의 사회효과와 수익이 경제 효과와 수익으로 전환할 수 있도록 추진함으로써 사회자금의 적극성을 자극해야 한다. 예를 들어 정부가 상업은행 혹은 민간 투자자·국제 투자자에게 대출 금리 할인 혜택을 줄 수 있고, 경제 효과와 수익이 낮은 프로젝트에 대해 정부와 투자자 간 구매협의를 체결해 시장 소비량이 일정한 수준보다 낮을 경우 정부가 부족한 부분을 구매하기로 약정할 수 있으며, 정부가 보조해주거나 이전지급 등의 혜택을 줄 수 있는 등이다. 이런 패턴을 통해 정부는 소량의 재정지출로써 대량의 은행대출과 민간·외부 자금의 주입을 바꿔 네냥을 걸고 천근을 움직이는 효과를 일으킬 수 있으므로 정부가 직접 투자해 프로젝트를 건설하는 것보다 더욱 과학적이고 합리적이다.

3. 직접 융자와 간접 융자의 결합

직접 융자와 간접 융자는 각각 우세와 리스크가 존재한다. 만약 혁신을 통해 통합 조정을 실현해서 장점을 살리고 단점을 극복할 수 있다면 '일대일로' 인프라 건설을 위해 더 훌륭한 역할을 더 많이 발휘할 수 있다. 현재 중국은 '투자와 대출을 결합하는' 패턴을 모색 중인데 운행체제는 '주권+채권', 즉 상업은행 관련 투자기구 간에 전략적 합작을 달성하는 것으로서 투자기구가 기업에 대한 평가를 맡는 한편 주권 투자를 완성하고,

상업은행이 대출형태로 신용대출 지원을 제공해 채권 투자를 완성함으로써 양자가 공동으로 인프라 건설 프로젝트를 위한 융자서비스를 제공하는 것이다. 이러한 패턴의 우세는 은행이 주권 투자에 진문 종사하는 관련 기구와 이익을 공유하고 리스크를 공동 분담하는 연합을 달성하는 것을 통해 더 유효한 투자정보를 얻을 수 있어 인프라 프로젝트 건설 주기가 길고 자금 수요가 크며 경제효과와 수익이 낮은 데 따르는 융자 리스크에 대한 관리에 이로운 것이다. 이런 융자 패턴이 '일대일로' 인프라 건설에 혁신적으로 작용할 경우 은행의 적극성을 더 잘 동원해 더 많은 상업자금을 관련 프로젝트 건설에 참여하도록 끌어들일 수 있다.

6.2.3 정부와 개인이 연합 경영하는 인프라 융자 패턴

(1) BOT. 즉 '건설-경영-양도', 정부와 투자자가 설립한 인프라 프로젝트회사 간에 체결한 특허권협의로서 투자자에게 그 인프라프로젝트 투자·융자·건설·경영·유지보수를 담당하게 하고 협의에 규정된 특허 기한 내에 그 기업이 시설 사용자로부터 적당한 비용을 수금해서 프로젝트의 투자와 융자·건설·경영·유지보수 비용을 회수하고 합리적인 투자회수를 얻을 수 있는 권한을 부여한다. 정부는 그 인프라 프로젝트에 대한 감독권과 통제권을 소유한다.

(2) TOT. 즉 '이전-경영-이전', 정부 혹은 국유기업이 이미 건설된 프로젝트에 대한 재산권 혹은 경영권을 일정 기한 동안 투자자에게

유상으로 양도해 투자자가 운영하고 관리하도록 하는 것이다. 투자자는 약정된 기한 내에 경영을 통해 모든 투자를 회수해 합리적인 투자 회수를 실현한다. 양자 간 계약기한이 만기된 뒤 투자자가 그 프로젝트를 다시 정부당국 혹은 원 기업에 이전한다.

(3) PPP. 즉 '정부-개인경영-합작', 정부와 투자자가 인프라 건설 프로젝트 합작을 위해, 혹은 모종의 공공재와 서비스를 제공하기 위해 특허권협의를 토대로 특허경영권방식으로 투자자가 경영하는 기업에 일부 정부 책임을 이양해서 정부와 투자자기업 간에 '이익 공유·리스크 공동부담·완전 합작'의 공동체관계를 수립함으로써 정부의 재정부담을 경감하고 투자자의 투자리스크를 감소하는 것이다.

(4) RCP. 즉 '자원-보상-프로젝트', 정부가 특허권협의를 통해 투자자에게 인프라 프로젝트 융자·설계·건설·경영·유지보수 관련 권한을 부여하고 또 투자자에게 토지 · 광산 · 관광개발 등과 같은 일정한 자원을 보상해 주는 것이다. 약정된 특허 기간 내에 투자자는 그 프로젝트 사용자로부터 일정한 비용을 수금해 투자·경영·유지보수비용의 일부를 회수할 수 있다. 특허기한이 만기되면 투자자는 프로젝트를 무상으로 정부에 이전해야 한다.

(5) PEI. 즉 '민간의 자발적 융자', 정부가 사회의 인프라의 수요에 따라 건설이 필요한 프로젝트를 제기한 뒤 입찰을 통해 특허권을 획득한 개인 자본이 공공 인프라 프로젝트의 건설과 운영을 진행하는 것이다. 개인 자본

경영의 프로젝트 회사는 정부 혹은 서비스를 제공받는 측으로부터 비용을 수금해서 비용을 회수할 수 있으며 특허기한이 끝났을 때 그 프로젝트를 정부에 반환한다. 표 6-2에서는 상기 여러 가지 융자방식의 특징과 적용 조건을 열거했다.

표 6-2　정부와 개인 간 여러 가지 합작 경영 융자 방식의 특징 및 적용 조건

구분	특징				적용조건			
	자금 규모	리스크 정도	프로젝트 주기	프로젝트 회수	정부 부담 정도	국가 우선 장려 여부	운영자 기술 관리 수준	시장 건전도 및 정부 조종능력
BOT	크다	비교적 높다	길다	높다	높다	보통	높다	보통
TOT	비교적 크다	높다	길다	높다	높다	높다	높다	높다
PPP	크다	비교적 높다	길다	높다	높다	보통	높다	보통
RCP	크다	보통	길다	보통	높다	보통	높다	보통
PFI	크다	비교적 높다	길다	높다	높다	보통	높다	보통

자료출처: 허원후(何文虎) · 양윈룽(楊雲龍) · 더우샤오창(豆小强):「우리나라(중국) 도시 인프라 건설 융자 패턴 혁신 연구」, 『서부금융(西部金融)』, 2013(11)에 게재.

총적으로 말해 인프라 건설 투자와 융자 패턴의 경우 어느 곳에 놓아도 다 꼭 들어맞는 통일된 패턴은 존재하지 않는다. 다양한 지역, 다양한 국가 심지어 한 국가의 여러 성과 지역 간에도 모두 천차만별의 실제 상황이 존재하기 때문에 각 지역의 구체적인 실정에 맞고, 시대의 발전에 맞춘 자금 지원 방식이 필요하다. 구체적으로 말해 '일대일로' 연선에서 인프라 건설을 줄곧 중시해온 일부 개발도상국과 절대다수의 선진국은 인프라 환경이 비교적 양호하고 시장화조건이 더 양호하기 때문에 시장 주도·정부 관리·국제협력의 금상첨화 격의 융자패턴이 적합하다.

반면에 줄곧 건설자금이 결핍한 개발도상국가의 경우는 인프라 환경이 취약하고 시장화조건이 아직 형성되지 않았기 때문에 국제자금·기술 지원 및 기타 형태의 협력을 통해 이들 국가를 도와 시장화조건을 형성하고 나아가서 인프라 건설을 보완해 시장화로 향하는 기반과 조건을 마련하는 것이 더욱 필요하다. '일대일로' 인프라 시설 건설이라는 위대한 프로젝트 추진과정에서 지역경제협력은 양동이 효과를 억제하는데서 매우 중요한 일환으로서 각국은 인식을 통일시켜 서로 간에 시장 개방·정책 조정을 추진하고 자원·자금·인적 왕래를 추동하며 각자의 실제 상황에 알맞은 융자 패턴을 공동 탐구해야 한다.

6.3 '일대일로' 인프라 융자에서 직면한 시련과 대책

'일대일로' 연선에는 국가가 많이 분포되어 있고 각국의 제도 · 문화 · 관습 · 시장 성숙도의 차이가 비교적 커서 인프라 건설 프로젝트의 융자에 많은 걸림돌이 되고 있다. 인프라 건설을 추진하려면 각 국가 간에 공동인식을 증진하고 유력한 조치를 제시해서 이런 시련을 극복해야 한다.

6.3.1 시장화 운영에 저촉되는 관념

'일대일로' 연선국가 특히 개발도상국들은 인프라 투자 · 건설 · 유지보수에서 장기간 국가 재정의 지출에 의존해왔으며 정부가 독점경영해오면서 경제효과와 수익이 매우 낮은 수준에 머물러 있다.

이에 따라 인프라 건설 진도에 줄곧 불리한 영향을 주어 그에 따른 사회적 효과와 수익도 아주 낮은 수준이다. 그러한 융자 패턴과 건설 패턴은 연선국가 정부 · 기업 · 사회대중에게 습관화되었으며 심지어 고질적이 되어 인프라 건설의 시장운영 혹은 외자유치가 대중들에게 받아들여지는 것이 아주 어려운 상황이다. 관념의 불통은 직접행위의 불통으로 이어진다.

사회자금은 애초에 인프라 건설에 투입하는 것을 원치 않을 뿐 아니라 기업과 외자에 대한 보편적 불신감이 또 개인자본과 국제자본의 적극성에 심각한 타격을 제공하고 있다.

강물이 석자 두께로 얼어붙는 것은 결코 하루 이틀 추위 때문이 아니다. 사람들 관념 속에서 시장융자의 걸림돌이 되고 있는 그 두터운 얼음층을 녹이려면 일정한 시간이 필요할 뿐 아니라 정부·은행·기업의 꾸준한 노력도 필요하다. 정부 자체가 관념을 갱신해야 하며 동시에 사회 대중에 대한 홍보를 강화해서 폭넓은 공동인식을 형성해야 한다.

은행은 인프라 건설 분야의 고성장성 기업을 밀접하게 주시해야 한다. 중소기업과 영세기업을 포함해서 이들 기업이 인프라 건설시장에 진출할 수 있도록 최대한 도와야 한다. 기업은 '일대일로'의 '후롄후통' 건설 속에서 상업기회를 애써 포착해서 경제 및 사회 효과와 수익을 모두 창출할 수 있는 프로젝트들을 더 많이 더 잘할 수 있도록 노력해야 한다. 사실이 가진 힘은 웅변을 능가한다. 관건은 일부 용두 프로젝트를 하루 빨리 공동으로 추진해 시범효과를 형성함으로써 전 사회에 실제적인 이점을 보여주어 인프라 건설 시장화체제 형성에 대한 사회 각계의 찬성과 추진을 이끌어내는 것이다.

6.3.2 필요한 관련 정책의 결여

'일대일로' 연선국가 정부와 관련 당국은 인프라 건설 분야에서 효과적인 관련 정책의 결핍이 보편적 현상이다. 특히 투자계획 · 융자경로·요금가격 · 참여자질·운영방법 등의 방면에서 명확하고 실행 가능한 운영 절차 규정과 건설 수요에 부합되는 우대 추진정책이 결여되어 있다. 이는 정책의 지도성과 감독 관리성을 떨어뜨리는 한편 사회자금의 참여적극성에도 타격을 가한다. 관련 규정의 모호성으로 인해 개인자본과 국제자본의 운영공간이 크고 시장평가가 정확하지 않은 폐단을 초래해 결과적으로 경영과 투자 리스크가 올라가게 된다. 그밖에 정책적 지원력이 부족한 상황에서 기업은 모든 방면에서 이익 창출 공간을 최대한 발굴하고자 하기 때문에 모종의 정도에서는 대중의 신용 위기를 악화시켰다.

인프라 투자와 융자의 시장화는 정부가 전혀 참견하지 않는다는 의미가 아니라 관련 당국의 정책 제정과 이행에 더 높은 요구와 시련을 제기한 것이다. 감독관리조치 방면에서 지나친 관리로 인해 시장 배치의 역할을 제대로 발휘하는데 영향을 주지 말아야 하고, 또 지나치게 개방하는 것도 피해야 하며 인프라 건설의 공공성과 공익성을 보장해야 한다. 추진조치 방면에서 우대조치가 없으면 사회자금을 동원할 수 없고, 그러나 우대 정도가 지나치면 정부 재정의 부담을 가중시켜 국가와 지역 경제의 지속적인 발전에 불리하게 된다. 구체적으로 다음과 같은 조치를 취해 인프라정책을 보완할 수 있다. 첫째, 정부는 관련 정책의 활용성을 높이고 인프라 건설 중에서 개인자본과 국제자본의 권리와 의무를 명확히 확정지어 법률과 기율을 엄정히 해야 한다. 둘째, 정부는 합리적인 계획을 토대로 시장에 최대한 이익을 양보해 기업 · 은행 · 국제투자자에 대한 실제적인 우대정책을 실행해야 한다. 예를 들어 토지개발 우선권, 세수감면 우대 정책, 은행 예대비 인하, 리스크 예방 등 방면의 요구이다. 셋째, 정부는 객관적 경제 여건에 중대한 변화가 일어나 민영과 외부 투자자가 투자비용을 회수할 수 없을 시에 서비스요금 가격 조정 · 리스크 보상 · 세수감면 등의 조치를 통해 투자 회수율을 안정시킬 것을 약속해야 한다.

6.3.3 관련 법률의 결여

인프라 건설의 시장화 운영은 정부 · 개인 · 외국인 투자자 · 대중 여러 방면의 이익과 관련되기 때문에 여러 방면의 권리와 의무에 대해 명확히 규정지은 법률은 빠질 수 없는 중요한 보장이다. 그런데 '일대일로' 연선국가들은 관련 법률법규체제 건설 면에서 대다수가 언급할 가치도 없을 정도로 부족하다. 한 방면으로는 수많은 정부와 개인 간 합작 및 대외 합작 관련 프로젝트에 법률적 사각지대가 존재한다. 예를 들어 재산권 관계가 명확하지 않은 탓에 TOT 패턴 아래 정부 · 개인 · 외국인 투자자 3자 간 자산 양도가 순조롭게 진행될 수 없다. 많은 국가들이 특허권 협의형태 · 프로젝트 중 리스크 관리에 대한 명확한 규정이 없어 PPP 패턴의 활용성을 크게 떨어뜨린다. 다른 한 방면으로 각국은 법률적 규제가 지나치게 많은 상황이 보편적으로 존재한다. 예를 들어 인프라 건설 프로젝트는 일반적으로 외국인 투자자 출자 최대 배정액 제한이 있는데 이로 인해 마땅히 프로젝트 계약측이 전권 투자 건설해야 하는 일부 패턴은 국제자본에 적용할 수 없게 된다. 일부 국가의 법률은 정부가 그 어떠한 형태로든 담보를 서는 것을 허용하지 않기 때문에 정부가 나서서 체결해야 하는 BOT 패턴을 실행할 수가 없다. 또 일부 국가의 개인 경영에 대한 제한으로 인해 PPP 패턴을 실행할 수 없는 경우도 있다.

연선국가들은 인프라의 투자와 융자에 유리한 법률시스템을 수립해야 한다. 즉 각기 다른 유형, 각기 다른 차원의, 구조가 합리하고 질서 있으며, 일정한 분업이 있으면서 서로 조화롭게 통일을 이루며, 개인자본과 국제자본의 인프라 영역 투자에 전문 적용하는 법률법규건설을 추진해야 하다. 첫째는 관련 시장 주체를 규범시킨 법률로서 예를 들어 회사법 · 상업은행법 · 정책성 은행법 등이다. 둘째는 관련 시장 기본관계를 규범화 시킨 법률로서 예를 들어 계약법 · 신탁법 · 담보법 · 증권법 등이다. 셋째는 관련 시장의 경쟁 질서를 규범화 시킨 법률로서 예를 들어 반독점법 · 반불공정경쟁법 · 반덤핑법 등이다. 넷째는 사유재산보호를 명확히 하고 세분화한 법률 조항이다.

6.3.4 취약한 재정적 지원력

건전한 인프라 투자와 융자체제는 재정에 대한 의존에서 벗어날 수 있음을 뜻하지 않으며 여전히 막강한 재정실력이 받쳐주어야 한다. 현재 경제형세가 복잡하고 하행압력이 비교적 큰 배경 하에 은행들이 대출 발행을 꺼리는 분위기가 짙어 사회 융자비용을 끌어올리고 있다. 따라서 투자회수가 상대적으로 비교적 낮은 인프라 건설 프로젝트는 더욱이 재정자금의 주도가 필요하다. 특히 '일대일로' 인프라 프로젝트는 절대다수가 대규모의 대외 투자와 관련되기 때문에 외교정책 변화의 영향을 받기 쉽고 통제 불능, 예측 불능의 요소가 비교적 많아 국가적 리스크는 일정 정도에서 반드시 재정자금으로 보상해야 한다. 이밖에 일부 인프라 기업 채권 자체가 재정수입이 건설 수요를 만족시킬 수 없어 생겨난 것이기 때문에 운영 과정에서 실제로 정부의 담보가 필요하다. 일단 지급 리스크가 발생했을 경우 원금상환 및 이자지불 책임은 최종적으로 재정의 몫이 된다. 그러나 앞에서 서술했다시피 '일대일로' 인프라 건설은 자금 수요가 방대한 반면에 적잖은 국가는 정부재정이 어려워 자금이 많이 부족한 현상이 존재하기 때문에 재무 공개 역할을 발휘할 수 없어(无法發揮兜底作用) 인프라 건설에서 늘 빠지곤 한다.

'일대일로' 인프라 건설은 하루아침에 끝날 일이 아니기 때문에 정부는 그 과정에서 첫째, 과학적인 계획을 강화하고 투자행위를 규범화시켜 경제 상행기간이든지 하행기간이든지를 막론하고 돈 한 푼이라도 실용적으로 사용할 수 있도록 확보해야 한다. 둘째, 지역 내 각국 간 소통과 협력을 강화해 적극적인 외교활동을 통해 상층설계(頂層設計, Top-Level Design)를 잘해 전면적이고 계통적인 정책 유도와 제도 규범을 형성해 정책의 안정성을 유지해야 한다. 셋째, 여러 융자 플랫폼 설립 규범을 확보해야 한다. 이를 위해 관리제도를 업그레이드하고, 완전한 정보 공표를 추진하며, 융자 균형을 잘 통제하고, 채무상환능력과 융자능력의 균형을 잘 잡음으로써 자금을 잘 빌릴 수 있도록 보장해야 할 뿐만 아니라 빌려온 자금을 잘 쓰고 잘 관리하며 갚을 수 있어야 한다. 넷째, 융자 패턴을 혁신해서 정부의 재정압력을 경감해야 한다. 예를 들어 신용평가등급이 높은 금융기관을 갖추고 금리가 상대적으로 비교적 낮은 '일대일로' 인프라 건설 채권을 발행해 자본을 마련한 뒤 '일대일로' 연선국가에 빌려주어 인프라를 건설하도록 한다.

6.4 '일대일로' 인프라 융자가 어떻게 위안화 국제화의 돌파구가 될 수 있을까

6.4.1 일대일로 건설은 위안화 국제화의 강력한 엔진

시진핑 주석은 2013년 가을 카자흐스탄 방문 시 연설을 통해 '실크로드 경제벨트'를 공동 건설하려면 자금의 융통을 강화해야 한다고 강조했다. 자금 융통의 핵심은 본위화폐를 널리 사용해서 태환과 결제를 진행함으로써 유통비용을 낮추고 지역의 국제경쟁력을 높이는 것이다. 한편 '일대일로' 연선국가의 대다수가 개발도상국가여서 통화의 수용도가 보편적으로 높지 않다. 위안화는 지역 내에서 통화 가치가 가장 강세이고 가장 광범위하게 사용되는 통화로서 연선국가 무역투자 협력의 첫 번째 선택이 될 수 있다.

인프라 건설은 '일대일로' 건설의 핵심과 우선 영역이다. 인프라 프로젝트는 흔히 투자가 크고 기한이 길며 리스크가 높기 때문에 장기자본의 서비스로 지탱해야 한다. 이는 위안화 자본 항목 하의 유출에 기회를 마련해 주었다. 역사 경험을 보면 그 어떤 국가든 대규모 대외투자에서 외화를 사용한 적이 없다. '일대일로' 창의의 주도하에 앞으로 10년 중국의 대외투자총액이 10조 위안에 이를 것으로 추산된다. 만약 이처럼 대규모의 자본투자 프로젝트에 달러화를 사용한다면 투자자는 이에 포함된 통화

불일치에 따르는 리스크를 감당하기 어려울 것이다. '일대일로' 인프라를 건설함에 있어서 우선 경제적 왕래 규모가 방대한 반면에 통화 면에서 달러화와의 통화 불일치현상의 제약을 받는 것을 피해야 한다. 이로부터 위안화의 국제화가 '일대일로' 건설에서 매우 중요한 호위역할을 하고 있음을 볼 수 있다.

인프라 건설 프로젝트가 위안화 국제화에 대한 작용체제는 다음과 같다. 천연 오일 가스 수송관 건설 프로젝트를 예로 들면 만약 이 프로젝트가 위안화 대출 형태로 융자를 진행할 경우 공사 항목 하에 위안화로써 중국으로부터 기계설비를 구입하고 중국노무송출비용을 지급할 수 있다. 수송관이 건설된 뒤 그에 따라 끊임없이 이어지는 천연 오일 가스 무역에서도 위안화로 결제를 진행할 수 있다. 천연 오일 가스 무역이 창출하는 대량의 이윤은 프로젝트 소재국 투자자가 위안화 자산의 형태로 보유하게 되며 투자자는 이 부분의 이윤을 이용해 현지에서 재투자를 진행하거나 유휴자금이 형성되어 금융배치의 수요가 생기게 된다. 현지 투자자의 예금과 대출ㆍ가치 보유와 가치 증대 등의 수요를 만족시키기 위해서는 위안화 역외 금융시장이 형성될 수 있다. 소재국 중앙은행은 투자자의 태환수요에 대비하기 위해서 갈수록 많은 위안화를 비축하게 된다. 이에 따라 위안화의 결제ㆍ비축ㆍ가격표시 기능이 상기 경로를 통해 점차 실현될 수 있다.

그래서 현재의 관건은 위안화의 국제화와 '일대일로'의 인프라 건설을 전략적 높이로 끌어올려 종합적으로 결부시켜 '일대일로' 건설로써 위안화의 국제화 과정을 이끌고 위안화의 국제화로써 '일대일로' 건설의 실행을 추진하는 것이다.

6.4.2 일대일로 인프라 건설 추진 과정에 위안화가 직면한 어려움

해외 위안화 자금 보존량이 부족하고 수용성이 여전히 높지 않다. 이는 현재 국제 인프라 투자와 융자 프로젝트 중 위안화 사용을 제약하는 최대 난제일 뿐만 아니라 위안화의 국제화 추진 과정에서 직면한 단계적 문제와 주요 걸림돌이기도 하다. 현재 세계 거래 가능 통화의 역외 자금 보존량 중에서 위안화가 차지하는 비중이 비교적 작고 지역 분포도 홍콩 한 곳에만 지나치게 집중되어 있다. 또한 중국 자본 항목이 아직 완전 자유 태환을 실현하지 않았기 때문에 대다수 국가의 해외 기업과 개인은 소재국에서 직접 위안화계정을 개설할 수 없어 거래 편리화 수준이 낮아 위안화의 수용성에 영향을 주고 있다.

위안화의 순환 유동 경로가 아직 원활하게 잘 통하지 않고 있다. 중국 국내 금융시장 성숙도의 제한을 받아 현재까지 해외 위안화는 위안화국제결제 · RQFII제도 · 3류 금융기관을 통해서만 대륙은행 간 채권시장 · 경내 기구 발행 역외 위안화 표시 채권 · 후강퉁 등에 참여하는 경로를 통해 경내로의 환류가 가능하기 때문에 해외 기업과 개인의 위안화에 대한 수용 · 사용 · 보유 의향을 약화시키고 있다. 역외 시장의 건설 상황을 보면 홍콩을 제외한 기타 역외 위안화 시장은 건설 시간이 짧아 가치 보유와 증대 · 리스크 헤징 · 비교적 강한 유동성을 갖춘 상품 종류와 수량이 비교적 제한적이어서 투자 수익의 흡인력이 부족하고 규모가 여전히 작은 수준이다. 경내와 경외 융자비용 차이가 비교적 커서 위안화 대출 가격 우세가 부족하다. 위안화 경내와 경외 시장이 아직 완전히 개방되지 않아 해외 위안화 투자와 융자 가격이 경내보다 훨씬 낮은데다가 최근 몇 년간 미국·유럽·일본 등 주요 선진국들이 다투어 양적 완화와 초저금리 통화정책을 실시하고 있어 해외 여러 통화의 전반적인 융자 비용이 비교적 낮음으로 인해 경내 금융기관이 발행하는 해외 위안화대출금리의 우세가 뚜렷하지 않다. 따라서 자금력과 신용도가 비교적 양호하고 리스크가 비교적 낮은 일부 해외 항목은 위안화 대출 선택에서 적극성이 떨어진다. 현재 국내 1년 만기 위안화 대출 기준금리가 5.6%인 반면에 미국·일본·유로화지역의 기준금리는 모두 제로 금리 수준에 접근해 가격 차이가 뚜렷한 양상을 보인다.

금융기관의 서비스능력을 제고해야 한다. 현재 수준으로는 기업의 수요를 만족시키기가 어렵다. 첫째, 경내 금융기관의 해외지점 건설이 뒤처져있다. 특히 중동부유럽·중앙아시아·북아프리카 등의 '일대일로' 연선 지역의 경영업소가 비교적 적고 금융 서비스 효율과 질이 높지 않아 상기 지역에서의 위안화 투자와 융자업무의 광범위한 전개를 제약하고 있다. 둘째, 상업은행은 해외 프로젝트 위안화 대출업무 취급 동력이 부족하다. 해외 프로젝트 대출은 은행의 전반 신용대출 규모 관리 업무에 포함되어 있어 예대비 심사평가의 제약을 받는데다 대다수 해외 프로젝트는 리스크가 크고 기한이 길며 효과가 느리기 때문에 대다수 상업은행은 그런 프로젝트에 융자를 제공하기를 원치 않는다. 셋째, 투자와 융자 패턴을 혁신해야 한다. 해외 기업 프로젝트에 비해 중국기업이 해외 인프라 프로젝트에 참여할 경우 융자 경로가 상대적으로 단일하므로 국내 은행 대출에 대한 의존도가 높고 채권·투자 등 방식의 응용이 광범위하지 않다.

6.4.3 일대일로 인프라 건설 과정에서 위안화 사용의 확대

1. 국내 자금 우세를 살려 위안화로 '일대일로' 건설을 지원

(1) 위안화 대외 지원규모를 확대해 연선국가의 자금 수요를 더 잘 만족시킨다. '일대일로' 인프라 건설 중 위안화 사용의 확대를 전략적 높이로 끌어올려 종합적으로 고려하고 위안화 국제화와 대외 인프라 지원 프로젝트를 결합시킨 상층설계를 강화한다. 특히 현지에서 영향력이 크고 사회효과와 수익이 높으나 경제효과와 수익은 제한적이어서 정부 대출과 국제지원 등의 방식을 빌어 자금 출처를 해결해야 하는 일부 인프라 프로젝트에 대해서는 정부 간 협의 방식을 통해 위안화 우선 사용에 대해 협상할 수 있어야 한다. 또한 이런 유형의 프로젝트를 돌파구로 삼아 현지 기타 건설 프로젝트 투자와 융자에서 위안화 사용을 유도할 수 있다.

(2) 은행 자금 융통 우세를 살려 해외 위안화 대출을 늘린다. 국내은행이 구매자 신용 대출·해외투자 대출·인수합병 대출·경내 은행이 담보하고 해외 은행이 대출을 발행하는 등의 다양한 형태를 통해 상업성 위안화 대출을 발행하는 것을 격려할 뿐 아니라 중국기업이 해외 인프라 프로젝트를 도급 맡을 시 위안화를 가격표시단위로 삼아 계약을 체결하고 해외 운영에서 위안화를 사용해 거래를 진행하도록 격려해야 한다.

정책성 은행의 지도와 선도 역할을 한 층 더 살려야 한다. 인프라 프로젝트 건설에서 PPP 패턴을 적용하든 아니면 BOT · BOOT(건설-소유-경영-양도) 패턴을 적용하든지를 막론하고 모두 중국이 제공하는,

자금금리가 비교적 낮고 기한이 비교적 긴 혜택의 성질을 띤 위안화 자금대출을 이용할 수 있어야 한다. 위안화 수용도가 높지 않고 위안화대출의 전면 사용에 일정한 어려움이 있는 일부 국가 혹은 지역에서는 위안화와 다른 통화의 혼합대출을 고려할 수 있어야 한다. 예를 들면 현지 금융기관이 전개하는 공동 융자 혹은 은행단대출 프로젝트 중 중국측 금융기관이 일부 위안화자금을 제공하고 현지 금융기관이 현지 통화 혹은 다른 국제통화로 융자를 제공하는 것으로서 이런 방식으로 위안화의 사용을 점진적으로 확대하는 것이다.

(3) 투자합작기금을 잘 이용하고 위안화 투자를 적극 확대한다. 최근 몇 년간 중국정부가 발기해서 중국-아세안, 중국-유라시아, 중국-중동부유럽 등 여러 개의 정부 투자기금을 설립했는데 그중 일부 기금은 이미 여러 해 동안 성공적으로 운영해왔으며 해외 투자 인프라 프로젝트와 관련해 상대적으로 풍부한 경험을 쌓았다. 예를 들어 중국-아세안 주권투자합작기금이 아세안 국가의 항운 · 항구 · 통신 등 영역의 여러 인프라 프로젝트에 대한 투자를 성공적으로 실현해 일부 아세안 국가의 인프라 영역자금의 부족 국면을 완화함으로써 현지 경제발전을 추진했다. 앞으로 연선국가들과 공동으로 관련 조치를 보완해 그런 유형의 기금 규모를 적당하게 확대하고 이들 국가의 위안화 투자 비중을 늘리는 한편 이들 국가가 금융혁신을 전개하는 것을 지원해 '투자와 대출을 결합시키고 투자로써 대출을 이끄는' 등의 방식을 통해 사회 여러 분야의 인프라 대외 투자에서 위안화를 사용하도록 이끌어야 한다.

2. 다자 금융기관 중 위안화의 사용률을 높인다.

세계은행·아시아개발은행·아프리카개발은행·유럽부흥개발은행 등 제3자 국제 개발기구와의 업무 연계와 실무적인 합작을 강화해 기존의 다자 금융기관 중에서 위안화의 사용을 확대한다. 예를 들어 대형 국제 '후렌후통' 인프라 프로젝트 중에서 위안화를 선택해 공동 융자·은행단대출을 전개하거나 혹은 국제 다자 금융기관이 중국에서 위안화 표시 채권을 발행할 수 있는 문턱을 낮추어 위안화 자금 보존량을 늘리는 것이다.

아시아인프라투자은행·브릭스국가개발은행 및 상하이협력 기구개발은행 등 현재 구축 중이거나 혹은 준비 중인 지역성 다자 금융 플랫폼은 '일대일로' 인프라 건설의 주요 원조시스템이며 또 위안화 확대 사용의 주요 통로이기도 하다. 구체적으로, 프로젝트 대출방식(공동융자 ·은행단대출 등을 포함)을 통해 아시아 국가의 인프라 관련 제품과 서비스의 수출에서 위안화를 사용해 결제하도록 이끌 수 있다. 위안화 주권 융자지원을 통해 공동 출자·공동 수익의 자본운영패턴을 형성해 위안화자산을 보유한 개인과 부문의 투자자가 인프라 PPP 프로젝트에 투자하도록 동원한다. 연선국가의 국내 금융기관과 실무적 합작을 강화해 프로젝트 실행국 은행에 위안화 전대대출을 제공하는 방식을 통해 교통·통신·전력·천연 오일가스 수송관 네트워크 인프라 건설 프로젝트를 지원한다.

3. 직접 융자를 발전시키고 '실크로드 채권'의 발행을 격려한다

채권은 국제상에서 널리 응용되는 인프라 융자방식이지만 '일대일로' 연선의 대다수 국가의 인프라 융자 중에서 차지하는 비중은 비교적 낮은 수준으로서 발전공간이 아주 크다. 만약 '일대일로' 인프라를 겨냥한 위안화 표시 '실크로드 채권'의 발행에 성공한다면 인프라 융자의 결핍을 미봉하고 지역 내 채권융자합작을 강화해 '일대일로' 연선국가의 통일된 채권수단의 공백을 메우는데 도움이 될 뿐 아니라 역외 위안화 표시 채권의 발전에서도 중대한 돌파를 이룰 수 있게 된다.

'실크로드 채권'의 발행 주체는 경내 투자자·외국 정부·해외 금융기관·외자기업이 될 수도 있고 그들이 공동으로 구축하는 프로젝트 투자주체가 될 수도 있다. 발행 지점은 중국 경내 은행간 채권시장일 수도 있고 홍콩·런던·싱가포르 등 역외 위안화시장이 될 수도 있다. 기한은 인프라 프로젝트의 특징에 부합해 중장기 채권에 치중해야 한다. 물론 '실크로드 채권'의 시장 수요를 만족시켜 그 발행 범위를 확대시키기 위해서는 중국 정부가 경내에서 팬더채권의 발행 문턱을 한층 더 낮추고 심사절차를 더 간소화하며, 해외에서 경내 기업·금융기관의 위안화 표시 채권 발행 관련 규제를 풀어 발행주체가 더욱 편리하게 위안화를 얻고 위안화를 사용할 수 있도록 해야 한다. '실크로드 채권'의 발행 규모가 클수록, 사용 범위가 넓을수록, 비주민의 위안화 사용 습관을 양성하는데 더 유리하고 위안화의

국제화 사용에 더 유리하게 된다.[1]

대형 '후롄후통' 인프라 프로젝트 주체가 발행하는 '실크로드 채권'은 또 신용 평가등급·상품 설계·국가 간 감독관리 등 일련의 문제와 연결된다. 신용평가등급 상에서 인프라 소재국의 연합 신용평가등급을 적용할 것을 제안한다. 또한 아투행 등 지역 금융기관이 신용 담보를 제공해 채권의 신용등급을 높여 자금 조달 비용을 더 효과적으로 낮출 수도 있다. 상품 설계에서 비표준화협약과 더욱 융통성 있는 원금과 이자금 상환 구조를 적용해 여러 유형의 투자자를 널리 유치할 수 있다. '실크로드 채권' 감독 관리에 대해서는 감독관리 정보공유와 협상시스템을 구축해 융자주체와 자금사용에 대해 통일적인 국가 간 감독관리를 진행하는 것이 적합하다.[2]

4. 통화 스와프를 심화해 해외 위안화의 유동성을 키운다.

통화 스와프와 관련해 단기 유동성을 제공하는 것으로 환율 변동에 대응하는 임시적 융자 배치에서 일종의 경상적인 배치로 전환시켜 이를 위안화 해외 융자의 새로운 통로로 삼는 방안을 고려할 수 있다. 통화

1) 가오웨이(高偉):「실크로드 채권을 발행해 '일대일로'에 일조한다」, 봉황재경망(鳳凰財經網), 2015-01-09, http://finance. ifeng. com/a/20150109/13416929_0. shtml.
2) 주차이화(竺彩華)·궈훙위(郭宏宇)·펑싱옌(馮興艷)·리펑(李鋒):「동아시아 인프라 '후롄후 통' 융자: 문제와 대책」, 『국제경제합작』, 2013(10)에 게재.

스와프를 '일대일로' 연선의 60여개 국가로 점차 확장시키고 양자 간·지역 협력의 수요에 따라 그 부분의 자금을 실질적으로 동원한다. 해외 중앙은행 혹은 중국 중앙은행의 발의 조율 하에 재대출 혹은 재할인의 방식을 통해 우대 금리로 현지 은행에 빌려주어 스와프에 참여하는 위안화가 그 은행 여신시스템에 들어갈 수 있도록 해서 본국·본 지역의 인프라 건설 프로젝트를 위한 융자지원을 제공할 수 있다.

5. 위안화 환류 경로를 넓혀 위안화가 경내와 해외에서 유통되도록 한다.

해외 위안화 환류 경로를 넓혀 막강하고 고효율적인 위안화 순환체제를 구축하는 것은 위안화 국제화의 중요한 보장이다. 그렇잖을 경우 대출·투자·채권 등의 방식을 통해 위안화의 대외 수출을 추진해도 사용할 곳이 없고 순환되지 않으며 가치 보유와 가치 증대를 실현할 수 없어 공든 탑이 무너지는 격이 되고 만다. 따라서 첫째, 수출과정에서 위안화를 사용해 결제하도록 격려하면 무역 환류 경로의 형성을 추진할 수 있을 뿐만 아니라 외화 사용의 리스크를 방지할 수도 있다. 외국인 투자자가 위안화를 사용해 중국에 대한 직접투자를 진행하도록 격려하며 녹색 통로를 제공하는 등 우대정책을 줄 수 있다. 둘째, RQFII 규모를 확대하고 투자제한을 줄이며 국내은행 간 채권시장에 대한 조건부 개방을 실현해 필요한 합작 국가 관련 기구의 국내 금융시장 진출에 편리를 제공할 수 있다. 셋째, '일대일로' 연선 위안화 역외시장의 발전을 추진해 위안화의 해외 유통 사슬과 시간을 연장할 수 있다. 역외중심의 통화 파생능력을 높여 여러 역외중심 간에 금융협력을 전개하는 것을 지원하며 국제 투자자를 상대로 위안화 가격표시 금융수단을 더 많이 개발할 수 있다.

6.4.4 일대일로 인프라 건설 과정에서 보험의 역할을 중시

1. '일대일로' 인프라 건설에 대한 보험의 중요성

'일대일로' 인프라 건설 중에서 기업의 '해외진출(走出去)'과 자본수출을 추진하는 보험에는 해외투자보험·다자투자담보제도·수출신용보험·국제화물운송보험 등 여러 가지 내용이 포함된다. 그중에서 해외투자보험과 수출신용보험이 가장 중요한 두 가지 형태이다. 완벽한 보험제도는 기업을 도와 융자문제를 해결할 수 있을 뿐 아니라 '일대일로' 인프라 건설 중 기업과 개인의 리스크 비용을 최대한 낮춰 중국 기업의 해외 경쟁력을 높일 수 있다. 구체적으로 다음과 같은 부분이 포함된다.

(1) 기업 리스크 비용을 낮출 수 있다. 국제보험은 해상 운송 리스크·구매자 상업신용 리스크·투자 접수국 정치 리스크 등 여러 가지 리스크에 대비해 보장을 제공함으로써 대외무역상과 투자자가 미리 투자비용을 확정지어 일단 손실이 발생했을 경우 바로 보상을 받을 수 있도록 한다. 이 또한 기업이 필요한 리스크 준비금을 낮추고 자금의 사용률을 높일 수 있다.
한편 손실이 발생한 뒤 보험기관은 또 다원화한 방식으로 투자자를 도와 투자 접수국과의 분쟁을 해결해줌으로써 관련 정치 리스크를 최대한 예방할 수 있다.

(2) 기업 융자문제를 해결할 수 있다. 리스크가 높고 융자가 어려운 것은 국제무역과 해외 투자에서 보편적으로 존재하는 문제이다. 보험에 가입하면 기업의 신용을 대폭 높여주고 기업의 해외 프로젝트 리스크에 대한 융자자의 근심을 덜어주어 기업이 비교적 우대적인 신용대출 지원을 얻어내는 데 이롭다. 그밖에 보험기관과 은행 등 금융기관의 합작으로 기업의 융자경로를 한 층 더 넓힐 수 있으며 보험증서 융자도 기업에 중요한 융자의 편리를 제공할 수 있다.

(3) 기업의 해외 경쟁력을 키울 수 있다. 수출상과 투자자는 자금 회수의 안전이 보장된 상황에서 대외무역 혹은 프로젝트 입찰에서 외상거래 등의 더욱 우대적인 조건을 제공할 수 있는 능력이 있다. 그밖에 보험기관의 참여는 기업을 도와 외국 정부 · 기업 · 업주 · 은행의 신임을 얻도록 해서 중국 기업의 해외경쟁력을 한 층 더 증강시킬 수 있다. 전문적인 보험기관은 또 대외무역과 해외 프로젝트 운영에서 리스크 분석 · 리스크 예방 · 위기 처리 등에 유력한 도움을 제공할 수 있다.

2. '일대일로' 인프라 건설의 보험지원체제를 보완해야

(1) 정부의 정책 차원에서.
한 방면으로 수출과 해외 투자 보험의 특별 입법을 보완해야 하고, 다른

한 방면으로 경쟁체제를 적절하게 도입해서 정책성과 상업화 경영의 결합을 추진해야 한다. 그밖에 국가 재정의 지원 강도도 적절하게 강화해 보험이 '일대일로' 인프라 건설에 더욱 양호한 서비스를 제공하도록 추진해야 한다.

첫째, 수출과 해외투자보험의 특별 입법을 보완해야 한다. 대외무역과 해외투자 프로젝트에 대비해 선진국들은 전문 법률법규를 제정해 관련 보험의 운영을 규범화시키고 지도하는 것이 보편적이다. 예를 들어 영국의 '수출과 투자 담보법', 일본의 '무역과 투자 보험법' 및 한국의 '수출보험법' 등이다. 그런데 중국의 수출신용보험과 해외투자보험은 모두 주로 '보험법'과 '중화인민공화국 대외무역법'을 참고하고 있으며 아직 전문 법률규범이 없다. 그래서 중국의 국정에 결부시키고 선진국의 경험과 교훈을 살려 수출과 해외투자보험을 전문 대상으로 한, 국제와 통합을 이룬 법률법규를 하루 빨리 출범시켜 여러 측의 권리와 책임을 명확히 하고 운영을 규범화시켜 '일대일로' 인프라 건설에 대한 보험의 안정적인 지원을 보장할 수 있도록 호위역할을 발휘해야 한다.

둘째, 정책과 상업화 경영의 결합을 추진해야 한다. 현재 중국 수출신용보험과 해외투자보험은 주로 중국수출신용보험회사가 독점 운영해오고 있는 실정이다. 비록 2013년부터 4개의 상업성 보험회사가 잇달아 단기 수출신용보험업무 경영 자격을 얻었지만 중국 수출신용보험회사는 여전히 90%이상의 시장 점유율을 차지하고 있다. 이와 관련해서는 프랑스 · 네덜란드 · 독일 등의 선진국 신용보험기관의 운영경험을 참고해야 한다. 상업성과 정책성을 결합시킨 발전전략을 제정하고 경쟁체제를 적당히 도입해 상업보험회사의 관련 업무, 특히 리스크가 비교적 작고 주기가 비교적 짧은 업무참여자격에 대한 규제를 점차 완화해야 한다. 이는 재정압력을 경감하고 수출과 해외투자 보험규모를 확대하는데 도움이 될 뿐 아니라 시장경쟁을 통해 관련 서비스의 질과 효율을 높이는 데에도 도움이 된다.

셋째, 국가재정의 지원 강도를 적당히 높여야 한다. 치열한 상품경쟁·자본 수출 경쟁에 대비해서 각국 정부는 관련 보험에 대한 지원 강도를 점차 강화함으로써 자국 기업의 '해외진출(走出去)'에 조력할 수 있다. 특히 신용보험과 해외투자보험의 긍정적 외부효과가 뚜렷한 것을 감안해서 마땅히 재정지원 강도를 높이고 세수 차원에서 맞춤형 우대정책을 실행해 보험 서비스의 안정적인 확장에 조력해야 한다.

넷째, 정책성 보험 거래에서 위안화 사용을 격려해야 한다. 만약 관련 보험거래에서 위안화를 가격표시와 결제통화로 사용할 수 있다면 '일대일로' 관련 국가에서 위안화의 영향력을 추진할 수 있으며 위안화 국제화의 기타 조치와 합력을 형성할 수 있다. 현재 중국 보험업에서 '일대일로'전략 지원주체는 정책성 보험이며 보험 가입자는 대다수가 대외수출 혹은 해외투자업무를 취급하는 국내기업들이다. 따라서 정책성 보험거래에서 위안화 가격표시와 결제를 추진하는 데에서 비교적 편리한 조건을 갖추었다.

(2) 보험기관 차원에서.

보험기관 자체로 말하면 우선 기업정보 데이터베이스의 건설 업무를 강화해서 자체의 안정적인 운영을 위한 기반을 마련해야 한다. 그밖에 '일대일로'전략에 맞추어 구조적 보험료율을 하향조정함으로써 기업에 대한 보험의 지원역할을 제고해야 한다. 또한 보험회사는 서비스 종류를 풍부히 하고 해외지점을 증설하는 등의 경로를 통해 자체 서비스 능력을 종합적으로 제고하여 '일대일로' 인프라 건설에 있어 더 큰 역할을 발휘해야 한다.

첫째, 기업정보 데이터베이스 건설 업무를 강화해야 한다. 정보는 보험업무 심사비준의 토대이며 또한 보험회사가 리스크를 통제하는 중요한 지탱물이기도 하다. 2011년 말까지 세계 3대 신용보험그룹인 독일 율러 헤르메스(Euler Hermes) · 프랑스 코파스(Coface) · 네덜란드 아트라디우스(Atradius)가 각각 4,000만, 5,000만, 6,000만개 기업의 정보 데이터를 보유했다. 이에 비해 중국 수출신용보험회사가 보유한 1,000만개 기업정보의 데이터 수량은 세계 선진수준에 훨씬 뒤처진다. 그래서 기업 정보 데이터베이스 건설 분야에 대한 투자를 확대하는 한편 국외 동업종과의 정보교류와 협력을 강화해서 기존의 정보 출처를 넓힘으로써 보험회사 및 기업의 리스크 통제를 위한 튼실한 토대를 마련해야 한다.

둘째, 구조적 보험료율 하향 조절을 연구 진행해야 한다. 보험료율이 상대적으로 높은 것이 중국의 수출과 해외투자 보험률이 낮은 중요한 원인 중의 하나이다. 중국 기업과 자본의 해외 진출을 추진하기 위해서는 기존의 보험료율에 대한 구조조정이 필요하다. 마땅히 각기 다른 시장·각기 다른 업종·각기 다른 제품 및 리스크 등급에 따라 각기 다른 보험료율 기준을 적용해야 하며 또 정책방향에 따라 '일대일로' 중점 지역 및 중점 업종에 대해서는 적당한 보험료율 우대정책을 실행해 기업이 '일대일로' 인프라 건설에 적극 참여하도록 격려해야 한다. 이는 한 방면으로는 정부의 일정한 재정지원이 필요하며 다른 한 방면으로는 보험회사의 운영효율 제고와 서비스비용의 경감에 의지해야만 실현할 수 있다.

셋째, 자체 서비스능력을 종합적으로 높여야 한다. 세계 3대 신용보험그룹인 독일 율러 헤르메스, 프랑스의 코파스, 네덜란드의 아트라디우스는 모두 세계 수십 개 국가에 지점을 설치해서 현지시장에 대한 조사와 서비스를 강화하고 있다. 이에 비해 중국 수출신용보험회사는 영국 런던에만 겨우 대표처를 설치하고 러시아·브라질·남아프리카공화국·두바이에 업무팀을 파견 주둔시켰을 뿐으로 국제 선진 신용보험그룹 건설과 비교해 비교적 큰 차이가 존재한다.

'일대일로' 건설 과정에서 '해외진출(走出去)' 행렬에 들어서서 해외 서비스업소 건설을 가속해 자체 정보수집 및 고객 서비스 능력을 제고해야 한다. 이밖에 상품 설계 방면에서 국제 선진 보험기관을 참고해 기업에 대해 분류·분급 관리를 실행하는 한편 각기 다른 수요에 따라 그에 상응하게 상품 설계와 개발을 진행해 기존의 상품 종류를 풍부히 함으로써 다양한 유형의 기업 및 프로젝트의 다양한 수요를 만족시켜야 한다.

제7장
산업단지로 위안화 국제화 추진

제7장
산업단지로 위안화 국제화 추진

　30여 년간 개혁개방에 대한 꾸준한 탐구 및 약 10여 년간 해외투자의 급속한 발전을 거쳐 중국은 국내의 산업단지 건설과 국제협력을 통한 산업단지 공동 건설 면에서 모두 풍부한 경험을 쌓았으며 이에 따라 효율제고·기술혁신·기업육성·시범견인 및 외부영향 등의 기본 기능을 발휘하고 있다. '일대일로'전략이 가져다 준 시대적 기회를 맞아 산업단지는 '일대일로'전략 중 '후롄후퉁(互聯互通, 정책, 도로, 무역, 통화, 민심의 다섯 가지 영역에서 서로 연결되고 통한다는 의미)'을 실현하는 중요한 연결 고리가 되어 '일대일로'전략을 전면 실행할 수 있는 막강한 추동 역할을 발휘할 전망이다. 산업단지 또한 위안화 국제화의 중요한 돌파구가 될 것이다.

7.1 산업단지 및 그 유형

　유엔환경계획(UNEP)은 산업단지를 '아주 넓은 토지 위에 여러 기업들이 집중된 구역'으로 정의했다. 그 기본 특징에는 다음과 같은 내용이 포함된다. 즉 비교적 큰 면적의 특정구역의 토지를 개발해서 그 위에 많은 건축물·공장건물·인프라 및 공공서비스시설을 건설하며 구체적인 구역 계획을 세우고, 또 단지 환경·상주 회사·토지이용 및 건축 건조 등에 대한 일정한 기준 및 규제조건을 정하며, 그밖에 단지입주·협의이행·구역 장기발전계획과 관련된 관리시스템을 제공하는 등이다.

　산업단지는 형성과 운영패턴에 따라 대체적으로 특색산업단지와 산업개발구패턴의 두 가지로 나눌 수 있다. 특색산업단지는 대부분 지방기업들이 군집해 일정한 단계까지 발전한 자연산물로서 그 핵심 산업이 상대적으로 단일하고 지역문화와 자원특색을 띠고 있으며 흔히 기업들이 자발적으로 형성한다. 산업개발구 패턴은 고유의 산업 혹은 튼튼한 산업기반이 없는 지역에서 '둥지를 만들어 봉황새를 끌어 들인다'는 이념에 따라 미리 계획해 인프라를 건설하고 운영패턴과 정책적 혜택으로 외부기업의 투자를 유치함으로써 기업이 입주하도록 이끄는 것을 말하는데 주로 정부의 계획과 주도로 형성된다. 산업단지의 경제성장 방식전환 및 산업 업그레이드에 따라 산업단지의 발전은 일반적으로 '핵심기업과 주도산업의 집결(聚核), 횡적인 서비스사슬과 종적인 산업사슬의 집중(聚鏈), 내부와 외부 협력 네트워크의 형성(聚网)'의 세 단계를 거치며, 발전요소도 '정책·행정화·하드환경'에서 점차 '제도·융합 · 소프트환경'으로 바뀌게 된다. [1]

중국의 국내 산업단지 발전은 이미 일정한 경험을 쌓았다. 그 구체적인 형태로는 경제기술개발구·첨단기술 산업개발구·경제개발구· 기술시범구 등 혁신 시범단지와 물류·공업 · 농업·관광과 상업단지 등 특색산업단지 그리고 경제특구·국경 자유무역구·수출가공구와 보세항구 등 특수정책성구역이 포함된다. 전반적으로 볼 때 여러 부류의 산업단지는 규모경제와 군집 경제의 기본이론을 토대로 자원 공유와 집합효과를 통해 효율제고·기술혁신·기업육성·시범견인과 외부영향 등 기본 기능을 발휘하고 있다.

---

1) 퉁지대학(同濟大学) 발전연구원이 발표한 『2014 중국 산업단지 지속 발전 청서』를 참고.

7.2 '일대일로' 건설 과정에서 산업단지의 역할

　상무부의 통계에 따르면 2014년 연말까지 중국은 '일대일로' 연선국가에 이미 77개 경제무역 협력구를 건설했는데 이는 중국의 전반 해외 경제무역협력구의 절반 이상을 차지하는 수준이다. [1] 중국이 해외에서 산업단지를 건설할 때 국내 산업단지의 발전 경험을 '일대일로' 연선지역의 건설에 이용하면 '일대일로'전략의 순조로운 실행에 도움이 되어 점에서 선으로, 선에서 면으로, 전 방위적인 합작 국면을 형성할 수 있다.

7.2.1 투자로 수출을 추진하는 새로운 대외무역 구도 구축

　글로벌 금융위기 이후 세계 경제 회복이 느리고 대국 간의 이익 다툼과 지연 정치의 위험이 승격했으며 국제시장에서 수요가 부진한데다 중국경제 성장이 한 단계 늦춰지고 인구 홍리(紅利, 보너스)가 줄어들면서 '중국 제조'의 저가우세가 점점 약화됨으로써 중국 대외무역이 국제와

---

1) 중국 해외 경제무역협력단지 118개, '일대일로' 연선에 77개』 국제온라인, http://gb.cri.cn/42071/2014/12/30/2225s4824563.htmhttp://gb.cri.cn/42071/2014/12/30/2225s4824563.htm.

국내 이중적으로 불리한 환경에 처했으며 앞으로도 장기화될 전망이다. 해관총서의 수치에 따르면 2014년 중국 수출입 총액이 동기보다 겨우 2.3% 성장하는데 그쳐 7.5%라는 당해의 예정 목표를 이루지 못했을 뿐만 아니라 글로벌 금융위기가 발생하기 전 황금시기의 20%이상이었던 성장폭에 비하면 더욱 격차가 크다. 이런 환경에서 미국·유럽·일본을 포함한 전통시장에서 벗어나 일정한 시장 용량을 갖춘 신형 무역 파트너를 중점적으로 개발하는 것이 중국 대외무역의 지속 가능한 발전에 특히 중요하다.

'일대일로' 연선의 국가들은 보편적으로 인구규모가 비교적 크고 공업경제 발전 수준이 뒤처졌으며 경공업 · 중공업 기반 제품에 대한 사회생산과 생활수요 잠재력이 큰 특징을 띠는데 이는 앞으로 중국 대외무역 발전의 중요한 방향이다. 실제로 2014년에 전반적인 대외무역 성장이 둔화된 상황에서 중국과 '일대일로' 연선국가의 무역규모가 동기 대비 7%나 성장했으며 더욱이 무역총액은 같은 시기 중국 대외무역 수출입총액의 4분의 1을 차지했다.

그러나 기존의 화물수출 등 일반적인 항목에만 의존해서 '일대일로' 연선국가들과 상품 거래를 진행한다면 중국이 현재 직면한 대외무역의 난국을 장기적인 측면에서 풀어나갈 수 없다. 그 이유는 두 가지이다. 첫 번째 이유는 '일대일로' 연선의 국경무역관리시스템이 아직 미숙하고 지연형세가 복잡하며 이익 충돌이 많이 발생해서 정책 조정 면에서 어려움이 크기 때문에 중국이 '일대일로' 연선국가에 대한 단방향 수출에서 직면한 무역장벽이 비교적 높은 것이다. 두 번째 이유는 비록 '일대일로' 연선국가들의 주민 소득 수준이 아직도 비교적 낮고 상품 수요의 가격탄력성이 뚜렷하며 또 중국제조기업이 직면하고 있는 인건비가 2010년 노동력인구 전환점[1]을 지난 후부터 상승추세가 나타나 완제품의 단방향 수출에서 '일대일로' 지역의 저렴한 인건비 우세를 충분히 이용할 수 없게 됨에 따라 제품가격이 시장 경쟁력을 형성하기 어려운 것이다.

'일대일로' 연선 국가전략의 힘을 빌어 '일대일로' 연선에 산업단지를 건설해 중국기업이 대대적으로 현지에 투자해 공장을 건설할 수 있도록 추진한다. 이것이야말로 국제 수지의 자본과 금융 프로젝트 차원에서 대외무역 발전의 돌파구를 찾는 것이다. 이는 정치적 마찰을 효과적으로 줄이고 운수 · 통관 등의 과정에서 관세장벽을 없앨 수 있을 뿐 아니라 중국기업의 발전과 성장에 따라 대외 직접투자를 통한 양자 간 경상계정 거래를 이끌고 무역구조의 최적화를 실현하며 나아가서 중국과 '일대일로' 연선국가 간 다차원적인 후렌후통을 추진하고 상품 · 자본과 금융이 공동 번영하는 새로운 대외무역 국면을 형성할 수 있다.

7.2.2 중국 여유의 우세 생산능력 이전 수용 기지 구축

21세기 들어 앞 10년간의 황금 성장기를 겪은 뒤 중국은 글로벌 금융위기

---

1) 사회학자들은 일반적으로 2010년을 중국 인구의 전환점으로 삼고 있다. 국가통계국의 통계 수치에 따르면 중국 전체 인구 중 적령 노동력인구가 차지하는 비중이 2010년에 74.5%로 최고 치에 이르렀다. 2013년 연말 이 비례는 이미 73.8%로 내려갔으며 연간 평균 하락폭이 0.2%이 다.

후 '주기성 생산능력 과잉'단계에 들어섰다. 생산능력 과잉은 주로 철강 · 석탄 · 운수설비제조 및 가죽 방직 등 주기성 업종에 집중되었다.

중국국제금융주식유한회사의 추산에 따르면, 2013년 여유의 우세 생산능력업종의 총 자산이 중국제조업 총 자산 중에서 차지하는 비중이 27%에나 달했다. 그러나 주목할 바는 이런 여유의 우세 생산능력은 오로지 중국 현 단계의 국내 수요에 대비해 나타난 여유일 뿐, 세계 시장 특히 '일대일로' 연선국가의 시장에서는 여전히 경쟁력이 있는 우세 생산능력이라는 사실이다. 산업단지는 중국 여유의 우세 생산능력을 빠르게 그리고 대량으로 이전시킬 수 있는 최적의 경로일 뿐 아니라 국내의 산업 업그레이드와 경제발전에서 장기적으로 존재해온 걸림돌을 제거할 수 있는 돌파구이기도 하다.

첫째, 산업단지는 중국 자본 기업이 하루 빨리 규모를 이루어 시장에서 기선을 잡는데 유리하다. '일대일로' 연선에는 경제발전 수준이 뒤처진 지역이 대다수를 차지한다. 이는 생명주기로 말하면 중국에서 이미 성숙 혹은 쇠퇴단계에 들어선 산업들이 '일대일로' 연선국가에서는 아직 초창기 혹은 성장기에 처해있을 수도 있음을 말한다.

'일대일로' 연선국가에서 업종 진출 장벽이 비교적 낮고 시장 수요가 아직 완전히 개발되지 못한 상태이며 고객들이 장악한 정보와 기술이 아직 건전하지 못하기 때문에 기업들은 제품 · 시장과 서비스 등의 전략을 선택함에 있어서 비교적 큰 주동권을 장악하고 있다. 일부 구미 전통기업들은 이미 그 상업기회를 알아차리고 시장 중심을 '일대일로' 연선국가의 관련 지역으로 이전하기 시작했다. 이런 환경 속에서 만약 중국기업이 산업단지를 통해 현지 시장으로 대거 진출해 국내에서 이미 축적한 비교적 성숙된 기술과 시장 경험을 토대로 유리한 상업 기회를 잡으면 더욱 쉽게 현지 시장을 점령하고 선발자 우세를 형성할 수 있다.

둘째, 중국기업의 대대적인 '해외진출(走出去)'을 위한 이상적인 플랫폼을 구축한다. 산업단지는 많은 경제주체와 조직이 지리적으로 집중되어 있으므로 종합성·다원성의 특징을 띠고 있으며 따라서 뚜렷한 산업 집결 우세를 형성할 수 있다. 산업단지 내에서는 공업·농업·상업 등의 분야에서 하나 혹은 여러 개의 주도산업유형을 발전시킬 뿐만 아니라 금융·상업무역·교육·위생·친환경과 거주 등의 여러 가지 서비스 혹은 보조적 관련 산업도 발전시킨다. 또 산업단지는 주도 산업사슬 위에서 하나 혹은 여러 개의 선두기업을 보유하고 있을 뿐 아니라 일정한 수량의 관련 기업이 입주하도록 유치하며 또 산업사슬의 위와 아래로 합리적으로 연장시킬 수 있다.

이런 각기 다른 유형과 규모 등급의 관련 기업 및 관련 기구·조직 등 경영주체와 관리주체는 가로세로로 서로 교차된 관계망을 통해 서로 연결되어 시장과 기업 사이에 신형 공간 경제조직 유형, 즉 산업 집결 특유의 조직 형태를 형성한다. 산업단지를 통해 형성된 내재적 경쟁협력 메커니즘은 예전에 해외 진출 중국기업이 국제시장에서 무질서한 경쟁 과정에서 나타났던 부정적인 외부효과를 효과적으로 극복할 수 있어 기업이 비교적 높은 자원배치효율과 전반적인 경쟁실력을 갖추도록 도울 수 있고 또 시장주체로서의 적극성·융통성 및 자주성을 보유하도록 한다.

7.2.3 일대일로 연선국가의 업그레이드와 경제발전의 유도

최근 몇 년간, '일대일로' 연선국가들은 중국 산업단지의 건설경험에 큰 관심을 보이고 있다. 많은 국가들이 이미 관련 정부관원과 기업가들로 팀을 구성해 중국에 파견하여 참관하고 배우게 하고 있다. 중국 패턴을 본받아 산업단지를 건설함으로써 자국의 공업화와 산업화를 추진할 수 있기를 희망하고 있다. 수출무역에 비해, 산업단지 형태를 통한 중국기업의 대외직접투자와 현지화 발전은 인프라 건설·취업·생산 및 과학기술 등의 면에서 다원화 투자를 실현하고 '산업과 도시의 융합 발전'을 추진함으로써 '일대일로' 연선국가들에게 더 다원화되고 지속적인 이익을 가져다줄 수 있다. 따라서 산업단지 건설은 중국과 '일대일로' 연선 여러 국가의 공동이익에 부합되고 서로에게 이롭고 이익을 공유하는 '일대일로'의 건설 취지를 더욱더 충분히 반영할 수 있다.

'일대일로' 연선 지역은 인프라가 대부분 구전되지 않은 상태이다. '일대일로' 건설의 지속적인 '실시'와 '파국'을 고려하면, 산업단지 설치계획에서 건축·물류·운수 및 송전과 배전 등의 인프라 시설 건설산업이 우선 선택 산업으로 꼽힌다. 인프라 시설 건설 산업은 분명 현지 자원개발과 도시건설에서 중요한 영향력효과를 발휘해서 단지 내외의 공업과 사회의 발전을 이끌 수 있을 것이다. 단일 기업에 비해, 산업단지는 건설과 운영주기가 더 길고 현지 경제건설과 공업발전에 저원가 생산자원·현대화장비 및 생산서비스를 꾸준히 제공할 수 있으며 나아가 '일대일로' 전략 중 후렌후통을 추진하는 기반이 되며 시범효과를 발휘할 수 있다.

산업단지는 제한된 지리공간 내에 많은 기업이 집중되어 현지 인원을 대거 채용하는 것을 통해 장기적 취업 문제를 해결하고 주민 소득을 늘리며 사회 안정을 수호할 수 있다. 특히 산업단지는 생산기술과 경영이념이 상대적으로 성숙된 선진기업을 끌어들여 현지 기술 및 관리인원을 대량으로 양성해서 노동력 자질과 생산능력을 높일 수 있다. 소득이 증가됨에 따라 주민들의 수요구조도 발전해 산업 업그레이드의 수요를 자극할 수 있다.

따라서 산업단지 내외의 공업화 발전과 도시화 진척을 가속화하고 양성 순환을 형성해서 산업단지 소재국의 지속적인 경제성장을 위한 새로운 원동력을 불어넣을 것이다.

특별란 7-1

교통은행 뉴 '실크로드' 전략에 적극 참여

현재 중국 경제는 '뉴 노멀'시기에 들어섰는데 경제성장이 통제 가능하고 상대적으로 균형을 이룬 운행구간에 놓여 있다. 외수가 위축되고 내수가 줄어들었으며 부동산 조정 및 심층 구조조정 역량 등의 종합적인 작용으로 경제 하행압력이 다소 커졌다. 그러나 '뉴 노멀'시기에는 어려움과 시련 · 리스크만 있는 것은 결코 아니다. 뉴 노멀은 중국이 아직 충분히 능력을 발휘할 수 있는 중요한 전략적 기회기에 처해있다는 판단을 바꾼 것이 아니라 중요한 전략적 기회기의 내용과 조건을 바꿨을 뿐이며, 중국 경제발전에 있어서 전반적으로 좋아지고 있는 기본 상황을 바꾼 것이 아니라 경제발전 방식과 경제 구조를 바꿨을 뿐이다. 그렇기 때문에 중국경제의 '뉴 노멀'은 굴기 중인 국가가 새로운 경제체제를 포용한 거대한 발전기회를 잉태 중이다.

닝샤(宁夏) 회족자치구는 자체 문화와 지리적 우세를 가지고 있어 '일대일로' 건설과정에서 중국과 아라비아국가 간의 후롄후통을 실현하는 중요한 연결점과 지탱점이다. 그러나 닝샤는 금융발전 수준이 비교적 뒤처져 있고 금융기관이 적은 실정이다. 이런 상황에서 닝샤에서 비교

우위에 있는 교통은행은 닝샤의 '일대일로'건설 참여와 중국—아라비아 간 금융 협력의 주력군이 되었다. 구체적인 방법은 다음과 같다.

첫째, 교통은행 기존의 금융상품과 금융면허를 충분히 이용해서 중국—아라비아 간 금융 협력을 지원한다. 교통은행은 국제 위안화 업무·역외 금융 업무의 우세를 살려 '해외진출(走出去)' 기업 및 해외 기업들을 교통은행의 경내와 해외, 그리고 역외와 역내 연동을 통해 교통은행 계좌관리시스템에 통일적으로 포함시켜 교통은행의 글로벌 현금관리 플랫폼을 통해 NRA(해외기구의 경내 외환 계좌)·OSA(역외 계좌) 등 여러 가지 계좌형태 하의 자금 통합 관리를 진행한다. 교통은행의 다종 통화 청산·결제시스템을 통해 중동 각국의 자체 통화를 포함한 120개 통화의 국제결제를 지원하고 자치구 기업의 아라비아에 대한 무역 확대를 지원하며 역외 및 해외 지점의 영업망을 이용해 구미와 아태 지역을 아우르는 쾌속 송금업무를 실현한다.

둘째, 인촨(銀川) 종합보세구 개발과 건설에서 신용대출 협력을 강화한다. 교통은행은 특정 신용대출한도액 책정을 통해 은행 단대출(신디케이트 론) 형태로 보세구 단지 건설에 신용대출을 제공한다.

교통은행그룹의 글로벌화와 종합화 우세를 충분히 살려 닝샤 지점이 투자 은행·교통은행 금융임대유한회사·교통은행 국제신탁 유한회사 등의 부서 자사와 적극적으로 연동해, 단기 융자권·중기 어음·자산 증권화·신탁·융자임대 등의 다양한 융자방식을 개발해서 단지 내 융자 수요의 해결에 노력하여 단지 내 초기 투자유치를 위한 관련 금융 서비스를 제공한다.

셋째, 외향성 기업에 대한 신용대출 지원을 강화한다. 교통은행은
전통적인 국제무역 융자업무를 통해 기업의 자금 융통 효율을 제고함으로써
재무비용을 줄인다. 또 중국수출신용보험회사와의 합작을 통해 기업의
매출채권을 담보로 기업에 단기 수출 신용보험 융자업무와 수출 팩토링
융자업무를 제공한다. 또한 보세구 내 기업의 '양 끝을 외국에 둔(兩頭在外
원자재 공급시장과 판매시장이 외국에 있음을 말함)' 특징을 이용해
견질신용장 방식으로 보세구 내의 기업에 융자지원을 한다.

넷째, 자치구 기업의 융자 임대 업무를 지원한다. 2014년 10월에
교통은행 닝샤 지점은 닝샤 지역 최초로 국제융자 임대 업무를 취급했다.
보세구 내 관세 면제 업무 특징에 따라 또 국내 기타 보세구의 항공기 융자
관련 성숙한 경험을 결합시켜 닝샤 지점은 교통은행 금융임대유한회사와
합작해서 보세구 내에 SPV프로젝트회사를 설립하여 제조상 혹은
국제임대회사 혹은 기타 기구로부터 높은 관세의 상품을 제공 받아 경내
회사에 임대해준다.

7.2.4 상호 혜택과 이득이 되는 민간 차원의 토대 마련 및 민심 연결 증진

'일대일로' 연선은 정치 경제 환경이 복잡하고 관련 경제회랑이
중국경제의 오지와 직결돼 있다. '일대일로'전략 실행 과정에서 어떻게
정치적 안정과 국경지역의 안전을 확보할 것이냐는 것은 중국이 '일대일로'

후롄후퉁 관계를 구축함에 있어서 마땅히 고려해야 할 제일 중요한 과제이다. 한편 산업단지의 건설은 그 문제를 해결할 수 있는 새로운 경제적 문화적 방법을 마련했다.

첫째는 경제적 유대를 강화했다. 산업단지가 현지에 '뿌리를 내림'에 따라 각급, 여러 분야의 선두기업이 자본과 노동력·기술을 유대로 삼아 현지 정부·기업·주민과 안정적인 관계를 형성했으며 점차 현지 경제발전을 받쳐주는 대들보로 되었다. 또 단지의 종합성·다원화 특징에 힘입어 경제 촉각을 현지의 금융·교육·의료·건축자재·식품·에너지 개발 등 여러 분야에 깊숙히 뻗어 양호한 상업 경영 환경을 조성했다.

둘째는 문화적 유대를 구축했다. 산업단지는 현지 인원을 대거 고용하고 여러 나라 국민이 단지 내에서 공동으로 생산 생활하며 조화롭게 어울려 지내게 된다. 또 산업단지의 제품·서비스·사회경제관계가 단지 외부의 넓은 지역에까지 영향을 주어 중국의 국가 가치관과 문화의 영향력도 저도 모르는 사이에 '일대일로' 연선 지역으로 전파될 것이다. 주민생활과 기초경제 차원에서의 교류와 융합은 전면적인 상호 이해와 민심 연결을 증진하는데 도움이 되며 풍속·전통 및 문화 분야에 존재하는 오해를 해소함으로써 나아가 양자 간 장기적인 협력 관계를 구축하는데 양호한 기반을 마련할 수 있다.

7.2.5 중국정부의 일대일로 건설추진을 위한 새로운 지탱점 마련

'일대일로' 연선 지역에서 산업단지 패턴을 선택하면 중국정부가 행정적 수단 혹은 시장 수단을 통해 서비스기능을 더욱 효과적으로 실행하는데 이롭다. 다음과 같은 3가지 면에서 '일대일로' 후롄후통의 진척과 심도를 추진할 수 있다.

첫째, 양호한 상업경영 환경을 조성한다. 경제 발전 수준이 뒤처진 지역의 정부는 외자유치·선진기술과 생산력 도입 등의 목적으로 외자기업에 토지·세수 등 정책적 혜택을 주어 외자기업의 현지화 발전을 추진하고자 하는 의향이 비교적 강하다. 그런데 외자기업이 단독으로 혹은 느슨한 조합형태로 수익국 현지 정부와 협상을 전개할 경우 흔히 상대적으로 약세 지위에 처하게 되어 예기했던 우대조건을 얻어내기 어렵다. 반대로 중국과 '일대일로' 연선국가가 공동으로 건설한 산업단지는 규모가 비교적 크고 또 특정 지역에 영향을 줄 수 있어 사실상 천연적인 발언권 우세를 가지고 있는 셈이다. 중국의 각 급 정부가 전략적 협력 차원에서 전문적인 협상팀을 조직해 현지 정부와 직접 협상을 진행해 협력을 심화하며 서로 이익이 되는 체제적 혁신을 모색하도록 더욱 편리를 도모할 수 있다. 또 서비스 의식을 증강시켜 중국기업의 현지화를 위한 '다리를 놓아주고', '바스켓' 혹은 계통적인 협력협의를 체결하며, 현지 정부가 토지 임대비용 · 융자 대출 · 기업 세수 · 건물 관리 보조금 · 산학연 협력 및 노동관계 등의 여러 분야에서 산업단지에 대한 육성을 강화하도록 추진한다.

둘째, '둥지를 만들어 봉황을 끌어 들이는' 패턴으로 인프라 관련 건설을 추진한다. '일대일로' 건설은 중국 정부가 선도하는 것으로서 연선국가들의 산업단지 건설도 마땅히 중국 각급 정부가 계획하고 주도해야 한다. 중국 각급 정부는 중국 본토의 산업단지 건설 경험을 거울로 삼고, 특히 '둥지를 만들어 봉황을 끌어 들이는' 패턴으로 우수한 초기 인프라를 건설할 수 있다. 그리고 전문 관리 서비스 지원팀을 설립하고 종합 실력과 견인 효과가 비교적 강한 영향력 있는 선두기업을 유치해 산업단지의 인프라 수준과 투자유치의 흡인력을 향상시킴으로써 산업단지의 지속 가능한 발전 및 후롄후통의 꾸준한 심화를 위한 기반을 마련한다.

셋째, 산업단지에 어울리는 맞춤형 정무 서비스를 제공한다. '일대일로' 연선 지역의 산업단지는 산업특색이 뚜렷하고 집약화 정도가 비교적 높으며 산업 집중 우세가 뚜렷하다. 산업단지와 중국 간의 경제무역 거래를 강화하는데 편리를 도모해주기 위해 중국의 해관·세수·상무·금융 등 여러 관리당국은 서비스 기능을 제고해 편리화 측면에서 서비스를 개선해야 한다. 산업단지의 각기 다른 특성에 따라 국가의 산업이전계획과 전반적인 전략 방향을 의거로 삼아 정책조합과 혜택 강도를 조정해야 한다. 또 전자 정부시스템·공동 감독관리·집법 면에서의 협력 등의 방식에 의지해 통관서비스·국제공동운송·재산권 보호와 금융융통 등의 방면에서 효율을 높이고 비용을 절약해 중국기업의 '해외진출(走出去)'을 위한 더 양호한 서비스를 제공 한다.

7.3 산업단지의 배치

7.3.1 인프라와 연결시키는 배치 원칙

산업단지와 인프라 건설은 서로 보완하고 도우며 추진하는 관계이다. 때문에 산업단지를 인프라와 연결시키는 것은 양자가 협력해서 '일대일로' 대전략의 질서 있는 추진을 공동으로 이끄는데 유리하다. 구체적인 책략을 말하자면 산업단지는 경제회랑 건설에 의지할 수 있다. 각기 다른 회랑의 건설 중점과 연선국가의 자원상황과 지역우세에 따라, 경제회랑의 중요한 연결점이 되는 도시·연선항구·국경통상구 등의 지역에 공업단지 ·과학기술단지·물류단지·자유무역구 등의 다양한 특색단지를 건설함으로써, 정치·경제무역협력 및 인원 교류를 추진하고 주변지역에 대한 단지의 선도역할을 발휘하도록 한다. 이로써 점이 이어져 선을 이루고, 선이 합하여 면을 이루어 최종적으로 전면적인 협력 구조를 형성해서 지역 내의 이익공유와 공동번영을 실현한다. 이와 같은 산업단지 배치 원칙을 확정하게 된 것은 다음과 같은 두 가지 방면의 이유에서다.

첫째, 경제 효과와 수익을 빨리 실현하기 위함이다. 산업단지와 인프라가 서로 보완하고 도움이 되어 '일대일로' 전략이 하루 빨리 꽃을 피우고 수확을 얻는데 유리하다. 한 방면으로 연선국가들은 대부분 신흥 경제체와 개발도상국으로서 경제 상승기에 처해있어 교통 · 전력 등의 인프라가 미비한 상황이 산업단지의 발전을 제약하는 주요 걸림돌이 되고 있을 뿐만 아니라 중국과 연선 각국의 무역 거래에도 주요 제약 요소로 되고 있다. 인프라의 상호 연결을 대거 추진함에 따라 연선국가의 인프라가 낙후된 문제도 뚜렷하게 개선될 것이다. 물론 인프라가 건설되면 주변 지역에 막강한 영향력을 일으킬 것이며 단지의 발전에 거대한 잠재력을 가져다 줄 것이다. 산업단지 배치와 인프라의 후롄후퉁을 서로 결합시키면, 인프라 건설기업들은 자연적으로 단지 내의 건설프로젝트를 직접 담당할 수 있어 건축비용을 절감할 수 있다.

산업단지는 철도망 · 도로망 분포에 의지해 제품의 수출과 수입 · 생활보장 및 인적 교류 등에 큰 편리를 가져다 줄 수 있다. 다른 한 방면으로 실크로드 연선국가들은 경제 규모가 비교적 작아 인프라가 건설된 후 방치될 가능성이 있다. 그러나 산업단지는 중국과 연선국가 간 경제무역 협력의 플랫폼으로서 실크로드 연선 여러 국가의 산업사슬의 통합 조정을 이끌어 주변 지역의 경제 발전을 추진함으로써 인프라의 이용률을 크게 제고시킬 수 있다. 중국 경제발전의 실천이 증명하다시피 어떻게 교통통로에서 물류통로로, 물류통로에서 경제벨트로의 발전을 실현할 것이냐 하는 문제에서 산업단지는 아주 중요한 일환이다.

둘째, 투자 리스크를 줄이기 위함이다. '일대일로' 연선은 정치 경제 환경이 복잡하다. 국제 테러리즘 · 종교극단주의 · 민족 분열주의 '3대 세력'이 다시 머리를 쳐들고 있다. 석유 등 중국의 중요한 전략자원은 대부분 '일대일로' 전략 범위 안에 배치되어 있다. 예를 들어 동북방향의 중국-러시아 천연 오일 가스 수송관 · 서북방향의 중국-카자흐스탄 송유관 및 서남방향의 중국-미얀마마 송유관 등이 있다.(그래프 7-1 참고) 이에 따라 중국의 해외 이익안전보장 면에서 줄곧 존재해 왔던 '단점'이 더욱 불거졌으며 안보능력과 안보수요 간의 격차가 더욱 확대되는 추세를 보이고 있다. 연선국가에 산업단지를 건설하는 것은 중국의 이런 '단점'을 없애는데 유리하다.

왜냐하면 산업단지 안에서 여러 나라 국민들이 공동으로 생활하고 공동으로 생산하며 제품과 서비스 및 사회생활 중에서 존재와 표현을 통해 언제 어디서나 중국의 가치관과 문화 영향력을 전파할 수 있어 양국 간의 교류와 이해를 추진하고 오해와 마찰을 해소하며 서로간의 정치적 신뢰를 증진함으로써 인프라의 후롄후통을 위해 양호한 민간차원의 토대를 마련할 수 있다.

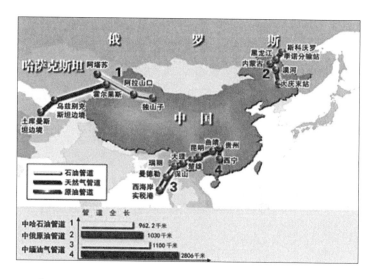

그래프 7-1 중국의 석유전략자원

7.3.2 경제회랑에 따라 산업단지를 건설

2015년 3월 열린 보아오 아시아포럼에서 중국 국가발전개혁위원회 · 외교부 · 상무부가 '실크로드 경제벨트와 21세기 해상 실크로드의 공동 건설 추진에 대한 염원과 행동'을 공동으로 발표했다. 문서에서는 중점 경제무역 산업단지를 협력 플랫폼으로 정하고 뉴 유라시아 대륙교 · 중국-몽골-러시아 · 중국-중앙아시아-서아시아 · 중국-중남반도 등의 국제경제회랑을 공동으로 건설할 것을 제기했다. 이로부터 산업단지는 중국 '일대일로'전략의 중요한 지탱점이라는 것을 엿볼 수 있다. 산업단지는 기존의 국부적인 분산화 분포 패턴을 타파하고 경제회랑 체제 안에서 통일적으로 계획하고 조율하고 관리해야 한다. 아래 부분에서 우리는 초보적인 형태를 갖춘 경제회랑을 정리하면서 회랑별 비교우위와 산업협력 전망에 대해 진일보하게 탐구하고자 한다.

1. 중국-파키스탄 경제회랑

'중국-파키스탄 경제회랑'은 리커창 총리가 2013년 5월에 파키스탄을 방문했을 때 제기했다. 경제회랑은 북쪽은 중국 신장의 카스(喀什)에서 시작해서 남쪽은 파키스탄 경내의 인도양 항구 과다르 항(Gwadar)에 이른다. 경제회랑은 도로 · 철도 · 천연 오일 가스 수송관 · 광케이블통로 등의 건설이 포함된다.(그래프 7-2 참고) 2014년 2월 후세인 파키스탄 대통령이 중국 방문 기간 중 중국과 파키스탄 양국은 중-파 경제회랑 건설의 가속 추진에 찬성한다고 밝혔다. 이는 중-파 경제회랑 건설이 쾌속 발전단계에 들어섰음을 의미한다.

중-파 양국 관계는 예로부터 우호적이었다. 그러나 양국 간 경제협력이 많지 않아 양자 무역규모가 비교적 작으며 파키스탄에 대한 중국 투자도 미국 · 유럽에 뒤처져 있다. 중-파 경제회랑 건설은 이런 국면을 개변시켜 중국이 파키스탄의 최대 투자국으로 부상할 수도 있으며 현지에 대량의 취업기회를 마련할 것이다. 중-파 경제회랑에는 '통로'건설만 포함되는 것이 아니다. 더 중요한 것은 중국과 파키스탄 양국이 경제회랑 연선에서 일련의 관련 인프라 · 에너지 전력 · 방직업 및 공사 등 여러 분야의 합작을 이끄는 것이다. 또 회랑 연선에 경제특별구를 설립해 양국 기업에 거대한 발전기회를 가져다줄 수 있다. 무하마드 나와즈 샤리프 파키스탄 신임 총리는 "중-파 경제회랑이 건설되면 양국 국민에게 이로울 뿐 아니라 동시에 중국 국민을 포함한 남아시아지역의 30억 인민에게 모두 혜택을 가져다줄 것"이라고 주장했다. 전략적으로 중-파 경제회랑은 '일대일로'중의 중점 프로젝트이며 또 관건적인 중추이다. 2006년 11월에 중국은 파키스탄과 자유무역협정을 체결했고 2009년 2월에 양국은 또 자유무역구 서비스무역협정을 체결했다. 이 협정은 현재까지도 양국에서 내용이 가장 전면적이고 개방도가 가장 높은 자유무역구 서비스무역 협정이다.

중-파 양국은 지금까지 이미 20여 가지 협력협정을 체결했으며 중-파 경제회랑은 이미 계획단계에서 실제 건설단계로 들어섰다.

중국건축공사총회사·중국교통건설주식유한회사 등 국유 골간기업이 과다르 항 · 카라코람 도로의 업그레이드 개조 등의 프로젝트를 맡아 경제회랑의 대동맥을 관통시켰다. 이밖에 민영자본 면에서도 점점 많은 중국인과 화교가 파키스탄에 투자하고 있다. 투자 분야에서는 금융 · 교육 · 의료 · 건축자재 · 식품 · 에너지개발 등의 여러 분야가 포함되며 이들은 중-파 경제무역교류를 이끄는 '신예 부대'가 되었다.

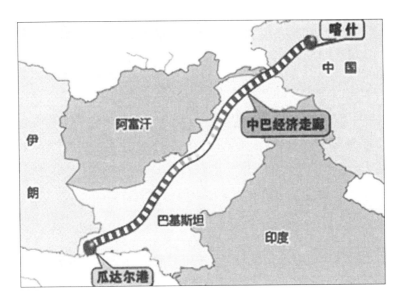

그래프 7—2 중국—파키스탄 경제회랑 설명도

2. 방글라데시-중국-인도-미얀마마 경제회랑

2013년 5월, 리커창 총리 인도 방문 기간에 중-인 양국이 방글라데시-중국-인도-미얀마마 경제회랑 건설에 대해 공동 창의했으며 방글라데시와 미얀마마 양국의 적극적인 호응을 얻었다. 2013년 12월에 방-중-인-미얀마 경제회랑 공동 업무 제1차 회의가 쿤밍(昆明)에서 열렸으며 4개국은 공동연구계획을 체결함과 동시에 정부 간 협력 체제를 정식으로 설립했다. 2015년 1월에 제2차 회의가 방글라데시 콕스 바자르에서 개최되었으며 회의에서 4개국이 제출한 국가별 보고서를 논의했으며 후롄후통 · 에너지 · 투 융자 · 무역 편리화 등의 협력분야에 대한 구상과 추진 메커니즘에 대해 중점 토론함으로써 방-중-인-미얀마 경제회랑의 제도화 건설을 한층 추진했다. 방-중-인-미얀마 경제회랑은 4개국의 우호관계를 심화시키고 동아시아와 남아시아의 후롄후통을 구축하며 지역 내 이익의 공유와 지속가능한 발전을 강화함에 있어서 중요한 의의가 있다. 방-중-인-미얀마 경제회랑이 건설되면 연선 지역을 아시아 더 나아가 세계적으로도 가장 활력을 띤 지역으로 이끌 수 있다.(그래프 7-3 참고)

방-중-인-미얀마 4개국의 세찬 경제무역교류는 경제회랑 건설의 끊임없는 원동력이다. 그중 인도와 방글라데시는 각각 남아시아에서 중국의 첫 번째와 세 번째 무역 파트너이다. 인도의 PHD상회 보고서에 따르면 2013-2014년도 중-인 양국의 무역액은 495억 달러로 인도 대외 무역 총액의 8.7%를 차지했으며 중국은 아랍 에미리트를 제치고 인도의 첫 번째 무역 파트너로 됐다. 2009년부터 중국과 방글라데시의 양자 무역은 줄곧 두 자릿수 성장을 이어오고 있으며 2014년 양국 무역액이 125억 4,700만 달러로 동기대비 21.98% 성장했다. 중국과 미얀마마 양국 간 무역도 빠른 성장을 이루어 2013-2014년 중국과 미얀마마의 수출입 규모가 75억 3,000만 달러에 달해 미얀마마 수출입 총액의 30.3%를 차지했다(수출입총액은 248억 6,800만 달러).

이밖에 방·중·인·미얀마 4개국은 인프라·에너지전력·제조업·서비스업 등의 분야에서도 꾸준히 협력을 심화했다. 중국과 방·인·미얀마 3개국은 모두 경제발전의 관건시기에 처해있다. 중국은 산업 업그레이드를 대거 추진하고 기업의 대외 투자와 산업 이전을 격려하고 있으며, 방·인·미얀마 3개국은 제조업 수준 향상·외자 유치·인프라 건설의 강화를 모색하고 있다. 20세기 90년대부터 제조업 중심이 일본

· 한국에서 점차 중국 내지로 이전했던 것처럼 저렴한 노동력 비용가 · 토지자원 및 느슨한 무역환경에 이끌려 갈수록 많은 중국의 제조기업들이 동남아시아로 이전하고 있다. 셰이크 하시나 방글라데시 총리는 중국-남아시아 비즈니스포럼에서 "방글라데시의 도로와 교량·교통·전력 등 인프라 프로젝트에 대한 중국의 지원은 방글라데시의 경제를 더 한층 발전시키는데 유리하다. 한편 방글라데시는 중국 기업이 의약 · 석유화학 · 선박제조·통신·농업·방직물·가죽제품·관광 등의 고부가가치 분야에 투자할 것을 요청한다."라고 밝혔다. [1]

그래프 7-3 방-중-인-미얀마 경제회랑 설명도

---

1) '중국과 남아시아 경제협력으로 무역구조 업그레이드 관건시기 맞이해', 신화망, http://xinhua net.com/world/2014-06/07/c_1111031848.htm.

3. 중국-몽골-러시아 경제회랑

2014년 9월에 시진핑 주석이 상하이협력기구 정상회담에서 중국의 실크로드 경제벨트 건설과 러시아의 유라시아대륙을 잇는 대철도 및 몽골국 초원의 길 전략을 연결시켜, 중국-몽골-러시아 경제회랑을 공동 건설할 것을 제안했다. 그는 철도 · 도로 등의 후롄후통 건설을 강화하고 통관과 운송의 편리화를 추진하며 국제 운송협력을 촉진하고 3국간의 송전망 건설을 연구하고 관광 · 싱크탱크 · 매체 · 환경보호 · 재해 구조 등의 분야에서 실무적 협력을 전개할 것을 제기했다.[1] 중-몽-러 경제회랑 건설은 3개국의 지리적 제한을 타파하여 자원의 유동과 배치의 최적화를 추진하는데 이로우며 동북아 지역협력을 추진해서 우세의 보완과 이익 공유를 실현하는데 도움이 된다. 이 창의는 러시아와 몽골의 적극적인 호응을 얻었다.

중-몽-러 경제회랑은 동북에서 경제가 가장 활성적인 지역을 서로 연결시켰다. 중국 경내에서는 '징진지(京津冀, 베이징 · 톈진 · 허베이)'경제권과 서로 이어져 수도권의 산업이전과 연결시키는데 이롭게 된다. 해외에서는 동쪽으로 블라디보스토크 항구에 이르고 서쪽으로는 유라시아 대륙교와 이어진다. 따라서 '광둥-만저우리(滿洲里)-유럽(粤滿歐)' · '쑤저우(蘇州)-만저우리-유럽(蘇滿歐)' · '톈진-만저우리-유럽(津滿歐)' · '선양(沈陽)-만저우리-유럽(沈滿歐)' 등 국제화물열차를 통해 화물을

---

[1] '중국-몽골-러시아 경제회랑 공동 건설', http://www.mofcom.gov.cn/article/i/jyjl/j/201409/20140900728588.shtml.

직접 유럽까지 운송할 수 있다. 2015년 초에 중국은 이미 전문가를 조직해 중-몽-러 경제회랑의 전략 계획에 대해 특별조사연구를 거쳤다. 정부 · 민간 및 주변 지역 여러 차원 참가자들을 집결시켜 광범위한 경제 네트워크를 구축할 것으로 예견된다. 이 네트워크를 통해 중-몽-러 경제회랑은 아시아와 유럽을 잇는 중요한 플랫폼으로 부상할 것이며 지리적 위치의 효과가 갈수록 나타날 것으로 전망된다.

4. 중국-싱가포르 경제회랑

2014년 9월에 중국 · 아세안 10개국 · 인도 등 12개 국가의 전문가와 학자들이 광시(广西) 난닝(南宁)에서 중국-싱가포르 경제회랑 공동 건설 관련 '난닝 공동 인식(南宁共識)'을 제기했다. 회의에 참가한 전문가들이 중국-싱가포르 경제회랑 건설 관련해서 다양한 방안을 제기했다. 그중에는 중국(쿤밍)-라오스-태국-말레이시아-싱가포르, 중국(난닝)-베트남-라오스(혹은 캄보디아)-태국-말레이시아-싱가포르 등의 방안이 포함되었다.

구체적인 로드맵은 연선 각국의 공동협상을 거쳐 확정될 것이다. 중-싱 경제회랑은 중남반도 국가들을 잇는 국제 육로 경제벨트이며 21세기 '해상 실크로드'를 공동으로 건설하는 중요한 구성 부분으로서 중국과 아세안 국가의 해상과 육로를 아우르는 운송 대 동맥이다.(그래프 7-4 참고) 2010년에 중국-아세안 자유무역구가 건설됨에 따라 중-싱 경제회랑에 세찬 활력을 불어 넣었다.

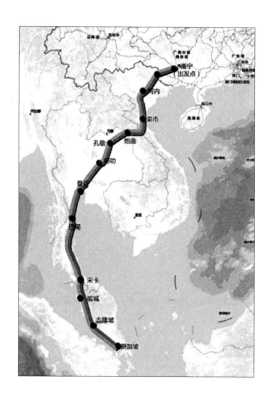

그래프 7―4 중국―싱가포르 경제회랑 설명도

　'난닝(南寧) 공동 인식'에서는 교통 분야의 후롄후통이 중국-싱가포르 경제회랑 합작의 우선 추진 분야이며 중점 방향이라고 제기했다. 철도 · 도로 · 수상운송 항로 등의 통로건설을 적극 추진하고 범아시아 철도 동부선 건설을 추진하며 승객과 화물 운송의 통관 편리화 조치의 실시를 서둘러 도로의 연결을 실현한다.

　이밖에 산업협력의 강도를 제고하고 인문 교류를 강화하며 우세 산업 간의 협력을 핵심으로 삼고 국제 경제협력을 추진한다. 또 산업협력을 꾸준히 심화하고 확대하고 무역과 투자의 편리화 수준을 꾸준히 향상시켜 원활한 무역 교류를 실현함으로써 연선 각국이 더욱 많은 이익을 얻도록 한다. 그리고 서로간의 이해를 증진해 민심의 상통을 추진해 중-싱 경제회랑 건설 협력의 사회적 기반을 마련한다.

2009년 1월 1일, 난닝-하노이 국제승객열차가 정식 개통되었다. 2014년 중-싱 경제회랑의 초기 형태가 형성됐다. 2014년 9월까지 난닝에서 싱가포르에 이르는 도로가 전면 개통되고 난닝-유이관(友誼關) 구간의 고속도로 건설이 준공되고 팡청(防城)-둥싱(東興) 구간의 고속도로도 이미 착공 건설 중이며 또 베트남에 이르는 국제도로 운송 허용을 받은 24갈래 도로 중 10갈래가 이미 개통된 상황이다.

5. 뉴 유라시아 대륙교

1992년 12월 1일부터 뉴 유라시아 대륙교가 국제 컨테이너 운송 업무에 정식 투입되었다. 이 대륙교는 동쪽은 롄윈강(連云港)에서 시작해서 서쪽으로 장쑤(江蘇)·산둥(山東)·허난(河南)·산시(陝西)·간수(甘肅) ·신장(新疆) 등지를 지나 신장 서북 국경인 아라산구(阿拉山口)에서 중국 국경을 벗어난 후 카자흐스탄·러시아·벨로루시·폴란드· 독일을 지나 네덜란드 북쪽 해변인 외로포르트 항까지 이르는 동서 철도 대통로로서 전체 길이가 약 1만 900킬로미터에 이르며 유라시아 대륙을 가로질러 태평양과 대서양을 잇는 국제 대 통로이다(그래프 7-5 참고). 뉴 유라시아 대륙교의 관통은 중국에 중앙아시아의 자연자원·유럽연합의

자금과 기술을 이용할 수 있는 조건을 마련해 줄 수 있다. 게다가
중앙아시아·서아시아지역은 제조업·경공업이 아직 저발전단계에 머물러
있기에 전자 기기·자동차·경공업 제품·일용품 등을 꾸준히 해외에서
대량으로 수입해야 한다. 중국은 자원밀집형과 노동밀집형 산업 분야가
대륙교 연선 지역에서 우위를 차지한다. 대륙교가 개통된 후 연선 지역의
수출입 무역총액이 일정하게 증가되었지만 중국 무역총액에서 차지하는
비중은 비교적 낮은 수준이다. 대륙교가 개통된 지도 20여 년이 지났지만 그
역할은 여전히 단순 교통 운송 통로에만 그쳤을 뿐 연선 지역의 경제에 대한
견인 역할을 발휘하지 못하고 있으며 '상업성 교량' 역할은 발휘하지 못하고
있다.

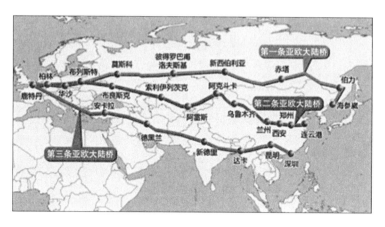

그래프 7-5 뉴 유라시아 대륙교 설명도

최근 몇 년간 대륙교 연선의 국가와 지역은 무역 투자 편리화를 적극 추진하고 있으며, 지역 경제와 교통 분야의 협력을 추진하고 있다. 기준을 통일시키고 교통 운송 등 절차에서의 관세 장벽을 제거해 뉴 유라시아 대륙교 물류가 막힘없이 통할 수 있도록 확보했다. 한편 육교 운송을 주업으로 하는 여러 중점 운송기업과 물류기업은 동북아 · 동남아 · 중앙아시아 각국과 운송 분야에서 협력을 강화해 국내외 새로운 시장 · 새로운 물품 공급원 · 새로운 고객을 개발했으며 국제 운송 경로를 넓히고 운송 방식을 다양화했다. 또 항구의 서비스 기능을 확대하고 일체화 마케팅 · 네트워크 경영 · 규범화 서비스 등 양호한 대륙교 운송 시스템 및 플랫폼을 구축함으로써 양호한 육교 운송의 소프트환경과 하드환경 및 녹색 통로를 마련했다.

특별란 7-2

항구: 산업단지 배치의 중점

경제회랑 연선에 위치한 항구는 '일대일로' 건설에서 매우 독특한 지위와 역할을 하고 있다. 최근 건설 중인 산업단지 중에서 파키스탄의 과다르 항과 미얀마마의 차우크퓨 항이 그 중점 돌파구임이 틀림없다.

1. 파키스탄 과다르 항

과다르 항은 중국─파키스탄 경제회랑의 해외 시작점으로서 과다르 항 개발은 핵심적인 역할을 한다. 중─파 경제회랑이 건설됨에 따라 과다르 항은 역할을 충분히 발휘할 수 있게 될 것이며 과다르 항에 거대한 기회를 가져다 줄 것이다. 우루무치(烏魯木齊)를 출발해서 해상 통로를 거쳐 과다르 항에 이르는 거리는 1만 5,858킬로미터이다. 그러나 중─파 경제회랑이 건설되면 그 거리가 4,712킬로미터로 단축된다.[1] 2002년에

---

1) '중국과 파키스탄, 경제회랑 공동 건설' 21세기 전망, http://jingji.21chh.com/2013/10-15/ zONjUxXzg 0NDEzOA.html.

파키스탄정부는 중국과 과다르 항 공동 개발 관련 협의를 체결했으며 중국의 후원으로 두 단계로 나뉘어 건설하기로 했다. 2005년, 과다르 항의 1기 공사가 마무리되었다. 2013년 과다르 항 건설권과 운영권이 중국측 회사로 정식으로 이양됨에 따라 과다르 항 건설이 쾌속 추진단계에 접어들었다. 2015년 초까지 과다르 항의 인프라 건설이 이미 기본적으로 완성되고 카라치까지 연결시키는 도로도 이미 개통되었으며 중─파 양국의 다음 단계의 협력 중점은 과다르 항 자유무역구 건설을 추진하는 것이다. 관련 보도에 따르면 자유무역구의 토지 확보작업이 이미 완성된 상황이고 면적이 총 9.2 평방킬로미터에 이르는 것으로 알려졌다.

자유무역구에는 인프라 건설 · 상업용 건물 · 컨테이너 화물운송역 · 창고 · 물류집산센터와 가공제조업 등의 산업이 포함된다.[2] 파키스탄 정부는 자유무역구에 많은 우대 정책을 줄 것을 약속했다. 그 정책에는 과다르 항을 중심으로 30킬로미터 이내를 면세구역으로 지정하고 기업 소득세·대출 인지세·판매세와 현지 지방세를 20년간 면제하며, 자유무역구 건설에 사용될 재료와 설비를 수입하는 기업에 대해서는 40년간 수입관세와 판매세를 면제하는 등의 조치가 포함된다. 과다르 항이 건설됨에 따라 파키스탄의 외자 유치 규모를 확대하고 파키스탄 특히 발루치스탄 주의 경제 발전을 이끌 수 있으며 주민 취업률을 제고하고 파키스탄의 과학·교육·문화·보건사업의 발전을 추진하며 소득을

---

2) '과다르 항 운영능력 갖추고, 개방을 앞두고 때를 기다리는 중', '21세기 경제보도'에 게재됨, http://m.21jingji.com/article/ 20150404/e5755768bdc7fa65e8f58400a0a78006.html.

증대시켜 취학·취업·의료 등 문제를 해결할 수 있다.

　2. 미얀마마 차우크퓨 항

　차우크퓨 항은 미얀마마 라카인 주 차우크퓨 현에 속하며 벵골 만의 편벽한 서해안에 위치해 있다. 차우크퓨 항은 자연조건이 양호하여 진일보의 개발에 매우 적합하다. 중국의 좁고 긴 해구를 가진 허베이 차오페이뎬 항(曹妃甸港)과 매우 비슷하다. 차우크퓨 항과 그에 인접한 마데이 섬은 각각 중-미얀마 양국 간 천연오일가스 수송관의 시작점으로서 중요한 전략적 의미와 경제적 가치가 있다.(그래프 7-6 참고) 2013년 9월 30일 3년에 걸쳐 건설된 중-미얀마 천연가스 수송관이 전면 관통되었으며 수송 능력은 연간 120억 입방미터로 설계되었다.

　2015년 1월 30일에 중-미얀마 석유 수송관도 전면 관통되었으며 매년 2,200만 톤의 석유를 수송할 예정이다.[1] 이밖에도 차우크퓨 항은 중국과 인도 두 인구 대국 사이에 위치해 있어 중요한 전략적 가치와 거대한 경제 개발 잠재력이 있다. 미얀마마 정부도 여러 차례 중국에 와서 고찰을 거쳐 중국 특별구의 건설 경험을 본보기로 삼아 차우크퓨 항을 항구·가공·물류를 일체화한 종합성 경제특별구로 건설하려고 애쓰고 있다. 2014년

---

1) '중국-미얀마마 천연 오일 가스 수송관' 바이두백과(百度百科), http://baike.
　baidu.com/link? url=iMZHP4_w8RBIf1XEiAsKbNe5XsW4C44bE9qCAIMT0v8KU4-
　4QzOFcHkI0iL2aHpltsRRJE4SNN WCZq5h7dfjCK.

연말에 미얀마마 경제특별구는 개발자 입찰을 진행했다. 다웨이와 틸라와 두 경제특별구와 달리 이번에 미얀마마 정부는 전 세계 기업을 대상으로 입찰을 진행했다. 입수한 소식에 따르면 차우크퓨 심수항 1기 용지 면적은 4,000에이커(ac)이다. 경제특별구에는 심수항 · 의류공장 · 공업단지 · 부동산 등의 프로젝트가 포함되었으며 현지 주민 고용이 가능한 경공업 기업을 중점적으로 유치했다.[2]

그래프 7-6 과다르 항

2) '미얀마마 차우크퓨 경제특별구 곧 설립 예정', http://www.mofcom.gov.cn/article/i/jyjl/j/201309/201 309 00311412.shtml.

7.4 산업단지, 위안화 국제화의 중요한 돌파구로 될 것

　수많은 '해외진출(走出去)' 기업이 집중된 산업단지는 규모가 방대하고 다양하며 지리적으로 집중된 국제 및 해외 금융서비스가 필요하다. 이에 따라 중국 금융기관의 '해외진출(走出去)'을 이끌어 위안화 역외시장을 발전시키고 위안화 해외 자본의 운용과 대규모 결제 사용을 늘리게 된다. 어떤 의미에서 보면 산업단지가 위안화 국제화의 주요 돌파구가 될 수 있다.

7.4.1 무역경로의 강화를 통한 위안화 국제화 추진

　중국경제망의 보도에 따르면 2013년 중국과 '일대일로' 연선국가 간 무역액이 1조 달러를 초과해 중국 대외무역총액의 4분의 1을 차지했다. 지난 10년간 중국과 '일대일로' 연선국가 간 무역액은 연 평균 19% 성장했다.

　앞으로 5년간 중국은 10조 달러에 이르는 상품을 수입하고 대외 투자액이 5,000억 달러를 초과하며 중국인 해외 관광객수가 연인수로 5억 명에 이를 전망이다.[1] '일대일로' 연선의 산업단지는 앞으로 5년간 중국과 연선국가 간 무역과 투자 거래의 요충지가 될 것이다.

왜냐하면 산업단지 내부에서 다양한 업무 경영 방식·많은 기업과 다원화된 투자의 동시 추진으로 중국과 수익국 간의 다차원 협력관계 구축을 크게 추진하게 되기 때문이다. 산업단지는 노동력 비용이 상대적으로 비교적 낮을 뿐 아니라 무역마찰도 피면할 수 있다. 산업단지 내부에 위치한 중국 자본기업 혹은 합자기업의 중국 국내고정자산·상품·기술 및 노무송출에 대한 수요가 클 뿐만 아니라 산업단지의 영향으로 인해 현지기업과 주민 및 수익국 기타 기업의 중국에 대한 수출입 수요도 점차 이끌게 된다. 중국 자본기업의 산업단지 입주와 같은 '단체 해외 진출' 패턴은 기업에 필연코 전면적인 관련 시설과 서비스를 제공하게 되어 중국과 수익국 간의 산업사슬 협력을 이끌 것이며 중국과 '일대일로' 연선국가의 무역이 폭발적인 발전을 이룰 수 있도록 추진할 것이다.

중국기업이 위안화를 이용해 무역 결제를 진행하는 경우가 갈수록 많아지고 있어 양자 무역액이 늘어남에 따라 필연코 위안화의 가격표시와 결제 규모가 확대되고 '일대일로' 연선국가에서 위안화의 국가 간 무역 가격표시와 결제 범위가 확대됨으로써 위안화의 국제화 기반을 더욱 탄탄히 다지게 된다. 이밖에도 산업단지 내 기업의 국제 경쟁력이 꾸준히 증강됨에 따라 재편성 인수합병 등 투자은행에 대한 수요가 점점 늘어나게 된다.

---

1) "시진핑 전략 구상 제기: '일대일로'로 '꿈을 쌓을 공간'을 열자 ", http://www.ce.cn/xwzx/gnsz/szyw/201408/11/t20140811_3324310.shtml.

한편 산업단지 내에서 생활하는 중국과 외국 기업 관리자 · 행정인원과 기술 노동자 등 가치가 높은 인사들이 상대국의 가치관 및 경제수준에 익숙해지고 서로 이해가 깊어짐에 따라 유학 · 관광 · 부동산 구매 · 국제 재테크 등에 대한 수요가 커지게 된다. 이 모든 것이 국제시장에서 위안화의 운용을 추진할 것이다.

7.4.2 국내 금융기관의 해외진출(走出去)을 유도

'일대일로' 건설은 중국의 여유 있는 우세 생산능력의 대외 이전과 연선국가의 인프라 경제시설 건설에 대한 조력을 이어주는 중요한 임무를 맡고 있다. 철강 등 생산능력 과잉업종과 인프라 건설업종은 대부분 자금이 밀집된 특징을 띠고 있어 대량의 자금투자가 필요하다. 그런데 적지 않은 '일대일로' 연선국가들은 경제가 비교적 낙후하고 경제력이 취약해서 그처럼 큰 자금결핍을 해결할 힘이 없다. 한편 비교적 많은 저축을 보유하고 있는 중국 주민은 위안화 평가 절상과 산업구조 업그레이드 등의 배경 하에 대외투자 의향이 아주 강하다. 2014년 중국의 대외투자 규모가 이미 외자유치 규모를 초과했다. 여러 현상이 표명하다시피 중국은 '일대일로'건설의 주요 투자자로 부상할 것이다.

중국정부가 출자하여 설립한 실크로드기금[1]이 이미 빠른 속도로

---

1) 2014년 11월, 중국은 400억 달러를 출자해 실크로드기금을 설립한다고 발표했으며 초기 자본금은 100억 달러이다.

발전해서 '일대일로' 전 단계 건설에 필요한 자금을 제공할 수 있으며, 설립 중인 아시아인프라투자은행[2])도 '일대일로'전략의 확장과 전면적인 실시과정에서 장기적으로 중요한 역할을 발휘할 것으로 전망된다. 그러나 현재 중국에서는 정책성 은행(국가개발은행과 중국수출입은행)을 제외하고는 상업은행이 '일대일로' 연선 해외업무에 대한 참여도가 높지 않은 것이 현실이다. 그 주요 원인은 적지 않은 국가가 외자은행에 대한 제한 요소가 많고 관리 통제가 비교적 엄하기 때문이다. 국가리스크가 비교적 높은 것 외에 신용리스크가 상당히 높은 것도 중국 상업은행들이 많이 염려하는 점이다.

산업단지의 집결성·상대적 폐쇄성과 각기 다른 정도의 정부신용배경은 금융기관이 해외에 지사를 설립하고 금융서비스를 제공함에 있어서 안전에 대한 우려를 해소하는데 도움이 된다. 또 세수 혜택·신청 비준 절차 간소화·업무 처리 효율제고 등의 조치를 통해 중국 상업은행들이 산업단지에 지사를 설립하고 비주민예금·주민을 상대로 한 대출· 무역융자 등의 업무에 종사할 수 있도록 양호한 조건을 마련할 수 있다.

이 밖에도 산업단지의 용두기업은 대부분 중국 국내에서 실력 있고 자금력이 충분하며 신용도가 비교적 높은 성숙된 기업들이다.

---

1) 아시아인프라투자은행(이하 '아투행'으로 약칭)은 본부를 베이징에 두고 있으며 중국이 발기해 설립한 지역 다자개발기구로서 아시아의 인프라 건설에 융자지원을 제공하기 위하는데 취지를 두었다. 법정 자본은 1,000억 달러이고 초기 거출자본 목표는 500억 달러이다. 2015년 4월 15 일까지 창립 회원 의향국이 57개에 달했다. 아투행은 2015년 연말 전에 정식으로 설립 운행될 전망이다.

때문에 경내 금융기관은 국내신용등급평가 정보를 충분히 참고해서 산업단지를 단위로 융자 집합·정부 신용등급 상승·공동 신용공여 · '경내 은행이 해외에 등록한 경내 기업의 부속 기업 혹은 주식투자기업에 담보를 제공하고 해외 은행이 해외 투자기업에 상응한 대출을 제공하는' 등과 같은 패턴을 적용하는 것과 같은 융자체제 혁신을 전개해서 더욱 효과적으로 '해외진출(走出去)' 기업을 위해 필요한 금융 서비스를 제공함과 동시에 국내 금융기관의 국제화를 가속화하고 위안화의 국제화에 새로운 활력소를 불어 넣을 수 있다.

7.4.3 역외 위안화 금융시장의 발전을 진일보로 추진

중국 경제실력이 갈수록 강해짐에 따라 위안화의 수용도가 점차 제고되고 역외 위안화의 자금공급과 수요규모가 점점 커져 홍콩 · 싱가포르와 런던 등은 위안화 역외중심이 형성되었다. '일대일로' 산업단지와 인프라의 상호 연결은 위안화 역외금융시장에 새로운 발전을 가져다 줄 것이다.

산업단지는 일반적으로 걸음마 단계·쾌속 발전 단계·고속 발전 단계 등 세 단계의 발전단계를 거치게 된다. 걸음마 단계에서 금융기관은 산업단지의 건설과 입주 기업을 위해 기본적인 금융서비스를 제공한다. 쾌속 발전 단계에서는 산업단지 내 산업의 발전에 따라 금융기관은 기본적인 금융서비스를 제공하던 데로부터 다차원·전면적인 금융지원시스템 구축으로 업무 범위를 확장한다. 고속 발전 단계에서 금융기관은 역외시장업무를 전개해서 산업단지가 대외와 대내에 대한 영향력을 발휘할 수 있도록 국내외를 잇는 금융지원을 제공한다.

'일대일로' 인프라의 상호 연결, 산업단지와 인프라의 연관 건설, 양자가 합력을 이루게 되면 경제무역 발전을 크게 추진하는 한편 거대한 투자와 융자 수요를 형성할 것이다. 정부 프로젝트를 바탕으로 한 해외투자와 사영기업의 해외 직접 투자는 모두 위안화 자본 수출을 이끌 수 있다.

산업단지 건설 초기에 교통·파이프라인·건축 등 인프라 건설에서 자금수요가 막대한 한편 기업 생산 경영과정에도 무역 융자방면에서 자금에 대한 수요가 막대하다. 해외 투자 중국기업이 대부분의 본금을 전부 공장건물 · 기계설비 등의 고정자산을 구입하는데 사용했기 때문에 생산규모를 확대하는데 필요한 자금과 해외무역업무에서 상위업체와 하위업체의 대금 결제 시간 차이로 인해 나타나는 자금 부족문제는 모두 무역 융자를 통해 해결해야 한다. 중국 자본 투자 기업의 해외 운영은 외환결제 · 국제송금 · 자금청산 · 국제 업무서류 처리 · 국제 금융장부 조회 · 신용장 등 은행담보 서비스와 수출입화 환어음 등 각종 국제 혹은 역외 금융서비스를 필요로 하게 되며 또한 업무 처리의 시효성과 편리성에 대해 비교적 높은 요구를 제기하게 된다.

이밖에도 국제시장에서 가격 변동이 비교적 빠른 일부 상품에 대해서는 시장 점유율을 안정시키기 위해 기업은 수시로 선대신용장 · 수출입화 환어음 등 형태의 무역 융자를 통해 필요한 유동성 자금을 지원 받아야 한다. 특히 '일대일로' 연선국가의 금융시장은 대부분 발전 초기 단계에 머물러 있기 때문에 금융 관제가 비교적 많고 시장이 취약하며 게다가 가격변동 리스크가 비교적 크다. 기업은 리스크를 피면하기 위해 단순 헤지 · 국제 금리재정에 대한 수요가 크다. 산업단지는 여러 경제주체의 복잡하고 다양한 금융서비스 수요를 집중시켜 규모화 효과를 형성함으로써 중국 자본의 금융기관을 자극해 관련 지역에서 업무를 혁신하고 위안화 금융상품 시스템을 풍부히 하는데 이롭다. 또한 경쟁력 있는 환율과 수수료율을 제공함으로써 역외 위안화 금융시장의 건설과 발전을 추진할 수 있다. 산업단지 내에 위안화 지불 결제 등 금융 인프라를 건설해서 위안화 역외업무에 우대 정책과 자유도를 제공한다. 예를 들면 세수 우대 정책을 실행하고, 위안화 역외 업무를 처리하는 금융기관에 소득세를 면제해주며, 위안화 역외 업무의 외환 규제를 없애고, 역외 위안화에 더욱 많은 출입 자유를 부여하는 등이다. 이는 산업단지에 의지하면 역외 위안화 금융시장을 발전시킬 수 있는 더 좋은 조건과 많은 기회가 생기게 됨을 의미한다.

제8장
전자상거래,
위안화의 국제화에 조력

8.1 전자상거래, 국제무역의 새 발전을 추진

8.1.1 전자상거래의 주요 거래 형태와 특징 및 우세

인터넷 개방의 네트워크환경에서 전자상거래는 전자 거래방식으로 거래활동과 관련 서비스 활동을 진행하며 전통 상업활동 각 부분의 전자화와 네트워킹을 실현한다. 전통 상거래형태와 비교해 볼 때 전자상거래는 다음과 같은 중요한 특징이 있다. 첫째, 거래 과정의 가상화이다. 즉 거래 쌍방의 매매과정 협상에서 거래계약의 체결 및 상품 대금의 최종 지불에 이르기까지의 전반 과정이 모두 가상화되어 있는 것이다. 둘째, '노페이퍼 무역(전자 무역)'이다.

정보류의 전파가 전송 비용을 절감했으며 소통과정 중 광고비용이 대량의 오프라인 광고비용이 생기는 것을 피면함으로써 기업의 경영 원가를 대폭 낮추었다. 셋째, 거래 효율이 높은 것이다. 전자상거래는 상업 메시지의 순간적인 전송을 실현해 정보류 · 자금류 및 원료 구매 · 생산 · 판매 · 수요 · 환전 · 보험 · 위탁운송 등의 과정이 비교적 짧은 시간 내에 완성되도록 함으로써 거래시간의 대폭적인 절약을 실현했다. 넷째, 거래의 투명화이다. 매매 쌍방이 거래협상 · 계약 체결에서 상품 대금의 지불에 이르기까지 모두 인터넷상에서 진행할 수 있어 정보 위조를 방지하고 원가가 비교적 낮다.

십여 년간의 발전을 거쳐 중국 전자상거래는 이미 아주 성숙한 단계에까지 발전했다. '중화인민공화국 전자상거래 시행법'에 따르면 현재 주류 전자상거래 거래형태에는 주로 B2B, B2C, C2C, B2G 네 가지가 있다.(표 8-1 참고) [1]

표 8-1 주류 전자상거래 거래형태

거래형태	거래주체	특징	적용 업종의 예
B2B	기업과 기업	거액의 대규모 거래 위주	항공회사와 대리상 간의 거래
B2C	기업과 개인	소액의 상거래 위주	게임상의 게임 포인트 카드 판매와 개인 사용자 간의 거래
C2C	개인과 개인	소액의 상거래 위주	타오바오(淘宝) · eBay 등 인터넷 쇼핑 거래 플랫폼을 이용한 거래
B2G	기업과 정부	거액의 대규모 거래 위주	여러 가지 정부 구매 플랫폼 등

---

1) B2B는 Business to Business, B2C는 Business to Consumer, C2C는 Consumer to Consumer, B2G는 Business to Government를 각각 가리킨다.

국제 전자상거래는 각기 다른 관세 영역에 속한 거래 주체가 전자상거래 플랫폼을 통해 거래를 성사시키고 지급결제를 진행하며 국제물류를 통해 상품을 배달하고 거래를 완성하는 일종의 국제상업활동이다. 국제 전자상거래의 최대 특징은 국가 간의 장애를 뚫은 점으로서 업무적으로 전통 전자상거래에 비해 국제물류 · 출입국 통관 · 국제결제 등의 과정이 추가되었고 무역상에서 국제무역을 국계가 없는 무역으로 발전시킴으로써 세계경제무역의 거대한 변혁을 일으킨 것이다. 기업에 대해서는 국제전자상거래에 따른 개방적이고 다차원적이며 입체적인 다자경제무역협력 패턴을 형성해서 국제시장 진출 경로를 크게 넓혔으며 다자 간 자원의 최적 배치를 크게 추진하고 기업 간에 서로 이롭고 이익을 공유할 수 있도록 추진했다. 소비자에게 있어서 국제전자상거래는 그들이 다른 나라의 정보를 쉽게 접하고 품질이 좋고도 저렴한 상품을 구입할 수 있도록 추진했다.

국제 전자상거래는 경로의 현대성 · 공간의 국제성 · 방식의 디지털화 등의 특징을 띠기 때문에 '무역 상통과 통화 유통' 면에서 보다 우월한 플랫폼을 창조할 수 있어 전통 국제무역방식에 비해 훨씬 우세적이다. 첫째, 원가가 비교적 낮다. 거래 쌍방은 인터넷을 통해 직접 거래를 진행할 수 있어 세계 최종 소비자와 직면하기 때문에 많은 중간 과정을 생략할 수 있을 뿐 아니라 전통 국제무역에서 화물이 여러 손을 거치는 과정에서 생기는 부가비용도 많이 절약할 수 있다. 네트워크가 끊임없이 발전함에 따라 정보의 투명화가 점차 형성되어 구매자는 인터넷 상의 여러 가지 거래 플랫폼을 빌어 전 세계 범위 내에서 품질이 좋고 저렴하며 신용이 양호하고 상품을 안정적으로 공급할 수 있는 공급자를 아주 쉽고 편리하게 찾을 수 있고, 한편 판매자는 아주 짧은 시간 내에 적합한 구매자를 찾을 수 있다. 그래서 국제 전자상거래는 국제무역의 새로운 성장점과 중요한 발전추세로 급부상하고 있다.

8.1.2 국제 전자상거래의 번영 발전

2008년부터 금융위기의 영향을 받아 세계경제의 발전이 줄곧 저조한 상황에서 일부 국가의 무역보호주의가 머리를 쳐들기 시작해서 전통적인 '컨테이너'식 대외무역패턴이 큰 충격을 받아 대외무역기업이 잇달아 문을 닫거나 다른 출로를 모색하고 있다. 일부 해외 수입상은 자금압력을 완화하고 자금 리스크를 통제하기 위해 거액의 구매를 중·소액 구매로, 장기 구매를 단기 구매로 방향을 바꾸고 있다. 이에 따라 단일 주문 금액이 뚜렷이 줄었으며 3만 달러를 넘기지 않은 주문이 대다수를 차지했다. 전통적인 '컨테이너'식 거액 거래가 점차 소규모 다 횟수의 '파편화' 수출입무역에 의해 대체되고 있다. 한편 인터넷·사물 인터넷 등 인프라 건설의 가속과 이동 인터넷·빅데이터·클라우드 컴퓨팅 등의 기술의 추진에 따라 원가를 낮추고 효율을 높이기 위해 대량의 전통 대외무역기업들은 잇달아 전자상거래 사이트를 개설해 인터넷을 통해 국제시장을 개척하기 시작했다. 소비자들 역시 소득 성장의 둔화로 인해 인터넷 쇼핑을 통해 국외의 저렴하고 품질이 좋은 제품을 직접 구매하기를 원하고 있다. 이에 따라 국제 소액거래를 주요 업무로 삼는 국제 전자상거래가 번영 발전하기 시작했다.

유럽 권위 전자상거래 웹사이트 yStats가 발표한 '2014년도 세계 국제전자상거래 보고서'에 따르면 2013년 세계적으로 국제전자상거래 수출이 6위를 차지한 국가와 지역은 차례로 미국 · 영국 · 독일 · 스칸디나비아 국가 · 네덜란드 · 프랑스 순이었고 국제상거래 수입 선두 6위 국가와 지역은 차례로 중국 · 미국 · 영국 · 독일 · 브라질 · 오스트레일리아 순이었다. 그중 국제전자상거래 거래가 가장 빈번한 국가는 미국과 영국이었다.

미국 닐슨(Nielsen)회사가 미국 · 영국 · 중국 · 오스트레일리아 · 브라질 · 독일 등의 시장 소비자를 상대로 진행한 조사보고 결과에 따르면 2013년 이 6대 시장의 9,370만 명 소비자의 온라인 국제구매금액이 약 1,050억 달러에 달한 것으로 알려졌다. 미국은 세계 최대 전자상거래시장을 보유했으며 우수한 브랜드가 많다. 인플레율이 비교적 낮은 미국 웹사이트는 세계 각국의 가장 주요한 온라인 쇼핑 목적지국가로 되었다. 미국은 국제전자상거래의 최대 수익국가이다. 아마존 웹사이트를 예로 들면 2012년 610억 달러의 순매출액 중 43%가 북미주 이외의 지역 판매액이다. 미국의 국제전자상거래를 통한 소비자 구매 원천지 국가는 주로 영국과 중국이다.

2013년, 유럽연합지역의 4분의 1이 넘는 소비자가 온라인 상에서 비유럽연합 국가의 상품을 구매했다. 그 비중이 유로화지역 국가에서는 더욱 높았으며 오스트리아가 70%로서 최고 비중인 것으로 나타났다. 영국 · 독일 · 프랑스는 유럽지역에서 국외 소비자들에게 가장 인기 있는 국제전자상거래 수입목적지국가이다. 아시아에서는 전체 전자상거래 중 국제전자상거래가 차지하는 비중이 최고인 국가가 싱가포르이고 말레이시아가 그에 버금한다. 일본은 인터넷 쇼핑 중 5분의 1이 국제 전자상거래 방식을 통해 이루어진다.

유엔무역개발협의회의는 2015년 국제전자상거래가 세계무역총액 중에서 차지하는 비중이 30%~40%에 달할 것이며 그 후에는 더 높아질 것으로 예측했다. 중국 상무부가 발표한 통계 수치에 따르면 2013년 중국 국제전자상거래 거래액이 3조 1,000억 위안으로 수출입총액의 12.1%를 차지한 것으로 집계되었다. 5년 전까지만 해도 그 비중은 겨우 4.6%에 그쳤었다. 2016년에는 국제전자상거래 거래액이 6조 5,000억 위안으로 수출입총액의 16.9%를 차지할 것으로 예측되며 연간 평균 성장폭이 30%가 넘을 것으로 전망된다. [1]

8.1.3 황금 발전기에 들어선 중국 국제 전자상거래

예전과 비교해 볼 때 중국 국내 전자상거래는 십여 년간의 발전을 거쳐 매우 성숙했다. 특히 전통 기업이 전자상거래시장에 대거 진출해 경쟁이 더욱 치열해졌으며 인재·물류·광고 등의 비용의 수직상승으로 인해 이윤공간이 갈수록 작아지고 있다. 한편 국제전자상거래가 직면한 것은 가장 넓은 국제시장이다. 전통적인 유통시장이 많은 과정을 거쳐야 하고

---

1) 「국제전자상거래는 중국 제조를 중국 이윤으로 전환하는 절호의 계기」, 상무부 웹사이트, 2014 년 11월, http://www. mofcom. gov. cn/article/difang/henan/201411/20141100801686. shtml

가격차이가 큰 데 반해 국제전자상거래는 무역장벽의 규제를 효과적으로 피해 직접 국외 소비자들과 대면할 수 있어 공급 사슬을 단축시키고 더 큰 이윤을 창조할 수 있다. 따라서 국제전자상거래는 중국에서 일종의 신흥 국제무역 패턴으로 부상했으며 더욱 큰 발전기회가 마련되었다.

최근 몇 년간 국제전자상거래의 발전은 사회 각계의 관심을 모았으며 정부부서도 중국 국제상거래의 미래 발전을 크게 중시하고 있다.

국제상거래 발전에 이로운 환경을 마련하기 위해 각 부서는 잇달아 관련 조치를 출범시켰다. 그 취지는 전자상거래 발전에 이로운 공공 인프라를 구축하고 보완해서 기업들이 국제전자상거래에 참여하도록 적극 인도하려는데 있다.

중국 여러 성과 시에서도 각자의 지역자원을 이용해 관련 정책의 지원 하에 국제상거래 시행도시와 시행기지 건설을 대대적으로 전개하고 있다. 그중 푸젠·광둥·충칭(重慶)·상하이·베이징·항저우 등의 성과 시의 건설이 전국적으로 앞자리를 차지한다.

2015년 정부업무보고에서는 '인터넷+'행동계획을 제기해 전자상거래를 대대적으로 발전시키고 국제전자상거래 종합 시행사업을 확대할 것을 강조했다. 국가발전개혁위원회 · 외교부 · 상무부가 3월 28일 공동으로 발표한 '실크로드 경제벨트와 21세기 해상실크로드 공동 건설 추진 전망과 행동'에서는 무역방식을 혁신해 국제전자상거래 등의 새로운 상업경영 방식을 발전시키고 정저우(鄭州) · 시안(西安) 등 내륙 도시의 공항 · 국제 내륙항 건설을 지원하며 내륙 통상구와 연해 · 국경 통상구의 통관 협력을 강화하고 국제무역 전자상거래 서비스 시행 사업을 전개할 것을 제기했다.

전자상거래 발전의 새로운 형세에 맞춰 2015년에 상무부는 최근 몇 년간

이어오던 추진 위주의 원칙을 바꿔 새로운 전자상거래 특별행동계획을 가동할 계획이다. 계획의 중점은 주로 다음과 같다. 정책법규와 표준시스템 건설을 한 층 더 강화해 전자상거래 발전환경을 보완한다. 전자상거래의 농촌 진출을 추진해 농촌의 온라인 소비 잠재력을 발굴한다.

전자상거래 지역사회 진출을 격려해 서비스성 온라인 소비 범위를 확대한다. 전자상거래의 중소도시 진출을 지원해 온라인소비의 편리성을 높인다. 국제전자상거래의 발전을 추진하고 해외시장을 적극 개척해서 전자상거래기업의 '해외진출(走出去)'에 조력한다. 전자상거래와 물류의 협력 발전을 추진해서 현대 물류 시스템 건설을 가속화한다.

전자상거래시장을 규범화시켜 인터넷 권리 침해·모조품 판매 행위를 단호히 단속한다. 시범적인 지도를 추진하고 기업의 혁신을 격려한다. 전자상거래 인재에 대한 양성을 강화한다. 국제 규칙 제정에 참여하고 주도해서 중국기업이 국제시장을 개척하는데 양호한 국제환경을 마련한다. 국제전자상거래가 발전의 황금기를 맞이했다.

8.2 국제 전자상거래, 위안화의 국제화 가속

8.2.1 국제 전자상거래, 위안화의 국제가격표시 통화 기능 추진

위안화 국제화의 기본 표현은 위안화가 국제무역·금융거래에서 가격표시 통화 역할을 하는 것이다. 현재 중국 국제무역에서 위안화 가격표시 비중은 선진국 수출입무역에서 본위화폐 가격표시 평균 수준(즉 수입에서 30%, 수출에서 45%)보다 훨씬 뒤처졌다.(표 8-2 참고)

표 8-2 주요 선진국 가격표시통화 선택 비중 상황 (%)

	(a) 본국 통화 가격표시 비율: 수출				(b)달러화 가격표시 비율: 수출			
	1980	1988	1992 −1996	2002 −2004	1980	1988	1992 −1996	2002 −2004
미국	97	96	98	95	97	96	98	95
독일	82.3	79.2	76.4	61.1	7.2	8	9.8	24.1
일본	28.9	34.3	35.9	40.1	66.3	53.2	53.1	47.5
영국	76	57	62	51	17	−	22	26
프랑스	62.5	58.5	51.7	52.7	13.2	−	18.6	33.6
이탈리아	36	38	40	59.7	30	−	23	−
평균	47.6	44.5	44.3	44.1	22.3	−	21.1	−

	(a) 본국 통화 가격표시 비율: 수입				(b)달러화 가격표시 비율: 수입			
	1980	1988	1992− 1996	2002− 2004	1980	1988	1992− 1996	2002− 2004
미국	85	85	88.8	85	85	85	88.8	85
독일	43	52.6	53.3	52.8	32.3	21.3	18.1	35.9
일본	2.4	13.3	20.5	23.8	93.1	78.5	72.2	69.5
영국	38	40	51.7	33	29	−	22	37
프랑스	34.1	48.9	48.4	45.3	33.1	−	23.1	46.9
이탈리아	18	27	37	44.5	45	−	28	−
평균	22.6	30.3	35.2	33.2	38.7	−	27.2	−

자료출처: Takatoshi Ito et al. (2010)

상품거래의 가격표시는 일정한 관성을 띠기 때문에 모종 상품의 거래에서 일단 위안화를 가격표시 통화로 사용하기 시작했다면 그 범위 내에서 중국의 생산기업은 환율리스크를 예방할 수 있으며 그 지역을 기반으로 관련 상품의 위안화 가격표시를 추진할 수 있어 위안화의 가격표시 범위를 확대할 수 있다. 그래서 갈수록 많은 경내 전자상거래기업들이 위안화 가격표시의 역할을 인식하고 대외 가격 제시와 거래에서 모두 위안화를 가격표시 통화로 선택하고 있다.

해외 전자상거래기업의 경우, 중국 소비자가 세계 최대 전자상거래시장을 받쳐주고 있기 때문에 중국 소비자의 구매력을 공유하기 위해서 그들은 위안화로 가격표시와 결제를 진행하는 것을 원하고 있다. 최근 몇 년간 국제전자상거래의 빠른 발전으로 인해 가격표시 결제 수단으로서의 위안화 비중이 점차 높아지고 있다.

중국 국제상거래 제품의 가격표시는 모두 위안화를 사용하며 위안화가 달러화와 공동으로 가격표시단위로 되었다. 90%이상의 B2B·B2C 국제전자상거래 웹사이트가 위안화를 사용해서 상품 가격을 표시하는 것을 지지한다.(표 8-3) 실제로 국제전자상거래가 도매와 소매 두 경로를 통해 국제무역 위안화 가격표시를 동시에 추진하고 있기 때문에 위안화의 국제거래 가격표시기능이 더욱 강해졌다.

표 8-3 국제전자상거래 웹사이트 명칭 및 인터넷 쇼핑몰 가격표시통화

국제전자상거래 쇼핑몰 명칭	시장 점유율(%)	가격표시 통화	국제전자상거래 쇼핑몰 명칭	시장점유율 (%)	가격표시 통화
알리바바 (阿里巴巴)	43.90	RMB&USD	중궈쯔짜오왕 (中國製造網)	1.42	RMB&USD
라이트인더박스 (蘭亭集勢)	10.00	RMB&USD	후이충왕 (慧聰網)	3.95	RMB&USD
둔황왕 (敦煌網)	3.62	RMB&USD	환치우즈위안 (環球資源)	7.90	RMB&USD
진인다오 (金銀島)	1.50	RMB&USD	ECVV	1.78	RMB&USD
워더강톄왕 (我的鋼鐵網)	1.10	RMB&USD	중환추커우이 (中環出口易)	1.65	RMB&USD
환치우쓰창 (環球市場)	1.31	RMB&USD	허베이상마오 (河北商貿)	1.21	RMB&USD
성이바오 (生意宝)	1.30	RMB&USD	기타	10.00	RMB&USD

8.2.2 국제 온라인결제, 위안화의 국제결제 통화기능 강화

국제 온라인결제는 신용통화유통 과정의 중요한 일환으로서 위안화의 국제화를 추진하는데 있어서 아주 중요한 역할을 한다. 제3자 지불 플랫폼은 국제 온라인결제기능을 통해 개인 부문과 정부 부문의 '거래'·'장부 기입' 2대 기능을 연결시켜 국제 위안화무역결제의 새로운 플랫폼을

공동 구축한다.(그래프 8-1 참고)

국제 온라인결제는 국제전자상거래의 가장 기반이 되는 활동 중의 하나로서 절호의 발전기회를 맞이했다. 개인 사용자의 국제 지불 상황은 주로 국제 인터넷 소비 · 국제 계좌이체송금 업무에 분포되었다. 그중 국제 인터넷 소비가 점하는 국제 결제 네티즌의 비중이 65.7%로 제일 높으며 국제 결제를 가장 자주 이용하는 네티즌이 39.5%를 차지했다.(그래프 8-2 참고)

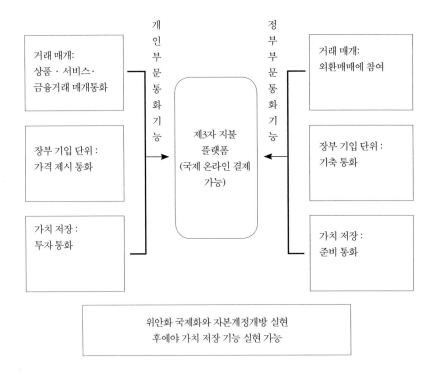

그래프 8-1 제3자 지불 플랫폼과 국제통화기능의 연결

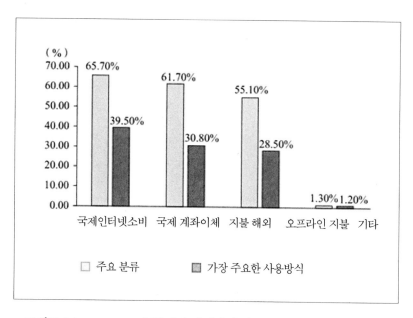

그래프 8-2 2012-2013년 국제 온라인결제 이용 주요 영역

자료출처: 아이리서치(iResearch)와 화타이(華泰)증권.

국제 온라인결제방식 중 제3자 지불 플랫폼이 그 편리성으로 인해
네티즌에게 더욱 인기가 있어 가장 중요한 결제 수단이 되었다.(그래프
8-3 참고) 2013년에 즈푸바오(支付宝)·차이푸퉁(財付通)·은련(銀聯) ·
후이푸톈샤(匯付天下)·퉁룽퉁(通融通)을 위수로 하는 17개 국내 제3자
지불 플랫폼이 제1진으로 국제 온라인결제 시행대상 자격을 얻으면서
국내 제3자 지불 플랫폼이 국제전자상거래 활동에 광범위하게 개입하기
시작했다. 이들 제3자 지불 플랫폼은 소액 전자상거래 쌍방의 외환자금
요구를 수렴해 은행을 통해 집중적으로 외환결제업무를 처리한다.

2013년, 중국 최대 제3자 지불 플랫폼 즈푸바오의 국제 결제 총금액이 15억 달러에 달했다. 그러나 이는 중국 국제전자상거래 무역총액의 겨우 5%를 차지하는 수준일 뿐이다. 그 이외의 것은 해외 제3자 지불 플랫폼 페이팔(PayPal) 등의 지불회사가 독점했다. 중국 상하이 자유무역구 내에서 제3자 지불 기관은 인터넷 지불업무를 직접 해외로 연장해 국제 온라인 지불 실시간 처리 플랫폼을 구축함으로써 주민의 해외쇼핑 및 해외직구의 수요를 만족시키는데 큰 편리를 제공했다.

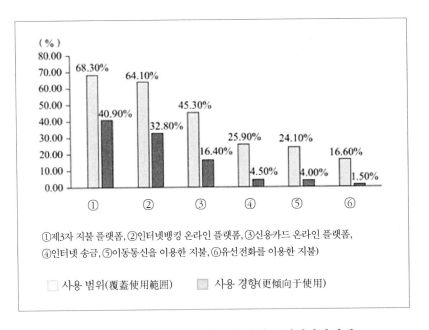

그래프 8-3 2012-2013년 중국 사용자가 해외 국제전자상거래
웹사이트에서 이용한 결제방식 분포

자료출처: 아이리서치와 화타이 증권

국제 온라인결제의 더 빠른 발전을 위해 중국이 제3자 지불 플랫폼 진출 문턱을 낮춤으로 인해 제3자 지불 플랫폼은 2013년의 시행 플랫폼 17개에서 2015년 1월 20일에는 269개로 급성장했다. 한편 국제전자상거래 통관 편리화·온라인 지불 영수증·신용환경·정보의 진실성·리스크 감독관리 등의 방면에서 정책을 제정해 규범화시켰다.(표 8-4 참고)

표 8-4 2010-2015년 중국 국제 지불 관련 정책 모음

법률 법규	발표 시간	발표 단체	주요 내용
국제 온라인결제 영업 허가증 발표	2015.1.	중국인민은행	국제 온라인결제 자격을 갖춘 제3자 지불 플랫폼을 17개에서 269개로 확대키로 규정지음
'인터넷거래 관리방법'	2014.1.26	국가공상행정 관리총국	인터넷상품거래 형태와 범위를 명확히 하고 소비자의 반품 행위 · 제3자 거래플랫폼의 정보심사와 등록 · 인터넷상품거래 중 신용평가 및 판로 확대 등 행위에 대한 명확한 규정 제정
'인터넷영수증 관리방법'	2013.3.7	국자세무총국	일반 영수증관리를 강화하고 국가세수수입을 보장하기 위해 인터넷영수증 발급과 사용을 규범화함
'결제기관 국제 전자상거래 외환결제 업무 시행 지도의견'	2013.2.1	국가외환관리국	기관과 개인의 인터넷을 이용한 전자상거래에 편리를 제공하기 위해 국제온라인결제활동 중 결제기관의 발전을 규범화시켜 인터넷을 이용한 자금세탁 위험과 국제자금의 비정상 이동을 예방
'국제무역 위안화결제 시행 관리방법 실시세칙'	2010.9.15	중국인민은행	국제전자상거래의 발전을 추진하고자 세관총서가 정저우 · 상하이 · 충칭 · 항저우 · 닝보 등 5개 국제전자상거래 서비스 시행도시 배치회를 가동

국제 온라인결제는 위안화의 국제결제를 추진하는데 이롭다. 2013년, 국가외환관리국과 중국인민은행 등의 부서가 국제전자상거래 소매업무의 외환결제 특징에 맞춰 두 가지 경로를 개척했다. 첫 번째 경로는 2013년 9월부터 제3자 지불 플랫폼을 상대로 국제외환결제업무를 시행하기 시작한 것이다. 2015년 1월에 이르러서는 이미 269개 기업이 시행 자격을 얻어 대다수 제3자 지불 플랫폼들은 그 시행 기업들을 이용해 화물무역·유학교육·항공권·호텔 투숙 등의 서비스를 전개했다. 두 번째 경로는 2014년 2월 상하이자유무역구에서 국제 위안화결제업무를 전개한 것이다.

중국 인민은행 상하이본부는 '상하이시 결제기관에서 국제 위안화 결제업무 전개 관련 실시의견'을 발표했다. 결제기관은 인터넷 수단에 의지해서 경내와 해외의 외환결제(수취인·지급인)를 위한 외환서비스를 제공한다. 여기에는 경내와 해외 결제가 포함되는데 네팅(netting, 다국적기업의 본 지점간 또는 지사 상호간에 발생하는 채권 채무관계를 개별적으로 결제하지 아니하고 일정기간 경과 후에 이들 채권 채무를 상계한 후 그 차액만을 정기적으로 결제하는 제도)을 거치지 않고 결제해야 한다(不得軋差進行支付).

2014년 5월 15일 발표된 '대외무역의 안정적인 성장 지원 관련 국무원 판공청의 몇 가지 의견'과 6월 11일 중국인민은행이 발표한 '대외무역의 안정적인 성장 지원 관련 국무원 판공청의 몇 가지 의견을 관철 이행하는 것에 대한 지도 의견' 중에서는 모두 국제무역 위안화결제 추진과 국제전자상거래에 대한 지원을 통해 대외무역성장을 추진해야 한다는 내용을 제기했다. 제3자 지불 플랫폼에서 국제무역 위안화 결제업무를 전개함에 있어서 세 가지 원칙에 따라야 한다. 첫 번째 원칙은 국제전자상거래 플랫폼의 해외 회사가 위안화를 결제통화로 받아들일 의향이 있어야 한다는 것, 두 번째 원칙은 해외 은행이 제3자 지불 플랫폼을 도와 위안화 계좌를 개설할 의향이 있어야 한다는 것, 세 번째 원칙은 해외 소비자가 위안화 사용을 원해야 한다는 것이다.

총적으로 국제온라인결제는 위안화 결제 범위를 확대시켰으며, 특히 국제전자상거래무역·국제 소비 등의 영역에서 위안화 결제 수량의 꾸준한 상승을 추진해 위안화의 국제화 과정에서 결제기능을 추진하는 데 긍정적으로 추진역할을 했다.

8.3 국제전자상거래,
'일대일로' 건설에서 국제무역 발전 추동

8.3.1 중국과 일대일로 연선국가 간 국제무역 상황

2013년, 시진핑 주석은 '혁신적인 협력 패턴에 의한 실크로드 경제벨트 공동 건설'과 '21세기 해상 실크로드 공동 건설'이라는 전략적 구상을 잇달아 제기해서 국제사회의 높은 관심과 적극적인 호응을 얻었으며 현재는 점차 지역 각국의 광범위한 공동인식과 실제행동으로 나타나고 있다. '일대일로' 건설의 핵심 목표는 각국의 경제발전과 지역 안정 및 번영을 추진하는 것이다. '일대일로' 연선국가의 국제무역활동은 다음과 같은 뚜렷한 특징을 띤다.

첫 번째 특징은 국제무역의 성장이 세계 평균 수준보다 현저하게 빠른 것이다. 세계은행의 데이터에 따라 계산한 결과 1990-2013년 기간 세계 무역의 연간 성장폭은 7.8%였고 '일대일로' 관련 65개 국가의 같은 시기 연간 성장폭은 13.1%에 달했다. 특히 글로벌 금융위기 후인 2010-2013년 기간 '일대일로' 연선국가의 대외무역·외자 순 유입의 연간 성장폭은 13.9%에 달해 세계 평균 수준보다 4.6% 포인트가 높았으며 세계무역의 회복을 이끄는 면에서 비교적 큰 역할을 발휘했다.

두 번째 특징은 '일대일로' 연선국가의 국제무역투자 의존도가 세계 평균 수준보다 높은 것이다. 추산 결과 상기 국가의 평균 대외무역의존도가 2000년에는 32.6%였고, 2010년에는 33.9%로 상승했으며 2012년에는 34.5%에 달해 같은 시기 세계 평균 수준인 24.3%보다 훨씬 높은 것으로 나타났다. 이는 이들 국가의 국제무역이 경제성장에 비교적 강한 견인 역할을 발휘했음을 표명한다.

세 번째 특징은 지역 전반이 비교적 강한 무역경쟁력과 자금유치우세를 유지한 것이다. 지역의 무역경쟁력지수를 보면 1990년에 이 지역의 대외무역이 전반적으로 흑자를 실현했으며 무역경쟁력지수가 2.1%에 달했다. 2000년에는 그 지수가 12.5%로 상승해서 우세가 다소 확대되었으며 2010년에는 글로벌 금융위기로 인한 외부경제요소의 영향을 받아 그 지수가 다소 하락해 9.5%에 머물렀다. 그 뒤 몇 년간은 10% 수준을 유지해 전반적으로 안정적인 대외무역 흑자를 이어왔다.

'일대일로' 지역 무역과 투자 성장은 관련 국가와 지역의 전체 경제성장을 추진했으며 세계경제성장을 추진하는 데도 기여했다. 세계은행의 GDP(2005년 달러화 불변가격) 통계 결과, 1990-2013년 기간의 '일대일로' 지역 전체 GDP 연간 성장폭이 5.1%에 달했는데 이는 같은 시기 세계 평균 성장폭의 2배에 해당한다. 2010-2013년 글로벌금융위기 영향을 받아 전 세계 경제회복이 느린 기간에도 '일대일로' 연선국가의 연간 성장폭은 4.7%에 달해 세계 평균보다 2.3% 포인트 높았다. 세계 경제성장에 대한 기여도가 뚜렷이 올라가 2010-2013년 기간에는 41.2%에나 달했다. 즉 그 시기의 세계경제성장 중 40% 이상을 '일대일로' 연선국가가 창조한 것임을 의미한다. 중국의 경제대국 지위가 점차 올라감에 따라 중국은 세계경제발전과 세계 관리에서 자체 발전 수준에 어울리는 책임을 더 많이 부담해야 하며 세계 각국과 공동 발전을 실현해야 한다. '일대일로' 건설에서 더욱 적극적이고 효과적인 역할을 발휘하는 것이 곧 그러한 포용적 발전의 중요한 내용 중의 하나이다. 중국은 자체의 우세를 충분히 발휘하고 있으며 '일대일로' 무역투자협력과 인프라의 '후롄후통' 건설을 추진하는데 기여하고 있다.

첫째, '일대일로' 관련 국가로부터의 수입을 추진해서 자체 생산과 소비 수요를 만족시키는 한편 기타 회원국에 거대한 상품시장과 서비스시장을 제공하고 있다. 국가외환관리국의 2014년 은행대객해외수입과 지출 통계에 따르면 중국과 '일대일로' 관련 국가 간 국제 수입이 2조 2,350억 달러에 달해 전체 국제수입의 67.74%를 차지했고, 국제 지출은 2조 3,028억 달러에 달해 전체 국제 지출의 70.4%를 차지했다. 추산 결과, 앞으로 5년 내 중국의 누계 수입 규모가 10조 달러를 초과할 것으로 보인다. 만약 그중 절반이 '일대일로' 관련 국가로부터의 수입에서 온다면 이 지역에 5조 달러가 넘는 수출기회를 마련하게 될 것이다.

둘째, 국경지역 국제경제협력구 건설을 강화해서 국제무역투자협력을 위한 중요한 플랫폼을 제공하고 있다. 남아시아 · 서아시아 · 중앙아시아 · 중동부유럽 등의 지역 국가와 자유무역협정과 투자협정 체결에 대해 협상하고, 중국-아세안 자유무역구 업그레이드판 협상을 진행하며, 양자 및 지역 경제일체화의 심층 발전을 추진한다.

셋째, 중국기업이 주변 국가에 대한 국제직접투자를 전개하는 것을 격려하고 지원하며 수익국과 합작해서 생산단지를 건설해 투자기업을 위한 양호한 경영환경을 마련한다. 지역 각국과 공동으로 출자해 아시아인프라투자은행 및 실크로드기금 등 개발 개방적인 정책성 금융기관을 설립해 국제자본의 유입 등의 방식을 통해 '후롄후퉁'건설을 위한 필요한 자금 지원을 마련하고 있다.

2014년 아시아 · 태평양 경제협력체(APEC) 최고경영자(CEO) 서밋에서 시진핑 중국 국가주석은 중국이 400억 달러를 투자해 실크로드기금을 설립해 '일대일로' 연선국가의 인프라 건설 · 자원개발 · 산업협력 등 관련 프로젝트를 위한 투·융자 지원을 제공할 것이라고 선언했다. 아시아의 방대한 인프라 투자 수요에 따라 중국과 기타 20개 국가가 공동으로 발기해 아투행을 설립했으며 목표 자본금은 1,000억 달러로 정했다. 아투행은 주로 아시아의 개발도상국에 저금리대출·기증·정책 건의·기술 지원 · 주권 투자를 제공하게 된다. 투자영역은 비교적 넓을 수 있는데 인프라 · 교육·의료·공공관리·환경보호·자연자원관리 등을 망라한다. 아투행과 실크로드기금의 창설은 아태지역의 인프라 건설을 추진하는데 이롭다.

지역적인 인프라투자는 경쟁력과 생산율을 제고할 수 있어 경제 회복에 이롭다. 따라서 경제의 중장기 성장을 실현해 주요 경제중심을 통해 각기 다른 지역을 연결시킴으로써 지역경제 일체화를 추진할 수 있다. '일대일로' 프로젝트는 국제무역과 투자자유화를 개선해서 지역 간의 경제협력을 추진할 수 있다. 2008년부터 국내 기업들의 해외 도급 공사 경영수입이 22.5%의 안정적인 성장폭을 유지했다. 2013년 해외 도급 프로젝트의 경영수입이 1,370억 달러에 달했으며 그중 25.1%가 아투행 회원국의 프로젝트이고 21.9%가 기타 아시아경제체의 프로젝트이며 35%가 아프리카, 9.7%가 라틴아메리카 프로젝트이다.

8.3.2 일대일로 연선국가의 거대한 전자상거래 발전 잠재력

'전자상거래'·'국제전자상거래'·'국제 온라인결제'·'전 국민 인터넷 쇼핑' 등의 개념은 '일대일로' 연선국가들에서도 마찬가지로 성행하고 있다. 세계 최대 온라인 결제 제공회사 페이팔(PayPal)이 발표한 '2013년 세계 국제전자상거래보고서'에서 '일대일로' 연선국가와 국제전자상거래 규모가 비교적 큰 중국·유럽·남미 등의 지역이 형성한 '뉴 실크로드'가 약속이나 한 듯이 일치하며 노선의 시작과 끝이 거의 일치하다.(그래픽 8-4 참고)

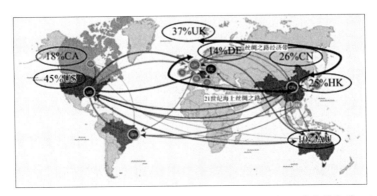

(糸綢之路経済帯: 실크로드 경제벨트, 21世紀海上糸綢之路: 21세기 해상 실크로드)

그래픽 8-4 '일대일로' 연선과 국제전자상거래 노선

자료출처: PayPal회사 '2013년 세계 국제전자상거래보고서'.

'실크로드 경제벨트' · '21세기 해상 실크로드' 연선 각국 중 중앙아시아 · 중유럽 · 동유럽 · 아세안 항로 · 남아시아 및 페르시아만 항로 · 홍해만 및 인도양 서안 항로의 국제전자상거래 거래량은 세계 국제상거래 중에서 차지하는 거래 비중이 비교적 작다. 운송노선을 보면 '실크로드 경제벨트'나 '21세기 해상 실크로드'나를 막론하고 그 지리적 분포가 국제전자상거래 '물류운송'에서 반드시 거쳐 가야 하는 길목에 위치했으므로 '일대일로' 연선국가들은 국제전자상거래 발전에서 독특한 지리적 우세가 있다.

'21세기 해상실크로드' 연선국가 중 싱가포르는 세계 정보화정도가 최고인 국가 중의 하나로서 국제전자상거래 발전환경이 동남아시아에서 1위를 차지한다. 말레이시아는 전자상거래 입법과 정보화건설 목표를 밀접히 연결시켜 국가적 범위 내에서 전자상거래 기본 법규를 제정한 첫 아시아국가로서 수출입기업을 위한 통일된 국제상업무역 전자상거래 플랫폼을 구축함으로써 국제전자상거래가 급속하게 발전했다. 태국은 온라인 거래 수량이 대폭적으로 늘어 전자상거래가 경영자의 소득 증대와 고객층 확대의 새로운 무역수단이 되었다. 게다가 전자상거래가 쉽게 투자할 수 있을 뿐 아니라 당면한 경제발전 추세에 부합된다는 것이 태국 국민들의 보편적인 인식이다. 베트남·캄보디아·미얀마마·라오스 등의 국가는 전신시설이 완벽하지 않아 인터넷 사용 인구수가 상대적으로 비교적 적은 상황이긴 하지만 각국의 전자정보산업이 막강한 발전추세를 보이고 있어 전자상거래 시장은 발전 전망이 밝다.

중국의 국제전자상거래산업의 발전은 세계 다른 국가와 지역에 비해 훨씬 앞섰다. 상무부가 발표한 통계 수치에 따르면 2013년 전국 국제전자상거래 거래액이 3조 1,000억 위안에 달해 수출입총액의 12.1%를 차지했으며 2008년에 비해 7.5%포인트 제고되었다. 권위 있는 기관의 예측에 따르면 '제12차 5개년 계획'기간 말에 이르러서 중국 국제전자상거래 거래액은 수출입총액 중에서 차지하는 비중이 16.9%에 이를 것이며 2016년에는 6조 5,000억 위안에 달할 전망이다. 중국 경내에 여러 가지 플랫폼을 통해 국제전자상거래업무를 전개하는 대외무역기업 수량은 이미 20만 개가 넘으며 플랫폼기업은 5,000개가 넘는다. 매년 중국에서 3억 개가 넘는 소포·10억 개가 넘는 상품이 택배와 보통 우편 방식으로 해외로 수출되고 있다. 대량의 대내무역기업과 제조기업들은 B2C 패턴을 통해 자주적으로 국제전자상거래영역에 진출할 수 있기를 원하고 있다. 무역시장이 유럽연합·북미주에서 러시아·인도·브라질·

남아프리카공화국 등 기타 지역으로 빠르게 확장되고 있다. 경영 제품은 의류 장신구 · 미용 보건 · 3C전자 · 컴퓨터 및 부품 · 가정용 원예 · 보석 · 자동차부품 · 식품과 의약품 등 운송하기 편리한 제품에서 가정용 가구 · 자동차 등의 대형 제품 분야로 확장되고 있다. 2014년, 국제전자상거래 수단을 이용한 대외무역기업은 1,380만 개가 넘을 전망이며[1] 최근 5년간 연간 성장폭은 약 50%에 이를 전망이다. 중국 전자상거래 판매자가 수출하는 상품 중 전자류 제품이 41.2%, 의류와 장신구가 11.8%, 실외용품이 8.1%를 차지한다. 이들 상품은 거의 모두 중국의 전통 수출 우위 제품이다. 한편 '일대일로' 건설에 참여한 국내 연선 도시와 지역, 특히 광둥 · 장쑤·저장·상하이·푸젠·베이징·산둥·톈진 등 연해지역의 성(시)에 85% 이상의 중국 수출 전자상거래기업이 집중되어 국제전자상거래가 아주 활발하게 전개되고 있다.

인터넷 및 전자상거래를 이용한 쇼핑 참여자 규모는 유럽 · 중앙아시아 등 '일대일로' 연선 모든 지역에서 꾸준히 확대되고 있다. 2014년 파키스탄 모든 전자상거래 플랫폼의 거래총액은 약 3,500만 달러에 달했다.

파키스탄은 총 인구 1억 8,100만 명 중, 휴대폰 사용자가 1억 3,100만 명, 인터넷 사용자가 3,100만 명에 달한다. 2014년 한국 전자상거래 업무시장 규모는 약 470억 달러에 달하고, 러시아 전자상거래 거래액은 7,000억 루블(약 179억 달러)이 넘는 것으로 보이며 2015년에는 1조 루블(약 256억

---

1) 자료출처: 인터넷 소비 조사연구센터(ZDC).

달러)이 넘을 것으로 추산된다. 중국 전자상거래 플랫폼을 통해 러시아로 발송되는 화물 총 규모는 매일 400만 달러 이상에 이르며 소포 수량은 약 30만 개 가까이 된다.

8.3.3 일대일로 연선국가 국제 온라인결제의 급속 발전

인터넷 금융의 중요한 구성부분으로서의 인터넷 결제가 전통 금융기관과 전통 결제방식에 주는 대대적인 충격은 예기와 상상을 훨씬 추월했다. 인터넷 제3자 지불 특히 이동인터넷 지불의 빠른 발전 속도와 막강한 영향력과 충격은 전례 없는 일이다. '일대일로' 연선국가의 국제 온라인결제가 급속히 발전하고 있다.

2014년, 중국에서 발생한 온라인결제 업무 건수는 285억 7,400만 건에 달하고 금액은 1,376조 200억 위안에 달해 동기 대비 성장폭이 각각 20.70%와 29.72%에 달했다. 특히 결제 금액 성장폭이 2014년 전국 비현금 결제업무 성장폭보다 16.67%포인트나 높았다. 이는 온라인결제가 양적인 성장을 중시하던 데에서 실제 거래금액의 '질적' 성장을 중시하는 데로 바뀌기 시작했음을 의미한다. 온라인결제가 과거 지급결제시스템에 대한 보충 수단이던 데에서 이제는 주객이 전도되기 시작했다. 이러한 속도로 발전한다면 인터넷 금융의 온라인결제가 아주 빠른 시간 내에 전통적인 금융기관 결제방식을 대체하는 주류 결제지급수단으로 부상할 수 있다.

이동 결제는 잠재력이 매우 크고 뒷심이 매우 충분하다. 2014년 12월까지 중국 네티즌 규모가 6억 4,900만 명, 휴대폰을 이용한 인터넷 접속자 규모가

5억 5,700만 명에 달하고 휴대폰 결제 이용자 규모가 2억 1,700만 명에 달했다. 네티즌 수에 비해 이동 결제는 아직 4억 명이 넘는 잠재된 고객이 있고 휴대폰을 이용한 인터넷접속자 수에 비해서도 아직 3억 명이 넘는 잠재된 고객이 있다. 앞으로 이동 결제 고객은 기하급수 성장을 이루게 될 것이다. 이는 엄청나게 크고도 무궁무진한 대형 케이크임이 틀림없다.

온라인결제 은행간 결제시스템 업무가 계속 대폭적인 성장을 이어가고 있다. 2014년 말까지 총 146개 기관이 온라인결제 은행간 결제시스템에 가입했다. 2014년 온라인결제 은행간 결제시스템이 총 16억 3,900만 건, 17조 7,900억 위안 금액의 업무를 처리했으며 이는 동기 대비 각각 128.27%와 87.86% 성장한 수준이다. 하루 평균 업무 처리량은 452만 8,000건, 금액은 491억 4,200위안에 달했다. 온라인결제의 전면적인 보급 · 다영역 · 양방향성 등의 특징이 아주 뚜렷하다.

중국 은련(銀聯)은 동남아에서 양호한 발전을 이루었다. 한편 해상 실크로드의 중요한 구간은 동남아 구간이다. 이밖에 2013년 한국 내의 외국인 관광객 카드 소비액 중 은련 카드를 이용한 소비가 40%를 차지해 1위를 차지했다. 일본·싱가포르 등의 국가에서도 마찬가지로 중국인 관광객의 쇼핑이 끊이지 않는다. 즈푸바오는 2006년부터 오스트레일리아에서 업무를 개시했다. 2007년에 이르러 홍콩에서는 즈푸바오를 이용해 쇼핑을 진행할 수 있을 뿐 아니라 12종의 통화와 태환도 가능해졌다.

태국 중앙은행 보고서에 따르면 2014년 12월 말까지 태국 국내 온라인 뱅킹·휴대폰 뱅킹 등의 인터넷 뱅킹 수단을 이용해서 지급결제를 진행한 은행거래업무가 비약적인 성장세를 보였다. 휴대폰 뱅킹 시스템 중은행거래를 이용한 사용자 계좌 수량은 누계로 337만 개에 달해 전해 동기의 116만 개에 비해 221만 개나 늘었으며 성장폭이 190.5%에 달했다. 한편 사용자 거래 사례는 누계 1,262만 건으로서 전해 동기보다 670만 건이 늘어 성장폭이 113.2%에 달했다. 휴대폰 뱅킹을 이용한 거래금액은 누계 1,560억 바트(baht)로서 전해 동기의 790억 바트보다 770억 바트가 늘어 성장폭이 97.5%에 달했다. 온라인뱅킹을 이용해 온라인지급거래를 진행하는 면에서 사용자 계정 수량이 누계로 866만 개에 달해 전해 동기의 803만 개보다 63만 개가 늘어 성장폭이 7.85%에 달했다. 거래 사례 수량은 누계로 1,710만 건으로서 전해 동기의 1,532만 건보다 187만 건이 늘어 12.2% 성장했다. 거래 사례와 관련된 금액은 누계로 1조 7,500억 바트로서 전해 동기의 1조 7,300억 바트보다 200억 바트가 늘어 성장폭이 1.16%에 달했다. 비록 성장폭은 크지 않지만 여전히 지속적으로 성장하는 추세를 유지했다.

8.4 국제전자상거래, '일대일로' 건설 중 위안화의 국제화 가속

8.4.1 일대일로 연선국가의 국제전자상거래에서 위안화 사용의 걸림돌

첫째, 일부 국가는 전자상거래에 대한 수용도가 비교적 낮아 위안화를 사용해 가격표시와 결제를 진행하는 면에서 규모를 형성하기가 어렵다. 적지 않은 '일대일로' 연선국가는 경제가 비교적 낙후하고 이들 대다수 국가들에서는 전통적인 수출입무역 패턴이 성행하고 있으며 전자상거래와 같은 국제무역의 새로운 방식에 대해서 비교적 낯설어 사회 수용도가 비교적 낮다. 특히 키르기스스탄과 같은 실크로드 경제벨트 연선국가는 내륙지역에 위치해 땅이 넓고 인구가 적으며 인프라 발전이 뒤처져서 전자상거래 전개 비용이 비교적 높은데 이는 국제전자상거래의 발전의 제약 요소로 작용하고 있다. 일정한 규모를 갖춘 국제전자상거래 기반이 없으면 위안화 사용범위를 확대하기 아주 어렵다.

둘째, 일부 국가들은 전자상거래 전개에 필요한 인프라와 관련 서비스가 낙후하다. 전자상거래는 경영환경에 대한 요구가 비교적 높다. 통신 · 인터넷 · 컴퓨터기술에 의지해야 할 뿐만 아니라 교통 · 물류 등의 관련 시설 환경과 서비스가 받쳐주어야 한다. '일대일로' 연선국가 중 일부는 기술이 부족하고 일부는 도로교통조건이 열악하며 일부는 물류업이 발달하지 않았고 일부는 대외무역기업이 여전히 전자상거래 플랫폼 이용에 대한 탐색단계에 처해 있어 국제전자상거래 전개 환경이 비교적 낙후한 상황이다. 따라서 물질적 조건과 시설 방면에서는 전자상거래 플랫폼을 통한 위안화의 확대사용을 제약하고 있다.

셋째, 일부 연선국가에 대한 중국의 금융서비스능력이 부족하다. 중국 금융기관의 '해외진출(走出去)'의 발걸음은 실물기업보다 현저하게 느리다. 금융기관의 해외 지점 분포가 합리적이지 않다. 대다수가 선진국가(지역)에 집중되어 있고 '일대일로' 연선국가에 설립된 지점 수량이 비교적 적으며 일부 국가는 현재까지도 위안화결제은행으로 지정받지 못하고 있다. 따라서 연선국가에서 중국 금융의 영향력을 떨어뜨렸으며 위안화를 사용한 가격표시와 결제 비용을 증가시켰다.(표 8-5 참고)

표 8-5 중국 상업은행 해외 지점 분포 상황

명칭	해외 지점
국가개발은행(3)	카이로대표처 · 모스크바대표처 · 리우데자네이루대표처
중국수출입은행(4)	파리지점 · 동남아프리카대표처 · 서북아프리카대표처 · 상트페테르부르크대표처
중국공상은행(40)	아부다비 지점 · 부산지점 · 도하지점 · 하노이지점 · 홍콩지점 · 공은(工銀)아시아 · 공은알마티 · 공은인도네시아 · 공은마카오 · 공은말레이시아 · 공은중동 · 공은태국 · 공은국제 · 카라치지점 · 뭄바이지점 · 프놈펜지점 · 서울지점 · 싱가포르지점 · 도표지점 · 비엔티안지점 · 암스테르담지점 · 브뤼셀 불행 · 프랑크푸르트지점 · 공은유럽 · 공은런던 · 공은모스크바 · 룩셈부르크지점 · 밀라노지점 · 파리지점 · 바르샤바지점 · 마드리드지점 · 공은캐나다 · 공은금융 · 공은미국 · 뉴욕지점 · 공은아르헨티나 · 공은페루 · 공은브라질 · 기드니지점 · 공은뉴질랜드
중국건설은행(13)	오사카지점 · 도쿄지점 · 프랑크푸르트지점 · 호찌민시지점 · 뉴욕지점 · 서울지점 · 타이베이(台北)지점 · 시드니지점 · 홍콩지점 · 싱가포그지점 · 요하네스버그지점 · 룩셈부르크지점 · 멜버른지점
중국농업은행(13)	싱가포르지점 · 홍콩지점 · 서울지점 · 뉴욕지점 · 두바이지점 · 도쿄지점 · 프랑크푸르트지점 · 시드니지점 · 중국농업은행(영국)유한회사 · 농은(農銀)국제주식유한회사 · 농은재무유한회사 · 밴쿠버대표처 · 하노이대표처
중국은행(24)	마카오지점 · 대만(台灣)지점 · 싱가포르지점 · 태국지점 · 일본지점 · 베트남지점 · 말레이시아지점 · 인도네시아지점 · 캄보디아지점 · 러시아지점 · 영국지점 · 프랑스지점 · 룩셈부르크지점 · 벨기에지점 · 네덜란드지점 · 폴란드지점 · 독일지점 · 이탈리아지점 · 헝가리지점 · 잠비아지점 · 미국지점 · 캐나다지점 · 파나마지점 · 브라질지점
교통은행(5)	타이베이지점 · 마카오지점 · 서울지점 · 도쿄지점 · 홍콩지점
중신(中信)은행(5)	홍콩지점 · 마카오지점 · 뉴욕지점 · 로스앤젤레스지점 · 싱가포르지점
중국광대(光大)은행(1)	홍콩지점

중국민생(民生)은행(1)	홍콩지점
초상(招商)은행(5)	홍콩지점 · 뉴욕지점 · 자오인(招銀)국제 · 빈롱은행 · 싱가포르지점
광발(廣發)은행(2)	마카오지점 · 홍콩대표처
평안(平安)은행(1)	홍콩대표처
상하이푸동(浦東)발전은행(2)	홍콩지점, 런던 대표처
베이징은행(1)	홍콩 대표처

자료출처: 여러 대 은행 웹사이트.

8.4.2 일대일로 연선국가의 국제전자상거래 중 위안화 가격표시와 결제 추진 기회

국제전자상거래는 고효율적이고 비용이 저렴한 신흥 무역방식으로서 위안화 가격표시와 결제의 새로운 플랫폼과 돌파구로 되고 있으며 국제 온라인결제는 갈수록 늘어나고 있는 국제 위안화 결제의 새로운 경로로 발전하고 있다. '일대일로' 연선국가들은 경제발전수준이 각기 다르고 지리적 환경·상업 패턴·인프라 건설수준 차이가 비교적 크다.

국제전자상거래 발전을 '물류·정보류·자금류' 3요소로 볼 때 '21세기 해상 실크로드' 연선국가들은 '실크로드 경제벨트' 연선국가들에 비해 국제전자상거래 발전에서 더 양호한 조건을 갖추었다.(표 8-6을 참조) 그래서 실제에 맞게 해상 실크로드 국가들에서 국제전자상거래를 추진할 수 있다. 은행결제와 제3자 지불 플랫폼을 보완해 국제전자상거래에서 위안화 가격표시와 결제를 위한 기반을 마련할 수 있다.

표 8-6 '일대일로' 연선 국가 국제전자상거래 추진 우세와 열세 비교

우세와 열세	국제전자상거래 발전 '3요소'	21세기 해상 실크로드	실크로드 경제벨트
우세	정보류	해외 화교 많음	무역 양자 관계 양호
		문화 동질성 강함	경공업 토대 취약
		소비 · 생활습관 비슷함	수입 의존, 발전 기회 마련
		통신 · 전자 인프라 완벽	–
	자금류	중국 연해와 아세안국가 간 거래 빈번함	–
		경제발전수준이 비교적 높고 소비능력이 강함	–
	물류	교통이 발달하고 편리함	
열세	물류	더 안정적인 무역 파트너 관계 수립이 필요함	땅이 넓고 인구가 적으며 물류 운송이 불편함
	자금류		금융 토대가 취약함
	정보류		통신 인프라 건설 강화 필요함
결론	'21세기 해상 실크로드'는 B2C · B2B · C2C 등 모든 종류 국제전자상거래 무역 발전이 적합함		
	'실크로드 경제벨트'는 B2B 등 거액의 국제전자상거래무역 발전이 더 적합함		

첫째, 해상 실크로드 국가들에는 대량의 화교들이 거주하고 있고 화교들은 현지 경제생활에서 중요한 영향을 발휘한다. 수많은 생활습관과 소비습관이 중국과 비슷해서 중국문화와 중국 상품에 대한 동질감이 비교적 크며 협상과 소통 과정에서 언어적 장애가 비교적 작아 원활한 정보류를 보장할 수 있다.

둘째, 중국과 아세안 국가 간에 자유무역협정을 체결해 물류적 장애가 없는데다 중국이 전자상거래 통관에 많은 편리를 제공하고 있어 이들 국가의 기업과 개인이 중국과 국제전자상거래를 진행하고자 하는 동기와 의향을 불러일으켰다.

셋째, 무역통신시설을 꾸준히 갖추어 왔고 금융시스템이 비교적 완벽하며 중국 연해지역과 아세안 국가 간의 상업무역 왕래가 빈번하다. 중국은 한국·싱가포르· 말레이시아·오스트레일리아 등의 국가에 위안화결제은행을 지정해서 위안화 가격표시와 결제가 편리해졌으며 원활한 자금류가 형성되었다.

국제 위안화의 온라인결제를 추진함에 있어서 중점은 마땅히 '실크로드 경제벨트' 연선국가를 선택해야 하는 것이다.(그래프 8-5) 이들 국가는 국제전자상거래 · 온라인결제시스템의 기반이 취약해서 중국의 지원이 필요하다. 이에 따라 중국 국제온라인결제에 비교적 큰 발전공간을 마련해두었다. 중국은 기회를 잘 포착해 국제온라인결제업무를 중점적 · 대대적으로 발전시켜 위안화 가격표시결제 사용 비중을 높여야 한다.

이밖에 미국의 초강 제3자 지불 플랫폼 페이팔(PayPal)은 이들 국가에서 차지하는 비중이 상대적으로 비교적 낮다. 특히 알리바바 등 국제 유명 전자상거래 웹사이트 및 국제온라인결제시스템 즈푸바오·차이푸퉁 등의 중국 인터넷기업이 '실크로드 경제벨트' 연선국가들 가운데에서 침투율이 비교적 높은데다 역사적 지연적 영향으로 위안화에 대한 수용 정도가 비교적 높다.

물론 국제 위안화 온라인결제를 추진함에 있어서 조건이 상대적으로 성숙한 국가를 선택해서 돌파구로 삼아야 한다. 예를 들어 중앙아시아 5개국 중에서 카자흐스탄은 경제실력이 가장 강하고 또 중국과 무역왕래가 비교적 활발하며 중앙아시아 지역 국가 중에서 중국의 최대 파트너 국가이다. 카자흐스탄과 신장(新疆) 사이에 국제무역 위안화결제 시행업무가 가동된 뒤 위안화 대 텡게화의 직접 태환을 실현하여 위안화 가격표시의 카자흐스탄 내 보급을 위한 조건을 갖추었다. 이를 본보기로 삼아 중앙아시아 기타 4개국으로 점차 추진할 수 있다.

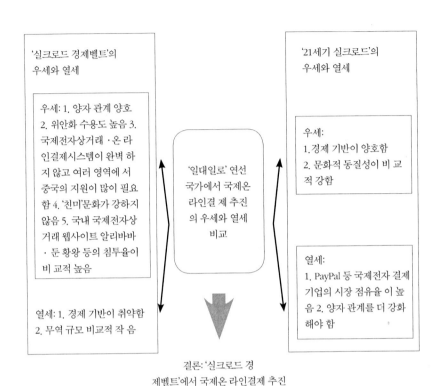

<table>
<tr><td>

'실크로드 경제벨트'의
우세와 열세

우세: 1. 양자 관계 양호
2. 위안화 수용도 높음 3.
국제전자상거래 · 온 라
인결제시스템이 완벽 하
지 않고 여러 영역에 서
중국의 지원이 많이 필요
함 4. '친미'문화가 강하지
않음 5. 국내 국제전자상
거래 웹사이트 알리바바
· 둔 황왕 등의 침투율이
비 교적 높음

열세: 1. 경제 기반이 취약함
2. 무역 규모 비교적 작 음

</td><td>

'일대일로' 연선
국가에서 국제온
라인결 제 추진
의 우세와 열세
비교

</td><td>

'21세기 실크로드'의
우세와 열세

우세:
1.경제 기반이 양호함
2. 문화적 동질성이 비 교
적 강함

열세:
1. PayPal 등 국제전자 결제
기업의 시장 점유율 이 높
음 2. 양자 관계를 더 강화
해야 함

</td></tr>
</table>

결론: '실크로드 경
제벨트'에서 국제온 라인결제 추진

그래프 8—5 '일대일로' 연선국가에서 국제온라인결제 추진 우세와 열세

비교

8.4.3 국제전자상거래와 온라인결제의 위안화 사용 환경 조성

'일대일로' 연선국가의 국제전자상거래와 국제온라인결제 발전을 잘 이용해 어떻게 국제 위안화결제업무의 발전을 추진하고 나아가 위안화의 국제화를 추진할 수 있을까?

다음과 같은 몇 가지 방면의 업무를 잘해야 한다.

(1) 국제전자상거래 웹사이트가 위안화 가격표시를 더욱 많이 사용하도록 격려한다. 현재는 '일대일로' 연선국가의 국제전자상거래 전문 경영 웹사이트나 국내 대형 국제전자상거래 웹사이트이거나를 막론하고 전자상거래 웹사이트들에서 대다수가 달러화로 가격을 표시하고 있으며 직접 위안화로 가격을 표시하는 비례가 아주 작다. 상품의 가격 표시 과정은 위안화가 국제사회로 나아가는 첫 번째 과정으로서 국제전자상거래 웹사이트에서 마땅히 위안화 가격표시를 더욱 많이 이용해서 국제무역 가격표시 결제의 첫 걸음을 잘 내디뎌야 한다.

(2) 과정을 최적화해서 국제전자상거래를 전면 업그레이드시킴으로써 온라인상 위안화의 국제화를 위해 조건을 마련해야 한다. 첫째, 국제 대형 택배기업이 국내의 글로벌 전자상거래기업·물류배달기업과 다원화 합작을 추진하도록 격려해 국제물류업의 빠른 발전을 추진해야 한다. 둘째, 국제전자상거래시장을 규범화시킬 수 있는 법률 법규를 제정해 전자상거래정보를 공유하고 전자상거래 신용거래 메커니즘을 구축하며 국제전자상거래무역 과정에서 모조품과 저질제품 판매 행위 및 업계도덕에 어긋나는 행위를 엄히 단속해야 한다. 셋째, 국제전자상거래 우편물과 소포에 대한 빠른 검사와 검역 패턴을 형성하고 인터넷 경영자 전자상거래 표식과 인터넷 물품거래 기준 규범을 마련해서 국제전자상거래의 편리성과 대중의 신뢰도를 높여야 한다.

(3) '일대일로' 연선국가의 국제전자상거래 국제협력을 강화해서 양호한 위안화 가격표시 결제환경을 마련해야 한다.

첫째, 각 국가 간 무역장벽을 없애야 한다. '일대일로' 과녁 국가 간 자유무역 협상체제를 수립해 국제전자상거래 관련 조례·규칙에 대한 연구와 제정을 추진함으로써 기업의 국제전자상거래 업무 전개에 필요한 조건을 마련해야 한다. 지역 전면적 경제파트너관계를 수립하는 양자 간, 다자 간 자유무역구 협상을 전개하는 과정에 중국 국제전자상거래기업의 발전문제를 충분히 고려해야 한다. WTO 등 국제기구의 기준과 시스템을 이용해 관련 규칙의 제정에 참여해 국제·국내 전자상거래 웹사이트 중 위안화로 가격표시를 진행할 수 있는 조치 조항을 제정하도록 추진해야 한다.

둘째, 통관 서비스를 최적화해야 한다. 국제전자상거래기업 인정 체제를 수립해 거래 주체의 진실성을 확정하고 거래주체와 통관서비스 간 연관 시스템을 구축해야 한다.

해외직구수입·인터넷쇼핑 보세 등 신형 통관 감독관리 패턴을 점차 보완해야 한다. 통상구 전자환결제·세금환급시스템(리베이트시스템)과 국제전자상거래 플랫폼·물류·결제 등 기업 시스템 간의 인터넷연결을 가속화해서 통상구 감독 관리의 '선 통관, 후 감시(前推后移, 미리 통관신청을 해 통관절차를 밟아 화물이 통상구에 도착하는 즉시 통관시킨 뒤, 통관 수속을 마친 기업과 화물에 대해 화물류·정보류의 추적 감시 분석을 진행하는 새로운 통관 감독관리 패턴을 가리킴.)'·분류통관관리를 실현해야 한다. 예를 들어 러시아해관의 통관시간이 비교적 길어 화물이 분실되는 상황이 자주 나타나곤 한다.

이에 따라 중국과 '일대일로' 연선국가 간의 국제전자상거래 과정에서 국제전자상거래 통관서비스 관련 제도 및 규범·특급 우편 검사검역의 감독관리·제품 품질문제 근원 조사체제를 포함한 국제전자상거래 거래 규칙과 조항을 제정 이행함으로써 국제전자상거래의 전면적 국제협력 체제를 구축해 중국 국내의 국제전자상거래활동 전개에 필요한 조건을 마련할 것을 중국 상무부에 건의한다.

셋째, 국제물류업의 발전을 추진해야 한다. 국제물류배달기업 서비스 품질기준을 출범시켜 국제물류배달기업의 품질제고와 효율 증대를 추진해야 한다. 국내 물류배달기업이 대형 국제 택배기업과 다원화한 합작배달 패턴을 형성하는 것을 격려해 고효율적이며 빠른 '일대일로' 물류시스템을 마련해야 한다.

넷째, 중국 전자상거래기업의 발전을 추진해야 한다. WTO 등 관련 국제기구의 기준과 협상시스템을 적극 이용해서 국내기업을 도와 국제전자상거래 무역분쟁을 처리해야 한다. 주요 무역파트너 및 관련 국제기구와의 전자상거래 국제교류와 합작을 강화해서 국제전자상거래 응용 프로젝트의 시범 실시를 추진해야 한다. 이밖에 교민단체의 조직역할 을 발휘해야 한다.

그래프 8-6은 국제전자상거래와 '일대일로' 연선국가의 위안화 국제화 추진 경로를 제시했다.

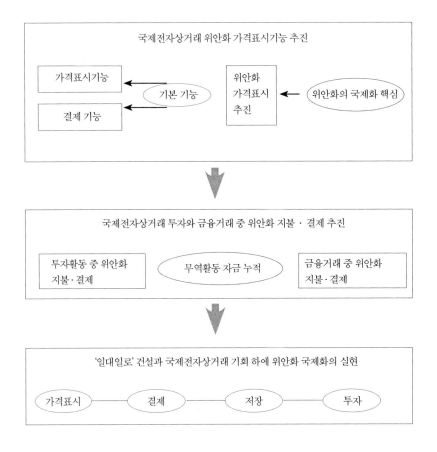

제9장
결론과 건의

9.1 주요 연구 결론

9.1.1 RII 새로운 돌파 실현, 추동력 지속적 증강

초보적으로 어림잡아 추산한 결과 2014년 위안화의 국제화지수(RII)가 2.47[1]로서 동기 대비 성장폭이 45.4%에 달한다. RII가 최초로 2를 돌파했으며 2009년에 비해 100배 성장했다. 구조적으로 볼 때 위안화 국제 결제규모가 동기에 비해 여전히 비교적 빠른 성장을 이루었지만 위안화의 국제화를 추진한 주요 역량은 금융거래이다.

위안화 직접투자와 위안화채권·어음 잔액이 세계에서 차지하는 비중이 뚜렷이 늘어 역외 위안화 금융시장은 영국·한국·싱가포르 등 모든 글로벌 금융중심에서 중대한 발전을 이루었다. 위안화는 정부 차원에서 더 많은 인정을 받았다. 중국인민은행은 28개 국가와 지역의 통화당국과 통화스와프협정을 체결했으며 총 규모가 4조 700억 위안이 넘었다. 위안화는 이미 일부 국가의 중앙은행에 의해 투자 혹은 개입통화로 자리매김했다.

---

1) 예측치.

중국경제가 뉴 노멀 시대에 들어선 뒤 위안화의 국제화를 추진하는 새로운 동력이 꾸준히 생겨나고 있다. 중국경제는 조방형에서 집약형으로 바뀌어 경제성장의 품질이 더 양호해지고 있어 한 층 더 튼튼한 위안화 국제화의 토대를 마련해놓았다. 금리의 시장화·주식발행 등록제·국유기업 혼합 소유제 개혁·정부기구 간소화와 하급기관으로의 권한 이양 등 개혁 심화 조치로 인해 위안화 가치 안정에 대한 시장의 신심이 증강되었다. 상하이자유무역구에서 자본계정 개방을 우선 시행하고 그 경험을 보급함에 따라, 특히 후강퉁이 중국 자본계정개방의 적극적인 신호를 전파함에 따라 금융자산으로서 위안화의 국제 흡인력이 커졌다.

중국이 선도하는 '일대일로' 건설은 연선국가의 열렬한 호응을 얻었으며 아투행과 실크로드기금의 창설은 그 웅대하고 중국 요소가 다분한 지역경제협력계획에 보장을 제공했으며 실제적으로 위안화의 국제화를 위한 새로운 전략적 창구를 열어놓은 것이다.

9.1.2 일대일로건설을 계기로 중국의 세계 공공재 공급 늘려

중국의 실크 매매에서 시작된 '실크로드'는 세계에서 2천여 년 간이나 명성을 떨쳤고 이미 세계유산 신청에 성공했으며 동서양의 유무상통·문화 융합을 실현한 역사적 증거이다. 2013년 고대 실크로드의 '평화 협력, 개방 포용, 서로 배우고 본받으며, 서로에 이롭고 이익을 공유하는' 사상을 계승한 중국이 '일대일로'전략을 제기했다.

세계 최대 경제회랑인 이 지역의 성장잠재력을 충분히 발굴해 무역의 원활한 상통을 선도로 하고, 시설의 상호 연결을 토대로 하며, 정책적 소통을 보장으로 하고, 자금의 융통을 중요한 지탱점으로 삼으며 민심의 상통을 동력원천으로 삼는다는 원칙이다.

'일대일로' 건설은 뉴 노멀 시대 중국의 가장 중요한 국가 전략이다. '일대일로' 건설을 통해 중국은 지역경제 구조조정을 실현하고 산업구조 최적화 업그레이드를 가속 추진할 수 있으며 수출성장을 위한 동력을 마련하고 수출패턴의 혁신을 가속 추진할 수 있으며 중국의 대외투자와 중국기업의 '해외진출(走出去)'을 한 층 더 추진함으로써 위안화의 국제화를 위한 새로운 지탱점을 찾았다.

미국의 패권실력의 약화로 인해 세계 공공재 공급이 줄어들었다. 글로벌 문제를 대응하는데 취지를 둔 유엔·국제통화기금·세계은행· 세계무역기구 등 기구에는 관리구조가 비과학적이고 개발도상국의 역할이 저평가되는 등 많은 결함이 존재한다. 그로 인해 현재 세계 공공재 공급 총량이 심각하게 부족하고 게다가 구조가 불균형적이며 특히 개발도상국에 필요한 세계 공공재가 극도로 부족한 상황이 초래되었다.

세계 공공재의 공급은 일반적으로 초강대국이 주도하며 주권국가 및 일련의 국제기구를 통해 구체적으로 실현된다. 중국은 현재 세계에서 세계 공공재를 가장 필요로 하는 국가 중의 하나이다. 새롭게 굴기한 신흥시장국가와 개발도상국가의 대표로서 중국은 세계경제관리체제 중에서 더 큰 역할을 발휘하고 더 큰 영향력을 보여주어야 할 뿐 아니라 또한 그럴 능력도 갖추었다. 중국이 세계 공공재를 제공하는 것이 곧 현실적인 경로 중의 하나이다.

'일대일로'는 서로 협력하고 이익을 서로 공유하는, 세계에서 가장 매력적인 운명공동체를 창조할 것이다. 이를 계기로 중국은 국제협력의 새 이념과 새 패턴을 형성하고, 고효율적인 시설의 상호 연결을 실현하며, 새로운 국제통화를 제공하고, 신형의 국제금융기구를 창설하며, 국부적 전쟁과 테러리즘의 제거를 위한 새로운 수단을 제공하는 등 다섯 가지 방면에서 세계 공공재의 공급을 증가할 것이다.

9.1.3 일대일로건설과 위안화의 국제화 추진

중국은 '일대일로' 건설의 선도국가로서 위안화의 국제화는 연선국가 간의 자금 융통을 직접 강화해서 기타 '4통'의 실현과 지역경제협력 심화에 관건적인 역할을 할 것이다. 이론 연구와 실증연구 결과가 표명하다시피 지역 내의 가장 빈번하게 사용되는 본위화폐의 비중을 늘리게 되면 지역 내 금융리스크를 효과적으로 예방하고 거래비용을 낮춰 지역경제의 전반적인 경쟁력을 높일 수 있어 지역 내 무역 일체화와 경제 일체화 과정을 가속 추진할 수 있다.

중국은 최대 규모의 외환보유고와 비교적 높은 주민 저금률을 보유하고 있어 중국 자본계정의 점차적인 개방과 위안화 역외시장의 빠른 발전에 따라 연선 각국의 기업과 기구에 충족한 위안화 유동성을 제공해 무역 융자의 어려움을 완화함으로써 지역 내 국가 간의 무역발전을 추진할 수 있다. 위안화는 무역 가격표시 통화로서 갈수록 국제경제무역활동에서 인정을 받고 있는데 이는 각국의 대 중국 무역 비용을 낮추는데 이롭고 무역결제가 편리해진 한편 양자무역에서 제3자 통화를 사용할 경우 나타날 수 있는 리스크를 막을 수 있다.

중국은 인프라 건설 방면에서 독특한 우세를 갖추고 있어 신형의 다자 금융기구 설립을 통해 세계 자원을 동원하고 또 위안화 표시 채권·대출 · 직접투자 등 다양한 형태로 중대한 기둥 프로젝트를 위한 금융적 지원을 제공해 '일대일로' 건설을 위한 튼튼한 물질적 토대를 마련할 수 있다. 만약 위안화가 '일대일로'상에서 무역가격표시와 결제 · 금융거래 · 외환보유고 기능을 전면적으로 발휘할 수 있게 된다면 이는 중국이 연선국가들을 위해 새로운 국제통화와 리스크관리체제를 제공하였고 경제금융의 안전축을 구축했으며 이에 따라 지역경제와 금융안정을 수호하기 위해 중대한 기여를 했음을 의미한다.

'일대일로' 건설은 연선 각국 인민에게 복지를 가져다주는 위대한 사업이며 또 위안화의 국제화를 위한 얻기 힘든 역사적 기회를 마련한 것이다. '후롄후통'은 지역경제성장을 이끌 수 있을 뿐 아니라 연선국가 간의 경제적 연계를 밀접히 할 수 있으며 더 나아가서 유라시아대륙을 아우르는 지역협력의 새로운 구도를 형성할 수 있다. 국제 경험에 비추어보면 한 나라의 전반 경제실력 · 국가 전반의 리스크 수준 · 무역발전수준 · 금융발전수준 및 경제발전수준 등은 그 나라 통화가 지역의 중요한 통화로 될 수 있느냐 여부를 결정짓는 관건적인 요소이다. 중국은 세계 제2위의 경제체이고 글로벌 무역과 직접 투자의 가장 중요한 국가 중의 하나이며 '일대일로' 연선 각국의 중요한 무역 파트너이다.

또한 경제발전과 금융발전이 지역 내 최고 수준이며 국내의 안정된 정치와 번영한 문화 등 여러 면에서 '일대일로' 상에서 위안화의 확대사용을 위한 충분한 준비가 이미 되어 있는 상황이다. 위안화의 국제사용은 편리성

제고와 거래비용 절감 등의 방면에서만 계속 노력한다면 '일대일로' 건설 과정이 추진됨에 따라 연선국가들은 필연코 무역과 투자 · 융자, 금융거래 및 외환보유고 중 위안화 비중을 점차 늘릴 것이며 따라서 위안화가 주요 국제통화 반열에 들어설 수 있는 충분한 동력을 제공할 것이다.

9.1.4 대종상품 가격표시와 결제는 위안화 국제화의 중점 공략 방향

중국은 '일대일로'상의 최대 수입국으로서 연선국가의 수출을 위한 안정적인 시장수요와 소득보장을 제공하고 있다. '일대일로' 연선국가의 대중국 수출무역 중에서 식품 · 에너지 · 농업원자재 · 금속 등 대종 상품이 중요한 지위를 차지한다. 실증연구 결과가 표명하다시피 상기 대종 상품 무역에서 위안화로 가격표시와 결제를 진행하게 되면 달러화 가격표시에 따르는 환율리스크를 효과적으로 피면할 수 있어 중국의 수입 수요를 안정시키는데 이롭고 무역파트너국 수출기업의 영업소득과 순이윤을 안정시키는데 이로워 양자 간 무역 성장과 경제발전에 순방향 견인역할을 한다. 중국자본 금융기관은 '일대일로' 연선 국가에 약 백 개에 이르는 지점을 설립하였으며 종류가 풍부한 국제위안화상품을 꾸준히 출시해 기업의 결제와 융자 수요를 충분히 만족시키고 있다. 현재 국제 팩토링 · 보증서 · 보증신용장 · 포페이팅 등을 위수로 하는 신형의 융자상품이 아주 보편화되었으며 위안화는 이미 세계 제2의 무역융자통화로 부상했다.

막강한 위안화 무역 융자능력과 꾸준히 제고되고 있는 중국자본 금융기관의 서비스수준이 대종 상품 가격표시 결제 통화로서의 위안화의 경쟁 우세를 확보했다. 최근 몇 년간 중국 선물시장이 빠르게 발전하고 있다. 현재 상품선물거래소 3곳과 금융선물거래소 한 곳을 보유하였고 에너지화학공업 · 농림목어업 · 금속광산 · 희귀금속 · 금융상품 5대 유형의 46가지 거래품종이 포함되었으며 선물시장이 리스크 방지기능과 가격발견기능을 초보적으로 갖추었다. 국제판(國際板, 외국기업이 중국 내에서 A주를 발행하고 상장하는 것) 방식으로 나타나는 선물시장 개방은 '일대일로' 연선국가의 수출상에게 시장리스크관리수단을 제공하고 국제 투자자에게 새로운 위안화거래품종을 제공할 수 있어 위안화가 대종 상품 가격표시와 결제통화가 될 수 있도록 유력한 금융적 지원을 제공하게 된다.

만약 중국경제운행이 전반적으로 안정을 유지하고 약 7%의 성장을 실현한다면 2015년에 이르러 글로벌무역의 위안화결제 비중이 3.4%에 달할 수 있을 것으로 전망되며 그리 되면 전해 비중에 비해 30%이상 성장하는 것이다. 유엔 상품별 무역통계 데이터베이스를 이용한 예측 결과에 따르면 만약 중국이 '일대일로' 연선국가로부터 수입하는 대종 원자재와 에너지 상품의 50%를 위안화로 가격표시와 결제를 진행할 경우 상기 대종 상품 수입결제 과정에서 위안화 비중이 7.05%에 달할 수 있다.

중국 알루미늄광석 · 철광석 · 석탄의 주요 수입 원천국은 알바니아 · 아제르바이잔 · 오스트레일리아 · 러시아 등의 국가들로서 이들 국가를 위안화 가격표시와 결제의 중점 돌파구 중의 하나로 삼을 수 있다.

9.1.5 인프라 융자체제는 위안화 국제화의 효과적인 돌파구

'일대일로' 연선에는 대다수가 신흥경제체와 개발도상국가들로서 산업화ㆍ도시화의 빠른 추진 시기에 처해 있어 인프라 투자 규모가 크고 회수기가 길며 정책적 리스크가 크기 때문에 개인자본은 일반적으로 참여하기를 꺼린다. 이에 따라 대다수 국가들의 낙후한 인프라는 경제의 안정적인 성장에 걸림돌로 작용하고 있다. 인프라를 대대적으로 발전시키는 것은 연선국가들이 경제의 지속적인 발전을 실현하기 위해 반드시 거쳐야 할 과정이다. 이에 대해 각국은 이미 공동 인식을 형성했다. 중국은 인프라 건설 방면에서 세인이 주목하는 효과를 거두었다. 중국은 프로젝트의 성질ㆍ융자방식ㆍ정부 참여도에 따라 다양한 인프라 융자 패턴을 확정짓고 있다. 이러한 경험은 '일대일로' 연선국가들이 본받고 널리 보급할 가치가 있다. 중국이 '일대일로' 건설 중에서 금융 지원의 조직자와 자금의 중요한 공급자인 사실에 비추어볼 때 위안화가 인프라 융자에서 마땅히 관건적인 통화가 되어야 한다는 점은 의심할 나위가 없다. 예를 들어 정부의 지원ㆍ정책성 대출ㆍ혼합대출 혹은 인프라 채권 발행 중에서 위안화가 더 많이 사용되어야 한다. 따라서 인프라 융자는 위안화 국제화의 새로운 돌파구가 될 것이다.

9.1.6 산업단지 건설은 위안화 국제화를 지속적으로 추진할 수 있는 중요한 지탱점

30여 년간 개혁 개방 과정에서 꾸준한 탐색과 약 10년간 해외투자의 급속한 발전을 거쳐 중국은 국내 산업단지 건설, 그리고 국제 협력을 통한 산업단지 공동건설 방면에서 매우 풍부한 경험을 쌓았다. 산업단지는 효율 제고 · 기술 혁신 · 기업 양성 · 시범 견인 · 외부에 대한 영향 등 기본 기능을 발휘하고 있다. '일대일로' 전략이 가져다준 시대적 기회를 맞아 산업단지는 '후롄후통' 실현의 중요한 연결점과 실무적 협력의 입각점이 될 것이다.

해외와 중국 경제를 밀접히 연결하는 다용도 구역으로서 산업단지는 중국과 수익국 간의 심층 차원에서의 합작을 전면적으로 추진할 수 있으며 위안화 국제화의 중요한 지탱점이 될 수 있다. 산업단지의 발전은 '중국 제조'의 난국을 타파하고 무역장벽을 뛰어넘어 투자로 수출을 추진하는 새로운 대외무역구도를 형성할 수 있다. 또한 산업집중우세를 살려 정책적 우대를 얻어내어 중국기업의 대규모 '해외진출(走出去)'을 위한 이상적인 플랫폼을 구축할 수 있다. '일대일로' 연선국가의 산업단지 계획과 건설 과정에서 시장 주체의 위안화 선택 사용을 추진하고 이끌며 위안화 국제자본운용과 결제 사용을 지속적으로 추진하고 위안화 역외시장의 합리적인 배치를 추진하는 한편 전 세계 범위 내에서 위안화 거래 네트워크를 형성해야 한다.

9.1.7 전자상거래는 위안화 국제화를 공고히 할 수 있는 기본 역량

　정보기술혁명은 사람들의 생산과 생활방식을 철저히 바꾸어놓았으며 전자상거래가 각 국가의 새로운 무역 수단으로 되었다. 갈수록 많은 무역기업들이 편리하고 고효율적이며 저렴한 전자상거래를 이용한 무역수단을 이용하고 있다. 중국 소비자들이 세계 최대 전자상거래시장을 지탱하고 있으며 시장 점유율을 유지하기 위해 경내와 해외 전자상거래업체들의 위안화를 이용한 가격표시와 거래 동기가 갈수록 강열해지고 있다.

　국제온라인결제방식 중 제3자 지불 플랫폼은 편리성으로 인해 네티즌들 가운데서 더 각광 받고 있으며 가장 중요한 결제수단이 되었다. 즈푸바오·차이푸퉁·은련·후이푸톈샤·퉁롱퉁을 위수로 하는 17개 제3자 지불 플랫폼이 국제전자상거래활동에 널리 참여해 소액의 전자상거래 결제수요를 집결시킨 뒤 은행을 통해 집중적으로 업무를 처리함으로써 개인부문과 정부부문의 거래·장부기록 두 가지 기능을 연결시켜 국제위안화무역결제의 새로운 플랫폼을 공동 구축했다.

　'일대일로' 연선국가들은 마침 여러 국제전자상거래 물류운송 과정에서 반드시 거쳐야 할 지역으로서 국제전자상거래 발전에서 '일대일로' 연선국가들은 독특한 지리적 우세를 차지한다. 해상 실크로드 연선국가에는 화교 인구가 비교적 많아 중국문화에 대한 동질감이 비교적 크며 언어·소비습관 방면에서의 장애가 비교적 작아 전자상거래와 위안화 가격표시 실현의 중요한 추진 지역이 될 수 있다. 많은 중국 인터넷기업들, 예를 들어 알리바바와 같은 유명 전자상거래 웹사이트 및 즈푸바오·

483

차이푸퉁과 같은 국제 결제시스템은 '실크로드 경제벨트' 연선국가들에서 비침투율이 비교적 높다. 게다가 역사적 지연적 영향을 받아 중앙아시아 5개 국 등의 지역에서 위안화의 수용도가 비교적 높다.

전자상거래에 뿌리 내린 이들 민간인들의 위안화에 대한 인지도와 수용도는 광범위성과 대체불가의 성질을 띠고 있어 필히 위안화의 국제 사용에 튼튼한 기반을 마련해줄 것이며 국제통화의 새로운 구도를 형성하는 데서 심원한 영향을 일으킬 것이다.

9.2 정책적 건의

9.2.1 실물경제 방향을 고수해 위안화 국제화의 안정 건전 발전 추진

지난 5년간 무역 비중의 지속적인 성장이 위안화의 국제화를 위한 광범위한 시장 인지도를 이끌어냈다. 약 2년간 세계 범위 내 위안화 역외시장의 빠른 발전에 힘입어 위안화 국제화지수(RII)가 막강한 성장세를 유지했다. 그러나 위안화의 국제화과정은 마땅히 명석한 인식을 유지해야 한다. 금융거래가 비교적 짧은 시간 내에 RII의 비교적 빠른 성장을 실현할 수 있지만 그러한 성장은 지속가능성이 비교적 약한데다가 일정한 위험이 따르게 된다.

장기적으로 볼 때 위안화의 더 많은 국제사용을 뒷받침해주는 신뢰할 수 있는 힘은 반드시 그리고 오로지 '중국 제조'와 '중국 창조'에 대한 세계 시장의 꾸준한 수요여야만 한다. 우리는 '일대일로' 건설의 역사적 기회를 잘 장악하고 위안화 무역 가격표시와 결제 비중을 유지하면서 또 제고해 국제시장에서 직접 투자 · 무역 융자 및 실물경제와 밀접히 연결된 대출과 채권발행에서 위안화 사용 규모를 한 층 더 확대해서 위안화 국제화의 안정적이고 건전한 발전을 추진해야 한다. 따라서 다음과 같은 방면에서 노력할 것을 건의한다.

첫째, 정책성 금융 지원시스템의 시범 효과를 충분히 발휘해야 한다. 아시아인프라투자은행·브릭스개발은행·상하이협력기구개발은행·실크로드기금 등 정책성 금융지원시스템을 구축해서 지렛대 역할을 발휘함으로써 더 많은 사회자금이 '일대일로' 건설에 투입되도록 이끄는 한편 달러화-위안화 두 가지 통화를 이용한 가격표시에서 위안화 가격표시 위주로 점차 방향을 바꿔야 한다.

둘째, 국내 금융시스템을 한층 더 보완해야 한다. 다차원·고효율·다원화한 자본시장을 하루 빨리 형성해서 보험·임대·등급평가·법률서비스 등 중개기구의 적극적인 역할을 발휘해야 한다.

특히 보험기구는 '일대일로' 인프라 채권 혹은 실크로드채권을 위한 신용보험상품을 제공함으로써 구조적 보험료율을 하향 조절해 강유력한 위안화 투자와 융자 경로를 개척해 받쳐주어야 한다. 상업은행은 해외기구 설치·내부절차 최적화·상품서비스 혁신 등의 방면에서 적극적인 역할을 발휘해 아투행·실크로드기금 등 신흥 다자 기구 및 정책성 은행과 광범위한 합작을 전개함으로써 보험기구와 공동으로 리스크관리수단을 개발해 경영 안전을 확보해야 한다.

그래서 중국 대형 기업의 '해외진출(走出去)'을 위한 위안화무역 융자와 지급결제수단을 제공해서 기업의 재무비용을 낮춰야 한다. 그룹의 현금관리·국제금융서비스 등 우위 자원을 융합시키고 클라우드 컴퓨팅·빅데이터 등의 현대 정보기술을 응용해 국제 위안화 양방향 캐시플링·집중 외환 수불·자금 조달·재무 관리 등 종합금융서비스를 제공해야 한다.

셋째, '일대일로' 연선국가 위안화 사용의 편리성과 흡인력을 제고하기 위해 노력해야 한다. '일대일로' 연선국가와의 양자 본위화폐 스와프 업무를 계속 확대하고 위안화의 역외중심 역할을 발휘하며 투자와 융자가 활발한 국가와 지역에 위안화결제시스템을 구축해 연선국가들이 무역과 인프라 투자에서 위안화로 가격표시와 지급을 진행할 수 있도록 추진해야 한다.

9.2.2 다차원의 협력 체제를 수립하여 운명 공동체 조성

'일대일로'는 중국이 선도하는 신형의 지역협력패턴이다. 중국은 대국의 책임을 지고 적극적 주동적으로 세계 공공재를 제공함으로써 연선국가의 운명 공동체를 형성하기 위해 마땅한 기여를 해야 한다. '후롄후통'의 전략 목표를 실현하기 위해서는 다차원의 협력 메커니즘 구축이 매우 필요하다.

첫째, 정부적 차원에서 지역의 다자 협력에 적합한 체제를 적극 구축해야 한다. 무역투자협정과 전면세수협정을 하루 빨리 체결하고 법률 분쟁해결 시스템·정보공유시스템·위기대처시스템을 공동으로 구축해 중대한 문제에 대한 정책의 통제성과 감독관리의 일치성을 제고함으로써 지역경제무역투자합작의 심화를 위한 양호한 제도 및 법률적 환경을 마련해야 한다.

둘째, '일대일로' 건설 과정에서 나타나는 새로운 문제와 새로운 도전을 해결하기 위해 의식 논쟁·문화 교류·정책 소통을 진행할 수

있는 국제 플랫폼을 중점 구축해야 한다. 보아오(博鰲) 아시아포럼
·중국-아랍국가협력포럼·중국-아세안포럼 등 정부체제의 힘을 빌어
두뇌집단·대학교·문화단체 등의 민간 교류체제 수립을 격려해서 의견을
충분히 교류하고 공동 인식을 한데 모아 '친성혜용[중국의 주변국에 대한
외교 노선으로, 친하게(親), 성심껏(誠), 혜택(惠)을 주며, 포용하겠다(容)는
뜻]과 공동 건설·공유의 가치관의 최대공약수를 확립해 현실적인 어려움을
효과적으로 해결할 수 있는 방향과 경로를 모색해야 한다. 셋째, 개방적
· 포용적 발전 이념을 고수하고 다자간 협력기구를 설립한다. 아투행의
운영패턴을 모방해서 선진국·지역외의 국가가 자체의 우위 자원으로
'일대일로' 건설에 광범위하게 참여하는 것을 환영함으로써 다양한 인류
문명의 우수한 성과를 충분히 받아들여야 한다. 특히 선진국의 경제건설
· 리스크 관리 · 지역협력 · 다자관리 등의 방면의 경험과 지혜를 본받고
배우기 위해 노력해야 한다. 넷째, 여러 가지 교육과 양성 계획을 조속히
실현해서 '일대일로' 연선국가를 도와 과학기술 · 비즈니스 · 금융 · 법률
등 여러 분야의 국제교류업무를 담당할 수 있는 합격된 인재를 양성해야
한다.

9.2.3 대종 상품 위안화 가격표시를 조속히 실현하는데 이로운 조건 마련

중국자본 금융기관은 '일대일로' 연선국가의 대 중국 대종 상품 무역
융자에 대한 지원을 특별히 중시해 국제무역 위안화 결제와 금융거래
방면에서 최대한 편리를 제공해야 하며 거래 비용과 거래 효율 면에서

달러화와 유로화 등의 주요 통화 수준에 도달할 수 있도록 애써야 한다. 이와 동시에 위안화 선물과 옵션 등 파생상품의 창구 거래를 적극 개발해서 다양한 위험 선호형 경제주체의 위안화 금융상품에 대한 수요를 만족시켜야 한다. 경내 대종 상품 선물시장을 대대적으로 발전시켜 리스크 방지와 가격발견 기능을 더 잘 발휘할 수 있도록 해야 한다. 국내 수출상의 선물거래를 이용한 리스크관리를 격려하며, 상하이자유무역구의 황금 국제판(黃金國際板) 경험을 총화해서 외국의 헤징매매자와 투자자를 경내 선물시장에 점차 끌어들여 대외개방 대종 원자재와 에너지상품의 선물품목을 늘려야 한다.

위안화 역외시장에서 위안화 가격표시 대종 상품 선물거래를 적시 적으로 출시하는 것을 지원해 '일대일로' 연선국가 무역에 가격안정과 리스크관리체제를 마련해야 한다. 다롄 · 정저우 등지의 선물거래소는 위안화 역외 금융중심과의 합작 패턴을 모색해서 전략적 연합 · 인수합병 등의 방식을 통해 위안화 대종 상품 선물거래의 시장규모와 영향력을 한층 더 확대하고 '일대일로' 연선국가의 대 중국 무역 위안화 수입의 환류체제를 넓혀 연선 각국 기업에 더 많은 위안화 자산 가치보유와 가치 증대 경로를 제공해야 한다.

9.2.4 인프라 건설에서 중국 기준과 위안화 사용의 추진을 위해 노력

통일된 건설 기준이 없는 것은 '일대일로' 시설의 연결과 상통을 실현하는 과정에서 주요 걸림돌 중의 하나이다. 중국의 기술기준 ·

제품과 설비기준은 개발도상국가의 실제 상황에 부합된다. 아프리카 등 적지 않은 국가들에서는 중국의 기준을 적용하고 있으며 이미 성공을 거두었다. '일대일로' 인프라 건설에서도 중국 기준의 적용을 적극 추진해서 중국기업과 금융기관이 연선국가에 더 많은 지원을 제공할 수 있도록 편리를 제공해야 한다. '일대일로' 시설의 연결과 상통은 연선 각국에 복지를 가져다줄 수 있기 때문에 세계 자금자원을 동원해서 공동으로 건설하고 공유해야 한다. 중국은 주요 자금 공급자이긴 하지만 여전히 여러 국가와 정책적 소통과 관련 조치를 강화하는 데 주력해 투자와 융자 협력체제를 공동 혁신해야 한다. 한편 연선국가 인프라 건설과 운영 과정에서 위안화의 참여도를 높이는 데도 주력해야 한다. 구체적으로 다음과 같은 조치가 포함된다.

첫째, 연선 각국에서 갈수록 늘어나는 위안화자금 수요에 맞춰 중국의 대외 지원·대외 투자·프로젝트 대출(정책성 대출과 상업성 대출 포함) 중에서 위안화상품을 증가해 세계은행·아시아개발은행·아시아인프라투자은행·브릭스국가개발은행 등의 다자 금융기구 내 위안화 사용률을 점차 높여야 한다.

둘째, 경내와 해외의 정부와 민간 합작경영·은행단대출·산업투 자기금 등 다양한 방식을 모색해 '실크로드채권'을 발행하며 위안화 가격표시와 결제를 격려해서 인프라 건설 융자배치에서 위안화 규모를 확대해야 한다.

셋째, 통화 스와프 협력을 심화하고 위안화가 스와프를 통해 현지 여신시스템에 가입할 수 있도록 이끌어 수익국 인프라 건설의 자금 출처를 증가해야 한다.

넷째, 수익국의 투자 법률·토지세수 등의 정책 보완을 추진해서 비즈니스 환경을 개선함으로써 정부·민간·업종협회·국제기구 등이 폭넓게 참여한 파트너관계를 수립해 지역과 국제 협력 체제 내에서 시설의 연결과 상통을 실현하도록 추진해야 한다.

9.2.5 산업단지 건설에서 기둥 프로젝트와 위안화 사용의 연관성 중시해야

산업단지는 경제회랑 건설에 의지해서 '중국-파키스탄 경제회랑'과 같은 주도적 프로젝트 건설을 중시해 '일대일로' 전략의 조기 수익을 실제적으로 실행해야 한다. 산업단지의 배치는 마땅히 시설의 연결과 상통 목표와 조화를 이루도록 종합적으로 계획해야 한다. 각기 다른 회랑의 건설 중점·연선국가의 자원 우세와 지리적 위치의 우세에 따라 중점 도시·연선 항구·국경 통상구 등을 선택해서 여러 가지 산업단지를 건설해야 한다. 산업단지의 외부에 대한 영향력 효과를 발휘해 전형 사례를 일반화하는 전면적인 협력구도를 최종 형성해서 지역 내 이익 공유를 실현해야 한다.

중국과 수익국이 합작해서 산업단지를 공동 건설하는 패턴을 취해 정부 정상급 고위층 대화 체제를 구축하고 정책조율기구를 설립해 양국 대표가 공동으로 산업단지 관리위원회를 구성해서 일상 운영관리를 책임지도록 할 것을 건의한다.

산업단지의 건설과 운영은 위안화의 국제사용을 확대하는 데에서 유리한 조건을 마련할 수 있다. 첫째, 산업단지 내에서 특정지역을 개척하여 금융업무에 종사하도록 하고 세수·감독관리 등의 방면의 우대정책을 제공해 중국과 해외 금융기관을 유치해서 '일대일로' 산업단지에 금융서비스를 제공하도록 할 수 있다. 둘째, 산업단지 조기 건설과 단지 내 기업운영에 따르는 대량의 투자·융자 수요와 무역결제수요를 만족시키기 위해 중국자본 금융기관은 하루 빨리 단지 내에 입주해 상응한 위안화 금융상품을 개발함으로써 현지 위안화 사용 비중을 늘리고 위안화 유출과 환류시스템을 형성해야 한다. 둘째, 산업단지의 시작단계에서 빠른 발전단계에 이르는 과정에 금융기관의 업무범위를 점차 확대해서 기본금융서비스를 제공하던 데에서부터 다차원·전면적인 금융지원시스템을 구축하는 데로 확장하며 위안화 역외시장을 형성해 '일대일로' 연선국가 나아가서 유라시아지역에 영향력을 발휘하도록 해야 한다.

9.2.6 국제 전자상거래에서 장벽을 제거하고 위안화 가격표시와 결제 실현해야

중국은 '일대일로' 연선국가를 도와 전자상거래 발전에 존재하는 현실적인 장애를 제거할 수 있는 능력을 갖추었다. 국내 통신·인터넷·컴퓨터 기술 등의 기업이 직접 투자를 통해 교통·물류 등 시설 건설을 지원하도록 격려함으로써 통관 편리화·정보 안전화·금융·법률 분야의 관련 서비스를 점차 보완해야 한다. WTO 등 국제기구의 기준과 시스템을 이용해서 국제전자상거래의 규칙과 조항을 제정 실행하고 제품 품질문제 근원 해결체제를 구축하며 통관서비스·특급우편 검사 검역에 대한 감독 관리를 강화해야 한다. 주요 무역파트너 및 관련 국제기구와의 전자상거래 국제교류와 협력을 강화해서 국내 기업을 도와 국제전자상거래 무역 분쟁을 처리해야 한다.

절차를 최적화해서 국제전자상거래의 전면적인 업그레이드를 실현해 온라인 위안화 국제화를 위한 조건을 마련해야 한다. 대형 글로벌 택배기업과 국내 국제전자상거래기업·물류배달기업이 다원화 협력을 진행하는 것을 격려해서 국제물류업의 빠른 발전을 추진해야 한다. 전자상거래 정보를 공유하고 전자상거래 신용거래시스템을 구축해서 국제전자상거래무역에서 불량 모조품 판매행위와 업계도덕 위반 행위를 엄히 징벌해야 한다. 화교집단의 조직역할을 발휘해서 국제전자상거래 응용 프로젝트의 시범 실시를 추진해야 한다.

국제전자상거래활동에서 위안화로 가격표시와 결제를 진행하도록 격려해야 한다. 국제전자상거래 웹사이트에서 기존의 달러화 가격표시에서 달러화-위안화 이중 가격표시로 방향을 바꿔야 하며 앞으로는 위안화 가격표시를 더 많이 이용함으로써 위안화가 점차 주요 가격표시 통화로 부상할 수 있도록 해야 한다. 국내 제3자 지불 플랫폼은 국제전자상거래업체와 전략적 연합을 결성해서 '일대일로' 연선국가의 문화전통과 결제 습관에 따라 상품을 연구 개발하고 서비스를 제공하며 위안화 결제를 공동 추진함으로써 안전성과 효율·흡인력을 높여야 한다.

9.2.7 위안화 국제 결제시스템을 조속히 사용에 투입해야

위안화 국제결제시스템은 위안화 국제화의 필수 기술적 지탱점인 한편 또 중국이 제공하는 세계 공공재이기도 하다. '일대일로' 연선국가의 상황을 보면 중국의 중앙은행 결제시스템은 기술 선진성으로 보나 시스템의 완벽성으로 보나 모두 절대적 우세 지위에 처해 있어 '일대일로' 건설에 국제 결제업무를 제공하기에 충분하다. 중국의 방대한 외환보유고를 결합시키면 리스크 통제가 가능한 범위 내에서 대외 환업무·담보·외화 융자 등 업무도 담당할 수 있다. 위안화 국제결제시스템이 구축되어 사용에 투입되기 전에는 중앙은행 간의 통화 스와프협정을 충분히 이용하여 역외 위안화결제은행을 지정하는 제도적 배치를 통해 연선국가에 가격이 저렴하고 안전하며 효율이 높은 위안화지급결제서비스를 제공해야 한다. 현지 지급결제시스템과 기존 국제 위안화결제체제의 연결을 실현하도록 편리를 제공해야 한다.

세계 각국에서 갈수록 늘어나고 있는 위안화결제수요를 만족시키기 위해 위안화 국제결제시스템 건설을 가속화해 위안화 국제화의 조기단계에 하루 빨리 사용에 투입시켜 '일대일로' 연선 각국이 최대한 일찍 위안화를 사용하고 받아들이도록 습관을 양성화시킴으로써 앞으로 높은 통화 대체 비용이 발생하는 것을 피해야 한다. 이와 동시에 시설의 연결과 상통을 계기로 위안화 국제결제시스템의 안전성과 효율을 한 층 더 높여야 한다. 닝샤(寧夏)의 서부 클라우드 컴퓨팅기지 프로젝트를 이용해 이를 원점으로 삼아 송유관 · 전신 인프라를 따라 서부로 위안화국제결제시스템의 육상통로를 개척해서 은련(銀聯) 등 제3자 지불 플랫폼을 이용한 업무 전개를 지원할 것을 건의한다. 장기적으로 고려해 볼 때 위안화의 국제화와 관련된 정책법규를 종합 정리해서 위안화 국제화의 입법 차원을 높여야 한다. 국제 위안화결제지급 전문 법률을 제정하여 여러 주체의 권리와 의무를 명확히 규정지음으로써 국제위안화결제시스템의 순조로운 운행을 위한 법률적 보장을 제공해야 한다.

부록

부록1

'일대일로' 전략 중
기업의 '해외진출(走出去)'을 위한 금융지원

기업의 '해외진출(走出去)'을 위한 금융적 지원은 중국 정부가 대외개방을 가속 추진하기 위한 중대한 정책 결정이다. '일대일로' 건설로 중외 생산능력협력을 추진하고 대외무역 구조의 최적화 업그레이드를 추진하며 경제의 새로운 성장을 이끄는 대배경에 의지해 여러 은행들은 성장방식 전환 발전과 상품 서비스 혁신을 가속화해 국제화 경영수준을 꾸준히 제고함으로써 더 큰 책임감과 사명감으로 기업의 '해외진출'을 전력 지원하고 있다. 아래 교통은행을 예 들어 상업은행들이 '일대일로' 상에서 기업에 금융적 지원을 제공하는 실천과정을 소개하고자 한다.

A1.1 국제위안화업무를 전개해 편리화한 서비스를 제공

'일대일로' 관련 국가·지역의 위안화 수용도가 상대적으로 비교적 높은 특징에 맞추어 교통은행은 '해외진출'기업들이 국제무역·융자·인프라 건설 등의 영역에서 본위화폐를 사용해서 결제를 진행하도록 이끌고 조력해서 환율 리스크를 효과적으로 피하고 재무비용을 낮춰 주었다. 스와프 자금 대출업무를 적극 신청 전개해서 통화 스와프 협정의 기업 '해외진출'에 대한 지원과 본위화폐 결제 추진 역할을 발휘했다.

수출주문서융자·수출 팩토링·국제신용장·계약이행보증서 · 예불금보증서 등의 상품수단을 적극 이용해 기업의 '해외진출' 과정에서 무역융자수요를 해결해주었다. 한편 그룹현금관리·국제금융서비스 등의 우세 자원을 융합시키고 클라우드 컴퓨팅 · 빅데이터 등의 현대정보기술을 응용해 '해외진출'기업을 위한 국제 위안화 양방향 캐시풀링 · 집중 환 수불 · 자금 조달 · 재무관리 등의 종합 금융서비스방안을 제공했다.

교통은행은 또 서울 위안화결제은행의 우세를 살려 '해외진출'기업의 중한 양국, 나아가서 중국과 동아시아 국가 간의 국제 업무를 위한 자금결제와 융자의 편리를 제공했다. 이에 따라 '서울위안화결제중심+해외위안화결제분(分)중심'의 세계 위안화결제시스템을 구축해서 세계 주요 지역을 아우르는 위안화 결제를 실현했다.

A1.2 '국제 위안화 회랑'을 건설해 기업의 국제융자 지원

'일대일로'는 기업이 해외로 진출해 더욱 빈번한 해외투자를 전개할 수 있도록 했다. 한편 '후롄후퉁' 관련 하나하나의 중대한 프로젝트의 실행과 추진은 대량의 자본수출과 밀접히 연결되어 있다. 교통은행 기업의 국제생산경영·투자 인수합병·성장방식 전환과 혁신 등 각기 다른 특징의 수요를 바싹 추적해서 국제 대출·해외 프로젝트 대출·국제 은행단 · 국제담보 등의 다원화한 구조적 융자상품을 통해 '해외 위안화 회랑'을 건설함으로써 "기업의 '해외진출' + 위안화자본수출"의 국제금융수요를 만족시키게 된다. 또한 다음과 같은 세 가지 방면에서 역할을 발휘하게 된다.

첫째, 국제 인수합병. 교통은행은 제조업의 경쟁력 제고에 이롭고 산업사슬의 가치를 연장하며 협력 효과가 뚜렷한 국제 인수합병 프로젝트에 적극 참여해서 지렛대 융자 · 이중융자 · 인수합병기금 및 인수합병채권 등의 국제 인수합병 업무를 혁신적으로 제공하게 된다.

둘째, 해외 채권 발행. 교통은행은 해외 은행의 시장에 밀착하고 위탁판매 경험이 풍부한 우세를 살려 고객의 수요에 따라 발행을 앞둔 채권의 단기 융자, 채권 발행후 자금 모집 재테크 관리와 투자 인수합병 재무 고문 등의 관련 서비스상품을 제공한다.

셋째, 비행기 · 선박 · 고속철 · 첨단장비 등 대형 프로젝트에 융자를 제공한다. 교통은행은 국제융자임대 등 혁신적인 융자수단을 출시해서 국가 간, 업종 간 융자서비스능력을 제고했다.

A1.3 중점 업종에 초점을 맞춰 경내와 해외 통일 체인식 금융서비스 제공

교통은행은 '일대일로' 계획 아래 중국-몽골-러시아 경제벨트, 중국-남아시아-서아시아 경제벨트, 해상 전략 보루 등의 연선국가 관련 인프라 건설 프로젝트 참여 주체 및 아시아인프라투자은행·실크로드기금 등의 중점 금융지원 대상에 포함시킨 인프라·에너지 개발·산업협력 등 '후롄후통' 관련 프로젝트 기업을 중점 관심 대상으로 삼았다.

이에 따라 장비제조업·원자력발전·고속철 등 '해외진출(走出去)'의 중점 업종을 위한 경내와 해외 원스톱 서비스를 제공하며 전반 프로젝트를 아우르는 경내 설계·제조·해외 경쟁입찰·설치·운영 유지 보수 등의 전체 산업사슬 금융서비스를 제정한다. 수출 구매자 신용대출·수출 판매자 신용대출·혼합 대출 등을 포함한 다양한 중장기 수출신용담보융자업무를 대대적으로 발전시켜 중국수출신용보험회사가 대형 플랜트에 대해서 최대한도의 보험업무를 제공하는(応保盡保) 정책적 계기를 잘 이용해서 대형 플랜트의 융자비용을 효과적으로 낮추어 리스크 보장능력을 증강시킨다.

A1.4 해외 배치를 가속해 세계 금융서비스 영향권 확대

교통은행은 최근 몇 년간 금융서비스 플랫폼 · 재부관리 플랫폼과 글로벌결제중심 · 글로벌 자금조달중심 · 글로벌결제중심을 포함한 '2개의 플랫폼과 3개의 중심' 건설을 추진해 국제금융서비스능력을 제고하는데 주력하고 있다. 한편 교통은행은 세계 분포를 진일보하여 완벽화 하고 있다.

'아태지역을 중심으로 하고 구미를 양 날개로 해서 전 세계 분포를 확장하는' 해외 발전 전략을 지속적으로 추진해 전 세계에서 교통은행 인터넷기구의 분포를 점차 완벽화 하고 있다. 특히 '해외진출(走出去)'기업이 상대적으로 집중된 아태·중동·아프리카·남미주 등의 지역을 둘러싸고 영업망을 적당히 증설해서 '해외진출'기업에 대한 근접 서비스능력을 증강하고 있다. 교통은행은 또 거래 은행의 네트워크역할을 살리는데도 중시하고 있다.

'해외진출' 프로젝트가 비교적 집중된 해외지역에서 '해외진출'기업 발전을 지원하는 전략적 협력협정을 체결하는 등의 방식을 통해 본 지역의 우수한 은행을 찾아 중점협력파트너로 삼고 '해외진출'기업을 동반해 직접 해외은행과 상담 합작하는 방식으로 기업의 '해외진출' 프로젝트 참여도를 높인다.

부록2

위안화의 해외 예금 · 대출 및
딤섬본드 발행에 대한 회고와 전망

A2.1 위안화 해외 예금 규모 성장 둔화

역외 위안화 캐시풀링 규모의 지속적인 성장은 성숙한 역외 위안화 시장이 생겨날 수 있는 전제조건이고 역외 위안화의 유동성을 유지할 수 있는 보장이며 위안화 거래·자산업무를 확장하는 기반이다. 국제위안화결제업무의 안정적인 발전에 따라 역외 위안화 캐시풀링 규모가 꾸준히 확대되고 있으며 위안화 예금 역시 여러 역외시장이 역외위안화 중심지위를 쟁탈하는 관건 요소로 되었다.

위안화 역외시장의 예금 상황을 보면 홍콩이 1조 위안의 역외 위안화 예금 규모로 1위를 차지했으며 전체 역외예금 규모의 55%를 점했다.(표 A2-1 참고) 현재 역외 위안화 예금 규모가 중국 경내 위안화 예금 규모의 겨우 1%~2% 수준에 머물러있고 주로 아시아주에 집중되어 있어 성장공간이 여전히 비교적 크다. 유럽 등 지역의 국가들은 외환거래와 중앙은행정책의 추진 우세에 힘입어 2015년에 역외 위안화 예금 규모가 빠른 성장을 이룰 수 있을 것으로 전망된다.

표 A2-1 주요 역외 시장 위안화 예금 잔액

국가/지역	위안화 예금	통계시간
중국 홍콩	10,036	2014년 12월
중국 대만	3,023	2014년 12월
싱가포르	2,570	2014년 9월
중국 마카오	1,187	2014년 9월
한국	1,000	2014년 7월
런던	251	2014년 6월
룩셈부르크	67	2014년 6월
합계	18,134	

2014년 연말까지 홍콩 위안화 예금 규모는 최초로 1조 위안 선을 돌파해 1조 36억 위안에 달했다. 전월 대비 성장폭은 6.3%이며 성장 금액은 294억 위안에 달했다. 2014년 홍콩 위안화 예금 규모가 수개월 내내 성장을 멈췄다가 11월과 12월에 각각 약 300억 위안 가까이 증가해서 연말에 이르러서는 최종 1조 위안 선을 돌파한 것이다.

2014년 관련 위안화 예금 성장폭이 16.6%에 달해 비록 2013년의 43%와 2011년의 87%에 비해 다소 하락했지만 전반적으로 여전히 비교적 높은 성장세를 유지했다. 예금 구조를 보면 정기예금이 여전히 주요 비중을 차지해 2014년 연말까지 정기예금 규모가 8,266억 위안에 달했고 보통예금은 겨우 1,770억 위안에 머물렀으며 양자의 성장폭은 비슷한 수준이었다. 2014년 이전에 정기예금의 성장폭은 줄곧 보통예금보다 훨씬 높았으며 그중 2013년 정기예금 성장폭은 48%, 보통예금은 겨우 22%였고, 2012년에는 정기예금이 16% 성장한 반면에 보통예금은 30%나 하락했다.

앞으로 홍콩과 대만 지역의 역외 위안화 예금 성장폭이 여전히 둔화될 것으로 보이며 2011년의 동기 대비 성장폭 87%와 같은 폭발적인 성장이 나타나는 일은 극히 어려울 것으로 예견된다. 주요 원인은 역시 환율 변동폭이 확대되고 평가절하 압력이 커졌으며 역외와 역내 금리차가 줄어들어 무역결제규모가 둔화되어 수입상들이 홍콩에서 환매입을 줄였기 때문이다. 장기적으로 볼 때 위안화 국제화의 진일보 추진과 후강퉁 및 2015년 출시될 선강퉁이 홍콩의 위안화 자금 수요를 확대할 수 있는 점을 고려해 볼 때 역외 위안화 예금 규모가 여전히 다소 성장할 것으로 전망된다.

A2.2 위안화 해외 대출 잔액 성장 저조

위안화 역외시장 대출을 보면 2014년 말까지 해외 위안화 대출 잔액이 1,989억 위안으로 늘어 2013년 말의 1,874억 위안에 비해 6.1% 소폭 상승했으며 증가 금액이 겨우 115억 위안이었다. 위안화 국제화지수 중 해외 위안화 대출 잔액의 이와 같은 느린 성장은 드문 일이다. 2012년 연말 규모가 1,809억 위안으로 2년간 겨우 180억 위안 성장했다. 2011년 연초 해외 위안화 대출과 위안화 예금 규모의 비율이 약 38%였으나 2014년 연말에 이르러 그 비율은 겨우 20%에 그쳤다. 국내 위안화 대출

총 규모 81조 7,000억 위안에 비해 해외 위안화 대출 규모는 보잘 것 없는 수준으로서 국내 위안화 대출 규모의 겨우 0.24% 수준이었다.

위안화 해외 대출 규모의 성장이 저조한 사실은 해외 위안화 수요가 금융거래시장에 지나치게 집중되었음을 반영한다. 게다가 이전의 달러화 대비 위안화 강세와 달러화 저금리의 작용 아래에서 내지 회사들은 달러화 융자를 더 원하고 있다.

2015년, 위안화가 소폭적인 평가 절하 압력에 직면할 것으로 보여 해외 위안화 대출시장 전망을 상대적으로 밝게 보고 있다. 위안화 환율 전망을 어둡게 보고 있는 분위기 속에서 투자자의 위안화자산 보유 의향이 억제되었지만 최근 달러화 대출의 헤지 비용이 크게 늘어 역외 위안화 대출시장에 활력을 불어넣는 계기를 마련했다. 이에 앞서 대량의 중국 기업(특히 부동산업체)들이 달러화로 대출 융자를 진행하기를 원했던 것은 그때 당시 해외 달러화비용이 경내 위안화 비용보다 훨씬 낮았기 때문이다.

그밖에 이들 대출기업 대다수가 환율의 불일치에 대한 헤징을 거치지 않았기 때문에, 위안화가 평가 절하 압력에 직면하자 이러한 환율 불일치로 인해 기업의 경영 리스크가 커졌다.(这些贷款企业多数未对汇率错配进行对冲,当人民币面临贬值压力时,这种汇率错配将增大企业的经营风险) 2014년 연말에 1년 만기 역외 위안화 선물환율이 2,500포인트 이상까지 올라 최고치를 기록했다.

이는 헤징 비용이 4%를 초과해 달러화 대출의 비용 우세가 거의 완전히 사라져버렸음을 의미한다. 헤징 비용이 올라간 뒤 달러화 대출의 우세가 크게 약화되었다.

A2.3 위안화 표시 해외 채권 발행 새 기록 창조

2007년 7월 최초의 역외 위안화 '딤섬본드'가 홍콩에서 발행된 후 싱가포르의 '라이언시티본드' · 중국 대만의 '포모사본드' 등 여러 가지 역외 위안화 표시 채권이 잇달아 출시되었으며 런던 · 룩셈부르크 · 시드니 등지에서도 앞 다투어 위안화 표시 채권을 출시했다. 2014년, 해외 '딤섬본드'의 발행이 계속 양호한 발전세를 이었으며 발행 규모가 재차 최신 기록을 창조했다. 구체적으로 볼 때 다음과 같은 세 가지 특징이 있다. 첫째, '폭발식' 성장현상이 나타난 것. 중은(中銀)국제증권유한책임회사의 통계에 따르면 2014년 연간 역외 위안화 표시 채권 및 위안화 예금증서(CDs) 발행량이 위안화로 5,300억 위안에 달해 역사 최고치를 기록했으며 2013년 동기에 비해 86.6% 증가했다.

또 홍콩 통화청의 통계에 따르면 가장 주요한 역외 위안화시장으로서 홍콩 딤섬본드는 2014년 연말까지 연간 누계 위안화 표시 채권 발행량이 1,795억 위안에 달해 2013년의 850억 위안 규모에 비해 동기 대비 성장폭이 100%이상에 달했다. 누계 확보량 규모는 3,873억 3,700만 위안에 달했는데 그중 기업채가 1,833억 위안, 금융채가 1,112억 2,700만 위안, 국채가 805억 위안, 전환사채가 123억 1,000만 위안이다. 둘째, 발행 주체의 다원화. 해외 '딤섬본드'의 발행기관은 더 이상 중국 정부와 중국 내지 · 홍콩 기업에만 주로 국한되지 않고 여러 곳에서 동시 다발적으로 꽃이 피는 국면이 나타났다. 2014년 10월 중국국가개발은행과 영국 재무부가 런던에서 30억 위안 가치의 위안화 표시 채권을 발행했다. 이는 런던시장에서 발행된 최초의 위안화 표시 예비주권채권(准主權債券)이며 영국 또한 최초로 역외 위안화 표시 채권을 발행한 중국 이외의 주권 국가이다. 2014년 11월 중국은 시드니를 역외 위안화결제중심으로 지정했으며 오스트레일리아 뉴사우스웨일스 주 정부가 10억 위안 규모의 위안화 표시 역외 채권을 발행했다.

2014년 제3분기까지 대만 위안화 표시 채권(포모사본드) 발행 총액이 239억 위안에 달했다. 그중 국내 기업이 발행한 포모사본드 잔액이 87억 위안으로서 대만금융감독관리위원회가 대외에 밝힌 100억 위안에 근접했다. 셋째, 중국 자본 발행인의 발행 규모가 꾸준히 확대된 것.

경내의 꾸준히 상승하고 있는 융자 비용으로 인해 국내 기업에 해외 저원가 자금 획득 기회를 모색할 수 있는 동력을 불어넣음으로써 중국 국유기업은 발행 주체가 되었다. 이들 기업에는 중국전력건설그룹 · 중국중화(中化)그룹회사 · 중국외운(外運)주식유한회사와 같은 중앙기업이 포함될 뿐 아니라 베이징자동차주식유한회사 · 상하이 푸둥(浦東)발전은행 · 베이징시 인프라투자회사와 같은 지방 국유기업도 포함된다. 업종별로 보면 금융채가 최대 비중을 차지해 59%의 역대 최고 수준에 달했다. 이와 같은 성장은 많은 중국자본 은행이 국가발전개혁위원회로부터 역외 위안화 채권 발행 자격을 얻은 것과 관련된다. 공업채의 비중은 17%로 2위에 올랐다.

2014년 빠른 성장을 거친 뒤 2015년 딤섬본드의 발행량이 다소 주춤할 것으로 예견된다. 2015년 딤섬본드 및 위안화 예금증서 발행 총량은 약 5,000억 위안 수준을 유지할 것으로 보인다. 성장폭이 하락한 주요 원인은 역외 위안화시장의 융자비용이 꾸준히 오른 데 있다. HSBC 딤섬본드지수에 따르면 고수익 채권과 무등급 딤섬본드의 평균 수익률이 2014년 연말에

6.4%에 달했으며 2015년에는 더 상승할 것으로 예견된다.

금리 상승의 주요 원인은 국내 기업의 해외무역 신용대출 및 채권 융자비용에 대해 일반적으로 LIBOR 혹은 같은 시기 미국 국채 수익률 ... (利率上升的主要原因在于國內企業的境外貿易信貸及債券融資成本通常以LIBOR或同期的美國債收益率加点形式計算,) 형태로 계산한 뒤 CCS · IRS 등의 수단을 통해 금리 비용을 고정시키기 때문이다. 따라서 달러화 기준금리와 미국 채권시장의 변화는 중국자본 기업의 해외 융자비용에 직접 영향을 주게 된다. 미연방준비위원회의 정책적 변곡점에 접근함에 따라 2015년 경내와 해외 융자비용 차이가 한 층 더 좁아질 수 있다.

이와 동시에 후강퉁·위안화 적격 해외기관 투자자(RQFII) 등의 이정표적 의미를 띤 정책적 배치가 해외 자금을 국내로 환류 할 수 있도록 이끌 수 있어 자금 환류 통로의 확장에 따라 역외 위안화 자금 결핍 국면을 더 가중시킬 수 있다. 이밖에 중국 국내시장의 채권 발행 환경의 꾸준한 개선 및 융자비용 절감을 위한 정부의 지도로 인해 국내 융자비용의 하행압력이 유지되고 있으며 나아가 중국기업 역외 채권 발행의 융자수요를 줄여주었다.

자료출처: 차오퉁(曹彤) 등: 『아세안 위안화 수용도 분기별 평가(2014년 상반기)』, 시나(新浪) 블로그(博客)

부록3

중앙아시아 5개국 세제 및
경제특구 세수 우대정책

    '일대일로'는 동아시아·동남아·남아시아·중앙아시아·유럽 남부 및 아프리카 동부의 광범위한 지역을 하나로 연결시켰으며 60여 개 국가를 아우른다. 본 부록에서는 육상실크로드를 예로 들어 경영환경의 각도에서 중앙아시아 5개국 세제의 기본 특징에 대해 간단한 평가와 소개를 진행하고자 한다.

    중앙아시아 5개국--카자흐스탄·우즈베키스탄·키르기스스탄·타지키스탄·투르크메니스탄은 중국의 주요 투자 및 무역 파트너이며 중국이 실크로드 경제벨트를 따라 서부로 뻗어나가는 첫번째 역이다. 실크로드 경제벨트 공동 건설에 대한 공동 인식은 이미 중국이 중앙아시아 5개국과 체결한 공동선언과 발전계획 등의 정치 문서에 포함되었다. 중국은 타지키스탄·카자흐스탄·키르기스스탄과 잇달아 실크로드 경제벨트 공동 건설 관련 양자 협력협정을 체결했다. 카자흐스탄의 '광명의 길'·타지키스탄의 '에너지-교통-식량' 3대 국가진흥전략·투르크메니스탄의 '강성행복시대' 등의 국가발전전략은 모두 실크로드 경제벨트 건설과 연결점을 찾았다. 실무적 협력 방면에서 양자 간에 자발적으로 진취하고 사유를 혁신해 무역 · 에너지 · 교통 · 금융 등 영역에서 협력하는 새로운 국면을 열었다. 2014년 중국과 중앙아시아 5개국 무역액은 글로벌 경제 형세가 저조한 시련을 이겨내고 450억 달러 규모를 이루었다. 이들 국가의 세제는 정치제도·종교신앙·역사변혁·문화전통·경제구조 및 발전수준 등이 각기 다름에 따라 비교적 큰 차이가 존재한다.

A3.1 중국과 중앙아시아 5개국의 세수제도 비교

중앙아시아 5개국의 전반적인 특징은 세제가 비교적 간단하고 세수 부담이 비교적 적은 것이다. 경제성장방식 전환 중인 국가로서 외자를 유치하고 자본도피를 방지하며 국내의 납세 부응 정도를 높이기 위해 이들 국가의 회사가 납부하는 소득세의 법정세율은 높지 않다. 타지키스탄이 25%인 것 외에 기타 4개국은 모두 20%이하 세율을 적용한다.

어떤 국가의 세율은 10%도 안 되며 오직 한 가지 세율만 적용하는 단일세제를 실행하고 있다. 그러나 일부 특정 자연자원부분에 대해서는 비교적 높은 세율을 적용하고 있다. 예를 들어 투르크메니스탄은 일반 세율이 8%이지만 석유천연가스자원 탐사와 채굴에 종사하는 회사에 적용하는 세율은 20%나 된다.

회사가 납부하는 소득세와 비교해 중앙아시아 5개국의 개인소득세 세율은 비교적 낮은 수준으로서 최고 수준인 우즈베키스탄의 세율이 고작 22%이고 그 외 3개 국가도 단일 세제를 실행하며 세율이 겨우 10%이다.

이밖에 중앙아시아 5개국은 또 대량의 세수우대정책을 제정해서 특정 산업·지역(특히 경제특구)에 투자할 경우 세수 감면정책을 적용한다.

또한 소극적 투자 분야의 주식 배당금·이자·특허권 사용비용에 적용하는 원천 과세 세율도 비교적 낮으며 기술비용·관리비용 혹은 이사 수당에 적용하는 원천 과세도 비교적 적당하다. 그런데 주의할 점은 중앙아시아 각국 세제에 대한 일부 국제기구와 중개서비스기구의 평가에 따르면 비록 이들 국가세제가 비교적 간단하지만 관련된 내용은 아주 복잡하다는 것이다. 따라서 구체적 업무실행을 책임진 세무 담당관원에게 상당히 큰 자유재량권이 주어졌기 때문에 이들 국가의 현지 중국인 투자자들에게는 잠재적 세수 리스크를 조성할 수 있다.

수익국에서 상업을 경영하는 데 대한 영향 각도에서 보면 중국과 중앙아시아 5개국의 주요 세목과 세율(더 상세한 내용은 표 A3-1 참고)을 각각 다음과 같다.

(1) 중국: 회사 소득세(원천 과세 소득세 포함) 25%, 개인 소득세 3%~45%, 부가가치세 17%, 영업세 3%~20%, 소비세 3%~45%, 부동산세(건축물과 가옥 원래 가치의 1.2% 혹은 임대금액의 12%).

(2) 카자흐스탄: 회사 소득세 20%, 개인 소득세 10%, 부가가치세 12%, 토지세는 세율 차이가 큼, 부동산세, 장부상 평균가의 1.5%.

(3) 키르기스스탄: 회사 소득세 20%, 부가가치세 12%, 부동산세 0.8%, 판매세 2%, 토지세(지방당국이 제정함), 세율은 소재한 위치와 토지의 용도에 따라 각기 다름.

(4) 타지키스탄: 회사 소득세 15%, 부가가치세 18%, 사회보험세 25%, 판매세 3%, 토지세, 토지 등록지역에 따라 세율이 각기 다름, 부동산세, 세율 차이가 큼.

(5) 투르크메니스탄: 회사 소득세, 국내회사는 8%, 외국회사는 20%, 부가가치세 15%, 사회보험세 20%, 소비세 10%~40%, 부동산세 1%, 특수 목적 기금세 1%, 토지세, 세율 차이가 큼.

(6) 우즈베키스탄: 회사 소득세 8%, 부가가치세 20%, 개인 소득세 22%, 소비세, 제품 유형이 다름에 따라 각기 다름. 순이윤세 9%, 초과이윤세, 과세소득액의 50%, 토지세, 소재 지역이 다름에 따라 다름, 부동산세 3.5%.

표 A3-1 중국과 중앙아시아 5개국 세제 개요

구분	중국a	카자흐스탄b	키르기스스탄c	타지키스탄d	투르크메니스탄e	우즈베키스탄
A. 직접세: 회사 소득세						
1. 주민 회사						
과세표준	급료별 소득	급료별 소득	급료별 소득	급료별 소득	급료별 소득	급료별 소득
세율	25%, 미소기업에는 20% 세율 적용	20%	일반 세율 10%, 금 채굴활동에 개인 소득세 세율 누진제 실행, 임대회사에 5%(유효기 2017년 1월 1일부터 2021년 12월 31일까지)	25%, 15%(제조업)	8%, 20%(국유회사 혹은 석유 천연가스 자원 탐사와 개발에 종사하는 회사), 2%(개인 법률 실물업체)	일반 세율 8%(2013년은 9%), 상업은행 15%(10.5%~12% 차이 세율 적용 가능), 특정 수출회사에 대해 세율 30% 혹은 50% 감면

자본이득	포함해서 회사 일부에 속함	포함해서 회사 소득의 일부에 속함	과세소득의 일부에 속함(그러나 일부 예외도 있음)	포함해서 회사소득의 일부에 속함	포함해서 회사 소득의 일부에 속함	비주민의 활동이 상설기구를 형성할 경우 회사 소득세를 납부해야 함. 상설기구를 형성하지 않았을 경우에는 20%의 세율 기준에 따라 원천 과세 납부함
중복 징세의 일방적 제거	유	유	무	유	무	무

2. 비주민회사

세율	25%	20%	10%	15%(모든 세율의 세전 공제 불허)	20%	일반 세율 8%(2013년 9%). 상업은행 15%(10.5%~12% 차별 세율 적용). 특정 수출회사에 대해 세율을 30%~50% 감면

515

주민회사 매각 주식의 자본이득	과세소득, 그러나 일부 합병과 일부 상황은 배제	포함해서 회사 소득의 일부에 속함	10%, 예외 상황도 있음	과세 소득	과세소득, 회사 소득의 일부로 삼음	과세소득, 회사 소득의 일부로 삼음
최종 원천 과세 세율						
분사의 이윤	무	15%	10%	15%(상설기구의 세후 이윤)	15%	10%
주식 배당금	10%	15%, 0%(만약 동시에 다음의 조건을 만족할 경우: 주식 배당금을 3년 보유기간이 지난 뒤 지급함. 주식 배당금을 지급하는 법률 실체가 인위적인 사용자가 아님, 마땅히 지급해야 할 주식 배당금.)	10%	12%	15%	10%

이자	특허권 사용료	기술비용	판매비용
10%, 국제: 0%	10%	무	무
15%	15%	20%	20%
10%	10%	10%	10%
12%	15%	15%	15%
15%	15%	15%	15%
10%	20%	0%	20%

3. 특수 문제

보유 주식 세금 감면					
국내 주식 배당금: 무 해외 주식 배당금: 유	국내 주식 배당금: 무 해외 주식 배당금: 유	국내 주식 배당금: 무 해외 주식 배당금: 무	국내 주식 배당금: 무 해외 주식 배당금: 무	국내 주식 배당금: 무 해외 주식 배당금: 무	국내 주식 배당금: 무 해외 주식 배당금: 무

517

장려조치					
첨단기술회사, 국제, 농·임·목·어업, 환경보호 프로젝트, 기술양도, 국가 중점 장려 인프라 프로젝트, 서부 내개발지역	투자 우대, 비상업기구의 조건에 부합되는 소득에 대한 세금 감면, 경제특구에서 경영에 종사하는 납세자에 대한 세금 감면, 과세소득의 3% 미만의 협찬비용과 기증금액에 대해서는 과세소득액을 상계 삭감할 수 있음	투자 장려 조치, 경제특구 혁신기술단지 세제를 간소화	자본 투자, 탄소와 수소 에너지 염종 회사, 묵화 염종, 수금 배치, 세제 간소화, 가축 양식, 자유경제구	무	외국 투자, 특정 유형의 회사 혹은 무기한 일정 시기 장려조치/면세 매우 제공, 신기술 투자, 경제특구의 세수 장려조치

B. 직접세: 개인 소득세

1. 주민 자연인

개인 소득세 세율	급료임금: 최고 45%(월 소득이 80 000위안이 넘는 부분) 개체 상공업자 경영 소득: 최고 35%(연간 소득이 100 000위안이 넘는 부분) 주식 배당금과 이자·특허권 사용료·자본이득: 20%	10%의 단일 세율	10%의 단일 세율	누진 세율 최고 세율 13%(3 600타지키스탄 소모니가 넘는 부분)	10%의 단일 세율	누진 세율 최고 세율 22%(월 최저 임금의 10배가 넘는 수입)
자본이득	과세소득의 일부분에 속함: 5년 이상 보유했던 국내 상장회사의 지분을 양도할 경우: 0%	포함해서 적극적 소득의 일부분에 속함	10%(일부 예외가 있을 수 있음)	과세소득	과세소득의 일부분에 속함, 경영활동과 무관한 재산에 대한 매각을 제외한 개인 소득에 대한 이득	경영활동에서 얻는 자본이득을 일반 소득으로 삼아 징세함, 경영활동과 무관한 개인자산 매각 소득에 대해서는 납세를 요구하지 않음
종부 징세의 일방적 제거	유	유	무	유	무	무

2. 비주민 자연인

519

개인소득세 세율	주민의 회사주식을 매각한 자본이득	최종 원천 과세 세율	
급료임금: 최고 45%(월 수입이 80 000위안이 넘는 부분) 개체 상공업자의 경영 소득: 최고 35%(연간 소득이 100 000위안이 넘는 부분)	비주민이 보유한 국내 상장회사 주식 양도를 제외하고 모두 세금을 납부해야 함	급료임금 소득	원천징수납부
20%	과세소득		10%
10%의 단일 세율	과세소득		10%
누진 세율 최고 세율 25%(3 600타지키스탄 소모니가 넘는 부분)	과세소득		25%
10%의 단일 세율	과세소득		10%
비주민 자연인의 우즈베키스탄 경내 상설기구와 관련된 소득은 자연인 주민에 적용하는 세율에 따라 원천 과세를 징수함. 상설기구와 무관한 비주민 자연인의 소득과 관련해서는 10%의 원천 과세를 징수함	일반 소득의 일부분으로 함, 과세소득		20%

항목						
주식 배당금	20%, 경내 상장회사 주식 배당금: 5% 혹은 10% 15%, 0%(만약 동시에 다음과 같은 조건을 만족시킬 경우: 주식 배당금을 3년 보유기한이 지난 뒤 지급하는 경우, 주식 배당금을 지급하는 배당금을 지급하는 별률실체가 인위적인 사용자가 아닐 경우, 주식 배당금을 지급해야 하는 별률실체 사용자의 참여 이자가 50%미만의 최저금액일 경우)	10%	12%	10%	10%	10%
이자	20%, 국채: 0%	15%	10%	12%	10%	10%
특허권 사용료	20%	15%	10%	15%	10%	20%
기술비용	무	20%	10%	15%	10%	0%

a. 제일 마지막 업데이트 시간 2014년 9월 1일.　　b. 제일 마지막 업데이트 시간 2014년 3월 22일.　　c. 제일 마지막 업데이트 시간 2014년 3월 26일.
d. 제일 마지막 업데이트 시간 2014년 4월 4일.　　e. 제일 마지막 업데이트 시간 2014년 4월 7일.　　f. 제일 마지막 업데이트 시간 2014년 3월 17일.

				C. 간접세: 부가가치세/화물과 서비스 세금		
이사수당	급료임금 소득에 따라 세금을 징수하거나 혹은 20% 기준으로 징세	20%	10%	15%	10%	20%
표준세율	17%	12%	12%	18%와 15.25%(대외 서비스)	15%	20%
저세율	0%, 3%, 4%, 12%	0%	0%	5%	0%	0%
고세율	무	무	무	무	무	무
기타	무	판매세의 세율이 각각 1.%, 2%, 3%, 5%.	무	무	무	무

자료출처: 잔자가 IBFD 자료에 따라 정리함.

외국의 직접투자를 끌어들이 경제 발전을 추진하기 위해 중국과 중앙아시아 5개국은 모두 외자유치 세수정책을 실행했다. 외자유치 방면에서 외국 소유권 보유 비례 · 외국 회사의 최저 투자액 · 현지 회사와 합작 혹은 합자 참가 혹은 외국 주식 보유 비례 · 세수우대 · 현지 토지 보유 여부 등에 대해 모두 구체적으로 규정지었다.(표 A3-2 참고)

표 A3-2 중국과 중앙아시아 5개국 투자 시스템 요점

국가명	100% 외국 소유권 허용	외국 회사의 최저 투자	현지 회사와 합작할 경우 외국 투자자에 대한 최저 지분 보유 규정	면세기한(년)	토지의 외국 소유권
중국	허용	업종과 조직유형에 따라 다름	25%	서부지역 특정 업종에 대해 두 가지 감면, 세 가지 절반 삭감	무
카자흐스탄	허용	무	무	회사 소득세와 토지세 최장 10년, 부동산세 최장 5년	제한적
키르기스스탄	허용	무	무	업종과 소재지에 따라 각기 다름	무
타지키스탄	허용	무	무	최장 5년	무
투르크메니스탄	허용	최저 월급의 100배(175~500달러)	회사 자산의 25%	업종과 소재지에 따라 다름(부가가치세와 소득세 면제 최장 15년)	무
우즈베키스탄	허용	15만 달러(기타 절반 감면)	30%	최장 3년	제한적

자료출처: 유엔 무역과 발전회의 자료에 따라 정리함.

A3.2 중앙아시아 5개국의 경제특구 및 세수우대정책

경제특구는 흔히 기타 지역은 갖추지 못한 세수 포함 우대조건과 특별 정책을 통해 외자유치의 목적을 달성한다. 중국의 실천에 따르면 중국이 최초로 경제기술개발구와 경제특구를 건설한 것처럼, 특히 중국과 외국 정부가 합작해서 경제특구를 건설한 것처럼 경제성장 방식 전환 국가의 보편적인 방법은 경제특구를 건설하는 방법을 통해 먼저 작은 범위 내에서 자유화한 통화·경제·투자정책을 시행한 뒤 전국 범위로 널리 보급하는 시도를 해보는 것이다. 유엔 무역과 발전회의의 통계 자료에 따르면 실크로드 연선의 여러 중앙아시아 국가들은 모두 경제특구를 설립했다. 지난 몇 년간 이들 특구들 중에서 이미 비교적 활발한 경제활동과 투자가 이루어진 것으로 알려졌다.

1. 카자흐스탄

카자흐스탄은 1999년에 '카자흐스탄공화국 경제특구'명령을 발표했다. 현재 카자흐스탄에는 이미 10개의 경제특구가 설립되었다.(표 A3-3 참고) 경제특구 내에서 경영되는 실체는 회사 소득세 면제 대우를 누릴 수 있고, 경제특구 내부 판매는 부가가치세를 면제 받을 수 있으며 5년간 토지임대료 면제와 비교적 낮은 토지세 혜택을 누릴 수 있다. 경제특구 내에서 투자자들을 위해 관리제도와 서비스를 제공하는 여러 관련 당국은 원스톱 행정서비스홀을 설립했다. 경제특구 내에서 제공하는 부지는 모두 도로 ·

전력 · 수도의 삼통(三通)을 실현했다.

카자흐스탄은 경제특구를 외자 유치에 의지해 자국 경제 다원화를 실현하는 정책적 수단으로 삼았다. 그밖에 정부도 경제특구를 이용해서 자국 내 저장량이 풍부한 자연자원의 부가가치를 개발하고 있다.

카자흐스탄은 또 자국 경제특구에서 우선적으로 발전시키는 특정 산업을 공개했다.(표 A3-3 참고) 카자흐스탄의 매개의 경제특구는 모두 전략적으로 관건 자원 및 시설과 가까운 지역에 설립했다. 예를 들어 아트릐항 (阿圖姆港)의 중점은 창고 · 물류 · 운수업 건설에 두었는데 주로 항구 근처에 위치한 것을 고려해서 세운 전략이다. 그리고 석유화학공업단지는 카자흐스탄의 석유저장고와 비교적 가까운 지역에 위치했다.

카자흐스탄의 최대 경제특구는 아스타나 신도시이다. 그 경제특구는 건설용 화물에 대해 부가가치세 제로 세율을 실행했는데 그 목적은 그 새로운 도시 발전에 필요한 인프라를 건설하기 위한 데 있다. 다른 한 경제 특구인 훠얼귀스(霍爾果斯)-둥먼(東門) 즉 중국-카자흐스탄 훠얼귀스 국제국경합작센터의 설립 목적은 중국과 카자흐스탄 간 국경무역과 투자에 편리화 서비스를 제공하기 위한 데 있다.

표 A3-3 카자흐스탄의 경제특구

경제특구	설립 연도	위치	목표 산업
아스타나 새 도시	2001	아스타나	건축과 제조업
악타우 항	2002	악타우의 망기스타우 지역	물류와 운수
혁신기술단지	2003	알마티의 만디(曼迪)구	정보기술산업
남카자흐스탄	2005	남카자흐스탄지역	방직업(현지 목화 가공)
석유화학공업단지	2007	악타우지역	석유와 천연가스 프로젝트, 석유화학공업
버니비(伯納比)	2008	아크무라(阿克姆拉)지역의 수진스크-콜보이(濱琴斯克–波羅沃伊)리조트	관광
사르얼카(薩爾雅爾略)	2011	카라간다시	야금과 금속가공 · 고무 · 플라스틱과 건축자재
파블로다르	2011	파블로다르의 북부 공업단지	화학공업과 석유화학공업
훠일카스-둥번	2011	알마티 지역	무역과 물류 · 여러 가지 제품 제조(특히 식품 · 가죽제품 · 방직품 · 광산업 · 가계와 금속설비)
타라즈화학공업단지	2012	잠빌 지역	화학공업과 석유화학공업 · 고무와 플라스틱 · 기계와 설비

자료출처: 유엔 무역과 발전회의 등 자료에 따라 정리.

2. 키르기스스탄

키르기스스탄은 이미 비슈케크 · 나린 · 카라콜 · 마이마크(馬依馬克) 등 네 곳에 4개의 경제특구를 설립했다. 키르기스스탄의 경제특구 관련 법률은 '자유경제구법'과 자유경제구 관련 행정규정제도이다. 경제특구 내에 입주해 진행하는 거래는 관세가 면제된다. 경제특구 내에 설립된 회사는 즉시 등록 · 다양한 면세 · 세관 절차 간소화 및 공공시설 서비스의 직접적인 획득 등의 혜택을 누릴 수 있다.

3. 타지키스탄

이 나라에는 현재 4개의 경제특구를 설립했으며 그중 현재는 싱글톤(蘇格登)과 파나지(帕納吉) 두 곳의 경제특구가 매우 활발하다. 그밖에 각각 단자라(丹加拉)와 다른 한 곳에 각각 위치한 두 곳의 경제특구는 아직 개발단계에 처해 있다. 경제특구 내에서 경영되는 회사는 앞 7년간 모든 세금을 면제 받는다. 타지키스탄의 경제특구 관련 법률은 2008년에 발표된 '자유경제구법'이다.

싱글톤자유경제구는 타지키스탄에서 발전이 가장 양호한 경제특구로서 타지키스탄에서 두 번째로 큰 도시인 수그드 주 주도 후잔트 시에서 15킬로미터 떨어져 있으며 국제공항과 철도까지도 비교적 가깝다. 이 경제단지는 이미 1억 3,000만 달러 규모의 외국 투자를 유치했으며 주로 광산 채굴업 · 알루미늄합금가공 · 태양에너지판넬제조 · 농산물가공 등의 영역에 분포되었다.

4. 투르크메니스탄

투르크메니스탄은 1993년 10월 8일에 이미 '자유회사경제구법'을 발표했으며 자유무역구 설립과 경영을 허용했다. 현재 투르크메니스탄에는 10개의 자유무역구가 있지만 모두 1998년에 설립된 것이다. 자유무역구 내에서 경영활동에 종사하는 회사는 세수혜택을 누릴 수 있는 지위에 있다. 만약 회사가 얻은 이윤을 수출주도형의 첨단기술회사에 재투자할 경우 회사는 소득세 면제 · 관세 면제 · 제품의 자유 수출 및 제품가격의 자유 제정 등의 혜택을 누릴 수 있다. 투르크메니스탄은 2007년에 아바자 관광구를 설립해서 카스피 해 연안의 관광 개발을 추진했다. 투르크메니스탄의 세수기본법에 따라 관광구 내 관광 시설 건설과 가설에 대한 부가가치세를 면제해준다.

5. 우즈베키스탄

우즈베키스탄은 1996년에 '자유무역구법'을 발표했다. 그 법률은 국회가 정부 내각의 제안에 따라 공업단지 · 과학기술단지 등을 포함한 여러 가지 형태의 자유무역구를 설립하는 것을 허용했다. 자유무역구 내에서 경영하는 회사는 통화 스와프와 관세 관리 방면의 혜택을 누릴 수 있으며 입국절차 간소화 혜택도 받을 수 있다. 단지 내의 회사는 또 세수와 관세 우대 등의 폭넓은 혜택 대우를 받을 수 있다.

나보이 자유공업경제구는 우즈베키스탄 기존의 유일한 경제특구이다. 2013년 1월 우즈베키스탄과 중국이 지자흐 주의 중우즈베키 시에 경제특구를 설립했다.

A3.3 세수와 중앙아시아 5개국의 상업경영환경

세계은행그룹과 프라이스워터하우스쿠퍼스(PWC)는 2004년부터 매년 글로벌 경영 보고서를 발표해오고 있다. 보고서는 한 경제체의 경영 난이정도에 영향을 미치는 요소를 회사 개설·건축허가서 취득·전력 취득·재산 등록·신용대출 획득·투자자 보호·세금 납부·국제무역·계약 이행·채무상환 불가 문제 해결 등 10개 방면으로 분해했다.

세수 요소를 보면 세계은행그룹이 각 경제체에 대한 전반적인 순위 평가는 중등 규모의 회사가 이들 국가에서 납부한 총 세금부담과 납부세금의 총액 및 수요되는 시간 등 요소이다.

총 세금 부담 혹은 총 세율(total tax rate)은 한 회사가 납부한 모든 세금이 이윤 중에서 차지하는 백분율을 가리킨다. 세금 납부 종류에는 회사가 납부해야 하는 이윤세·노동력세 및 기타 세목이 포함된다. 납세 시간은 하루 8시간 업무시간으로 계산한다. 납세는 경영환경을 평가하는 지표 중의 하나로서 그 평가지표는 세계 각 지역과 각 경제체의 한 표준 중등규모의 회사가 매년 납부하는 세목의 수량·세금 납부에 소요된 시간 및 납부한 세금이 그 회사 이윤 중에서 차지하는 백분율이다.

따라서 납세지표는 세수가 전반 경영환경 속에서 차지하는 지위와 각국 세수정책의 변화추세를 반영한다. 2014년 10월 29일 세계은행그룹이 글로벌 경영환경지수 2015년 납세보고서를 발표했다.(표 A3-4를 보라) 세계은행의 경영보고서 중의 통계자료를 보면 중앙아시아 5개국의 총 세율 차이가 아주 큰 것을 알 수 있다. 제일 낮은 카자흐스탄은 겨우 28.6%인 한편 타지키스탄은 80.9%에나 달해 후자는 전자의 거의 3배나 된다.

글로벌 추세와 마찬가지로 중앙아시아지역 국가들도 최근 몇 년간 자국의 세제에 대한 개혁을 적극 진행해 세율을 낮추고 과세표준을 넓혔으며 세목을 통합하고 인터넷을 이용해 신고하고 세금을 납부하는 등 일련의 조치를 취해 본 지역의 경영환경을 일부 개선했다.

표 A3-4 세계은행그룹 2015년 글로벌 경영보고서 중 중국과 중앙아시아 4개국 세수상황

구 분	글로벌 순위 (189개 경제체)	매년 납세 세목 수량	매년 납세 소요 시간 (시간)	이윤세 비중 (%)	노동력과 사회보험세 비중 (%)	기타 세금 비중 (%)	총세율 (%)
중국	120	7	261	7.8	49.3	7.4	64.6
카자흐스탄	17	6	188	15.9	11.2	1.5	28.6
키르기스스탄	136	52	210	6.4	19.5	3.1	29
타지키스탄	169	31	209	17.7	28.5	34.8	80.9
우즈베키스탄	118	33	192.5	12.1	28.2	1.9	42.2

자료출처: Paying Taxes 2015, 세계은행그룹과 프라이스워터하우스쿠퍼스(PWC), 2014.

A3.4 중국과 중앙아시아 5개국 양자 간 세수협정

이중 과세를 피면하고 탈세·누세를 방지하기 위한 양자 간 세수협정은 생산요소의 국제 유동에 따른 국제수익분배의 객관적 수요에 따라 생겨났다. 양자 간 세수협정의 체결은 무역과 투자파트너 간 경제무역활동을 추진하고 무역과 투자 일체화를 추진함에 있어서 아주 중요한 역할을 했다. 현재 중국은 이미 중앙아시아 5개국을 포함한 99개 국가와 99개의 양자 간 세수협정을 체결했으며 또 홍콩 및 마카오와도 양자 간 세수협정을 체결했다. 카자흐스탄은 40여 건의 양자 간 세수협정을 체결했고, 키르기스스탄은 20여 건의 양자 간 세수협정을 체결했으며, 투르크메니스탄은 26건의 양자 간 세수협정을 체결했고, 우즈베키스탄은 60건의 양자 간 세수협정을 체결했다. 이들 양자 간 세수협정은 모두 주식 배당금·이자·특허권 사용료 등 방면에서 더욱 우대적인 원천 과세세율을 제공했다. 선진적인 양자 간 세수협정 네트워크는 국제 이중과세를 없애고, 세수 리스크를 예방하며, 국제 탈세행위를 효과적으로 단속하고, 서로 간 협상을 통해 세수분쟁을 해결하며 납세자의 합법적인 지위를 보장함으로써 양자 간 무역과 투자에 편리와 확실성을 제공하는 한편 세무당국의 관리비용과 납세자의 납세이행비용도 낮출 수 있다.

중국이 중앙아시아 5개 국과 체결한 양자 간 세수협정, 즉 소득에 대한 이중 과세를 피면하고 탈세와 누세를 방지하는 내용 관련 협정이 이미 발효해 각자 양국 간에서 실행되고 있다. 그 다섯 건의 양자 간 세수협정의 내용은 협정 적용 인원과 세목의 범위(표 A3-5를 보라)·협정 용어에 대한 정의·여러 가지 소득의 원천지 확정 규칙과 징세방식 및 세율·이중 과세 제거 방법(세액공제법)에 대해 언급했으며 또 세수 무차별·서로 간 협상절차와 세무정보 교환·세무 분쟁의 해결 등에 대해서도 특별히 규정지었다. 이러한 협정은 국가 간 이중 과세를 없애고 납세자의 무차별 지위를 보장하며 국제 탈세와 누세를 방지하는 데 도움이 된다. 따라서 중국과 중앙아시아 5개국 간 생산요소의 국제유동에 편리를 제공했으며 협정 체결 당사국 양자 무역과 투자의 발전과 강성에 유력한 보장을 마련했다.

표 A3-5 중국과 중앙아시아 5개국 간의 양자 간 세수협정

구 분	주식 배당금(%)		이자(%)	특허권사용료(%)
	개인, 회사	조건에 부합되는 회사		
국내 세율				
회사	10	10	0/10	10
개인	0/5/10/20	적용되지 않음	0/20	20
협정 세율				
카자흐스탄	10	10	10	10
키르기스스탄	10	10	10	10
타지키스탄	10	5	8	8
투르크메니스탄	10	5	10	10
우즈베키스탄	10	10	10	10

출처: 국제재정문헌국, www.ibfd.org.

이밖에 국제운수수입에 대해 중국과 투르크메니스탄 간에 체결한 항공협정의 세수조항에 따라 서로 간에 회사소득세를 면제하고 중국과 카자흐스탄 · 우즈베키스탄 · 투르크메니스탄 · 키르기스스탄 간에 체결한 항공협정의 세수조항에 따라 개인 소득세를 서로 면제하며 중국과 투르크메니스탄 · 키르기스스탄 · 카자흐스탄 간에 체결한 항공협정의 세수조항에 따라 간접세를 서로 면제해주고 있다.

A3.5 정책적 건의

'일대일로'는 중국이 국내외 새로운 환경에 직면해 내린 전략적 선택으로서 중국은 중앙아시아국가와 실크로드 경제벨트를 공동 건설함에 있어서 리스크와 우환 의식을 수립해야 하며 용감하게 어려움을 직시하고 난제를 풀어나가야 한다. 기업의 각도에서 보면 현지 경영환경을 깊이 파악하고 현지 법제환경을 익숙히 장악해야 한다.

특히 세법과 세무관리시스템을 익숙히 장악하고 법에 따라 납세하며 납세리스크를 예방해야 한다. 기업의 '해외진출(走出去)'을 지원하기 위해 중국 정부는 세제개혁을 더 심화하고 납세서비스수준을 한 층 더 제고하는 토대 위에서 '일대일로' 건설을 지원할 수 있는 세수조치를 적극 연구 제정하고, '일대일로' 연선 국가와 세수협정담판(협정에 대한 업데이트 포함)과 이행 강도를 높여야 하며 양자 간 협상 메커니즘을 적극 탐색 이용해야 한다. 특히 세수협정 중 서로 간 협상 절차 등을 통해 중국 대외 투자자의 해외 세무분쟁을 해결해야 하며 회사 국제경영 중의 세수

확정성을 높이고 종합 한도액과 분류 한도액 세액공제법을 적시적으로 도입해 국제 이중 과세를 없애고 현지 경제무역구의 특혜정책을 이용해 중국 기업의 '해외진출(走出去)' 지원 사업을 더 잘해야 한다.

수익국으로서의 중앙아시아 5개국 정부는 자국에 대한 중국의 무역과 투자에 마땅히 양호한 경영환경을 적극 마련해야 한다. 국제 승낙을 착실히 이행하고 관료주의기풍을 줄이며 부패현상을 없앰으로써 지속적 안정과 예측 가능한 세수제도 및 세무관리시스템을 구축해야 한다.

중국 세제와 실크로드 연선 국가의 세수 조율과 세수 협력을 강화해 악성 세수경쟁과 불량 세수계획의 발생을 방지해야 하며 세수포럼 등 대화협력의 메커니즘을 수립하고 투자자에게 세제변동 등 세수 관련 정보를 발표해야 하며 특히 세수 리스크와 관련해서 경고해주어야 한다.

부록4 2014년 위안화 국제화 대사기

시 간	사 건	내 용	의미와 영향
2014년 1월 7일	런던에 등록한 애쉬모어(Ashmore)그룹이 RQFII 자격을 취득하고 HSBC가 런던 RQFII에 서비스를 제공하는 최초의 신탁은행이 되었다.	HSBC(중국)유한회사가 1월 7일 런던에 등록한 애쉬모어그룹을 협조해 위안화 적격 해외기관투자자(RQFII)자격을 취득했다고 선포, 런던 RQFII에 서비스를 제공하는 최초의 신탁은행으로 되었다. HSBC는 최초의 적격 해외기관투자자(QFII)신탁은행과 결제은행 중의 하나이며 홍콩 RQFII에 신탁 관리를 제공한 최초의 외자은행이다.	애쉬모어그룹의 RQFII자격 취득은 위안화 자본 환류의 새로운 경로를 개척하는 데 이로우며 런던을 역외 위안화 중심 지위에 올려놓았다.
2014년 2월 20일	중앙은행은 상하이런민부에 위임해 '중국(상하이)자유무역시험구 내 위안화 국제사용 확대 지원 관련 통지'를 발표했다.	중국인민은행이 상하이런민부에 위임해 '중국(상하이)자유무역시험구 내 위안화 국제사용 확대 지원 통지'(은본부발[2014]22호)를 발표해 자유무역구 내에서 각 항 국제위안화업무 혁신 시험을 전개하는 것을 지원했으며 위안화 국제 사용 화대를 장려키로 했다.	시험구 내 경상 투자항목과 직접 투자항목 하의 위안화 국제사용 절차를 간소화하고 위안화 해외 차관 규모와 사용범위·국제전자상거래결제의 위안화 거래서비스 등 혁신업무를 명확히 했다. 시험구 내 실물경제에 대한 금융 지원을 강화하는 것을 통해 기업에 더 양호한 발전환경을 마련해줌으로써 자유무역구가 더 높은 수준에서 국제협력과 경쟁에 참여할 수 있도록 추진했다.

2014년 3월 7일	중국농업은행이 위안화 국제화와 관련 '뉴 실크로드' 프랑크푸르트와 국제 두 곳에서 성공적으로 개최되었다.	이번 포럼은 중국농업은행이 2014년에 추진하는 위안화 '해외진출(走出去)' 계열행사 중의 하나이다. 포럼 참가자들은 중국의 거시경제형세 및 전망·위안화의 국제화·유럽 위안화시장의 발전·위안화 자금 환류 경로 건설·RQFII 등 금융시장 투자초금제를 둘러싸고 열띤 토론을 벌였으며 또 중국·유럽 은행 간 국제위안화업무협력 강화에 대해 충분히 교류했다.	그 활동의 성공적인 개최는 위안화 국제사용 확대·역외 위안화시장 발전 추진에 양호한 추동역할을 했다. 중국의 경제무역교류가 갈수록 밀접해지고 유럽 역외 위안화 업무의 발전이 빨라짐에 따라 농업은행은 위안화금융상품과 네트워크 우세를 지속적으로 발휘해 유럽 종사들과의 국제위안화 결제·청산 및 투·융자 등 영역의 전면적인 참여를 강화해 중국과 유럽 고객들을 위한 새로운 위안화 국제 경제무역역할을 위한 더 나은 양질의 금융서비스를 제공했다.
2014년 3월 14일	은행간 외환시장에서 위안화 매 달러화 거래가격 변동폭을 1%에서 2%로 확대했다.	중국인민은행이 공고를 발표해 2014년 3월 17일부터 은행간 외환시장 위안화 매 달러가격 거래가격 변동폭을 1%에서 2%로 확대하고 은행 창구 환율 제시 구간을 2%에서 3%로 확대한다고 발표했다.	변동폭의 확대는 시장이 더 큰 역할을 발휘하도록 하고 중앙은행의 기준의 간섭을 점차 줄여 나가고 있는 기준으로 변동폭이 점차 성숙된 통화로 나아가고 있음을 의미한다.
2014년 3월 14일	6개 부처가 공동으로 '수출화물무역 위안화 결제기업 관리 관련 사항 간소화에 대한 통지'를 발표했다.	중국인민은행·재정부·상무부·해관총서·국가세무총국·중국은행업감독관리위원회가 '수출화물무역 위안화 결제 기업 관리 관련 사항 간소화에 대한 통지' (은발[2014]80호)를 발표해 수출무역기업의 중점감독관리기업 리스트 심사준권한을 하부기관에 이양했다.	업무 관리를 한층 더 간소화했다.

일자	주요 내용	의의
2014년 3월 14일	해외 비금융기업이 경내에서 최초로 위안화 채권을 발행했다.	독일 자동차제조업체 다임러(Daimler AG)가 중국 은행간 채권시장에서 판다본드를 성공적으로 발행. 발행기한은 1년이고 발행 이율은 5.2%이다.	이는 첫 해외 비금융기업이 중국은행간채권시장에서 발행한 최초의 채무융자수단이다.
2014년 3월 19일	위안화 대 뉴질랜드달러의 은행간 직거래를 실현했다.	중국인민은행이 위안을 받아 중국외환거래중심이 은행간 외환시장에서 위안화 대 뉴질랜드달러의 직거래를 전개한다고 선포했다.	위안화 대 뉴질랜드달러를 직거래를 전개함으로써 양자 무역과 투자에서 위안화와 뉴질랜드달러의 사용을 추진해 양국 간 금융합작을 강화하는 데 도움이 되며 중국-뉴질랜드 간 경제금융관계의 주순한 발전을 지원할 수 있게 되었다.
2014년 3월 26일	프랑스가 800억 위안의 RQFII 한도액을 획득했다.	'중화인민공화국과 프랑스공화국 공동 성명'을 통해 프랑스에 800억 위안의 위안화 적격 해외기관투자자(RQFII)한도액을 부여한다고 선포했다.	RQFII제도는 해외 투자자가 경내 자본시장에 위안화 자금을 투자할 수 있는 새로운 경로를 개척했다. RQFII 시행이 안정적인 상황은 위안화 역외시장의 발전을 추진하고 자본시장의 대외개방을 확대하는 데 적극적인 역할을 했다.
2014년 3월 28일	중국인민은행과 독일연방은행이 프랑크푸르트에 위안화 청산체계 구축 합작 양해각서를 체결했다.	중국인민은행과 독일연방은행이 프랑크푸르트에 위안화 청산체계 구축 합작 양해각서를 체결했다.	양자 간에 체결한 양해각서는 프랑크푸르트에 위안화결제중심을 구축한다는 중요한 내용을 담고 있다. 프랑크푸르트에 위안화 청산체계를 구축하면 중-독 양국 기업과 금융기관이 위안화로 중-독 양국 국제거래를 진행하는 데 이로우며 무역·투자 자유화와 편리화를 진일보로 추진했다.

일자		
2014년 3월 31일	중앙은행과 잉글랜드은행이 런던에 위안화 청산체계 구축 합작 양해각서를 체결했다.	중앙은행과 잉글랜드은행이 런던에 위안화 청산체계 구축 합작 양해각서를 체결했다. 양자는 공통된 협상과 협조를 통해 관련 업무에 대한 감독관리 · 정보 교류 및 정책 보완작업을 잘 해나가기로 했다.	관련 위안화 청산체계의 구축은 중·영 양국 기업과 금융기관이 위안화를 이용해 국제거래를 진행하는 데 이로우며 무역 · 투자의 자유화와 편리화를 진일보로 추진하기로 했다.
2014년 3월 31일	외환거래센터가 위안화 내 84종의 비상장거래 통화의 참고환율을 발표했다.	3월 31일부터 중국외환거래센터 웹사이트에 매달 정기적으로 그 센터에서 상장 거래되지 않는 84종의 위안화 대비 참고환율을 발표하기 시작했다. 현재 중국외환거래센터내 위안화 상장 거래되고 있는 통화는 달러화 · 유로화 · 루블화 등 10종이 주요 통화이며 인도의 루피화 · 브라질의 레알화 등 신흥시장의 주요 통화는 여전히 위안화 상장 거래가 이루어지지 않고 있다.	이러한 조치는 관련 주체가 위안화와 여러 통화 간의 환산 환율 상황을 더욱 직접적으로 파악하는데 도움이 되었다. 모든 교역의 거래통화뿐만 아니라는 경로를 통해 참고가격을 알 수 있어 관련 주체는 더 편리하게 거래하고 편리하게 결제할 수 있게 되었다.
2014년 4월 10일	증권감독관리위원회(증감회)가 공고를 발표해 후강퉁 원칙 및 제도를 설명했다.	증감회가 공고를 발표해 후강퉁의 원칙 및 제도를 명확하게 설명했다. 증권회는 후강퉁의 총 금액이 5500억 위안이며 후강퉁 투자에 참여하는 개인 투자자 지금계정의 잔액은 위안화로 50만 위안보다 적어서는 안 된다. 상하이 증권거래소와 홍콩 연합거래소는 두 곳의 투자자가 현지 증권거래사(혹은 매니저업체)가 상대 거래소에서 상장한 규정 범위 내 주식을 매매하는 것을 허용한다.	증감하는 후강퉁이 다음과 같은 세 가지 방면의 의미를 갖는다고 밝혔다. 첫째, 새로운 협력 메커니즘을 통해 중국 자본시장의 종합실력을 제고하는 데 이롭고, 둘째, 상하이와 홍콩 두 금융중심의 지위를 공고히하는 데 이롭고 상하이시장의 투자자구조를 개선하는 데도 이로우며, 셋째, 위안화의 국제화를 추진하는데 도움이 되며 역외위안화업무중심으로의 발전할 수 있도록 지원한다. 전문가들은 후강퉁이 위안화의 역외시장에서 역내시장으로의 일원한 환류 경로를 구축하는 데 이롭고 '역내-역외-역내' 이 대칭되고 완전한 안전한 위안화의 시장순환을 형성하는 데 도움이 된다고 밝혔다.

날짜	사건	내용	의의
2014년 4월 11일	중국은행이 '오스트레일리아에서 '오세아니아본드' (Oceania Bond)를 발행했다.	중국은행이 시드니지점에서 20억 위안 규모의 '오세아니아본드'를 성공적으로 발행. 기한은 2년이고 고정이율은 3.25%이다.	이는 오스트레일리아 시장에서 발행된 최초의 위안화 표시 채권이다.
2014년 4월 23일	홍콩증권거래소가 상품선물제품의 위안화 가격표시 협약을 출범했다.	홍콩증권거래소가 최초로 4개의 아시아 상품선물을 출범했다. 그중 알루미늄·아연·납·주석·구리 등. 이런 협약는 모두 현금결제이다. 이런 협약는 위안화 가격표시를 실행했다. 이는 홍콩증권거래소가 2012년 연말에 22억 달러에 런던 금속거래소(LME)를 인수한 뒤 처음 출범한 상품선물협약이다.	런민시장의 수많은 시장조성 주체는 거래에서 유럽통화도 사용하고 위안화도 사용하는데 이 모두 런민 위안화시장의 반영을 크게 했다. 게다가 만약 상하이와 홍콩 두 증권시장 간 협력이 한층 더 추진될 경우 이러한 위안화 결제수요의 효과는 기하급수적으로 확대될 것이므로 어느 위안화의 국제화에 중대한 의미가 있다.
2014년 4월 25일	중앙은행과 뉴질랜드 중앙은행이 양자 간 본위화폐 스와프협정을 체결했다.	중국인민은행과 뉴질랜드 중앙은행이 250억 위안/50억뉴질랜드달러 규모의 양자 간 본위화폐 스와프협정을 체결, 유효기는 3년, 양측의 찬성을 거쳐 협정을 연장할 수 있다.	양자간 본위 화폐 스와프 협정의 연장을 위안화의 국제 유통을 진일보로 추진할 수 있으며 이에 한편 중국 양국 관계를 추진할 수 있다.
2014년 4월 26일	위안화가 세계에서 가장 자주 사용되는 순위 제7위를 차지했다.	'중국 지급 청산 발전보고서(SWIFT)' 에서는 2014년 위안화가 이미 스위스프랑화를 추월해 세계에서 가장 자주 사용되는 결제통화 순위 제7위를 차지했다고 밝혔다.	이는 위안화의 국제화가 표 기관은 발전을 이루었음을 의미함과 동시에 중국 지급청산시스템의 국제화정도에 더 높은 요구를 제기했다. 지급청산시스템의 국제화를 추진하는 것은 위안화 국제화 과정에서 반드시 필요한 절차이다. 리스크를 예방하는 토대 위에서 지급청산시스템의 국제화를 꾸준히 추진해야 한다.

539

일자			
2014년 4월 28일	싱가포르가 세계에서 두 번째로 큰 역외 위안화거래중심으로 부상했다.	싱가포르가 런던을 추월해 홍콩 버금가는 세계 두 번째로 큰 역외 위안화거래중심으로 부상했다. SWIFT의 데이터에 따르면 싱가포르는 현재 모든 역외 위안화 지급 거래의 6.8%를 점유하고 런던이 5.9%, 홍콩은 72%를 차지한다.	이러한 발전 상황은 위안화의 빠른 국제화 진행을 나타낼 뿐 아니라 유럽과 아시아의 금융중심이 역외위안화업무에서 어떻게 이익을 다투어 나가지고 있는지를 설명한다. 위안화의 세계적인 중심가 현재까지는 주로 무역으로 중 위안화 사용에 힘입은 것이다.
2014년 5월 4일	건설은행이 중국-아세안 국제위안화업무중심을 설립했다.	중국건설은행의 중국-아세안 국제위안화업무중심이 광시(廣西)의 난닝(南寧)에 설립되었다. 이는 건설은행이 중국-아세안 자유무역구 업그레이드판 건설 수요에 적응해 중경지역 금융개방에 적극 참여하고 국제위안화 금융서비스수준을 제고하기 위한 중요한 조치이다.	건설은행의 추지이(褚志一) 부행장이 설립식에서 건설은행의 중국-아세안 국제위안화업무중심 건설을 구조히 보완해 경내외 해외의 연합 영업과 다원화 경우 우세를 벌어 아세안과 금융협력의 유대를 적극 구축하고 국제 위안화 양방향 유통과 아세안 통화가매대한 투자와 융자·국제위안화청산정도 건설·개인 국제금융 등 분야의 금융협력을 진일보로 심화하며 구경지역 금융개혁을 지원할 것이라고 밝혔다.
2014년 5월 4일	위안화는 아프리카 외환보유고 핵심 통화로 부상할 것으로 전망된다.	5월 4일, 리커창 국무원 총리가 아프리카 4개국과 아프리카연합 본부를 방문했다. 양자 간 협력 파트너관계 발전의 심화에 따라 아프리카 정부와 일부 대형 기업이 '담보본드' 발행을 위한 자금을 모집할 것으로 예견된다. 마지않은 상태에 위안화는 아프리카 중앙은행 외환보유고의 해심통화로 부상할 것으로 전망된다.	현재 위안화는 이미 앙골라·나이지리아·탄자니아·가나·케냐·남아프리카공화국 등 국가 중앙은행의 외환보유고의 구성부분이 되었다. 중국의 국제적 지위가 꾸준히 올라감에 따라 국제통화로서 위안화의 인기가 감수록 올라갈 것이다.

일자	주요 내용	설명
2014년 5월 4일	중앙은행이 '상하이황금거래소의 실립 찬성 관련 결제'를 발표했다.	중국인민은행이 '상하이황금거래소의 국제업무 영역 실립 찬성 관련 결제'를 인쇄 발표했다. 상하이황금거래소 실립 방안에 원칙적으로 찬성했다. 해외 고객은 상하이황금거래소 지정 결제은행에서 황금투자계제율·자금전용제율을 개설해 관련 규정에 따라 자금결제업무를 처리할 수 있게 되었다. 황금 국제판은 위안화로 가격을 제시하고 보증금도 역외위안화를 사용하게 되므로 위안화의 국제화에 도움이 된다.
2014년 5월 9일	중국은행이 룩셈부르크에서 '셍겐본드'를 성공적으로 발행했다.	중국은행이 룩셈부르크에서 '셍겐본드'를 성공적으로 발행했으며 기한은 3년이고 고정이율은 3.5%이다. 이는 룩셈부르크시장에서 발행된 첫 위안화 표시 채권이며 중국기업이 유럽대륙에서 발행한 첫 위안화 표시 채권이기도 하다.
2014년 5월 16일	다국적회사 본부 외환자금 집중 운영관리 우역구 내 최초 시범 운영을 정식 가동했다.	국가외환관리국의 '다국적회사 외환자금 집중 운영관리 규정(시행안)' 실행 관련 결정에 따라 5월 16일 다국적회사 본부 외환자금 우역구 내 최초 시범운영을 정식 가동했다. 상하이자유무역구 내 개정시스템 혁신·서류심사 간소화·주로 다국적회사 자금 응괄 관리·자본금 환결제에서 네거티브 리스트 관리 작용·통계 감측과 리스크 방지 통제 강화 등 5개 방면의 내용이 포함된다. 다국적회사 외환자금 집중 운영관리 시범운행은 위안화의 국제화와 자본계정의 개방에 유리하다. 이 정책 실행의 목적은 투자와 융자 환운무의 편리성을 모색하고 위안화 자본계정 태환경험을 쌓는 것이다. 동시에 다국적회사 자금 도외 경내와 해외 외환자금을 효과적으로 집중 관리해 그 이전의 국제위안화업무와 안전한 자금운무구 자금운영시스템을 공동 구축할 수 있어 중대한 의미가 있다.
2014년 5월 19일	건설은행이 프랑크푸르트에서 '괴테본드'를 성공적으로 발행했다.	중국건설은행 프랑크푸르트지점은 프랑크푸르트에서 '괴테본드'를 성공적으로 15억 위안 규모의 발행했다. 그 채권의 기한은 2년이고 이율은 3.38%이다. 그 채권의 발행으로 감독관리·발틈·청산실권 등 여러 차원에서 독일의 역외 위안업무 혁신을 추진했으며 프랑크푸르트의 위안화 청산중심을 건설하는 과정에 아주 중요한 한 획을 그은 것이다.

| 2014년 5월 22일 | '중국(상하이)자유무역시험구 독립정산업무실시세칙(시행안)' 과 '중국(상하이)자유무역시험구 독립정산업무 리스크 관리세칙(시행안)' 이 정식 발표되었다. | 중국인민은행 상하이본부는 '중국(상하이)자유무역시험구 독립정산업무실시세칙(시행안)' 과 '중국(상하이)자유무역시험구 독립정산업무 리스크 관리세칙(시행안)' 을 정식 발표했다. '업무실시세칙' 은 시험구 독립정산업무의 전개 및 관련 요구에 지중해 상하이지역 금융기관 내부에 시험구 독립정산관리제도를 수립하는 것에 대한 구체적 요구 및 자유무역계정의 개설·계정자금의 사용과 관리 등 내용에 대해 상세하게 규정하고 있다. '신증관리세칙' 은 주로 거시적 신중관리와 리스크 방지 통제의 요구에 따라 시험구 독립정산업무관리에 대한 신중 합리성근거·업무 신중합리 평가 및 검수·리스크관리·자금의 이상유동에 대한 감속과 조기경보 및 각 항 리스크 관리조치 등에 대해 명확하게 규정하고 있다. |

이 두 세칙은 현재까지 자유무역시험구 금융개혁 중 가장 중요한 가치가 있는 정책세칙이다. 두 세칙의 실행은 '중국(상하이)자유무역시험구 건설에 대한 금융상 지원 관련 중국인민은행의 의견' 중 리스크관리계정시스템이 이론운 정책체계 혁신의 기본상 이루어져 시험구 내 우선 시행 자본계정태환 등 금융분야 개혁을 위한 수단과 매개를 제공하고 있음을 표징한다. 시험구 내 주체는 자유무역계정이라는 매개에 의거해 투자와 융자 환업무 등 혁신 업무를 적극 전개할 수 있다. 여러 관련당국은 이 매개에 수단을 이용해 '한 항목이 성숙되면 그 한 항목을 추진하는' 총체적인 원칙에 따라 실행방법을 별도로 제정해 시험구 내에서 개인국제투자·자본시장개방·국제 융자 관리화 등 개혁 시행업무를 적극적이고 안정적으로 추진할 수 있으며 시험구의 경영환경을 더 최적화해 실물경제의 금융서비스수요를 더 잘 만족시켜 시험구가 더 높은 차원에서 국제경제에 참여할 수 있도록 추진한다. 유인화의 자유태환이 앞으로 한 걸음 더 나아간다. 이것이 시험구 내 기업에는 큰 선물꾸러미'와도 같아 기업이 해외에서 실현한 자원가 자금 융자를 경내대출을 상환하는데 쓸 수 있어 경내대출을 매폭 낮출 수 있음을 의미한다.

날짜			
2014년 5월 30일	중앙은행이 최초로 양자 간 본위화폐 스와프협정에 의거해 외국 통화를 사용했다.	중국인민은행은 중국-한국 본위화폐 스와프협정에 의거해 한화 4억 원(위안화로 환산하면 약 240만 위안)의 자금을 이용해 기업이 무역 융자를 지원했다. 이는 중앙은행이 최초로 양자 간 본위화폐 스와프협정에 의거해 상대국 통화를 이용한 것이다.	이번 중국-중국인민은행이 최초로 한화 자금을 이용함으로써 양자 간 본위화폐 스와프협정에 따른 합작수준을 한층 더 높였으며 이정표적 의미를 띤다. 이 조치가 한국의 각도에서 보면 한화를 이용한 무역결제를 추진했고, 중국의 각도에서 보면 위안화 국제화를 추진하는 데 기타 통화결제 보조수단으로 적용하는 주요 조치는 양자 무역 금융관계의 발전을 추진하고 주요 결제통화에 대한 의존도를 낮추며 양자 본위화폐 결제기능을 발휘하는 데 이롭다.
2014년 6월 3일	상하이청산소가 위안화에 대한 집중 청산을 마무리했다.	상하이청산소가 공고를 발표해 5개 기관의 위안화 금리스와프 집중청산업무를 전개하는 것으로, 35개 기관이 일반 회원으로 되어있다고 발표했다. 이 5개의 위안화 금리스와프 집중청산업무 종합청산회원에는 공상은행·교통은행·중신(中信)은행·상하이푸둥(浦東)발전은행·흥업(興業)은행 5개 은행이 포함된다. 35개 일반 회원에는 국가개발은행·수출입은행·농업은행 등 17개 사업은행과, 중국국제금융주식유한회사 등 7개 증권회사, 및 HSBC(중국) 등 9개의 외자 기관이 포함된다.	위안화 금리스와프 집중청산대리업무를 전개하는 것은 상하이청산소가 2014년 7월 1일부터 금융기관 간 새로 달성한 위안화 금리스와프거래 관련 업무 처리에서 마땅히 체결해 집중청산에 한다는 중국인민은행의 요구를 이행하기 위한 구체적인 조치로서 본 전개하게 될 위안화 금리스와프 집중청산대리업무를 위한 기반을 마련했다.
2014년 6월 11일	중국인민은행이 " '대외무역의 안정적인 성장을 지원하는 것 관련 국무원 판공청의 몇 가지 의견' 을 관철 이행하는 데 대한 지도 의견" 을 발표했다.	중국인민은행이 " '대외무역의 안정적인 성장을 지원하는 것 관련 국무원 판공청의 몇 가지 의견' 을 관철 이행하는 데 대한 지도 의견" (은발[2014]168호)을 발표했다. 은행의 금융기관은 개인이 전개하는 화물무역·서비스무역의 중 국제위안화업무를 위한 결제서비스를 제공할 수 있다.	국제위안화결제절차를 간소화하는데 도움이 되고 국제무역의 자금 결제은행업무·개인 국제무역 위안화 업무·국제전자상거래 위안화 업무를 전개해 개인 대외무역과의 국제위안화업무 가입이 '해외진출(走出去)' 발전을 추진한다.

543

| 2014년 6월 17일 | 농아은행·중국은행이 런민증권거래소와 국제 위안화협력 양해각서를 체결했다. | 중국농업은행과 중국은행이 각각 런민증권거래소그룹과 국제 위안화 전략적 협력 양해각서를 체결했다. | 중-영 양국의 이 조치의 목적은 국제위안화상품 혁신과 협력을 강화하고 양국간 업무와 인력 교류를 증진하며 런민 역외 위안화시장의 발전을 추진함으로써 위안화와 중국 기업의 유럽 진출을 위해 더 양호한 서비스를 제공하려는 데 있다. 이 조치는 위안화의 국제화 발전과 런민보로 추진하고 런민의 역외 위안화중심 건설에 조력하며 중국기업이 영국 및 유럽시장에 상장하고 채권을 발행하며 금융 파생상품을 거래하는데 편리를 제공할 것이다. |
| 2014년 6월 17일 | 중국은행이 건설은행을 런민 위안화업무 청산은행에 위임했다. | 중국인민은행은 중국건설은행(런민)유한회사를 런민 위안화업무 청산은행에 위임할 것을 결정했다. | 이는 중국 중앙은행이 최초로 아시아 밖의 국가(지역)에서 위안화청산은행을 선정한 것으로서 중-영 양국 간 경제무역협력과 교류를 추진하고 런민의 역외위안화중심 건설을 추진하는 데 중대한 의미가 있다. 런민 위안화 청산체제의 구축은 중-영 양국 기업과 금융기관이 위안화를 사용해 국제거래를 진행하는 데 이롭고 무역·투자 자유화와 편리화 진입보로 추진할 수 있을 것이라고 중앙은행이 밝혔다. |

2014년 6월 18일	상하이 시 제1건 금융기관이 자유무역계정업무를 가동했다.	중국인민은행 상하이분부가 자유무역계정업무 가동식을 개최했다. 7개 은행과 관련 기업이 자유무역계정 개설협의를 체결했다. 5개 은행이 자유무역계정 개설 기능을 실현했으며 중국인민은행 상하이시 지원이 첫 자유무역계정을 개설해 자유무역계정업무가 정식 탄생했음을 알렸다.	자유무역계정의 개설은 중국인민은행의 '중국(상하이)자유무역시험구 건설을 금융적으로 지원하는 것에 대한 의견' 의 핵심 내용이며 투자와 융자 환자무의 편리를 모색하고 금융시장의 개방을 확대하며 금융리스크를 방지하기 위한 중요한 제도적 배치이다.
2014년 6월 18일	중앙은행이 중국은행 프랑크푸르트 지점을 프랑크푸르트 위안화업무청산은행에 위임했다.	중국인민은행이 중국은행 프랑크푸르트 지점을 위안화업무청산은행에 위임했다. 중국은 독일에 800억 위안 규모의 위안화 해외 적격기관투자자(RQFII) 한도에 제공했다.	프랑크푸르트 위안화 청산 체제의 구축은 중독 양국 기업과 금융기관 간의 위안화를 이용한 국제거래를 진행하는 데 이로우며 무역과 투자 편리화를 진일보로 추진할 수 있다.
2014년 6월 19일	위안화와 영국 파운드화의 은행간 외환시장 직거래를 실현했다.	중국인민은행으로부터 권한을 부여 받은 중국외환거래센터가 은행간 외환시장에서 위안화 대 영국 파운드화 간 직거래를 전개한다고 선포했다.	이는 중·영 양국이 양자 경제무역관계의 진일보의 발전을 공동 추진하기 위한 중요한 조치이다. 위안화 대 영국 파운드화의 직접 환율의 형성에 유리하고 경제주체의 환업무비용을 낮춰 위안화와 파운드화의 양자 무역과 투자 중 사용을 추진하며 양국 간 금융협력을 강화하는 데 이로워 중·영 간 구조의 발전하는 경제금융관계를 지원할 수 있다.

2014년 6월28일	중국은 프랑스·룩셈부르크와 위안화 청산체제를 구축했다.	중국인민은행은 프랑스은행·룩셈부르크 중앙은행과 각각 파리와 룩셈부르크에서 위안화청산체제 구축 관련 협력 양해각서를 체결했다.	위안화청산체제의 구축은 중·프, 중·룩 기업과 금융기관이 위안화를 이용해 국제거래를 진행하는데 이로우며 무역과 투자의 편리화를 한층 더 추진할 수 있다.
2014년 7월 3일	중·한 양국 중앙은행이 서울에서 위안화청산체제 구축 양해각서를 체결하고 중앙은행이 교통은행 서울지점에 위안화업무청산은행 권한을 부여했으며 한국은 800억 위안 규모의 RQFII 한도액을 획득했다.	중국인민은행과 한국은행은 서울에 위안화청산체제 구축 관련 양해각서를 체결했다. 중국인민은행은 교통은행 서울지점을 서울 위안화업무청산은행으로 임명했으며 중국은 한국에 800억 위안 규모의 위안화 적격 해외 기관투자자(RQFII) 한도액을 제공했다.	서울 위안화청산체제의 구축은 위안화 역외중심의 동북아 배치가 가동되었음을 의미하며 중-한 양국 경제무역 서로에 이룸고 이익을 공유하도록 추진하며 나아가서 동북아지역 각국의 경제무역발전을 추진하고 있고 외의 위안화중심 건설을 추진하는 데 모두 중대한 의미가 있다. 한국 금융기관은 교통은행 서울지점에 개설한 계정을 통해 위안화청산결제업무를 직접 처리할 수 있어 위안화의 한국 내 나아가서 전반 동북아지역 내 사용 효율을 무척하게 높일 수 있으며 위안화자금의 해외 운용경로를 효과적으로 넓힐 수 있다.

2014년 7월 7일	독일이 800억 위안 규모의 RQFII 한도액을 획득했다.	메르켈 독일 총리의 중국 방문 기간에 리커창 총리가 독일에 800억 위안 규모의 위안화 적격 해외 기관투자자(RQFII)한도액을 제공한다고 선포했다.	양자 통화의 직거래를 전개하는데 도움이 되며 프랑크푸르트의 위안화 역외시장-중심 지위를 공고히 했다.
2014년 7월 15일	브릭스국가개발은행이 설립되었으며 본부를 상하이에 설치했다.	중국·브라질·러시아·인도·남아프리카공화국 5개 브릭스국가가 브라질의 포르탈레자에서 협의를 체결하고 브릭스국가개발은행을 창설했으며 브릭스국가 비상준비금제도를 설립했다. 브릭스국가의 비상준비금도 설립은 이정표적인 의미가 있다. 브릭스국가가 세계경제관리에 건설적으로 참여할 수 있는 합작 플랫폼을 제공했으며 국제경제사무에서 브릭스국가의 영향력과 발언권을 높여주었다. 브릭스국가개발은행은 보충구년을 형성했으며 또 위안화의 세계화과정을 추진하는 데 도움이 되게 했다.	브릭스은행 운영과정에서 중국은 위안화로 기타 브릭스국가 혹은 신흥시장경제체에 대출을 제공할 수 있다. 한편 위안화는 인프라 건설 프로젝트의 융자 통화로서의 역할이 아주 크다. 개발도상 경제체의 인프라 건설을 지원하는 것이 주요 업무 중의 하나인 브릭스은행은 자연스레 위안화의 국제화를 유연하게 추진할 수 있는 정로가 될 수 있다.
2014년 7월 18일	중앙은행이 아르헨티나 중앙은행과 양자 간 본위화폐 스와프협정을 체결했다.	중국인민은행이 아르헨티나 중앙은행과 700억 위안/900억 아르헨티나 페소 규모의 중-아 양자 본위화폐 스와프협정을 체결했다.	위안화의 국제결제를 위한 자금 기반을 제공했으며 위안화의 국제화 추진에 도움이 되었다.

일자			
2014년 7월21일	중앙은행이 스위스국가은행과 양자 간 본위화폐 스와프협정을 체결했다.	중국인민은행이 스위스국가은행과 1 500억 위안/210억 스위스프랑 규모의 중-스 양자 간 본위화폐 스와프협정을 체결했다.	양자 간 경제무역교류를 위한 유동성 지원에 이로우며 금융시장의 안정을 수호할 수 있다.
2014년 8월7일	중-한 양국 은행이 위안화 가격표시 채권한매거래협정을 체결했다.	중국공상은행 서울지점과 한국 스탠다드 차타드은행이 7월 위안화 가격표시 채권한매거래(RP)협정을 체결했다. 이는 한국 경내 은행이 최초로 중국자본은행과 위안화 가격표시 채권 한매거래협정을 체결한 것이다.	한화 표시 채권을 대상으로 채권거래를 진행함으로써 한화 위안화 직거래시장의 유동성을 추진하는데 이로우며 중국자본은행이 한화표시채권에 대한 수요를 확대할 수 있다. 위안화 조달 가도에서 보면 양자의 이번 협정에 따라 자금조달비용을 낮추는 효과를 볼 수 있고 위안화 운용 가도에서 보면 운용자금수단의 다원화를 실현할 수 있다.
2014년 8월21일	중-몽 양국 중앙은행이 양자 간 본위화폐 스와프협정을 체결했다.	중국인민은행과 몽골 중앙은행이 150억 위안/4조 5 000억 몽골 투그릭 규모의 중-몽 양자 간 본위화폐 스와프협정을 체결했다.	중-몽 양국 간 본위화폐 스와프 규모를 늘려 본위화폐를 이용한 무역결제를 지원해 양자 무역왕래의 편리를 확보할 수 있다. 본위화폐 스와프 규모의 확대는 위안화의 국제화 실현에 이로우며 본위화폐 스와프 규모의 확대나 직접적인 위안화 스와프 규모는 모두 몽골국에 직접적인 매출 왕래나 모두 몽골국에 직접적인 경제적 수혜를 가져다 준다.

날짜			
2014년 8월 25일	스리랑카 중앙은행이 중국 은행간 채권시장 진출을 허용 받았다.	중국인민은행과 스리랑카 중앙은행이 '중국인민은행과 스리랑카 중앙은행의 중국 은행간 채권시장 투자를 대리하는 대리투자협정'을 체결했다.	협정 체결은 양국 금융협력을 확대하는데 이로울 것이다. 중국 은행간 채권시장에 진출할 수 있는 기회를 제공으로써 스리랑카 중앙은행은 외환 보유고로 중국 채권을 구매할 수 있게 되었다.
2014년 9월 1일	한국 상업은행이 중국자본 은행과 위안화대출 승낙을 체결했다.	한국 KB국민은행과 한국 위안화업무청산은행—교통은행이 위안화대출 승낙을 체결했다. KB국민은행은 이 협정에 따라 1년 내에 수시로 6억 위안의 대출을 제공받을 수 있게 되었다. 그밖에 하나은행도 같은 날 중국공상은행 서울지점과 5 000만 달러 가치의 위안화 대출 승낙을 체결했다.	이번 한국 상업은행과 중국자본 은행간 위안화 대출 승낙 체결로 위안화 외환 출처의 다원화를 실현했고 금융상품 투자와 관련 서비스 확대에 좋이며 한국 외환당국의 위안화 유동성에 대한 감독관리에 대처함할 수 있게 되었다.
2014년 9월 4일	농업은행이 두바이에서 최초의 위안화 표시 채권 '에미레이트 본드' 발행에 성공했다.	농업은행이 세계 중기어음계획을 통해 두바이에서 10억 위안 규모의 '에미레이트 본드' 이 발행에 성공함으로써 중동지역에서 첫 번째로 위안화 표시 채권을 발행한 중국자본기관이 되었다.	농업은행의 이번 위안화 '에미레이트 본드' 무디스(Moody's)등급평가A1에 대한 중동 등 국제투자자들의 응모 규모가 정량을 초과했다. 어느 국제 투자자가 농업은행 국제금융브랜드를 크게 인정하고 있음을 반영하며 또 위안화채권시장의 개채에도 한 번 성공했음을 의미한다. 두바이에서 위안화 표시 채권의 발행은 중동지역 위안화업무의 발전을 추진함에 있어서 중요성이 의미가 있다.

2014년 9월 4일	'후강퉁' 4차 협의가 상하이증권거래소에서 체결되었다.	'후강퉁' 4차 협의가 상하이증권거래소에서 체결되었다. · 상하이증권거래소·홍콩증권등록결제유한책임회사·홍콩중앙결제유한책임회사가 후강퉁 업무에서 4차 협력을 진행하는 기반 문서로서 4차의 권리와 의무를 명확히 했으며 내용에는 후강퉁 주요 기본업무체결이 포함되어있다.	협의의 체결은 '후강퉁' 항목이 본격적인 빠른 발전단계에 들어서있음을 반영하며 그 의미는 주식시장에만 제한되지 않았으며 국제사용에 대해서도 관건적인 배치이다. '후강퉁'의 실현은 위안화 국제화 추진차원이 진일보로 심화됨으로써 자본거래의 위안화 태환 가능 정도를 진일보로 강화시켰다.
2014년 9월 5일	중국은행·건설은행이 대만에서 20억 위안 규모의 '포모사본드'를 각각 발행했다.	중국은행·건설은행이 대만에서 20억 위안 규모의 '포모사본드'를 각각 발행했다. 그중 중국은행의 채권으로 그 은행 타이베이지점이 발행한 첫 위안화채권이다.	이번 중국은행 타이베이지점의 '포모사채권' 발행은 대만 현지 투자자의 적극적인 호응을 얻었으며 대만지역시장의 위안화업무에 대한 높은 관심과 중국은행 브랜드에 대한 인정을 반영한다.
2014년 9월 5일	중앙은행이 중국은행을 파리 위안화업무청산은행에 위임했다.	중국인민은행이 중국은행 파리지점을 파리 위안화업무청산은행에 위임했다.	파리 위안화청산체제의 구축은 ㅁㅁ 기업과 금융기관이 위안화를 이용해 국제거래를 진행하는데 이로우며 양국 무역 ㅁ 투자협력의 자유화와 편리화를 진일보로 추진할 수 있다.

날짜		
2014년 9월 5일	중국은행이 공상은행을 룩셈부르크 위안화업무청산은행에 위임했다.	중국인민은행이 중국공상은행 룩셈부르크지점을 룩셈부르크 위안화업무청산은행에 위임했다.	룩셈부르크 위안화청산체제의 구축은 중-룩 기업과 기관이 위안화를 이용해 국제거래를 진행하는데 이로우며 양국 무역·투자협력의 자유화와 편리화를 진일보로 추진할 수 있다.
2014년 9월 15일	국가개발은행이 런던에서 위안화표시채권을 발행했다.	국가개발은행이 런던에서 20억 위안 규모의 위안화표시채권을 발행하는 데 성공했다.	이는 런던시장에 상륙한 최초의 중국 예비주권 위안화표시채권으로서 위안화 역외시장의 발전을 추진하는데 적극적인 의미가 있으며 중-영 금융협력을 한층 더 추진한 중요한 성과이고 역외 위안화시장 발전의 또 하나의 이정표이다.
2014년 9월 15일	중국은행이 파리에서 위안화 '개선문본드'를 성공적으로 발행했다.	중국은행 파리지점이 가 유로넥스트(Euronext)에서 상장에 성공해 최초로 유럽 메인 보드에 상장한 중국자본기관 위안화채권이 되었다.	'개선문본드'의 발행은 위안화 국제화발전을 진일보로 추진할 것이며 파리의 역외 위안화중심 건설에 도움이 된다. 또한 중국기업이 유럽에 진출해 투자와 융자 경로를 넓히고 대중 상품 거래를 진행하는데 편리를 제공하게 된다.

2014년 9월 16일	공상은행이 싱가포르에서 위안화 '라이언시티본드' 를 성공적으로 발행했다.	중국공상은행 싱가포르지점이 40억 위안 규모의 역외 위안화 표시 채권을 성공적으로 발행해 발행 금액이 '라이언시티본드' 역사상 단일 채권 발행기록을 창조했다.	이번 채권의 발행은 싱가포르 역외 위안화중심 지위가 점차 공고해지고 있음을 보여주있으며 또 위안화 국제화과정이 꾸준히 가속화되고 있음을 보여주있다. 이번 채권 발행은 싱가포르와 중국 대만시장에서 동시 상장을 시도한 것으로서 두 곳 자금의 유동을 추진하고 투자자의 선택을 늘리며 각기 다른 역외 위안화중심 사이의 협력을 강화하는데 도움이 된다.
2014년 9월16일	중국과 스리랑카 양국 중앙은행이 양자 간 본위화폐 스와프협정을 체결했다.	중국인민은행과 스리랑카 중앙은행이 100억 위안/ 2 250억 스리랑카 루피 규모의 중-스 양자 간 본위화폐 스와프협정을 체결했다.	이번 협정의 체결로 양자 무역과 투자를 추진하게 되며 양국 중앙은행 간 금융협력을 강화하게 된다.
2014년 9월18일	상하이황금거래소 국제판이 상하이자유무역구에서 정식 가동되었다.	상하이황금거래소 국제판이 상하이자유무역구에서 정식 가동되었다. 중국은행이 먼저 실물 금 입고 등 준비작업을 중의 하나로서 제일 먼저 실물 금 입고 등 준비작업을 완성했고 당일 개장 즉시 황금 국제판 첫 거래를 성사시켰다.	위안화 가격표시 대종상품시장 발전의 첫 걸음을 내디었다. 황금 국제판은 위안화표 가격표시와 결제를 진행하는 동시에 경내외 해외 투자자를 상대로 국내외 시장을 연결시켜 상하이의 세계황금시장 지위를 높이는데 도움이 되었다. 개방으로 개혁과 발전을 추진하는 유익한 시도이며 국내시장의 위안화 국제화 추진 역할을 발휘하기 위한 새로운 경로를 개척했다.

2014년 9월22일	말레이시아에서 위안화 '골드타이거본드(金虎債)'를 발행했다.	말레이시아 재담보기관인 Cagamas Berhad가 15억 위안 규모의 역외 위안화표시채권을 성공적으로 발행했다.	이는 말레이시아 발행인이 발행한 최초의 역외 위안화표시채권이며 또 현재까지 동남아지역에서 단일 최대 금액의 위안화채권이기도 하다.
2014년 9월 28일	중앙은행이 '해외기구의 경내 위안화 표시 채권 발행 용자수단 관련 사항에 대한 통지'를 발표했다.	중국인민은행 판공청이 '해외기구의 경내 위안화 표시 채권 발행 용자수단의 국제위안화경제 관련 사항에 대한 통지'[으판방(銀辦發)[2014]221호]를 발표했다.	중국 채권시장에 해외 비금융기업의 경내 용자 통로가 공식 구축되었음을 상징하며 이는 은행간 시장의 발전과정에서 중요한 이미가 있다. 해외 비금융기업이 경내에서 위안화채권을 발행하는 것은 금융혁신과 중국 채권시장의 진일보 대외 개방의 추진에 이로우며, 또 위안화 국제사용을 확대하고 자본수지균형의 양방향 개방과 중국 국제수지균형을 추진하며 위안화 자본의 태환 가능 정도를 증강하는데 이로우며, 실물경제를 위한 금융서비스와 경제구조조정·경제성장방식전환 및 업그레이드를 진일보로 추진하는데 도움이 된다.

2014년 9월 29일	위안화 유로화의 은행간 외환시장 직거래를 실현했다. 중국인민은행의 위임을 받은 중국외환거래센터가 은행간 외환시장에서 위안화 대 유로화 거래방식을 보완해 위안화와 유로화 간 직거래를 실현시켰다. 이는 달러화·엔화·오스트레일리아달러화·뉴질랜드달러화·영국파운드화에 이어 여섯 번째로 위안화와 직거래를 실현한 세계 주요 통화이다.	위안화와 유로화 간 직거래를 실현함으로써 중국과 유로화권 회원국 간의 양자 무역과 투자를 추진하고 무역과 투자결제 중에서 위안화와 유로화 사용의 편리화에 도움이 될 수 있으며 경제 주체의 환비용 절감 수요도 만족시킬 수 있다.
2014년 10월 9일	영국정부가 위안화주권채권 발행절차를 가동했다. 영국 재정부가 공고를 발표해 첫 위안화주권채권의 발행절차를 정식 가동한다고 발표하고 중국은행 HSBC은행과 스탠다드 차타드은행을 이번 발행의 주인수업자로 위임했다.	영국정부는 위안화주권채권을 발행함으로써 첫째는 런던 역외위안화시장의 발전을 효과적으로 추진해 유럽 여타 역외위안화시장과의 경쟁 속에서 줄곧 선두적 지위를 유지할 수 있게 되었으며, 둘째는 이번 채권의 발행으로 역외 위안화채권시장에 수익률기준이 생기게 되었는데 이는 영국의 채권 가격책정부분에서 선두를 달리고 있음을 의미한다.
2014년 10월 10일	공상은행 서울지점이 한국에서 위안화 신용매출 자산 양도업무를 최초 취급했다. 중국공상은행 서울지점이 위안화 신용매출자산 양도업무를 최초 취급해 그 금액이 최초로 보유한 4억 위안 위안화매출을 한국 신한은행에 양도했다.	이는 한국시장에서 두 금융기관 간 위안화신용매출자산 양도를 최초로 실현한 것으로서 한국 역외 위안화시장에 새로운 업무품종이 늘어났음을 의미하는 한편 전통적인 위안화신용매출자산의 유동성을 개선하는데도 도움이 된다.

2014년 10월 11일	중-한 양국 중앙은행이 양자 간 본위화폐 스와프협정을 체결했다.	중국인민은행과 한국 중앙은행이 3 600억 위안/64조원(한화) 규모의 양자 간 본위화폐 스와프협정을 체결했다. 협정 유효기는 3년이고 양국이 찬성하면 연장할 수 있다.	양국 간 통화 스와프협정 체제결은 양자 간 금융협력을 강화하고 양국 무역과 투자를 추진하며 지역 금융안정을 수호하는 데 도움이 된다.
2014년 10월 13일	중-러 양국 중앙은행이 양자 간 본위화폐 스와프협정을 체결했다.	중국인민은행과 러시아 중앙은행이 1 500억 위안/8 150억 루블 규모의 양자 간 본위화폐 통화협정을 체결했다. 유효기는 3년이며 양국이 찬성하면 연장할 수 있다.	양국 간 본위화폐 스와프협정의 체결은 양자 간 무역 및 직접투자의 편리화를 실현하고 무역 중 자국 화폐의 사용기회를 확대하며 양국 경제발전을 추진할 수 있다. 이 협정은 국제금융안정을 확보하는 별도의 수단이 될 수 있으며 긴급상황에서 유동성 자금을 유지할 수 있는 기회를 마련할 수 있다.
2014년 10월 14일	영국 재정부가 최초 위안화주권채권을 발행했다.	영국 재정부가 30억 위안 규모의 최초 위안화주권채권을 성공적으로 발행했으며 재발행할수없음 영국 외환보유고에 포함시켰다. 위안화가 달러화·유로화·엔화·캐나다달러화에 이어 다섯 번째 영국 외환보유고로 되었으며 위안화의 국제화의 '새로운 이정표'를 창조했다.	영국이 제일 먼저 국제사회에서 위안화주권채권을 발행함으로써 위안화국제거래시장을 풍부히 하고 위안화 역외시장 특히 수익률의 국제지위를 추진하며 위안화구성의 건설을 높이는 데 도움이 되었다. 또 이번에 위안화채권 발행수입을 영국 준비통화에 포함시켜 선택한 것은 중국의 미래와 위안화 국제화 전망에 대해 영국이 인정했음을 의미한다.

2014년 10월 14일	아시아인프라투자은행을 창설했다.	중국·인도·싱가포르 등 국가를 포함해 21개 최초 창설의향 회원국 재무장관과 위임 대표가 베이징인민대회당에서 '아시아인프라투자은행 설립에 관한 정부간 양해각서'에 서명했다. 이는 중국의 창도로 설립된 이 아시아지역 새로운 다자개발기구 준비작업이 단계에 들어섰음을 의미한다.	아투행이 창설은 위안화의 국제화를 추진하게 된다. 아시아 각국의 인프라 관련 제품과 서비스 수출 과정에 대체적인 위안화결제 수요가 존재한다. 아투행의 창설은 그 수요를 효과적으로 만족시킬 수 있으며 동시에 주변 국가에서 위안화의 영향력을 높이는데도 도움이 된다.
2014년 10월 14일	공상은행이 한국에서 위안화 '김치본드'를 발행했다.	공상은행 서울지점이 한국에서 1억 8,000만 위안 규모의 2년 단기 위안화 '김치본드'를 발행했다. 이는 최초로 중국국자본기구가 한국거래소에 등록해 위안화표시채권을 발행한 것이다.	한국의 역외위안화중심 건설에서 중요한 한 걸음을 내디뎠음을 상징하며 위안화 국제거래에도 더욱 활발해질 것으로 보인다. 또한 한국 현지 투자자들에게 새로운 투자루트를 제공했다.
2014년 10월 17일	위안화 국제결제시스템 CIPS 시스템을 상하이에 정식 설립하였다.	상하이 시 정부와 중국인민은행이 베이징에서 '상하이 금융시장 인프라 건설을 가속화하는 것에 대한 실무 협력 양해각서' (이하 '양해각서' 로 약칭) 체결식을 가졌다. '양해각서'에 따라 중앙은행은 상하이 금융시장의 인프라 건설을 적극 지원하며 위안화 국제지급청산을 주요 기능으로 하는 위안화 국제결제시스템(China International Payment System, CIPS)을 상하이에 구축했으며 빠른 시일 내에 정식 업무 가동을 추진한다.	이 시스템은 경내와 해외 각점 참여자들을 연결시켜 위안화 무역류·투자류 등 국제결제업무를 취급하게 된다. 또한 주요 국제결제 시간대(아시아·아프리카·유럽·미주의 위안화결제 수요를 아우를 수 있어 업무처리시간을 과거의 8시간에서 17시간으로 늘릴 수 있게 된다.

2014년 10월 20일	싱가포르거래소에서 위안화 선물계약거래를 출시했다.	싱가포르거래소에서 위안화 선물계약거래를 출시했다. 그중에 달러화/역외 위안화 선물과 위안화 미 달러화 선물계약이 포함되며 그 규모는 각각 10만 달러와 50만 위안이다.	싱가포르거래소에서 위안화 역외 위안화 선물을 출시함으로써 세계 위안화 업무종류를 한층 더 풍부히 해 세계 위안화 보유자들이 더 양호한 리스크관리를 진행할 수 있게 했으며 위안화의 국제사용을 더 활발하게 했으며 역외 위안화 중심과 외환거래중심으로서의 싱가포르의 경쟁력을 증강시켰다.
2014년 10월 28일	위안화와 싱가포르달러화의 은행간 외환시장 직거래를 실현했다.	중국인민은행의 위임을 받은 중국외환거래센터가 10월 28일부터 은행간 외환시장에서 위안화와 싱가포르달러화 간 직거래를 전개한다고 선포했다.	위안화와 싱가포르달러화 간 직거래를 전개하면 위안화와 싱가포르달러화의 직접환율을 형성해 경제주체의 환비용을 낮추어 양자 간 무역과 투자 과정에서 위안화와 싱가포르달러화 사용을 추진하는데 이로우며 양국 간 금융협력을 강화해 중-싱 양국 간 구조의 발전하는 경제금융관계에 대한 지원에도 이롭다.

2014년 10월 28일	홍콩과 프랑스가 두 지역 역외 위안화업무의 공동 발전 관련 협력 양해각서를 체결했다.	홍콩금융관리국과 프랑스 중앙은행이 프랑스의 수도 파리에서 두 지역 역외 위안화업무 공동 발전 관련 협력 양해각서를 체결했다. 양자는 홍콩과 파리의 금융기관 및 기타 기업 간의 교류와 투자거래 · 위안화자금의 유동성 지역 위안화무역과 투자거래, 위안화상품과 서비스 및 위안화 거래 인프라 건설에 대한 지원을 추진하고 시장 배치 및 인프라 건설에 대한 지원을 추진하고 발전시킨다.	이는 홍콩과 파리의 위안화업무의 교류와 연계를 밀접히 해 두 지역의 위안화 거래 활동을 확대하는 네 도움이 되며 금융기관과 기업이 위안화의 국제화가 가져다준 중대한 기회를 더 좋은 지역 이용할 수 있도록 한다. 한편 두 지역 위안화 청산과 금융서비스의 범위와 심도를 더 확대해 중국 내지 · 홍콩과 파리 사이의 무역과 투자거래를 더욱 심도를 더 확대해 중국 내지 · 홍콩과 파리 사이의 무역과 투자거래를 더욱 추진하게 된다.
2014년 11월 1일	중앙은행이 '다국적기업그룹의 국제 위안화자금 집중운영업무 전개 관련 사항에 대한 통지' 를 발표했다.	중국인민은행이 '다국적기업그룹의 국제 위안화자금 집중운영업무 전개 관련 사항에 대한 통지'[2014]324호를 발표했다. (은행(銀發)[2014]324호를 발표했다.	다국적기업이 국제 양방향 위안화자금 캐시풀링 업무와 경상항목 아래 국제위안화집중 수불업무를 전개하는데 도움이 된다.

2014년 11월 2일	위안화 통화 스와프협정이 파키스탄을 도와 경제위기를 피면했다.	파키스탄 국가은행 Yaseen Anwar 전 은행장은 파키스탄이 외환보유고 부족과 통화의 평가절하 상황에서 중-파 양자 간 본위화폐 스와프협정이 자본시장의 충격을 효과적으로 막아주어 파키스탄이 경제위기를 피면할 수 있다고 밝혔다.	중-파 양자 간 본위화폐 스와프협정이 파키스탄에서의 두드러진 역할에 맞춰 위안화의 국제화가 무역결제분야에서 더 깊은 차원의 준비통화지위로 발전하기 시작했다. 파키스탄 외환보유고가 부족하고 환율이 중성을 받았으며 통화가 평가절하되고 국가수지가 균형을 잃은 상황에서 위안화를 다른 때문 가능 통화로 간주해 자본시장의 충격에 대응하고 환율위기를 피면하는 방면에서 중대한 의미를 불어넣었으며 또 국제통화체제의 발전에도 중대한 의미가 있다.
2014년 11월 3일	중국과 카타르 양국 중앙은행이 양자 간 본위화폐 스와프협정을 체결했다. 카타르가 300억 위안 규모의 RQFII 한도액을 획득하고 중앙은행이 공상은행을 도와 위안화업무청산은행에 위임했다.	중국인민은행과 카타르 중앙은행이 도하 위안화청산체제 구축 양해각서를 체결했다. 양자는 350억 위안/208억 리얄 규모의 중-카 양자 간 본위화폐 스와프협정을 체결했다. 중국은 카타르에 300억 위안 규모의 적격 해외기관투자자(RQFII)한도액을 제공한다고 선포했다. 중국인민은행이 중국공상은행 도하지점을 도하 위안화업무청산은행에 위임하기로 결정했다.	이는 내지 자본시장을 중동국가에게 최초 개방한 것이다. 이번 조치는 중-카 양국 금융협력이 새로운 한 걸음을 내디뎠음을 상징하며 양국 기업과 금융기관이 위안화를 이용해 국제거래를 진행하고 양자 무역·투자 편리화를 추진하며 지역 금융안정을 수호하는 데 이롭다.

2014년 11월 6일	중앙은행이 '위안화 역외 경내 투자 관련 통지'를 발표했다.	중국인민은행이 '위안화 역외 경내 기관투자자의 해외 증권 투자 관련 사항에 대한 통지' (은발[2014]331호)를 발표했다.	이는 위안화 '해외진출(走出去)' 과정에서 또 하나의 중요한 사건으로서 현재 위안화 자금의 쌍방향 유통경로를 넓히고 위안화 역외 경내 기관 투자자의 해외 증권투자활동에 편리하다.
2014년 11월 8일	중국-캐나다 양국 중앙은행이 양자 간 보위화폐 스와프협정과 캐나다 위안화청산체계 구축 양해각서를 체결했다. 캐나다에는 500억 위안 규모의 RQFII 한도액을 획득했으며 중앙은행은 공상은행을 토론토 위안화업무 청산은행으로 위임했다.	중국인민은행과 캐나다 중앙은행이 캐나다에 위안화청산체계를 구축하는 첫 관련 협의 양해각서를 체결했다. 양측은 2 000억 위안/300억 캐나다달러 규모의 중-캐 양자 간 보위화폐 스와프협정을 체결했다. 중국은 캐나다에 500억 위안 규모의 적격 해외기관투자자(RQFII) 한도액을 제공한다고 선포했다. 중국인민은행은 중국공상은행(캐나다)유한회사를 토론토 위안화업무청산은행에 위임하기로 결정했다.	캐나다는 북미주 최초의 위안화역외중심이다. 이번 협정과 양해각서의 체결은 중-캐 양국 금융협력이 새로운 한 걸음을 내디뎠음을 의미하며 중-캐 양국 기업과 금융기관이 위안화를 이용해 국제거래를 진행하는데 도움이 되며 양자 무역·투자편리화를 추진하고 지역 금융안정을 수호할 수 있다.

날짜		
2014년 11월 8일	실크로드기금이 설립되었다.	중국이 400억 달러를 출자해 실크로드기금을 설립해 주로 '일대일로' 연선 국가의 인프라·자원개발·산업과 금융협력 등 '후롄후퉁'과 관련된 프로젝트에 대한 투자와 융자 지원을 제공한다.	'일대일로' 인프라 건설을 가속하는데 도움이 되며 중국의 과잉 생산능력을 대대적으로 수출할 수 있고 위안화를 아시아·아프리카·라틴 아메리카 등 개발도상의 경제체에 투자함으로써 위안화의 국제화를 추진하고 중국 경제가 '3가지 과도기[三期叠加](중국성장속도의 전환기[换档期], 구조조정의 진통기[阵痛期], 과거부양정책의 소화기[消化期]가 겹침)' 단계에 들어서서 시련에 대처할 수 있다.
2014년 11월 10일	중국과 말레이시아 양국 중앙은행이 쿠알라룸푸르에서 위안화청산체계 구축 협력 양해각서를 체결했다.	중국인민은행과 말레이시아 국가은행이 쿠알라룸푸르에서 위안화청산체계 구축 협력 양해각서를 체결했다.	쿠알라룸푸르 위안화청산체계 구축은 중국-말 양국 기업과 금융기관이 위안화를 이용해 국제거래를 진행하는데 이로우며 무역과 투자편리화를 한층 더 추진할 수 있다.
2014년 11월 10일	중앙은행과 증감회가 공동으로 '상하이와 홍콩 주식시장 거래에 후롄후퉁' 체제 시행 관련 문제에 대한 통지'를 발표했다.	중국인민은행·중국증권감독관리위원회가 공동으로 '상하이와 홍콩 주식시장 거래에 후롄후퉁' 체제 시행 관련 문제에 대한 통지[은행(銀發)(2014)336호]를 발표했다.	상하이와 홍콩 주식시장 '후롄후퉁' 체제의 순조로운 시행을 보장하고 관련 자금 유동을 규범화시키는 데 도움이 된다.

2014년 11월 17일	중국과 오스트레일리아 양국 중앙은행이 오스트레일리아에 위안화청산체제구축 협력 양해각서를 체결했다. 오스트레일리아가 500억 위안 규모의 중국은행이 RQFII 한도액을 취득했으며 중국은행 시드니지점을 위안화청산은행에 위임했다.	중국인민은행과 오스트레일리아 준비은행이 오스트레일리아에 위안화청산체제구축 양해각서를 체결했다. 중국은 오스트레일리아에 500억 위안 규모의 위안화 적격 해외기관투자자(RQFII) 한도액을 제공한다고 선포했다. 중국인민은행 중국은행 시드니지점을 위안화청산업무청산은행에 위임기로 결정했다.	위안화 국제화가 또 앞으로 크게 한 걸음 내디뎠음을 상징한다. 일단 더욱 편리하게 위안화를 얻을 수 있게 된다면 오스트레일리아 기업은 결제과정에서 위안화를 더 많이 사용할 수도 있다. 위안화청산서비스는 중·오 양국 국제무역을 더욱 편리하게 할 뿐 아니라 국제무역을 진행하는 기업의 환율리스크를 낮추는데도 이롭다.
2014년 11월 17일	후강퉁이 정식 가동되었다.	후강퉁이 정식 가동되었다. 후강퉁에는 후구퉁과 강구퉁 두 개의 부분이 포함되며 일일 거래에 상한선은 각각 130억 위안과 105억 위안이다.	후강퉁의 실시로 내지와 홍콩의 금융시장을 효과적으로 제통합할 수 있어 중국 금융시장이 국제 영향력을 확대하고 상하이와 홍콩 국제금융중심의 경쟁력을 키울 수 있다. 동시에 후강퉁은 중국의 역외 위안화업무 증진지를 공고히 하고 위안화 국제화·자본항목개방 및 국제 감독관리 조정의 진일보 추진을 위한 중요한 역할을 발휘할 수 있다.
2014년 11월 19일	오스트레일리아 뉴사우스웨일스 주가 10억 위안 규모의 역외 위안화 채권을 발행했다.	오스트레일리아 뉴사우스웨일스 주 정부 재무처가 10억 위안 규모의 1년만기 역외 위안화채권을 발행했다.	이는 오스트레일리아 정부기관이 최초로 역외위안화채권을 발행한 것으로서 영국정부·캐나다 브리티시컬럼비아 주 정부에 이어 역외 위안화채권을 발행한 세 번째 선진국 국가 정부기관이 되었다.

2014년 11월 21일	중앙은행이 비대칭 금리인하조치를 실행한다고 선포했다.	중국인민은행이 비대칭 금리인하조치를 실행한다고 선포하고 이와 동시에 예금금리 변동구간 상한선을 기준금리의 1.2배로 조정했다. 이는 2012년 6월 예금금리 상한선을 1.1배로 확대한 뒤 중국 예금금리 시장화에 대해서 또 한 차례의 중요한 조치이다.	이는 앞으로 예대금 기준금리를 최종적으로 취소하기 위한 적극적인 시도로서 금융기관의 자주적 가격책정공간을 한 층 더 넓혔으며 시장화 가격책정 능력을 제고했다.
2014년 11월 22일	중앙은행과 홍콩금융관리국이 통화 스와프협정을 체결했다.	중국인민은행과 홍콩금융관리국이 4 000억 위안/5 050억 홍콩달러 규모의 통화 스와프협정을 체결했다.	양자 무역·투자 편리화를 추진하고 지역 금융안정을 수호하는데 도움이 될 수 있다.
2014년 11월 30일	'예금보험조례(의견수렴안)'를 발표했다.	국무원 법제판공실이 중국인민은행이 작성한 '예금보험조례(의견수렴안)'을 발표해 사회적으로 의견을 공개 수렴했으며 예금보험에서 한도액 상환을 실행기로 하고 최고 상환 한도액을 위안화 50만 위안으로 명확히 규정지었다.	예금보험조례의 제정을 가속화해 금리시장화의 신입보의 추진을 위한 튼튼한 토대를 마련하고 설립돌을 제거할 수 있다. 예금보험제도의 구축은 예금자의 이익을 보호하고 예금자의 신심을 안정시키며 금융시스템의 안정을 수호하는데 도움이 된다.
2014년 12월 1일	위안화와 한화의 은행간 외환시장 직거래를 실현했다.	서울외환시장에서 한화 대 위안화 직거래 업무를 가동했다. 한화는 싱가포르달러화에 이어 위안화와 직거래를 실현한 열 번째 통화가 되었다.	위안화와 한화시장의 발전에서 또 하나의 상징적 의미가 있는 사건으로서 중한 무역과 투자 중에서 위안화의 사용에 추진하는데 도움이 된다. 한화 대 위안화 직거래시장의 구축으로 인해 중한 기업의 외환태환비용을 낮출 수 있고 제3자 통화의 변동이 가져다주는 환율리스크를 피할 수 있다.

2014년 12월 4일	중국공상은행 룩셈부르크지점이 위안화청산서비스를 정식 가동했다.	중국공상은행 룩셈부르크지점이 위안화청산서비스를 정식 가동한다고 선포했다. 그 서비스는 룩셈부르크 · 유럽 및 세계 기타 지역의 상업은행이 공상은행 룩셈부르크지점에서의 계좌 개설을 통해 직접 위안화업무를 처리할 수 있게 되었다.	중국공상은행 룩셈부르크지점의 위안화청산서비스의 정식 가동으로 인해 전 세계 범위 내에서 위안화 환수금효율과 사용의 편리성이 두렷하게 제고될 수 있으며 위안화자금의 세계 운용성을 효과적으로 넓힐 수 있다.
2014년 12월 14일	중국-카자흐스탄 양국 중앙은행이 양자 간 위안화 스와프협정을 체결했다.	중국인민은행과 카자흐스탄 국가은행은 70여 위안/2000억 카자흐스탄 텡게 규모의 중-카 양자 간 본위화폐 스와프협정 체결을 결정했다. 협정 유효기는 3년이며 양국의 찬성을 가쳐 연장할 수 있다.	중-카 양국의 양자 간 본위화폐 스와프협정이 새롭게 체결된 후 중-카 본위화폐 결제가 국경무역에서 일반무역으로 확대되었다. 양국 경제협동주체는 자유태환 통화 · 가치호스탄 텡게를 이용해 상품과 서비스 결제와 지금을 진행하는 것을 스스로 결정지을 수 있다. 이러한 조치는 중-카 양국 통화와 금융협력을 심화하고 양자무역과 투자를 편리하게 하며 지역 금융안정을 수호하는데 이로우며 중-카 양국의 금융협력이 새로운 단계에 들어섰음을 상징한다.

날짜			
2014년 12월 15일	난사(南沙)금융특혁신 15조항 정책이 발표되었다.	'광둥 난사 신구 내 광둥·홍콩·마카오·대만 간 금융협력을 심화하고 금융개혁신을 탐구하는 것에 대한 중국인민은행·발전개혁위원회·재정부·상무부·홍콩 마카오 사무 판공실·대만 사무 판공실·은감회·증감회·보감회·외환국의 의견'(은발[2014]337호)을 정식 발표해 났다. 즉 난사신구가 정취·지역 위치·산업 우세를 충분히 발휘할 수 있도록 지원해 과학기술금융과 항운금융 등 특색 금융업을 적극 발전시키고 광둥·홍콩·마카오·대만 간 금융서비스협력을 추진하며 금융·종합서비스체계를 보완하고 위안화 자본항목 태환의 우선 시험에 대해 전례에 대해 탐구한다.	이 의견은 난사 금융발전에 대한 '광주 난사신구 발전계획'의 기능역할을 관철 이행했다. 특히 계획에서 제기된 난사와 자본항목 아래 태환의 우선 시행을 관철 이행했다. 국가가 특별히 난사신구를 위한 더 구체적이고 더 실행가능성이 있는 금융정책을 출범시켰으며 자유무역구 건설과 21세기 해상 실크로드 교두보 건설을 추진하기 위한 양호한 기반을 마련했다. 난사신구는 국가의 더 많은 금융 분야의 '우선 시행' 정책과 연결되어 해상실크로드 연선 국가와의 금융협력을 확대하고 심화할 수 있다.
2014년 12월 15일	중국외환거래센터가 위안화 대 카자흐스탄 텡게화의 은행간 지역거래를 출시했다.	중국인민은행이 비준을 거쳐 중국외환거래센터가 위안화 대 카자흐스탄 텡게화의 은행간 지역거래를 정식 출시했다.	중−가 양국의 통화금융협력을 심화하고 양자 무역과 투자에 편리를 제공하며 지역 금융인정을 수호하는데 이로우며 중−가 양국 금융협력이 새 단계에 들어섰음을 의미한다.
2014년 12월 17일	위안화가 뉴질랜드달러와 무역 가중치 지수에 정식 포함되어있다.	12월 17일부터 뉴질랜드달러화무역 가중치 지수 계산방법에 새로운 뉴질랜드달러화무역 가중치 지수 계산방법을 가동하며 기존 계산방법에 이용하던 5종의 통화를 17종으로 확대했다. 이 새로운 계산방법에서 위안화 비중은 20%가 넘어 2위를 차지했으며 달러화와의 비중 12.34%보다 크다.	뉴질랜드 중앙은행이 위안화를 무역 가중치 지수에 포함시킨 것은 위안화의 국제화가 한층 더 발전한 최신 사례이다. 국제무역 분야에서 꾸준히 커지고 있는 중국의 영향력에 힘입어 위안화도 점점 뉴질랜드로부터 중시를 받고 있다.

2014년 12월 17일	중국-네팔 양국이 '실크로드 경제벨트' 공동 건설 양해각서를 체결했다.	중국 상무부와 네팔 재정부가 "중화인민공화국 상무부와 네팔정부 재정부 간 중-네 경제무역연합위원회"를 아래서 '실크로드 경제벨트' 건설을 공동 추진하는 것에 대한 양해각서"를 체결했다. 양자는 '실크로드 경제벨트' 공동 건설·무역과 투자 협력·경제기술협력·인프라 건설·금융과 관광 분야 협력 등 의제를 둘러싸고 일련의 공동 인식을 달성했다.	이 조치는 '실크로드 경제벨트'의 건설을 가속화하는데 도움이 되며 위안화의 국제화를 추진하게 된다.
2014년 12월 18일	인난(雲南) 국경지역 국제위안화대출시행방안이 비준을 받았다.	중앙은행이 '윈난 성 국경지역 금융종합개혁시험구 국제위안화대출관리잠정방법'을 정식 비준했다. 이는 국제 위안화대출업무가 또 새로운 진전을 가져왔음을 의미한다. 현재 국제위안화 자금루트를 취급할 수 있는 지역이 이미 상하이자유무역구·첸하이(前海)·쑤저우(蘇州)와 쿤산(昆山)·인난·광시 등 여러 지역을 아우르기에 이르렀다.	이 조치는 위안화의 지역화를 표함한 국경지역 금융개혁의 새로운 시범은 죽 심화한 국경지역 금융개방이 새로운 시막을 열었음을 의미한다. 이는 상하이자무역시험구에 이어 중국의 비준한 두 번째 지역적 종합개혁시험구방안이다.
2014년 12월 22일	중앙은행과 태국은행이 위안화청산과 태국바트 협력 양해각서를 체결하고 양자 간 보어화폐 스와프협정을 체결했다.	중국인민은행과 태국은행이 위안화청산/태국바트 협력 양해각서를 체결하고 양자 간 보어화폐 스와프협정을 체결했다. 양자 간 보어화폐 스와프 규모는 700억 위안/3 700억 타이 밧이고 협정 유효기간은 3년이며 양자의 찬성하면 연장할 수 있다.	이는 중-태 양국 금융협력이 새로운 걸음을 내디뎠음을 의미하며 중-태 양국 기업과 금융기관이 위안화를 스와프 이용해 국제거래를 진행하는데 위안화 양자 무역과 투자의 편리화를 추진할 수 있다.

2014년 12월 23일	중앙은행과 파키스탄국가은행이 양자 간 본위화폐 스와프 협정을 체결했다.	중국인민은행과 파키스탄국가은행이 100억 위안/1,650억 파키스탄 루피 규모의 중-파 양자 간 본위화폐 스와프협정을 체결했다.	협정의 체결로 양자 간 금융협력을 강화하고 양국 무역과 투자를 촉진하며 지역 금융안정을 공동으로 수호할 수 있다.
2014년 12월 23일	중국-네팔 양국 중앙은행이 '중국인민은행과 네팔 국가은행의 보충협의'를 체결했다.	중국-네팔 양국 중앙은행과 '중국인민은행과 네팔 국가은행의 양자결제와 협력협의 보충협의'을 체결했으며 양자 결제를 국경무역에서 일반 무역으로 확대했다.	중-네 위안화결제가 국경무역에서 일반무역으로 확대되었고 또 지역범위가 확대되었다. 이는 양자 무역과 투자의 성장을 진일보로 추진하게 된다.
2014년 12월 31일	광시 지역적 국제위안화업무플랫폼을 정식 가동했다.	광시 지역적 국제위안화업무플랫폼(난닝)을 정식 가동했다. 플랫폼이 건설된 뒤 광시 현지 47개 은행기관의 2,500개 영업소가 이 플랫폼을 이용해 국제위안화결제업무를 처리할 수 있다.	이 플랫폼은 은행기관과 고객을 상대로 전면적인 국제위안화거래정보를 제공해 국제위안화 송금과 국제위안화 입금업무를 집중적으로 취급함으로써 국제위안화결제업무의 전개를 추진할 수 있다.
2014년 12월	위안화가 세계 제 5위를 차지하는 결제 통화로 부상했다.	2014년 12월까지 위안화의 결제통화시장 비중이 2.17%의 새로운 기록을 창조해 달러화·유로화·파운드화·엔화에 이어 국제 결제 중 제 5위를 차지하는 결제 통화로 부상했다.	위안화가 앞 5위 결제 통화의 반열에 오른 것은 중요한 이정표적인 사건으로서 위안화의 국제화를 지원하는 유력한 증거이며 위안화가 신흥통화에서 상용 결제통화로 바뀌었음을 확인했다.

567

후기

후기

　　『위안화 국제화 보고』는 중국인민대학이 2012년부터 매년 정기적으로 발표했으며 위안화 국제화 발전과정을 여실히 기록하고 매개 단계의 중대한 이론 문제와 정책 초점에 대해 깊이 있는 연구를 거쳤다. 본 보고서에서는 위안화 국제화지수(RII)를 특별히 창조해서 이를 이용해 국제적 범위 내에서 위안화의 실제 사용정도를 객관적으로 반영함으로써 국내외 각계 인사들이 위안화의 국제 지위의 발전 추이와 변화 원인에 대해 즉시적으로 장악할 수 있도록 편리를 제공했다. 2015년 보고서의 주제는 '일대일로' 건설 중의 통화전략이다. 연구팀은 '일대일로' 건설의 '5통'목표에서 반영되는 중국의 세계 공공재로서 공급 양호한 의향과 역사적 책임에 대해 깊이 있게 탐구했다. 본 보고서는 이론적 탐구 · 역사 경험과 실증 검증 등 여러 각도에서 출발해 '일대일로'와 위안화 국제화 2대 국가발전전략 간에 서로 추진하는 논리에 대해 계통적으로 정리했다. 동시에 대종 상품 가격표시와 결제 · 인프라 융자 · 산업단지 건설 · 국제전자상거래 등이 '일대일로' 건설에 힘입어 위안화 국제화수준을 한 층 더 제고하는 효과적인 돌파구가 되어야 한다고 강조했으며 또 필요성과 타당성 등의 문제에 대해 각각 구체적이고 상세하며 확실한 연구를 전개했다.

2015년 보고서에서는 '일대일로' 건설의 통화전략은 4개 방면에서 중점 돌파구를 모색해야 한다고 강조했다. 첫째, 중국 대종 상품 무역에서 연선국가의 중요한 지위 및 경제와 금융방면에서 중국의 지역 내 선두 우세를 이용해 연선국가의 대종 상품 무역에서 위안화 가격표시와 결제의 실현을 적극 추진해야 한다. 둘째, 인프라 건설 방면에서 중국의 경험과 자금동원 능력을 이용해 위안화가 연선의 인프라 융자에서 관건 통화가 될 수 있도록 대폭적으로 추진해야 한다. 셋째, 연선 산업단지계획과 건설 과정에서 위안화의 사용을 적극 유도하고 위안화 역외시장의 합리적인 분포를 추진해 세계 위안화거래 네트워크를 형성해야 한다.

넷째, 연선 국제전자상거래에서 위안화 가격표시와 국제 결제를 대대적으로 지원하고 민간에 기반을 둔 위안화에 대한 폭넓은 동질성과 수용성을 적극 쟁취해야 한다. 『위안화 국제화보고 2015: '일대일로' 건설 과정에서의 통화 전략』은 중국인민대학과 교통은행이 합작 연구를 진행하고, 중국인민대학 국제통화연구소에서 편찬했으며 재정금융학원 국제금융교학팀의 전폭적인 지원과 통계학원 · 국제관계학원 · 상학원 · 법학원 교사와 학생 및 교통은행 국제업무부의 강력한 협력을 받았다.

총 십 여 명의 본교 연구생이 데이터 수집·정보처리 등의 기초작업에 참여했다. 교통은행은 상업은행의 국제위안화업무 실천경험과 성과를 전시했다. 특히 중국 화폐학회 왕융성(王永生) 부비서장·중국인민대학 국학원 멍셴스(孟憲實) 부원장을 위수로 하는 연구팀 전체 멤버들이 특강을 개설한데 대해 감사의 뜻을 표한다. 중국인민은행·국가외환관리국·상무부·국가발전과개혁위원회·중국은행업감독관리위원회·국가개발은행·국가수출입은행·중국은행 국제금융연구소·중은(中銀)홍콩·중국 농업은행·화샤(華夏)은행·궈신(國新)국제투자유한회사 등의 기관이 데이터 수집·시장조사 및 정책정보 검증 등 다방면에서 보내준 전면적인 지원에 감사의 마음을 전한다. 그밖에 웨이번화(魏本華)·궈젠웨이(郭建偉)·왕위(王宇)·순루쥔(孫魯軍)·왕이(王毅)·왕쥐강(王佐罡)·린다젠(林大建)·취펑제(曲鳳杰)·펑춘핑(馮春平)·샤오롄쿠이(肖連魁)·중량(宗良)·황진라오(黃金老)·우즈펑(吳志峰) 등 각 계 전문가들이 연구팀 회의에 참석해서 적절한 수정의견과 건의를 제출해 보고서가 끊임없이 완벽해지도록 많은 기여를 했다. 이에 우리는 진심 어린 감사의 마음을 표하는 바이다!

본 보고서 여러 장절 분공 담당 인원은 다음과 같다.

서론: 천위루(陳雨露)

제1장: 투융훙(塗永紅)·류양(劉陽)·왕자칭(王家慶)·왕청셴(王晟先)·
천즈위안(陳梓元)·자오쉐칭(趙雪情)

제2장: 투융훙(塗永紅)·푸즈린(付之琳)·쉬다(徐達)·룽천(榮晨)·
우위웨이(吳雨微)·황젠양(黃健洋)

제3장: 투융훙(塗永紅)·롄핑(連平)·다이원성(戴穩勝)·
장원춘(張文春)·어즈환(鄂志寰)·강젠화(剛健華)·
리눠야(李諾雅)

제4장: 왕팡(王芳)·허칭(何靑)·야오위린(姚瑜琳)·장처(張策)·
리샤오양(李霄陽)

제5장: 왕팡(王芳)·강젠화(剛健華)·첸중신(錢宗鑫)· 왕훙타오(王紅濤)
· 리하오저(李昊澤)

제6장: 웨이쉬예(魏旭曄)·후중위(胡鐘予)·롄잉쉐(連映雪)·쑹커(宋科)
· 리잉제(李英杰)

제7장: 우즈펑(吳志峰)·자오양(趙陽)·쑹커(宋科)·후보(胡波) ·
리야쥐안(李亞娟)·왕샤오쥔(王曉軍)·자오란(趙然)

제8장: 황진라오(黃金老)·중러우허(鐘樓鶴)·뤼위메이(呂玉梅) ·
리훙한(李虹含)·장순바오(張順葆)

제9장: 투융훙(塗永紅)·왕팡(王芳)

부록1: 푸즈린(付之琳)
부록2: 차오퉁(曹彤)·자오란(趙然)·양펑(楊豊)
부록3: 장원춘(張文春)·펑루루(馮露露)·위하이룽(余海龍)
부록4: 왕줘강(王佐罡)·둥시쥔(董熙君)

중국인민대학 국제통화연구소
2015년 6월